中国社会科学院大学

University of Chinese Academy of Social Sciences

篤学 慎思　明辨 尚行

中国社会科学院大学系列教材
新闻传播学系列

传播与社会发展研究方法

卜 卫　刘晓红　编著

Research Methods of Communication for
Development and Social Change

社会科学文献出版社
SOCIAL SCIENCES ACADEMIC PRESS (CHINA)

本教材（编号：JCJS2022041）由中国社会科学院大学教材建设项目专项经费支持

前　言

这本书名为《传播与社会发展研究方法》。

什么是传播与社会发展研究？为什么要为传播与社会发展研究写一本研究方法的书？传播与社会发展研究方法到底与传播学研究方法有何不同？

我们尝试回答这些问题。

当我们两位作者在 20 世纪 90 年代初进入新闻传播学研究领域时，并没有一个传播与社会发展研究领域在等着我们。当时，我们从事村庄小学的媒介使用调研、乡村居民的电视使用调研，并在联合国儿童基金会的支持下，在中国青年网开始培训流动儿童记者，发展儿童参与传播的研究，包括"倾听留守儿童的声音"等项目。1995 年联合国第四次世界妇女大会前后，我们开始从事性别与发展研究，后在国家相关部委和联合国机构的支持下，从事了大量发展传播项目研究，如抗击艾滋病、预防人口拐卖、城乡家庭暴力干预、乡村妇女生殖健康、乡村青少年（辍学青少年）的安全流动和就业、残障人士就业、乡村青少年创业、流动人口传播与文化研究等。这类研究虽然涉及不同人群和不同议题，但有两个共同特点：第一，面对的人群均是困境人群，即在资源和权力方面暂时处于困境的人群；第二，所有议题均是发展议题。2005 年前后，在国内外发展组织的支持下，我们将上述议题整合为"传播与社会发展"研究领域。2009 年开始学科建设，2013 年成为我们中国社会科学院新闻与传播研究所创新工程的一个重要组成部分，时任所长唐绪军将其命名为"中国特色的传播与社会发展研究"。

在国际上，以发展议题为中心的传播研究脱胎于发展传播学

（Development Communication or Communication for Development，DevCom）。我们参考了国际发展传播研究，同时坚持根据中国的发展实践和国家相关部委的行政研究提出的研究问题来建构中国特色的传播与社会发展研究领域。

传播与社会发展研究，是探讨在社会发展过程中，那些不同的发展参与者（通常是暂时缺少资源和权力的困境人群）如何使用传播传统或适宜媒介，进行社会对话、社区发声、知识分享来参与发展进程，以改善自身状况（如电商扶贫）和社会状况并促进社会变革（如推动反家暴立法）。这个领域的研究焦点不是媒体或新媒体、融媒体的发展，而是在资源和权力方面暂时处于困境的人群（如流动人口、农村贫困人口、乡村妇女、流动留守儿童青少年、残障人士、艾滋病感染者等）如何利用传播进行社会改变。其议题通常是减贫、乡村发展、生态与环境正义、生计战略与发展、社区建设、发展教育、生殖健康、营养和公共卫生、抗击艾滋病、健康传播、人权、性别平等、儿童权利、残障权利、族群、文化差异与政治、移民和人口流动、人口拐卖、暴力、数字素养与可持续发展、艺术行动主义等。

这个领域的研究有四个重要特征。

第一个特征是理论批判。脱胎于传统的发展传播学，很多早期的发展传播理论已经遭到质疑和批评，主要是以下几点。

第一，现代化理论思潮批判以及"靠传播现代化"的理论批判。1974年，联合国大会在《建立国际经济新秩序宣言》中宣告"每一个国家都有权实行自己认为最适合自己发展的经济和社会制度，而不因此遭受任何歧视"，提出内源发展战略——在形式上，发展应该从内部产生；在目的上，发展应该是为人服务的。这个内源发展战略否定了西方发达国家发展道路（如工业化等）的唯一性，否定了重物不重人的发展模式。

第二，发展概念的批判。发展是一个不断变化的或被建构的概念。长久以来，单一的经济增长（唯GDP增长）被视为单一社会发展的标准，一些社会不公被当作经济增长的必要代价且被视为理所当然。1986年，联合国《发展权利宣言》将发展定义为"经济、社会、文化和政治的全面进程"，其目的是在所有人积极、自由且有意义地参与发展的基础上，在公平分配所有利益的基础上，不断改善全体人民和所有个人的福利。由此确立了以人为中心的发展观，并使得发展成为全体人民和所有个人的人权。2015年，联合国可持续发展峰会发布的可持续发展目标（SDGs）强调了以人为中心的发展，包括"不让一个人掉队"。

第三，传播技术中心主义的批判。不难发现，在传播技术研究领域，特别是新技术研究领域，研究者们对社会中优势群体或年轻群体如何使用最新的媒介更感兴趣，认为最新的媒介更能带来"先进观念"、"先进技术"、"强国"和巨大市场以及对主流人群最具影响力的媒介。将"先进""强国"与市场捆绑在一起，建构了所谓的新媒体研究的价值取向以及互联网研究的主流话语。但是，传播与社会发展领域的研究焦点不在于媒体或新媒体的发展及其对人的影响，而在于我们所关注的困境人群如何使用传播技术对其生活状况和社会状况进行改善。比如，不识字的女性如何通过电视识字、手机能否被流动女性用来识字和形成身份认同、QQ 如何帮助年轻女性感染者形成网络、山歌如何帮助少数民族预防人口拐卖、女性杂志如何帮助女性打工者获得预防艾滋病的知识、信息传播技术如何帮助贫困女性减贫等。所以，在这个领域发展了"适宜媒介"的概念。

由于有这些理论批判的特征，发展传播学可称为"批判的发展传播学"。

第二个特征是"理论与实践相结合：从实践中来到实践中去"。发展项目给发展传播学研究提供了重要方法论基础。发展项目以"项目点"为主要特征。其基本过程是，研究者与当地人一起提出需要改变的问题，通过需求评估、基线调研等手段澄清和确认研究问题，在社会探讨改变的行动方法，开展试验或行动，然后进行行动总结。如果成功，可以在其他地方推广，并可上升为政策和法律……所以，在这个研究领域，基线调研、地方需求评估、项目评估研究和行动研究特别重要。

第三个特征是"行动传播学"研究特征，表现为关注"社会公正"，与在地的群体或个人发展合作伙伴关系，并强调"研究赋权"。研究者将研究看作一种"赋权"（Empowerment）的过程或工具，致力于在研究过程中增加研究参与者对传播以及传播权利的认知和增强进行传播的能力，并以此作为研究的重要成果之一。因此，这个领域的研究过程，包含诸多种类的教育、培训或交流行动，以唤起特定群体对现存社会秩序的意识，使研究成为让沉默者发声的工具，即研究本身将成为推动社会改变的催化剂。

第四个特征是采用"批判的社会科学的研究取向"，这是一个建设性的研究取向。这类研究将研究者与社区群体结合起来，通过研究确保在当地发生可持续性的社会变革。研究者的任务不是在西方框架中填充数据，修正西方理论，而是根据中国的发展实践探讨理论并致力于让这些理论能够在社会变革中发挥作用。

从 30 多年的传播与社会发展研究实践来看，传播与社会发展的研究方法并没有脱离传播学或社会科学的方法体系，或者说，没有特殊的方法体系。做传播与社会发展研究，同样要遵循社会科学的研究方法。但为什么要专门为传播与社会发展研究写一本方法书？

这与上述传播与社会发展研究的四个重要特征有关。

第一，它的批判性。研究者面对的是理论批判，甚至是以往被认为较为成熟且广泛应用的理论，大多没有现成的理论可以应用。这样，与理论建构有关的内容如研究问题的选择、文献综述的学术来源批评、研究过程的概念化和操作化等变得格外重要。第二，它的实践性。所有的研究问题必须从实践中来，研究结果还要回到实践中去检验，所以必然以经验研究为主，包括量化方法和质化方法及其混合方法。同时，因为与不同的困境人群打交道，必然有大量关于研究伦理及其技术要讨论。第三，它的政治性。传播与社会发展研究基本上采取批判的社会科学研究取向。这种取向，简单说就是要认识世界、改造世界，所发现的知识能够用来改造世界，研究才有价值。这就要特别注意处理价值观/立场和研究客观性的关系，因此我们会对方法论有更多的讨论。

鉴于以上理由，我们专门写了这本书。这本书的特色体现在如下方面。

第一，如上所述，传播与社会发展研究领域采用批判的社会科学的研究取向。批判的社会科学的研究取向最鲜明的特征为以下几点。

其一，区别于实证主义的发现规律和诠释主义的理解现实，其研究目的是通过认识社会发展深层结构原因创造知识，以此改造社会。

其二，为了改造社会，批判的社会科学要向人们提供能够帮助他们了解并改变他们的世界的知识资源、工具、理论和行动建议。对批判的社会科学来说，研究是不断应用理论修正理论的过程，是经过持续不断的消除无知、扩大见识的行动过程，知识也随之丰富，即在改造社会的同时加深对世界的认识。

其三，批判的社会科学会采用一种鲜明的立场来开始研究。研究者的正当角色是"有变革能力的知识分子"[①]。

但无论何种研究取向，都是对如何使研究更符合实际情况的一种追求。三大研究取向（实证主义、诠释主义和批判的社会科学）都期望通过自我反省和自始至终的公开，追求经过系统收集的、建立在经验之上的理论知识，而不是单纯靠想象或脱离实际的"思辨"来得出研究结论。"研究范式"则强调对研究积累的反省。总之，说话要有证据以及提倡严谨思考和保持质疑态度，是所有科学家遵循的行动准则。

第二，这本书将"研究问题的提出"单列一章。不仅因为从历届博士、硕士研究生的学位论文开题报告中发现，有的学生没有提出研究问题，或在提出有意义的研究问题方面存在困难，还因为在传播与社会发展研究领域，要对研究问题进行反思。这意味着研究者要对研究问题的提出视角和立场持一种质疑的态度：这个研究问题反映的是谁的视角？什么是研究问题背后的假定？这种假定是依据谁的经验做出的？谁被展示在这个研究领域中，目的是什么？他们是行动者还是对象，还是根本就没有出现？如果出现了，是否以他们的视角和经验来定义和叙述事实？从谁的视角出发定义了研究的基本概念和基本问题？研究过程和结果有利于谁？等等。

社会科学是一种植根于政治与伦理语境的社会现象。其探索者以及如何探索，很难避免要么支撑（再现）要么挑战存在的社会条件。不同的社会利益，受惠与未受惠，有赖于所问（与未问）的问题及在现实中如何被表征与解释。因此，研究者的解释与理论设定不是中立的，而是政治与意识形态条件的一部分，并有助于政治与意识形态的建构。[②]

第三，这本书也将"文献回顾"单列一章。应该特别说明：虽然将"研究问题的提出"和"文献回顾"分为两章进行讨论，但是研究问题的提出及其澄清与文献回顾实际上是不可分割、相互修正和相互促进的过程。我们不仅介绍了文献回顾的基本内容和方法，也介绍了如何对文献进行批评性质疑

[①]　W. Lawrence Neuman, *Social Research Methods: Qualitative and Quantitative Approaches*, Sixth Edition, Pearson Education, 2006, p.111.

[②]　［美］马茨·艾尔维森、卡伊·舍尔德贝里：《质性研究的理论视角：一种反身性的方法论》，陈仁仁译，重庆大学出版社，2009，第9页。

和反思。"研究问题的提出"和"文献回顾"都专门提到有关传播与社会发展研究的学术资源及第三世界国家的发展传播实践，如"Our Media"网络会议、IAMCR 发展研究的资源、欧洲社会学大会中的传播社会学会议等。

目前，我们有比较充足的资源和丰富的渠道可以获得很多文献，这当然有利于我们的文献回顾工作。但是，对文献来源，特别是国内的核心期刊和国外的影响因子甚高的主流期刊也要采取反思的态度，因为任何核心期刊或主流期刊，都反映了主办者（具体表现为编辑部）的研究立场、特定视角或研究偏好，与此不同的论文可能难以发表。现在越来越多的国内学者开始引用国际发表的英文论文。在靠近国际学术前沿的同时，要警惕我们有可能越来越倾向于研究国外情境中产生的研究问题，而忽略了自己本土的研究问题。瑞典学者厄尔英加（A. Elzinga）曾指出，面向由核心期刊引用率决定的国际研究工作的前沿，"往往意味着面向像美国那样的核心国家"，"意味着像美国、英国和法国这样一些国家将逐渐占据支配地位。然而对较小的国家来说，适应最大共性可能意味着扩大研究与实践之间的鸿沟"①。

第四，基于 30 多年的传播与社会发展研究，我们在每一章列举了相关研究实例，诸如青少年使用互联网研究、媒介中刻板印象研究、反对针对儿童暴力的社区行动研究、乡镇电视台发展史研究、性别研究、抗击艾滋病传播研究、通过传播促进残障权利研究、春晚农民工再现研究等。在阅读所有经研究获得的经验数据时，我们会建议：对事实层面，要反省事实数据的描述是否确凿，个人经验、视角、主观动机、价值观以及调查环境对建构事实有何影响，所描述的事实的代表性如何；对意见和解释层面，要反省被访者表达的意见 / 解释与其生活环境（包括团体环境）的关系是什么，以及意见 / 解释的代表性如何。

第五，在"混合方法及其应用"一章，我们重点阐述了传播与社会发展研究领域常用的另类媒介研究、行动研究、参与式行动研究、发展项目评估研究和传播政策研究。

第六，在"混合方法及其应用"一章，基于 30 多年的研究经验和实践经

---

① ［瑞典］A. 厄尔英加：《对学术研究进行评估的后果》，陈鹤琴译，《科学学译丛》1989年第 1 期。

验，我们尝试提出批判的社会科学研究的方法路径，将其概括为行动传播研究的模式："图绘"研究—行动研究—能力建设—传播交流模式，突出了"传播与社会发展研究"的特色。

第七，本书不仅像一般的方法书一样强调研究道德和伦理，即如何能诚实地做研究，以及如何能克服困难遵守学术规范和公认的研究伦理，以获得在一定条件限制下的最具客观性的结果，并保护被研究者不受任何伤害，还根据传播与社会发展研究领域的特色，特别强调了易受伤害人群或困境人群的伦理问题和研究政治。

我们需谨记：研究对象正在向我们让渡他们的个人信息，也就是个人的私有财产，"我们并不'拥有'关于我们研究对象的那些实地记录，我们并不具有毫无争议的正当理由去研究某个人、某件事。研究的主体现在开始挑战他们是如何被描述的……"①

我们特别讨论了研究者与资助方的权力关系、研究者与研究对象的权力关系，以及研究课题组内部的权力关系。不只是因为这种权力关系会影响研究，更重要的是，这种权力关系可能会对研究对象和不同的研究参与者造成直接的或潜在的伤害。一个不符合伦理的研究，会强化社会不平等关系或制造出新的不平等关系。因此，建设一个公平公正的社会、建设一个健康的学术专业领域，都要求每一个研究者具有研究政治的敏感性，主动反思自己的研究伦理及相应的行为。

观察发现，初涉这一研究领域的学生，容易产生以下误区。

传播与社会发展研究天然的实践性容易产生"不用研究"的误解。另外，传播与社会发展研究由于表面上是在为困境人群"工作"，容易被戴上"情怀"或"公益"的光环。研究者不自觉地站在道德制高点获得一种优越感。"感动""震撼"是常说的词语，但这正是自上而下的慈善模式的反映。研究者有了这种"道德优越感"，就常会提出"公益研究不用深入，可以用就行"，或"他们不配合我怎么办"等问题。

应该说明，这个学术领域并不比其他领域"高尚"。并不是每个学科都

---

① ［美］诺曼·K. 邓津、伊冯娜·S. 林肯主编《定性研究（第 1 卷）：方法论基础》，风笑天等译，重庆大学出版社，2007，第 VI 页。

要去直接改造社会，每个学科有自己特定的研究范式，只不过这个学术领域需要我们去与困境人群或研究参与者一起工作。而我们接触的群体正是公益组织或活动的目标群体，即都是在资源和权力方面暂时处于困境的人群。研究工作不是公益活动，必须要遵循科学共同体的研究方法。而"配合"一词本身就体现了不平等。

由于文化、媒介等议题广泛地渗透于人们的社会生活中，我们认为，作为促进改造社会的一个组成部分，传播与社会发展研究的功能特别值得注意。正如布洛维所说："社会学家必须锻造他们自身与社会的联结……我们不能仅仅消极地去服务社会，而应当去保存及建构社会。"①

虽然这是一本关于传播与社会发展研究方法的书，但从教学实践来看，此书也适合从事传播学其他领域研究的学者或学生阅读，并特别有助于对研究的反思。

这本教材分为五个部分。

第一部分为"传播与社会发展研究的基础"。作为导论，第一章首先讨论了"科学研究""方法""方法论"等有关问题。之后，这一部分也回答了"如何提出研究问题"、"如何做文献回顾"、"如何进行概念化与操作化"、"如何进行测量与观察"以及"如何进行抽样"等基本问题。对这些问题的回答，即第二章至第六章构成了传播学研究的基础。

第二部分和第三部分分别为"量化研究方法"和"质化研究方法"。第二部分（第七章至第九章）重点讨论传播学常用的实验、问卷调查、内容分析等量化方法。第三部分（第十章至第十二章）重点讨论了质化研究的不同范式及其方法，主要包括实地调查和文本分析等。量化研究与质化研究均为经验研究。本教材重点介绍经验研究方法。

第四部分为"质化和量化方法的混合应用"（第十三章）。

最后一部分为"研究道德、伦理与政治"（第十四章）。

在第十四章之后，我们特别邀请我们的博士张祺撰写了"民族志研究"作为附录1，万小广撰写了"架构分析"作为附录2。他们对相关的方法进行

---

① 〔美〕麦克·布洛维:《公共社会学》，沈原等译，社会科学文献出版社，2007，第72页。

8

了大量的阅读和研究，更重要的是，两篇文章的经验全部来自他们自己的田野调查，在此，将他们的思考和田野调查的经验一起呈现给读者。

本书第一部分、第三部分、第四部分和第五部分由卜卫撰写。第二部分"量化研究方法"由刘晓红撰写。

2001年以来，我们共同承担了"传播学研究方法"课程。20多年来，我们一直期待通过课程能够培养学生的科学思维能力，包括"批判的眼光"和"开放的心态"，而不是简单地掌握某种具体技术。在课程结束时，学生最好能具备一定的提出问题和解决问题的能力。我们保持与学生讨论关于方法教学的问题，学生也很认真地写了方法课的总结。在此基础上，特别是研究了学生在从事研究活动时面临的具体问题之后，并结合30多年研究的经验教训，我们撰写了这本教材。

多年以来，我们中国社会科学院新闻与传播研究所的老师和学生都非常关注这本教材的写作，并根据教学和学习情况提出了诸多宝贵意见，尤其是孙五三研究员、宋小卫研究员、李斯颐研究员等，以及曾经是新闻传播系的博士研究生张祺、万小广、孟书强、朱巧燕等，在此一并致以深深的感谢。

卜卫、刘晓红

2023 年 4 月 20 日

目　录

第一部分　传播与社会发展研究的基础

第一章　传播与社会发展研究导论 ………………………………… 3
　第一节　关于科学研究 ……………………………………………… 3
　第二节　关于方法 ………………………………………………… 14
　第三节　研究取向、方法论与研究的客观性 …………………… 23
　第四节　研究范式 ………………………………………………… 29

第二章　研究问题的提出 …………………………………………… 36
　第一节　什么是研究问题 ………………………………………… 36
　第二节　如何发现研究问题？——研究问题的主要来源 ……… 50
　第三节　提出和澄清研究问题的过程 …………………………… 61
　第四节　对研究问题进行反思 …………………………………… 65

第三章　文献回顾 …………………………………………………… 67
　第一节　文献回顾的类型 ………………………………………… 67
　第二节　文献回顾的重要性 ……………………………………… 71
　第三节　文献检索：文献来源和寻找文献的技术 ……………… 73
　第四节　如何阅读文献 …………………………………………… 83
　第五节　如何评估研究文献 ……………………………………… 86
　第六节　文献回顾的写作：类型、方法和策略 ………………… 87

第四章　概念化与操作化 …………………………………………… 96
　第一节　概念 ……………………………………………………… 96

第二节　概念化 ……………………………………………………… 99

第三节　操作化 ……………………………………………………… 106

第四节　现象间的关系及作为研究工具的变量 …………………… 112

第五节　因果关系、假设与理论 …………………………………… 119

第五章　测量与观察 …………………………………………………… 125

第一节　观察与测量概述 …………………………………………… 126

第二节　测量技术要点 ……………………………………………… 130

第三节　测量的质量 ………………………………………………… 145

第六章　抽样 …………………………………………………………… 157

第一节　抽样概述 …………………………………………………… 158

第二节　非概率抽样的方法、原理和应用 ………………………… 159

第三节　概率抽样的方法、原理、应用 …………………………… 164

第四节　抽样方法与研究结果的概化 ……………………………… 175

第二部分　量化研究方法

第七章　实验与因果关系研究 ………………………………………… 183

第一节　什么是实验研究方法 ……………………………………… 183

第二节　实验的结构要素和符号表示 ……………………………… 189

第三节　实验的四个组成部分 ……………………………………… 191

第四节　实验设计——理论假设和实验假设 ……………………… 191

第五节　实验的质量分析 …………………………………………… 192

第六节　实验的类型 ………………………………………………… 202

第七节　随机化实验设计 …………………………………………… 203

第八节　准实验设计 ………………………………………………… 207

第九节　观察研究和自然实验 ……………………………………… 211

第十节　实验室实验与田野实验 …………………………………… 213

第十一节　互联网实验 ……………………………………………… 214

　　第十二节　实验伦理 ··· 218

第八章　问卷调查 ··· 220

　　第一节　问卷调查方法概述 ··· 220

　　第二节　问卷设计要点 ·· 228

　　第三节　收集数据方法 ·· 236

　　第四节　问卷调查报告的评价及发布 ································ 250

　　第五节　问卷调查方法的伦理问题 ···································· 255

第九章　内容分析 ··· 258

　　第一节　什么是内容分析 ··· 258

　　第二节　内容分析可以研究的问题 ···································· 263

　　第三节　内容分析的研究设计和过程 ································ 267

　　第四节　DiVoMiner® 简介 ··· 284

　　第五节　内容分析的信息披露要求 ···································· 284

第三部分　质化研究方法

第十章　理解质化研究 ··· 289

　　第一节　质化研究与量化研究 ·· 289

　　第二节　质化研究与纯思辨研究 ·· 293

　　第三节　质化研究与新闻报道 ·· 295

　　第四节　质化研究的理论及其变迁 ···································· 296

　　第五节　传播学质化研究的常见方法 ································ 300

第十一章　以人及环境为对象的质化研究 ······················ 303

　　第一节　实地调查概述 ·· 303

　　第二节　实地调查：观察 ··· 309

　　第三节　实地调查：访谈 ··· 315

　　第四节　实地调查的资料分析 ·· 328

第十二章　以文本为对象的质化研究 ……………………………………… 343

第一节　文本分析概述 …………………………………………… 343

第二节　符号学分析 ……………………………………………… 347

第三节　叙事分析 ………………………………………………… 351

第四节　话语分析 / 批判的话语分析 …………………………… 353

第五节　马克思主义分析 / 意识形态分析 ……………………… 355

第四部分　质化和量化方法的混合应用

第十三章　混合方法及其应用 …………………………………………… 365

第一节　传统的传播学研究：机构 / 媒介组织、

文本和受众 ……………………………………………… 365

第二节　传播与社会发展研究：行动研究、

项目评估研究和政策研究 ……………………………… 374

第三节　批判的社会科学研究实践 ……………………………… 389

第五部分　研究道德、伦理与政治

第十四章　研究道德、伦理与政治 ……………………………………… 397

第一节　研究者的道德 …………………………………………… 397

第二节　涉及研究对象的伦理问题 ……………………………… 399

第三节　研究政治与权力 ………………………………………… 406

附录 1　民族志研究 ……………………………………………………… 413

第一节　民族志的特色 …………………………………………… 413

第二节　民族志的技术特色 ……………………………………… 415

第三节　民族志与研究取向 ……………………………………… 419

第四节　批判民族志在田野作业中的应用 ……………………… 421

附录 2　架构分析 ··· 429

第一节　架构理论 ·· 429

第二节　架构分析的基本内容 ····························· 432

第三节　架构分析的具体操作 ····························· 435

第一部分
传播与社会发展研究的基础

第一章　传播与社会发展研究导论

内容提要

本章包括"关于科学研究","关于方法","研究取向、方法论与研究的客观性"和"研究范式"四节。前两节说明了科学研究与一般探索的区别以及传播与社会发展研究可采用哪些方法。后两节则是对社会科学研究方法传统和研究范式的介绍。我们可以看到，无论何种研究取向，都是对如何使研究更符合实际情况的一种追求。三大研究取向（实证主义、诠释主义和批判的社会科学）都期望通过自我反省和自始至终的公开，追求经过系统收集的、建立在经验之上的理论知识，而不是单纯靠想象或脱离实际的"思辨"来得出研究结论。"研究范式"则强调对研究积累的反省。总之，说话要有证据以及提倡严谨思考和保持质疑态度，是这章应领会的重点。

第一节　关于科学研究

一　什么是科学研究

（一）什么是研究？

在日常生活中，我们会遇到很多"是什么"或"为什么"的问题。例如，采取何种行动能有效地预防感冒或其他流行病，人类究竟有多少生理性别，为什么会发生自然灾害，等等。无论何种问题，如果想知道答案的话，我们就会选择一定的方法去寻找或探索。这些方法可能是我们自己的亲身研究——试验、观察等，也可能是采用第二手资料——阅读书籍或询问权威等。有了这些方法，我们就可以寻找答案。宽泛地说，寻找答案的过程就是研究。

（二）什么是科学研究？

科学研究也是源于一个或一组问题，其目的也是寻找答案，但与日常生活中的研究不同。

第一，科学研究一定是采用科学共同体（Scientific Community）认同/遵循的方法规范来进行的。科学共同体是由生产和发展科学知识的一群专业人士组成的，他们享有共同的道德原则、科学信仰、研究价值观和研究规范等。[1]科学共同体不是一个地理上的社区，它可能大到同时涵盖自然科学和社会科学，共享诚实的态度或追求客观性的研究价值观等，也可能是一小群人，如某个科学期刊的编辑部人员等。我们在这本书里所讨论的议题，大多是社会科学和传播学研究的学者共同遵循的方法规范。比如，科学共同体大多认同社会调查是了解民意的有效方法之一、心理实验是了解人的心理现象的有效方法之一、民族志是了解异文化群体的有效方法之一等，不认同"算命"或未经确认的网络消息为方法。

第二，科学研究是由经过训练的专业人员所从事的活动，好的专业人员在研究过程中，会有意识地排除各种干扰或偏见，对自然或社会现象进行系统的观察和分析，并试图结合理论做出解释。

第三，科学研究的结果是在一定领域内增加新的知识和提出新的见解，并得到科学共同体的认同。

这三点大致将日常生活中的研究与科学研究区别开来。

我们可以将科学研究想象为一个使用科学方法，将问题、疑问、假设、预感或思想转变为可暂时确认的知识的过程。应该强调，问题、假设、猜测、预感或想法/思想都不是研究本身或研究的结果，而是研究的一个出发点。从问题或猜测出发，我们采用科学共同体认可的研究价值观以及专门方法/技术来搜集、处理、分析资料，直到找到答案（或形成暂时的知识），这一过程我们称作"科学研究"。

社会科学研究的目的或是解答我们在现实中面临的问题，或是检验、发展或建构社会科学理论，有时二者兼具。

---

[1]　W. Lawrence Neuman, *Social Research Methods: Qualitative and Quantitative Approaches*, Sixth Edition, Pearson Education, 2006, p.9.

二　科学研究的特征

艾尔·巴比（Earl Babbie）曾指出："科学的两大支柱是逻辑和观察。科学对世界的理解必须（1）言之成理，并（2）符合我们的观察。"[①] 同时，他指出了科学研究活动相互联系的三个方面：理论（Theory）、资料搜集（Data Collection）和资料分析（Data Analysis）。这三个方面可被视为科学研究的三个特征。

逻辑方面的"言之成理"指的是理论。这是科学研究的第一个特征。科学研究与理论密切相关，或是应用理论解决问题，或是检验、修订已有的理论，或是发展、建构新的理论。

科学研究的第二个特征是要有系统的观察，即搜集与研究和问题相关的经验事实，所得出的结论应该符合我们观察到的事实。这就是我们通常说的"说话要有证据"。

科学研究的第三个特征是资料分析。科学研究不仅要展示资料，还要在理论与所搜集到的经验事实之间建立某种联系，比较理论预期（假设）与实际观察的结果，寻找或探讨可能的模式和理论。

1994 年中国开放互联网服务以后，互联网对中国社会发展的影响逐渐成为传播学研究的一个重要主题。在 20 世纪 90 年代的论文中，我们可以发现两个对立的观点："互联网带来了民主，因为互联网的高度开放和自由准入构建了一个良性的公共话语空间"以及"互联网没有带来民主，因为公共空间只是神话，是大众话语的沦陷"。每篇论文都举了一些支持观点的例子来证明观点的正确。

科学研究首先要提出一个研究问题，这个研究问题或是一种假设，或是一种猜测，然后研究者要去寻找答案。上述论文并未提出研究问题，而是直接提出了一种观点，之后并未采用科学共同体认可的方法来论证。

就这个例子而言，如果有研究问题的话，可能的研究问题是：互联网是不是高度开放和自由准入的？互联网是否构建了一个良性的公共话语空间？这样的公共话语空间是否带来了民主？对这样的研究问题，首先要进行理论

[①]　〔美〕艾尔·巴比：《社会研究方法》（第八版），邱泽奇译，华夏出版社，2000，第34~35 页。

分析，参照已有的关于新媒体的理论，来讨论如下问题：

什么是开放和高度开放？何谓自由准入？如何测量？

什么是公共话语空间？这个概念来自何种理论，而这种理论产生于何种情境，其概念的推广度和限制性如何？

什么是良性？如何测量？

什么是民主？民主的通行定义是什么？在何种情境下产生？由谁定义？接受这个定义意味着什么？

是互联网本身就可以带来民主，还是互联网的使用有可能带来民主？什么是互联网使用？何种类型的使用与民主有关？

网络或媒体能够真实地反映民意吗？为什么？

什么是神话？什么是话语？什么是大众话语？什么是沦陷？

对于上述研究问题，我们需要阅读大量的理论和研究文献，来厘清其中的每一个概念。在这方面，已经有许多理论供我们选择和分析。在选择和分析的过程中，我们不可避免地会逐渐缩小研究问题的范围和外延，以使概念更为清晰，研究问题才有可能被证明。比如，从上述研究问题中，我们可能发展如下研究问题：互联网使用是否为网民拓展了公共话语空间？在这里，互联网使用、网民以及公共话语空间都需要被定义。

在明确研究问题之后，研究者就需要做研究设计，以证实或证否自己的假设。研究设计的主要任务之一是根据研究问题来选择研究方法。这些研究方法一定是目前科学共同体所认可的。之所以有些论文被认为"不科学""不客观"，是因为其采用的研究方法不被科学共同体认可，比如所举出的例子不是根据一定的方法规范系统地搜集的，而是随意选取的。这本书里所介绍的研究方法是科学共同体所认可的。

在搜集资料后，就进入了资料分析的阶段。资料分析的实质是将理论与我们所搜集到的经验事实建立联系，并做出自己的解释。这就要求我们，第一，熟悉相关的理论，能够了解相关理论之间的异同。每一种理论都有自己的理由、所强调的观点和局限。研究者只有廓清其来源、分类和异同，才能将理论应用在自己的研究中，或是在自己的研究中发展理论。第二，熟悉自己搜集到的经验事实，并能将经验事实与相关理论联系起来。在这个基础上，发现理论在何种层面、何种情境下能解释经验事实，最终提出自己的解释或发展理论。

如上所述，科学研究首先提出研究问题，而后做研究设计、采用科学共同体认可的方法系统地搜集资料，进而进行资料分析。在这个过程中，理论一直参与其中，具体如图1.1所示。

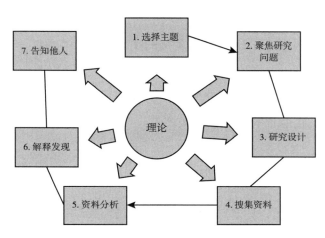

图 1.1　科学研究的工作步骤

资料来源：W. Lawrence Neuman，*Social Research Methods: Qualitative and Quantitative Approaches*, Sixth Edition, Pearson Education，2006，p.15。

以中国社会科学院研究生院硕士覃诗翔的论文《中国少数民族的"他者"再现——对2006年"某报"少数民族新闻的内容分析》为例。

选择主题：作者关心的主题是少数民族在大众媒介中的再现。从20世纪90年代中期至今，一些学者关注中国的大众媒介如何再现少数民族这一主题。他们的研究表明，在中国的大众媒介中，少数民族新闻的报道数量较少，少数民族常常被表现为附属的、需要帮助的形象。新闻报道重点关注其经济发展、民俗、歌舞和建筑等话题，并迎合了对于少数民族的大众化想象。在选择主题时，作者已将题目与再现理论建立联系。

聚焦研究问题：作者认为，上述研究关注中国大众媒介中少数民族新闻在数量、主题及整体形象上的特征，但是并未对中国少数民族如何被再现做系统研究。从再现理论出发，作者认为，作为特定文化中的意义生产，对他者的建构总是依循特定社会的历史、文化以及政治体制，中国少数民族亦不例外。因此，这个研究依循1840年以来中国社会之族群格局演变提出与少数民族媒介再现相关的研究问题。

研究问题 1：大众媒介将少数民族建构为什么样的他者？

研究问题 2：经过了一个世纪的国族共建后，被纳入中华民族之中的少数民族在何时被视为我群的一部分？

研究问题 3：55 个少数民族在大众媒介中的再现是否有区别以及有何区别？

研究设计：根据三个研究问题建构的类目（见表 1.1），均为可操作的测量指标。同时借鉴语意区别（Semantic Differential）方法设计少数民族整体形象量表，用以测量中国大众媒介所建构的少数民族的刻板化语言标签，从而分析中国少数民族他者的差异如何被产制。

表 1.1　根据三个研究问题建构的类目

研究问题	族群他者再现策略	对应量表与分析路径
大众媒介将少数民族建构为什么样的他者	少数民族在报道中是存在的还是缺席的	族群存在类目
	在所报道的事件中，新闻主角是谁	新闻报道主角类目
	新闻中少数民族人物与非少数民族人物的角色关系	角色关系类目
	报道的消息来源	新闻消息来源类目
	大众媒介通过哪些刻板化的语言标签描绘少数民族	少数民族整体形象量表
	媒介文本中，少数民族与汉族之间的关系被如何描绘	族群关系量表
	媒介文本中，对少数民族女性与男性的再现有何区别	少数民族人物性别类目
		少数民族人物年龄类目
		少数民族人物形象及人格特质量表
经过了一个世纪的国族共建后，被纳入中华民族之中的少数民族在何时被视为我群的一部分	少数民族的差异在何处被强调	族群差异类目与报道主题的交叉分析
	少数民族在何处被强调为中华民族的一部分	族群差异类目与报道主题的交叉分析
55 个少数民族在大众媒介中的再现是否有区别以及有何区别	55 个少数民族的报道频率有何区别	报道涉及的少数民族类目
	对不同少数民族的再现有何区别	报道涉及的少数民族类目与整体形象量表及族群关系量表的交叉分析

其研究方法为内容分析，截取 2006 年全年的某报报道作为抽样框，从中随机抽取一定数量的少数民族新闻作为样本进行分析。为打破新闻报道的周期性，并保证有足够的内容分析样本量，在 2006 年的某报报道中随机抽取了 14 个结构周，即 98 个样本日，获得符合本研究少数民族新闻操作性定义的新闻报道 210 篇。

搜集资料：根据设定的类目录入 210 篇新闻报道。

资料分析：对录入的 210 篇新闻报道做统计分析。

解释发现：作者发现，中国少数民族在新闻文本中被建构为边缘、弱势、无言的他者，并被再现为依赖外来帮助、受到汉族喜爱、能歌善舞、奇特神秘的形象。同时，少数民族文化遗产与社会精英被强调为中华民族的一部分，在 55 个少数民族中，藏族、蒙古族、回族、壮族和彝族较常被报道，并在报道中呈现不同的形象。作者采用再现理论分析说明，少数民族明显作为被描绘的客体出现。作者也提示要反对将汉族视为论述者，将少数民族视为被再现者的简单二分。因为任何对于他者的建构，同时划出了我群的界限；任何对他者的标签化陈述，同时抹去了我群的内部多样性。少数民族是中华民族这一想象的共同体中重要的组成部分，对少数民族的再现构成了中华民族自我论述的一部分，它提供了观察当下中国在全球语境中自我论述的视角。

告知他人：发表。

这就是一个较为完整的研究过程。

三 科学研究的思维方式

想一想我们生活中的知识都是从哪里来的？

饮食：每天刷牙有益于口腔和身体健康（每天要吃水果蔬菜才能健康）。

体育锻炼：力量训练有助于骨骼健康和骨量增加。

睡眠：晚上不喝咖啡更容易入睡。

爱好：胡德夫是台湾新民歌运动发起人之一。

新闻报道：关于雪灾的新闻，互联网报道比报纸报道更快和更充分。

电视影响：电视剧《流星花园》的播出将助长校园暴力。

性别：女性比男性更喜欢做家务。

族群：少数民族青年比他们的老一辈更喜欢跳舞。

数学：保留两位小数的圆周率的值约等于 3.14。

……

我们的知识来源于书籍、杂志、广告、权威、健身教练、营养师、乐评人、新闻报道、专家、自己观察或推测、课堂教学等。上述知识有的是经过科学证明的，有的则是需要进一步确认的，或是"常识"。但我们常常不去深究，只要老师说了、专家说了、流行杂志说了，或者"我看到了"，我们就会相信。这就是日常生活中的思维方式。除了"不深究"和"不质疑"的特点，它还具有缺少逻辑性、二元对立思维和线性思维等特点。

与严格的"科学研究"（亲身研究）相比，这类日常生活中的思维方式被看作"研究之外的选择"[①]。它分为两类，一类来自非个人经验，另一类来自个人经验。[②]

在非个人经验的知识来源中，我们通常比较依赖权威、传统、常识和大众媒介报道［可能是媒介迷思（Myth）］。

在日常生活中，我们通常会寻找和利用具有一定领域专业知识的权威。比如我们关心饮食健康，我们希望最权威的医院里最权威的营养科中的最权威的专家来帮助我们。我们可能买他们的书籍，或浏览他们的网站，或挂号去咨询。利用权威显而易见的好处是快速、简单、低成本，因为个人不可能成为所有领域的专家或权威。大量的知识建立在权威的解释之上，但利用权威有一定的局限性：有时高估其专业能力；有的权威个人会滥用权威，比如跨领域给出建议，以外行充当内行；过时的问题，可能学术随着时代进步已经大有发展，但权威还停留在过去。

传统可以说是权威的另一种形式。例如，按照中国的传统，生孩子一定要"坐月子"，即在一间封闭的屋子里休息，不出门、不洗澡、不劳作等，否则就会落下终身病痛。多数传统可能缺少科学研究证明，但很多人不会去

---

① W. Lawrence Neuman, *Social Research Methods: Qualitative and Quantitative Approaches*, Sixth Edition, Pearson Education, 2006, p.2.

② 以下所述权威、传统、常识、媒介迷思、不确切观察、选择性观察、过度概化等，参考 W. Lawrence Neuman, *Social Research Methods: Qualitative and Quantitative Approaches*, Sixth Edition, Pearson Education, 2006, pp.2-6 和［美］E. Babbie《社会研究方法》（第九版），清华大学出版社，2003，第18~21页。

深究。

常识亦有真有假，通常是听起来很合理的说法，比如，性开放的国家HIV感染率比较高。但我们知道HIV感染率较高的国家分布在非洲和南亚，大多数国家并不是性开放的国家。

大众媒介也是我们依赖的知识来源。大众媒介经常告诉我们，女性更适合家庭，男性更适合在社会上建功立业，但诸多社会性别研究已经证明这是一个"迷思"。

所以，如果我们对知识来源不深究、不质疑，我们相信错误结论的概率就会大得多。同样，在个人经验的知识来源中，如果不按照科学方法去做研究，在探索社会问题时非常容易出错。这些错误类型主要包括不确切观察、选择性观察和过度概化[①]。

不确切观察（Inaccurate Observations）。不确切观察通常是个人随意的、没有采用科学方法和手段的观察，其结果不太准确，常常会出错。一个典型的例子就是如何估计游行或抗议示威的人数，不同的人对人数的估算大相径庭。只是感觉有很多人或有很少人是不可靠的。可靠的方法是利用各种技术手段去计算。

选择性观察（Selective Observation）。选择性观察是个人原来对某种事物或某个社会问题已经有了自己的想法或观点，然后根据自己的想法或观点来观察事物，符合自己想法或观点的数据或事例就记录下来，不符合自己想法或观点的就忽略过去，或者根本就看不到。比如，我们认为现在经济形势大好，选择性观察就是找很多经济发展生活水平提高的例子和数据，而忽略经济形势不好的证据或数据。应该说明，一个人如果没有刻意坚持科学性思维的话，是很容易进行选择性观察的，正如艾尔·巴比所说，"一旦你们认为存在某种特别形态，且获得了对于该形态的一般性理解，就很可能只注意符合这种形态的事物或现象，忽略其他不符合的状况"[②]。在研究过程中，纠正这种日常思维的主要方法是将所有已有的看法或观点当作假设，然后小心

---

① 参考艾尔·巴比的提法：不确切观察、选择性观察和过度概化。见［美］艾尔·巴比《社会研究方法》（第十三版），邱泽奇译，清华大学出版社，2020，第6页。

② ［美］艾尔·巴比：《社会研究方法》（第八版），邱泽奇译，华夏出版社，2000，第30页。

求证。

过度概化（Overgeneralization）。过度概化是用过少的证据来解释过大的情形。比如，研究者基于认识的五个艾滋病感染者都用 QQ 来讨论药物、情感等问题，就认为所有的艾滋病感染者都会用 QQ，这样的结论就会与客观事实不符。只有获得了具有代表性的且足够的样本，我们才能得出符合客观事实的结论。

在日常生活中，上述各种错误可能会相互增强。比如，关于盲人可以从事什么工作。

- 权威：照顾残障人的机构或专家或社会工作者认为他们只能从事按摩的工作，并为他们提供相应的培训。
- 常识：盲人眼睛看不见，而按摩不需要眼睛，所以按摩是适合他们的工作。
- 传统：盲人都从事按摩工作。
- 媒介迷思：报道盲人从事的工作大多是按摩，且身残志坚。
- 个人经验：看到一个或若干个盲人确实从事按摩工作。

如果我们不深究、不质疑权威、常识、传统和媒介迷思，如果我们根据个人经验进行"选择性观察"或"过度概化"，那么我们也会得出"盲人都从事按摩工作"，或者"盲人更适合从事按摩工作"等结论。"深究"和"质疑"就是让我们将"盲人只能从事按摩工作"当作假设，然后采用科学方法小心求证。至少我们已经知道，盲人可以从事记者、教师、运动员、艺术家、工程师、化妆师、无障碍技术测试师等工作。

这种"深究""质疑"的思维方式，也就是科学研究必不可少的思维方法，我们常称作批判性思维。在研究中，所谓的批判性思维，就是将所有的看法或观点、结论都当作假设，或者观察别人如何用科学方法去证明，或者自己用科学方法去求证，得出结论。

可以看出，坚持批判性思维就是要改变日常的思维方式，或者说，要与日常的思维方式作斗争。那么，如何采用批判性思维进行"深究"和"质疑"呢？有很多方法或手段可以帮助我们坚持批判性思维，在这里只提供如下四个手段。

第一，依靠严谨的逻辑，与非逻辑思维方式作斗争。在自己的研究过程中或在阅读他人的研究文献的过程中，严谨的逻辑推理应该成为自觉的行动。"十年河东，十年河西"或"风水轮流转"是比较极端的非逻辑推理的例子。大量的逻辑问题会出现在貌似科学的研究论述中。因此，如果要采用某个研究文献中的观点或证据、如果要阐述自己的研究，首先要检查逻辑。

第二，与二元对立思维方式作斗争。我们发现，在互联网刚刚出现的时候，不少论文在与传统媒体的比较中，提出了网络媒体的作用。非常明显地，一些论文只看到这对立的一面，没有看到共同点，不是黑就是白，似乎不可能出现灰色或其他颜色。二元对立容易忽略其他重要的影响因素，只看到两个对立的事物。二元对立限制了我们的思维，使我们无法考虑多种因素的综合影响和互动影响。比如谈到新媒体的"坏"，我们难想起传统媒体的"坏"，谈到新媒体的"好"，难想起传统媒体的"好"。当然，一个新事物的出现很可能使我们容易将注意力集中在新的特点上，但我们是研究者，不是记者，应该不仅要看到不同点，也要看到在中国情境下大众媒介与网络舆论的共同点、共通性以及互动，即看到两个所谓的"对立"的事物的联系性，看到变化的过程及其影响因素。

第三，要学会检验对立解释。其目的不是要反驳对方，而是要寻找和分析支持对立解释的资料，并做出评述。如果对立解释不能得到有效支持，则增强了自己假设成立的可能性；如果对立解释能得到有效支持，要继续寻找可替代的解释是什么。

第四，要主动寻找反面案例或类别。这些案例或类别可能是个例外，但很有可能会促使我们质疑自己的分类和结论。

一项研究曾得出"电视暴力会助长青少年的暴力倾向"的结论。当我们阅读研究报告的时候，如果利用上述手段，我们就会发现，研究者调查的是因暴力犯罪正在服刑的青少年或者已经发生过暴力行为的青少年，而不是从普通的青少年中抽取样本，这样的逻辑关系能否有效地确认原因和结果？我们还会问，第一，为什么那么多人观看了电视暴力没有犯罪或产生暴力行为？我们自己也看过大量的电视暴力，为什么没有暴力行为？第二，如果这些青少年以往就存在暴力行为，那么暴力行为是观看电视暴力的结果还是他们喜欢观看电视暴力的原因？第三，观看电视暴力是他们产生暴力行为的唯一原因吗？还有没有其他因素影响暴力行为？在诸多影响因素中，哪些因素起了更大的作用？第四，已有对立解释说明，观看电视暴力是一种心理释放，相应地会减少现实中的暴力行为，这是否是观看电视暴力的"好处"？观看电视暴力还有哪些可能的"好处"能减少现实中的暴力行为？

总之，研究就是要针对某一传播现象提出问题，然后通过寻找经验证据和理论论证来回答这个问题。在这一过程中，要始终坚持质疑和批判的态度，特别强调的是，科学研究的思维不仅要质疑别人的观点和证据，也要质疑和批判自己的想法和证据，在质疑和批判中求真。

第二节　关于方法

一　关于方法的历史[①]

20世纪20年代之前，以科学方法检视传播效果的研究几乎是个空白。虽然有许多学者撰文批评大众媒介对社会秩序产生的不良影响，但多是"凭空的指责和推测"[②]。传播学领域中的科学方法是随着当时社会及行为科学的进步而发展起来的。一个不容忽略的事实是，早期研究传播学的学者、专家大多来自社会学、心理学和社会心理学领域。

20世纪30~50年代，社会和行为科学中的定量理论和方法有了长足的进步。K. 皮尔逊等人提出的相关分析与社会理论（1900~1928年）、L. 瑟斯顿提出的因子分析（1926~1948年）、M. 汉森提出的社会研究中的大规模取样（1930~1953年）以及S. 斯陶弗等人提出的与社会理论有关的多变量分析（1944~1954年）等使社会和行为研究应用统计技术成为可能。多数社会科学研究开始运用定量分析方法，取得了引人注目的成就。

随着社会科学研究方法的进步，社会科学的理论不再单纯是观念或对观念的说明，而是可以用经验和可检验形式加以阐述的命题，社会科学由此获得了一定的发展基础，并得到社会的广泛承认。

---

①　由于被引进的传播学教材和社会科学研究书籍主要来自美国，因此，关于方法的历史主要依据美国社会科学发展线索。学生在学习时应注意这一点。

②　［美］雪伦·罗瑞、梅尔文·德弗勒:《传播研究里程碑》，王嵩音译，台湾远流出版公司，1993，第36页。

Weaver 和 Gray 曾将大众传播研究的历史分为三个时期，即发展时期（19世纪初至 1930 年）、过渡时期（1930~1950 年）和现代时期（1950 年至今）。[①]

发展时期为启蒙运动的延伸，反映了工业革命后期形成的对知识的渴求和对教育的广博兴趣。这一时期的学术研究主要是历史学与传记学。其研究重点是描述印刷品、报纸与期刊的历史和重要编辑与发行人的生平及其影响。发展时期已经出现了由李普曼和其他如杜威、帕克、米德等人撰写的有关报刊的社会角色和新闻性质的哲学著作。

过渡时期被看作大众传播研究从人文转向社会科学阵营的转型期，其标志是出现历史诠释学、媒体内容分析研究以及大众传播效果研究，如探讨新闻机构与社会关系的解释性新闻史学，政治学家拉斯韦尔等创立的大众媒体内容和宣传信息研究，社会学家拉扎斯菲尔德等人创立的大众媒体对人们政治态度和投票行为的影响研究，心理学家勒温等人创立的小团体内的个人影响与传播研究，心理学家霍夫兰等人创立的信息特征对人们态度与观点的影响研究、广播和报纸的使用研究以及哈钦斯委员会创立的新闻自由与责任研究，等等。

现代时期的特点是定量研究增多。依赖于定量研究方法，研究者集中于大众传播的效果研究，如研究电视对攻击性行为的影响、研究报纸和电视报道骚乱与社会失序所产生的冲击、研究色情和暴力内容对反社会行为和侵犯性行为的影响、研究电视广告对儿童的影响、研究政治选举中的媒体的使用和效果等。这一时期也发展了大量的受众研究和有关新闻从业人员和经营人员的研究等。

1983 年，美国学者雪伦·罗瑞和梅尔文·德弗勒出版了《传播研究里程碑》，1988 年修订。在这本书里，二位学者对奠定现代传播研究基础的项目进行了总结，我们可以从中大致看出 20 世纪 30~80 年代传播学研究的主题与采用的方法（见表 1.2）。

---

① 转引自［美］迈克尔·辛格尔特里《大众传播研究：现代方法与应用》，刘燕南等译，华夏出版社，2000，第 17~19 页。需要注意的是，现代时期被标识为 1950 年至今，至今指的是 1980 年，因为原著出版于 1980 年。另外需要注意的是，其所概括的情况仅限于美国。

表 1.2　20 世纪 30~80 年代传播学研究的主题与采用的方法

研究时间	研究项目	研究的主题	采用的方法	对发展传播学理论的贡献
30 年代	佩恩基金会研究——电影对儿童的影响	电影对儿童观众的影响：对资讯获得、态度改变、情绪刺激、健康和行为等的影响	社会调查、实验室实验、自然环境实验、自传日记法、内容分析、问卷调查及态度测量等	科学研究的尝试，开启了大众传播学的研究领域：模仿理论、使用与满足理论、睡眠效果、媒介建构事实等
30~40 年代	火星人进攻记——美国广播恐慌研究	恐慌的程度如何（有多少人听到，有多少人感到恐慌）？为何这部广播剧会而其他节目不会？为何这部广播剧造成部分人恐慌而不影响其他人	个别访谈、问卷调查、报纸分析、信件分析	指明了选择性影响的方向
40 年代	人民的选择——选战中的传播媒介	探讨选民如何做决定以及影响他们行为和看法的因素；传播媒介的宣传在改变抉择上所扮演的角色	社会调查、同组长期访问（panel study）	亲身影响、二级传播理论以及意见领袖概念等
40 年代	说服第二次世界大战的美国士兵——大众传播实验	系列影片是否能增加参战士兵的"正确知识"、改变态度建立"胜利才有和平"的信念等	前后测控制实验、焦点组访谈	大众传播研究的转折点，正式结束了"魔弹论"
40 年代	耶鲁态度与变迁研究计划	传播者的信息如何能改变受众的态度或意见，即何种传播者或信息来源、媒介内容 / 结构和诉求的组合更能改变受众的态度；受众的特征及其反应模式如何影响传播效果	实验室实验	说服理论；发展了"可信度"、对宣传的免疫力、恐惧诉求等概念
50 年代	亲身影响——二级传播：个人在大众传播流程中扮演的角色	人在传播过程中所扮演的角色是什么；不同领域（如流行时尚、公共事务等）的意见领袖的特征及影响力是什么	访问、问卷调查、意见领袖的自我任命法及其效度验证	人际传播理论；意义理论；引发了日后的创新传播、新闻扩散等研究
50 年代	传单扩散研究	空投信息的理解，包括人际传播在其中的作用	8 个社区实验	意见领袖研究；人际网络传播的资讯品质

续表

研究时间	研究项目	研究的主题	采用的方法	对发展传播学理论的贡献
60 年代	诱惑纯洁的心灵——对漫画书的研究	犯罪漫画书（描述犯罪的漫画书）对儿童态度和行为的影响	千本漫画书内容分析；临床研究；心理测验（墨渍性格测验、主题统觉测验、拼图测验等）；个案研究	重新审视媒介效果
60 年代	儿童生活中的电视	其研究问题不是电视对儿童有何影响，而是儿童如何使用电视？电视对儿童有什么用？（电视功能假设：娱乐、信息、社会效用）	社会调查	使用与满足理论的发展；提出要了解如何使用电视，才能说儿童用电视做了什么的研究观点；基于社会关系和社会范畴理论来检视儿童的电视使用，重视"个人差异"
60~70 年代	媒介与暴力研究	媒介暴力与现实暴力有何差异？美国人的暴力经验如何？媒介暴力对人是否有影响	内容分析、社会调查、实验、访谈	以社会学习理论代替了"魔弹论"，强调长期的间接效果（即社会化效果）；认识到电视在建构社会事实以及将暴力行为社会化方面扮演重要角色；提出"认同"等概念作为中介变量
60~70 年代	新闻媒介的议题设定功能	媒介议题是否影响人们对此议题的重视和思考	内容分析、社会调查、小组连续调查	议程设置理论、效果理论的突破
70~80 年代	电视与社会行为的研究	电视对青少年的利社会行为或反社会行为的影响	内容分析、调查、实验	电视不仅是娱乐的工具，还是观察、学习的主要来源以及重要的社会化机构；大众传播媒介建构社会事实的意义典范，形成受众对现实世界的观点，如对少数团体的刻板印象、研究焦点从暴力影响扩展到多方面的电视效果、关注长期和间接效果，上述焦点转移显示了从认知途径的典范转变到研究媒介建构社会事实的意义典范

资料来源：[美]雪伦·罗瑞、梅尔文·德弗勒《传播研究里程碑》，王嵩音译，台湾远流出版公司，1993。

应该强调，上述研究方法只是来自美国早期的传播学研究，且仅仅是关于传播效果的研究。20世纪80年代和90年代之后，美国传播学界通过社会调查和实验等主流方法，超越传播效果研究，发展了传播与社会、传播与文化的研究，如知识沟假说、使用与满足理论、媒介系统依赖论等。更应该强调，20世纪20年代大众媒介普及以来，北美地区、欧洲地区等的学者发展了不同的研究取向和多种理论。欧洲批判学派的崛起促使传播学领域反省其实证主义的研究取向和研究方法，文化研究、文学批评、符号学、叙事学等人文学科的研究方法开始进入了研究视野。1990年，瑞典学者Jensen和Rosengren提出，在大众传播媒介与受众的关系的研究中，主要有五种受众研究传统：效果研究（Effect Research）、使用与满足（Uses and Gratification）、文学批评（Literature Criticism）、文化研究（Cultural Studies）和接收分析（Reception Analysis）。Jensen和Rosengren用一张表格概括了五种受众研究传统的主要特征（见表1.3）。

表 1.3　五种受众研究传统的主要特征

	效果研究	使用与满足	文学批评	文化研究	接收分析
理论类型	半形式化（模式）	半形式化（模式）	词语的	词语的	词语的
理论焦点：讯息	次中心的	次中心的	中心的	中心的	中心的
理论焦点：受众	中心的	中心的	边缘的	次中心的	中心的
方法论类型	社会科学	社会科学	人文	人文	人文为主
方法：实验	经常	很少	很少	几乎没有	几乎没有
方法：调查	经常	作为规则	很少	很少	很少
方法：访谈	有时	有时	很少	经常	作为规则
方法：文本分析	很少	很少	作为规则	作为规则	作为规则
分析技术统计	作为规则	作为规则	很少	很少	很少
分析技术解释	很少	有时	作为规则	作为规则	作为规则

资料来源：K. B. Jensen, K. E. Rosengren, "Five Traditions in Search of the Audience," *European Journal of Communication* 15 (1990): 224。

该表清楚地表现了五种受众研究传统的主要特征。其中，接收分析是受众研究在 20 世纪 80 年代中期出现的新趋势。在理论焦点的比较中，我们可以看到：只有接收分析将讯息和受众同时放在研究的中心地位。接收分析将受众视为有能力自讯息中解读意义的主体，并强调讯息的意义来自讯息与受众的互动，以同时探讨制码和解码。

二 关于传播学研究方法

在上述关于方法的历史简单回顾中不难看到，我们现在所使用的经验研究方法在 20 世纪 40 年代都出现了，且逐步发展成熟。

总的来说，传播学研究方法有两类：一类是传统上一直使用的具有人文主义倾向的思辨研究方法，另一类是 20 世纪 40 年代以来出现的经验研究方法。

（一）关于思辨研究

我们通常称以思辨为主的研究为思辨研究。思辨研究一般不去调查经验事实，而是假定事实已被确认，直接对所研究的现象进行概括：建立概念，发展一系列命题，进行逻辑推演，直至揭示理论性结论[1]，或是对某一现象 / 命题进行正面 / 反面的论述。

应该说明，无论是经验研究还是思辨研究，都必须依据逻辑。经验研究常常依靠实验、调查实现逻辑。思辨研究实现逻辑的方式则是"对话"或"问答"，即在研究者之间进行直接或间接的对话，进行多种不同观点的交锋。研究者必须善于将自己的思想交给同行评审，并充分考虑对立的意见，以重新对问题加以分析，或者研究者自己要设立假想敌，以实现对话。这一研究传统来自哲学思辨，被苏联哲学家概括为"对话逻辑"或"问答逻辑"[2]。对思辨研究来说，"对话逻辑"在很大程度上取代了社会科学的实验。因为这个相互论证、辩证分析及积极克服认识矛盾的过程，即是对概念、判断的客观性进行试验。在这个对话过程中，研究者实现了创造性的知识综合，构建了新的思想。"对话逻辑"必然是逻辑的方法，即通过概念、判断、推理等思维

---

① 卜卫:《传播学思辨研究论》,《国际新闻界》1996 年第 5 期。
② 〔苏〕A. 科尔舒诺夫等:《社会人文科学的某些方法论特点》, 刘伸译,《国外社会科学》1988 年第 3 期。

方式来揭示规律并形成理论体系。因此，有无逻辑性或有无逻辑漏洞就成为思辨研究好坏的评估标准之一。

在传播学研究领域，思辨研究无处不在，我们区分经验研究与思辨研究，也只是说这个研究是以思辨为主的研究还是以调查经验事实为主的研究（经验研究），特别是应该说明经验研究不可能缺少思辨方法，比如在理论假设、文献综述、资料搜集、资料分析、验证假设、提出研究贡献、获得研究结论等方面，不可能不用思辨方法、不可能没有逻辑分析、不可能没有理论分析。

何种对象适合采用经验研究呢？自然是可直接观测或调查的经验事实。不可直接观测或调查的抽象概念是思辨研究的对象，它具有非直接经验性。[1] 我们发现，在传播学研究实践中，有一类研究只能是思辨研究，如对象为"传播的本质"的研究，它不能采用实证方法。与此相反，另一类研究只能是经验研究，如对象为"收视率"的研究，它不可能用概念推导出来。但大量传播学研究对象是既可采用实证方法，又可采用思辨方法的。比如，对"国际新闻新秩序"的研究，我们可以通过建立一系列概念、命题来阐明应当建立国际新闻新秩序的结论，也可以通过搜集各国信息流通的事实，来证明目前的国际信息流动不平衡的假设。前者是思辨研究，后者是经验研究。

传播学研究领域中，有三种研究属于思辨研究。

第一，传播学中属于哲学范畴的论题。所谓哲学范畴，是反映客观世界本质联系的最基本概念。其主要特点在于它是对各种具体情况的抽象和概括，所以具有普遍性意义。如"传播的本质""什么是信息""信息的本质"等论题，必然是思辨研究。我们不可能采用实证的归纳法则去操作"本质"的论题，因为归纳难以穷尽一切现象，无法得出一个概然性的命题。

第二，传播学中对某一领域具有一定概括程度的研究。如韦尔伯·施拉姆等人的《报刊的四种理论》，论述了不同历史时期、不同制度下的出版自由及其控制的思想。又如，美国学者尼尔·波兹曼的《童年的消逝》，联系西方文明历史的进程和文化发展，以媒介生态学（Media Ecology）的观点和

---

[1] "实证研究的对象是具有可观测的经验事实"等相关论述，由中央音乐学院博士周海宏在一次研究小组讨论中提出。

方法，剖析了电视对儿童的影响，揭示了电视如何以它特有的符号形式"摧毁"由印刷媒介建立的文化传统与特征，指出印刷文化产生了童年观念和教育体制，电视文化正以反文字——阅读倾向瓦解这一观念和体制，最终导致童年的终结。[①] 这类研究对其对象有较高的概括程度，并且是在思想层面讨论问题。

第三，如果以规范研究的形式来进行法律研究或政策研究，则是以思辨为主的研究。

目前，传播学的研究人员面临许多方法选择，主要是思辨方法与经验方法的选择。选择依据首先应该是研究对象的性质。如果研究对象属于哲学范畴，或具有较高的概括程度，那么，思辨方法是最适合的方法。从这个意义上看，不存在所谓的方法"局限性"问题。每一类研究问题都有最适合它的研究方法，所谓的"局限性"是由研究者误用了不适合研究对象的研究方法造成的。如用调查方法去探索传播的本质、用思辨方法去计算收视率的时候，每个研究者对此都会强烈地感到方法的"局限性"。

其次可能是研究者的方法偏好。在面对既可用实证方法，又可用思辨方法的研究问题时，不少研究者更愿意选择自己擅长的方法。

受中国传统思维方式的影响，我们的研究者较少使用来自西方行为科学的主流研究方法，更喜欢使用思辨方法，或者说使用思辨方法产生的研究结果较多，这无可非议。但是，如果将"个体经验描述"、随意观察（非系统观察）、个人感想、利用未被证实的常识进行概括等与思辨研究混为一谈，则对传播学领域的知识增长毫无意义，因为它们均未遵循或未能很好地遵循科学法则，主要表现在未能考虑足够多的相关因素及因素间的逻辑关系，使其推导出的结论偏离了客观事实。

因此，同经验研究一样，思辨研究也面临一些挑战。这些挑战主要有：

思辨研究必须有严密的逻辑关系；

如果思辨研究是综述研究或基础理论研究，那么必须使用专业术语，且对专业领域面临的问题有独立见解及创见；

思辨研究一定要考虑足够多的相关因素及其复杂关系，否则就会简

---

① 　N. Postman, *The Disappearance of Childhood*, New York: Vintage Books, 1994.

单化；

思辨研究一定要充分考虑反面意见，否则容易沦为选择性观察。

国内传播学发展历史曾存在思辨研究等于定性研究的误区。现在大多数学者认同来自社会学的方法分类：定性研究（或定质）即是采用实地调研、访谈、观察或民族志等方法来进行的研究，与思辨研究的"非直接经验性"有很大不同。比较而言，思辨研究比定性研究的抽象程度要高，但这并不代表思辨研究水平和贡献高于定性研究。方法的选择在这里不起主要作用，起主要作用的是研究本身对传播学领域是否有新贡献及新贡献的大小。

（二）关于经验研究

与思辨研究并列的研究类型是经验研究。经验研究指，在社会科学研究中，通过实地经验来发现、发展、证实或检验理论，突出的特征是要搜集第一手资料。

经验研究采用的方法通常被分为两类：定量方法和定质方法（也被称作定性或质化）。何谓定量或定质？研究者已从多个角度和层面下了诸多定义。我们采用纯粹技术层面的定义，即通过深度和开放式的访谈、直接观察和书面文书等方法搜集资料等，系统地搜集以文字为主要形式的资料，并对其进行非统计或量化分析的学术活动。[1] 在传播学研究领域，也有研究者从技术层面下定义：定量是"要求把数据转换成数字并对其进行统计计算的方法"，定质则是"要求对数据进行意义分析与解释的方法"。[2] 强调从技术层面下定义的目的是，破除关于定量与定质研究一定与某种研究取向存在必然联系的说法，比如，"定量研究更适合坚持实证主义世界观的研究者，定性研究更适用于坚持解释主义和批判的世界观的研究者"[3] 等。其实在研究实践中，我们不难发现，坚持实证主义世界观的研究者也会用访谈、观察、民族志、扎根理论等方法来搜集资料。同样，批判研究不排斥定量方法。

---

① 曾群、魏雁滨:《质化研究的质量：一个半根基主义的观点》,《复旦社会学论坛》（第1辑），上海三联书店，2005，第173~174 页。

② ［美］理查德·韦斯特、林恩·H.特纳:《传播理论导引：分析与应用》（第二版），刘海龙译，中国人民大学出版社，2007，第78 页。

③ ［美］理查德·韦斯特、林恩·H.特纳:《传播理论导引：分析与应用》（第二版），刘海龙译，中国人民大学出版社，2007，第78 页。

目前，在传播学领域，主要的定量方法包括社会调查、内容分析和控制实验，主要的定质方法包括实地调研、民族志、文本分析等。实地调研和民族志等方法的主要研究手段是访谈与观察，文本分析则借用了文学批评、意识形态分析、话语分析等多种人文学科的研究手段。

应该说明，这本书集中介绍经验研究，即在经验研究的基础上，讨论定量和定质方法，并涉及思辨研究。

第三节　研究取向、方法论与研究的客观性

我们学习研究方法的重要目标之一是追求研究的客观性。判断研究是否有客观性，首先要回答什么是研究的客观性，这就涉及研究方法论及其哲学基础本体论和认识论等诸多复杂议题。简要地说，研究科学方法的学者通常从本体论和认识论来划分两大研究取向，即实证主义取向（The Positivistic or Empirical Approach）和诠释主义取向（The Interpretative or Hermeneutic Approach）。这一节将介绍一些有关研究取向、方法论和研究的客观性的讨论，以帮助我们更深入地理解研究过程，并学习、反省研究者价值观对研究过程的影响。

一　关于三大研究取向

方法论指对研究方法的讨论或理论阐述。对社会科学研究方法的探讨起源于"对社会科学的科学性"的疑问：与自然科学研究方法相比，社会科学研究方法为什么以及如何是科学的。一些人认为，既然自然科学的合法性建立在科学方法之上，社会科学家也应该采用同样的方法。[1] 但人们后来发现：第一，即使在自然科学界内部也存在科学研究是否可以不受人的因素的影响的争论；第二，社会科学的研究对象是人类社会，所以社会科学就面临如何定义或解释研究的客观性的问题。解释这一问题涉及两个层面：哲学层面

---

① W. Lawrence Neuman, *Social Research Methods: Qualitative and Quantitative Approaches*, Sixth Edition, Pearson Education, 2006, p.80.

（本体论和认识论）和技术层面（方法论及具体方法）。①

在哲学层面，根据劳伦斯·纽曼（W. Lawrence Neuman）的观点，针对 10 个问题的回答构成了不同的方法论传统，这 10 个问题是：社会科学研究的最终目的是什么；社会现实的本质特征是什么；什么是人类的基本特征；如何理解人的能动性（如自由意志或理性等）；科学与常识之间的关系是什么；哪些因素构成了对社会现实的解释或理论；如何确定一个解释是对还是错；什么才算是好的证据，事实信息是什么样的；社会科学知识有什么用；社会政治价值从哪一点上介入了科学。② 其中，核心问题是本体论（如上述第 2 个问题）和认识论问题（如上述第 3、4、5、6、7、8、10 个问题）。其余两个问题涉及科学研究的价值，即价值论问题。本体论要回答是否存在一个独立于人的主观世界的客观现实的问题，认识论则要回答人是否能认识客观现实以及人的价值观如何影响认识客观现实等问题。研究科学方法的学者通常从本体论和认识论来划分两大研究取向，即实证主义取向和诠释主义取向。

实证主义认为在人的主观世界之外存在具有一定秩序和规律的社会真实，人们可以通过观察和实验等科学方法发现社会真实，在研究过程中，应该且可以保持价值中立；诠释主义则认为不存在独立于人的主观世界之外的社会真实，人们揭示的所谓"社会真实"是人们所理解的社会真实，是变动中的社会真实的一个暂时阶段，在研究过程中不可能保持价值中立。这样的争论由来已久，并由此在哲学层面上衍生了不同的派别，如后实证主义、建构主义或批判理论等以及不同的社会科学方法论传统。

除了实证主义取向和诠释主义取向，W. Lawrence Neuman 在总结不同研究传统的基础上，还提出了批判的社会科学研究作为一种研究取向。③ 根据 W. Lawrence Neuman 的观点，这种取向与 20 世纪 30 年代法兰克福学派的批判理论密切相关，并吸收了马克思（Karl Marx）、弗洛伊德（Sigmund Freud）、

---

① Sherman, Reid（1994），转引自曾群、魏雁滨《质化研究的质量：一个半根基主义的观点》，《复旦社会学论坛》（第 1 辑），上海三联书店，2005，第 173 页。

② W. Lawrence Neuman, *Social Research Methods: Qualitative and Quantitative Approaches*, Sixth Edition, Pearson Education, 2006, p. 81.

③ W. Lawrence Neuman, *Social Research Methods: Qualitative and Quantitative Approaches*, Sixth Edition, Pearson Education, 2006, pp. 94-101.

阿多诺（Theodor Adorno）、弗洛姆（Erich Fromm）、哈贝马斯（Jurgen Habermas）、布迪厄（Pierre Bourdieu）和批判教育学家弗雷罗（Paolo Freire）等学者的诸多学说，常常与社会冲突理论、女性主义研究和激进的心理治疗学联系在一起。批判的社会科学批评诠释主义过于主观和相对主义，同意实证主义的说法，即在人的主观世界之外存在社会真实，但指出这种社会真实具有多个层面，这就意味着在可观察的现实后面，可能还存在深层结构或观察不到的机制等；批判的社会科学同意诠释主义的人的能动性的主张，但同时指出，人由于被社会结构限制，自主性或能动性是有限的，但这种限制可以打破，甚至研究本身可以加快破除对人的限制。

批判的社会科学取向具有以下鲜明的特征。

第一，区别于实证主义的发现规律和诠释主义的理解现实，其研究目的是揭示隐藏的真相以赋权和解放人民，即批判的社会科学的目的是通过认识社会来改造社会。

第二，为了改造社会，批判的社会科学要向人们提供能够帮助他们了解并改变世界的知识资源、工具、理论和行动建议。比如，研究者可以通过描述和分析其深层结构所产生的条件进行知识生产，然后相关人群可应用这种知识去改变社会关系，即将理论付诸实践，用实际应用的结果来重新阐释理论。对批判的社会科学来说，研究是不断应用理论修正理论的过程，是经过持续不断的消除无知、增长见识的行动过程，知识也随之增长，即在改造社会的同时加深对世界的认识。当这些探索出来的知识能够帮助人们真正了解世界并且采取行动改变世界时才有价值。

第三，批判的社会科学会采用一种鲜明的立场开始研究。否定研究者有他自己的观点这个说法本身也是一个观点。研究者的正当角色是做个"有变革能力的知识分子"①。

大致来说，我们可以将批判的社会科学看作一种旨在揭示现实以及隐藏在现实背后的机制或深层结构的、为赋权采用明确价值观立场的行动主义的研究取向。批判的社会科学不仅简单地研究社会，还明确地提出要改造社会，

---

① W. Lawrence Neuman, *Social Research Methods: Qualitative and Quantitative Approaches*, Sixth Edition, Pearson Education, 2006, p.111.

即通过研究，揭露隐藏压迫的社会关系和社会结构，推动研究者和研究参与者对现存社会秩序的意识觉醒和批评，以促进其改变并赋权研究参与者群体，即研究本身将成为促进社会改变的催化剂。

应该说明，传播与社会发展研究的主要研究取向来自批判的社会科学。

尽管三大研究取向在本体论、认识论和价值论上有所区别，但是三大研究取向仍有非常重要的共同的特征[①]。

第一，经验研究。每个研究取向都植根于具体的景象、声音、行为、情境、讨论和行动等可观察的现实，研究绝对不是单纯造假与想象便能完成的。

第二，追求系统化。每个研究取向都强调以精密与仔细的态度从事研究，都拒绝临时起意的、伪造的或松散的思考和观察。

第三，理论。每个研究取向的理论本质各有不同，但是均强调概念的使用与模式的观察。没有一个研究取向主张社会生活一团混乱或毫无秩序，都主张解释或理解是可能实现的。

第四，强调公开。每个研究取向都认为研究者的工作必须老老实实地让其他研究者知晓，反对将研究过程藏起来，留作私用或秘而不宣。

第五，强调自我反省。每个研究取向都认为研究者必须认真思索他们要做些什么并保持自觉，绝不可盲目进行研究或不经思索便进行研究。

第六，强调研究是一个开放的过程。每个研究取向都将研究看作不断前进的、演进的、变化的、询问新的问题，以及追求领先的过程。没有一个研究取向认为研究是静态的、固定的或封闭的过程，当前的知识和研究秩序不是"盖棺论定"的。它们都关涉以开放的心态来面对持续的变迁，并且接受新的思考方式和做事方式。

总之，这些研究取向尽管存在差异，但都同意通过自我反省和自始至终的公开，研究者应努力去创造经过系统收集的、建立在经验之上的理论知识。

二　关于研究的客观性

关于研究的客观性，我们认同"批判现实主义"的主张。在传播学界对

---

① 正文中六点特征摘自〔美〕劳伦斯·纽曼《社会研究方法：定性和定量的取向》（第五版），郝大海译，中国人民大学出版社，2007，第118页。

西方新闻客观性的分析中，罗伯特·哈克特和赵月枝曾阐述批判现实主义的来源和体系，我们概括其核心观点如下。①

第一，与诠释主义不同，批判现实主义强调社会真实是存在的，独立于观察者及其范畴和概念之外；社会真实是可接近的、可理解的，能够被有意义地描述和解释。

第二，与实证主义不同，批判现实主义承认对真实世界的描述只能通过社会建构的概念来进行，承认知识构成的社会性。这意味着批判现实主义坚持知识是主观和客观、概念和现实相互作用的结果。他们引述莫斯可的分析说明："现实主义把存在看作是由感觉观察和解释实践双向建构而成的。依此观点，现实是由我们看到的和我们如何解释我们所看到的组成的。"②

简言之，批判现实主义承认存在独立于观察者之外的客观事实。观察者所描述和分析的客观事实则是通过研究者建构完成的，影响建构的因素包括价值观、观察视角和知识背景等。在社会科学和人文科学中，几乎不存在没有研究者主观因素介入的客观性研究结果。

那么，我们进一步追问，什么是社会真实或客观事实？如果客观事实都是研究者建构的，那么在研究领域还有没有一个研究客观性的标准或真理？在这点上，我们同意半根基主义（Neorealism or Quasi-foundationalism）的观点。知识论上的非根基主义指不存在理论或价值中立的观察和知识；半根基主义则在本体论假设上相信存在独立于人们声称之外的实体，比如云雾缭绕时人们可能看不清山顶，但并不意味着山顶不存在，因而半根基主义要求社会研究要有科学的态度和方法，指出"知识声称应具似真性（plausibility）或得到具有可信度的证据的支持"③。

"半根基主义只是强调共识的基础是独立于我们声称的事物而非声称

---

① 根据［加］罗伯特·哈克特、赵月枝《维系民主？西方政治与新闻客观性》（修订版），沈荟、周雨译，清华大学出版社，2010，第91~93页的内容进行概括。

② 转引自［加］罗伯特·哈克特、赵月枝《维系民主？西方政治与新闻客观性》（修订版），沈荟、周雨译，清华大学出版社，2010，第91~92页。

③ 曾群、魏雁滨：《质化研究的质量：一个半根基主义的观点》，《复旦社会学论坛》（第1辑），上海三联书店，2005，第178页。

本身的特性。这一点如何可能呢？菲力浦斯（Phillips, 1990）认为，虽然没有理论自由的观察，但从不同理论框架出发的观察有重叠的地方，即有些结果是所有观察都会得出的。这种情况往往发生在低层观察（low-level observation）中。比如，两个女孩子牵着手在街上走。在所谓的高层观察（high-level observation）中，来自某些西方社会的人可能作出她们是同性恋者的解释，而在其他一些地方，她们可能会被认为是好姊妹。但不管理论框架如何不同，在低层观察中，我们可以确认两个女孩子牵着手在街上走这样一个事实。因此，我们可以在低层观察中达成共识，并且这种共识的基础是独立于声称的事实。"① 在这里，半根基主义区分了两种事实，即低层观察的事实和高层观察的事实。相对来说，对来自低层观察的事实看法不同的观察者更可能达成共识，高层观察的事实则是观察者以各种理论或分析框架建构的结果。判断一个研究结果是否客观，"应该最终得到独立于我们声称的证据的支持"②。对研究者来说，追求研究的客观性就意味着要不断反省"建构"对研究结果的影响。

认识到这一点，我们就要在研究过程中保持对个人价值观影响研究的敏感性。

三　研究者的价值观与研究过程

每个研究者虽然生活在一定的社会环境中，但都生活在"社会世界"中，同时自己是"社会世界"的一个组成部分，因其信仰、生活经验、所接受的教育等因素逐渐形成了价值观。当研究者投入研究的时候，尽管抱有"价值中立"的理想，但不可避免地会对研究所涉及的诸多问题做出"肯定""好"，或"否定""坏"的价值判断。

研究者价值观对研究过程的影响③ 通常表现在以下几个方面。

第一，利益群体对研究目的的影响。例如：谁为此项研究提供了资助，

---

① 曾群、魏雁滨：《质化研究的质量：一个半根基主义的观点》，《复旦社会学论坛》（第1辑），上海三联书店，2005，第179页。

② 曾群、魏雁滨：《质化研究的质量：一个半根基主义的观点》，《复旦社会学论坛》（第1辑），上海三联书店，2005，第178页。

③ 参照［英］迪姆·梅《社会研究：问题、方法与过程》，李祖德译，北京大学出版社，2009，第48页。

其目的是什么？研究者如何处理资助方的研究目的与自己独立于资助方的目的的冲突？研究者为什么要做这个研究，如何理解这项研究的社会意义？

第二，研究问题、研究对象和研究计划的设计。提出何种研究问题以及按照何种利益群体的要求来设计研究计划、如何处理与研究对象的关系等，均会受到研究者价值观的影响。

第三，搜集数据的过程。研究者找谁去搜集数据，以及在观察或调查时关注或陈述哪些事实或数据等。

第四，如何解释事实或数据，即研究者采用何种理论框架或假说或理论视角来解释事实或数据。大多数社会科学的理论框架本身就隐含着某种价值观，研究者在挑选理论框架时不仅受到事实或数据的影响，也难以避免地受到理论框架中隐含的价值观的影响。

第五，如何运用或推广研究结果。一些研究者可能会忽略个人价值观对研究过程的影响。一个不好的结果就是降低研究者对价值观干预研究过程的敏感性，使研究变得极为主观且不自觉。比较好的做法是：承认并指明价值观的影响，如介绍选题的理由、阐明与研究对象的关系等，同时在调查过程中遵循研究方法规范，在解释调查结果时考虑竞争假说和相反意见等，始终保持价值观对研究过程的影响的反省，以促进产生有价值的研究思想，使自己研究成果的客观性在一定的科学共同体内得到承认。

第四节　研究范式

这一节的重点是介绍研究积累的重要性。研究者要想为你所感兴趣的研究领域做出新的贡献，大多要站在"巨人的肩膀"上。

不难发现，每个特定研究领域都有相对稳定的研究范式。所谓范式就是这一特定研究领域的研究"范例"或"模型"。它大致由中心问题、概念术语、命题、理论假设、研究方法，甚至研究盲点等要素组成，这些要素就成为研究这一领域社会现象的参考准则。想想我们熟知的各个传播学研究特定领域，如效果研究、媒介与儿童研究、议程设置、沉默的螺旋、文化研究、传播政治经济学研究等，我们之所以能准确地区分这些领域，就是因为它们的范式不同。具体来说，当我们想进入文化研究领域时，我们就有必要了解文化研究实质上是一个强调公众所属社会阶级的学术理论框架，其中心问题是不同阶层的人群对文化的态度、使用方式和批评，其基本前提假设是：文化渗透并侵入人类行为的各个层面，人民是权力等级结构的一部分，而媒体作为一种精英群体会对被压迫群体行使权力。在这个领域中经常使用的术语是马克思主义、人民的权力、意识形态、文化战争、霸权与反霸权、虚假意识、受众解码、（受众解码时的）被霸权主导的立场、协商式立场和抵抗式立场等。① 文化研究的方法以思辨研究以及经验研究中的定质研究为主。此外，还要了解文化研究与马克思主义、文化研究与法兰克福学派等之间的联系和差异等。在这个基础上，我们很快就可以进入这个领域来开展自己的研究。这样的范式就可以看作"巨人的肩膀"。

无论何种研究范式，都含有三个要素：价值观、概念或同行术语以及基本命题、方法。

一　价值观

每种范式都有相应的价值观。这个价值观指的是某一研究范式所隐含的价值观，而不是研究者个人的价值观。有时候，采用不同研究范式的研究者会注意不同的社会事实，因为每种研究范式都有自己认为最重要的问题。也有时候，具有不同研究范式的研究者虽然注意同一个现象，但却做出不同的解释。一个经典的例子是马尔萨斯和马克思如何看待人口过剩。马尔萨斯认为人口过剩是人口自然增长规律的反映。而马克思指出：不存在自然的人口规律，人口过剩是资本主义发展需要过剩劳动力的结果。每个研究者在进入某个研究领域时，最好去理解并反省你所关心的研究范式所涉及的价值观。

二　概念或同行术语以及基本命题

每种研究范式都有自己的一套概念或同行术语。比如，在香农—韦弗的信息传播模式里，中心概念是信源、讯息、发射器、信号、噪音、接收器、

---

① ［美］理查德·韦斯特、林恩·H.特纳:《传播理论导引：分析与应用》（第八版），刘海龙译，中国人民大学出版社，2007，第393~410页。

熵等，香农还将这些概念联系在一起。当研究者进入这一研究领域时，必须在理解和应用这些基本概念的基础上，进行新的创作。后来的德弗勒也是如此，他继续采用这些概念进行研究，但强调了发出讯息的含义与接收讯息的含义的一致性，将这一传播模式中的讯息概念在某种条件下发展成为信息概念。又如，沉默的螺旋理论是在民意研究传统的"谐合""主流意见""公众效果""意见气候"等一系列概念的基础上，经过分析和整合形成的。形成后的理论出现了"公众威胁""准统计官能"等新概念，并得到了证实。

又如，女性主义媒介研究，其概念术语主要是女性主义、社会性别、权力、文化研究、刻板印象、制码解码、色情、意识形态、结构主义、符号学、观看（凝视）、欲望、愉悦政治、父权制、肥皂剧、浪漫小说、文化批评、电视批判、霸权、再现、符号歼灭、通俗文化等。

三　方法

每种研究范式都有相对稳定的研究方法，因为不同的研究范式注重不同的研究主题，而研究方法是由研究主题决定的。每个研究主题在长期的研究实践中都会找到最适宜的研究方法。比如，态度改变的研究方法多为控制实验、民意研究的经典方法为社会调查、把关人研究则多采用个案和观察方法、麦克卢汉"媒介即信息"的范式显然以人文的思辨研究方法为主。研究者在面临一个既定的研究主题时，发明研究方法的可能性极小，除非研究者遇到的是一个新问题，并且没有适宜的研究方法。因此，在多数研究中，研究者需要学习和遵从一定的研究范式。

研究范式并不是一成不变的僵硬的模式，其变化主要表现在三个方面。

首先，大多数研究范式会随着社会环境的变化、传播技术的发展或研究的深入而有所变化。比如，我们会发现，使用与满足理论有几个变化的重要节点，其中可以清楚地看到理论或假说承前启后的关系。这一理论产生于对有限效果论的批评。无论是个人差异论还是社会分类模式都不能很好地解释为什么受众可以对媒介影响做出自己的选择。为此，Katz, Blumler, Gurevitch 在 1974 年对大众传播过程中的受众角色做出了系统的阐述，并将这些思考理论化，提出了"使用与满足理论"。该理论认为，具有社会和心理根源的需求，引起对大众媒介及其他信源的期望，导致媒介接触或从事其他活动，结果是需求的满足和其他的大多是无意的结果。[①] 这可以说是第一个节点，即 20 世纪 70~80 年代，该理论在这个节点上产生了大量的经验研究。使用与满足理论至少在儿童与电视研究领域里具有一定的解释力，如施拉姆在 20 世纪 60 年代所进行的经典研究"儿童生活中的电视"中发现：儿童看电视是为了满足自己的娱乐、寻求信息和社会学习的需要，而并非像成人想象的电视操纵并控制了他们的行为。所谓的电视效果其实就是儿童使用电视的结果。[②] 使用与满足理论在历史上具有改变大众传播研究传统的作用。早期的"子弹论""态度改变""说服"等主要探讨"媒介对人的影响"，在研究上是以人的传播行为为自变量，以态度改变或行为为因变量。即使到了有限效果论阶段，大众传播研究加入了个人差异、社会差异等中间变量，但其基本的媒介影响人的单向研究模式仍然存在。使用与满足理论则与上述研究有非常大的差异，它的研究出发点是"受众如何使用媒介"，其自变量为人的需求和动机，因变量为传播行为，以探讨人的动机与行为的相关关系。Katz 指出使用与满足理论与以往研究最大的区别：它由传播者的角度转向了受众的角度来看传播行为。以传播者的角度，研究者就要问"媒介对人做了什么"；相反地，以受众的角度，研究者就要问"主动的受众用媒介做了什么"。尽管大众传播时代的受众究竟能在多大程度上主动地使用媒介还是颇有争议的问题，但使用与满足理论确实为大众传播研究提供了一个新的视角。

使用与满足理论将受众看得如此主动曾招致许多研究者的批评。他们指出：这种理论在方法和概念上都太强调个人，与"大众社会模式"中的受众比较尤为如此[③]，受众的主动性其实只在于可以从众多不同的媒介中自由选择内容。但是，在 20 世纪 90 年代中期，由于新的传播技术——互联网的普及，一些研究者重新审视了使用与满足理论。互联网使用的交互特征本身就决定了用户使用互联网必须具有个人的主动性，鼓励用户有目的的主动选择，并为这种选择提供了大量的技术手段。面对新的传播技术，研究者认为该理论

①　E. Katz, J. G. Blumler, and M. Gurevitch, "Uses and Gratifications Research," *Public Opinion Quarterly* 37（1973）: 509 - 523.

②　W. Schramm, J. Lyle, and E. B. Parker, *Television in the Lives of Our Children*, California: Stanford University Press, 1961.

③　D. McQuail, S. Windahl, *Communication Models for the Study of Mass Communications*, London: Longman, 1981, p.56.

比其他诸论更强调网络使用者的心理需要、心理动机、媒介的选择、传播内容的选择和心理满足，因而更能解释计算机网络传播。[1] 已有研究者提出了用户对 WWW 的五种需要假设：认知需要（Cognitive Needs），如寻求商业、政治、新闻、天气预报等信息；情感需要（Affective Needs），如享受艺术、音乐、戏剧和其他娱乐资源等；个人整合需要（Personal Integrative Needs），如用户在网上发现数千个求职机会，在更大的范围内选择自己的生活、增加自信心等；社会整合需要（Social Integrative Needs），如通过网络与世界范围内有共同兴趣或信仰的个人联系，而不再局限于所在地区等；逃避需要（Escapist Needs），如网络在线游戏带领用户进入一个幻想世界等。[2]Leung 和 Wei 则研究了手机的使用与满足，结果发现，使用与满足理论与另一个创新扩散理论一起使用时才可解释受众使用手机的动机。[3] 当然，研究者对使用与满足理论的重视并不代表其本身已是一个成熟的理论，正如研究者批评的那样，它仍然是一个有待发展的理论。但从使用与满足理论的发展过程中，我们可以看到一种研究范式的变迁，其理论观点（如受众是主动的）、前提假设（媒介使用行为是有目的的）、概念术语等，可能会从其他理论的批评中产生，在某一时段拥有大量的经验研究数据，同时会得到大量批评，并得到修正。

其次，有的特定研究领域存在不同的研究范式。如流行音乐研究，法兰克福学派范式强调的是对大众文化的批判，认为流行音乐是工业化的产品，导致了真正意义上的"人民文化"的丧失；传播政治经济学范式则谴责大型传媒机构的文化控制和对文化资本的过度开发等；亚文化视角重视流行音乐中文化身份认同的建构及其对主流文化的抵抗，大致将其视为底层民众的积极力量；后现代视角认为只有在特定的语境下，某些特定的音乐在特定的消费者介入下才能产生特定的意义，因此更关注何种人如何"挪用"和"重新

---

[1] C. A. Lin, "Standpoint: Looking Back: The Contribution of Blumler and Katz's Uses of Mass Communication to Communication Research," *Journal of Broadcasting & Electronic Media* 4(1996): 574-581.

[2] C. D. Hunter, "The Uses and Gratifications of The World Wide Web," paper presented at The Depauw University National Undergraduate Honors Conference, 1996.

[3] L. Leung, R. Wei, "More Than Just Talk on the Move: Uses and Gratifications of the Cellular Phone," *Journalism & Mass Communication Quarterly* 77 (2000): 308-320.

利用"流行音乐。

最后，我们也要仔细审视某一特定研究领域的研究范式之间的对立或互补关系。如，新马克思主义传播研究是一种范式，但因为继承和修正了马克思主义的不同观点，产生了两个一度看起来相对立的范式：文化研究和传播政治经济学。受众研究是一种范式，其中心问题是媒介与受众的关系，从表1.3 中可以看到，文学批评、效果研究、使用与满足、接收分析等范式都采用了不同的视角来研究受众。

研究范式在研究中具有以下重要意义。

第一，研究范式保持了研究的延续性。学习和遵从一定的研究范式，就要求研究者了解和分析前人的学术成果，包括理论观点、概念系统和方法等，要求研究者在前人研究的基础上进行研究，以避免低水平的重复。

第二，研究范式创造了学者之间交流的可能性。没有共同的研究范式、概念或同行术语，学术交流的效率是值得怀疑的。

第三，方法、范式在很大程度上保证了研究的科学性。一般来说，形成范式的东西蕴含方法的合理性和有效性。长期以来，人们在某一特定研究领域的实践中形成和发展了一系列科学研究的规则以及方法和技术。无数事实说明，许多失败的研究常常是没有很好地遵循这些规则或方法规范的结果。因此，为提高研究结论的信度，研究者需要遵循一定的方法、范式。

第四，研究范式决定创新的方向。有些研究者误以为研究范式与创新是矛盾的，认为只有破除一切研究范式，才可以创新。其实，研究范式是帮助研究者进行创新的。研究的根本目的是什么？研究的根本目的不是证明已有的结论，而是发现新的事实和新的理论。每个研究的创新程度、层次可能有所不同，但一个研究如果没有提供新东西，就是没有价值的。创新是每个研究的必然要求。那么，怎么辨别一个研究结论是否是新的呢？一个前提条件是要了解在这个领域里，前人已经得到了哪些结论，这就必然需要学习研究范式。在学习研究范式的基础上，一些研究者可以确定哪些问题是已经解决的，哪些问题是需要解决的，从而决定自己的创新方向。研究范式有相对的稳定性，但如前文所述，这并不意味着一成不变。它的变化取决于研究成果的变化，创新和研究范式是相辅相成的，即只有研究者有新的发现才能给旧的研究范式注入新的生命力，而新的研究范式将引导研究者进行新的创新工作。因此，完全无视研究范式的"创新"容易犯两个错误：重复性和可靠性差。这就是为什么我们强调学做研究的博士、硕士研究生在写学位论文时要阅读前人的文献，要扎实地去做一个文献综述。

目前，传播学研究各个领域大致形成了一定的研究范式。研究者要想在传播学研究领域内有所建树，就必须站在"巨人的肩膀"上，即在研究范式的基础上从事研究活动。

第二章　研究问题的提出

内容提要

将"研究问题的提出"单独列为一章,主要是因为从历届博士、硕士学位论文的开题报告中发现,有的学生没有提出研究问题,或在提出有意义的研究问题方面存在困难。这章的主要目的是:使学生能了解什么是研究问题、如何发现研究问题、如何提出和确认研究问题,以及如何对研究问题进行反思。

第一节　什么是研究问题

任何研究起源于疑问。为解决这个疑问所做的科学探索就是研究过程,换句话说,研究过程就是为解决疑问而通过科学方法寻找答案的过程。例如,"传播活动对发展中国生态农业有何作用"是一个研究问题,作者首先根据研究目的来选择村庄样本,然后进行参与式观察、集体或个人访谈等工作。最后作者可能得出的结论是:传播的作用在于增强意识、组织动员以开展集体行动,帮助消费者与生产者建立稳固的联系,进行社会动员以拓展行动空间,等等。科学共同体同行在审阅这个研究成果时,首先看论文提出了什么研究问题,这个研究问题是否有学术价值和社会价值,作者是否在遵循科学研究方法的基础上回答了这个研究问题以及有何种新的创见。提出和回答研究问题是研究的核心。

这一节首先帮助学生理解什么是研究问题以及什么是好的研究问题:区分研究领域、研究主题和研究问题;什么是研究问题?——研究问题的类型与方法;什么是好的研究问题?——研究问题的规范。

一　研究领域、研究主题和研究问题

在大多数情况下，研究问题不是一个孤立的问题，它一定属于某一个研究领域或交叉领域。对一个有一定理论素养或学术背景的学者来说，看到"媒介中是否存在性别刻板印象"这样的研究问题，会联想到女性主义的媒介理论，因为类似这样的问题属于媒介与性别领域；看到"互联网使用是否对青少年有负面影响"，会联想到传播学的效果研究或技术中心论等，类似这样的问题涉及传播学效果研究、青少年与媒介研究以及对技术中心论的反思等领域。

研究领域其实是一个比较宽泛的概念，指的是在科学共同体内长期约定俗成的大致的一个研究范围。对从事社会科学研究的人来说，社会学是一个研究领域，政治学是一个研究领域，法律也是一个研究领域，同时我们知道，这些领域是一个相对成熟的学科。传播学或新闻学，都可看作一个相对独立的研究领域，至于是否是成熟的学科，在学术界还尚有争议。在一个大的研究领域中，会存在诸多小的研究领域，可能还是多学科的交叉领域。比如，研究问题"边缘群体如何利用新媒体改善自己的处境"，属于传播学领域的发展传播学研究、新媒体研究等，同时与社会学领域的社会分层研究密切相关。

传播学研究领域通常以研究主题、研究对象、传播渠道和传播层次进行划分，如下：

研究主题——社区传播、健康传播、发展传播学、跨文化传播、文化研究等；

研究对象——媒介机构分析、受众分析、信息或文本分析等；

传播渠道——广播、电视、电影、流行歌曲、微博等；

传播层次——人内传播、人际传播、群体传播、组织传播、大众传播等。

不少学者试图对传播学或新闻学研究领域进行概括或分类。很多诸如《传播学概论》或《传播学理论概论》之类的书为我们提供了认识传播学研究领域的重要线索。

　　《麦奎尔大众传播理论》[①]对传播学研究领域进行了经典的分类，包括理论、结构、组织、内容、受众、效果等部分。这些部分实际构成了不同的研究领域。在理论部分，作者划分了早期理论：媒介作用理论以及关于对媒介与关系的探讨、大众媒介理论、媒介与社会理论、媒介与文化理论、新媒介理论以及媒介与社会规范理论等。我们可以看到，作者将四种报刊理论放在"规范理论"中阐述。在受众部分，作者囊括了有关受众的概念、批判学派的受众研究、受众类型、受众的满足模式、受众的媒介接触、受众媒介使用的公共领域与私人领域、使用与满足理论、亚文化与受众、媒介迷等主题。在效果部分，作者列举了短期效果的过程（媒介暴力研究、宣传、运动等）和长期效果与间接效果（扩散、框架效果、议程设置、沉默的螺旋、涵化理论等）。

　　应该说明，不同的学者以不同的框架来概括传播学领域。

　　斯坦利·巴兰（Stanley J. Baran）和丹尼斯·戴维斯（Denis K. Davis）的《大众传播理论：基础、争鸣与未来》"以历史的视角来展示媒介理论"，即以时间为维度来阐述大众传播学领域的理论问题。"这种方法的价值在于可以解释普遍意义上的社会理论——具体到媒介理论——在面临迫在眉睫的技术、社会、政治问题时进行发展变化的努力。"[②] 作者强调了研究议题或主题以及理论随着时代的变化而变化，使我们看到传播理论的发展与时代发展的关系。在作者的分类中，大众传播理论发展包括三个阶段：

　　大众社会与大众文化时期——媒介产业崛起、大众社会理论的假说、魔弹理论、拉斯韦尔的宣传理论、李普曼的舆论形成理论、媒体社会责任、公民新闻等；

　　有限效果论的兴盛和衰退——态度改变理论、功能分析的方法、信息扩散理论、克拉珀的现象主义理论、权力精英、儿童与媒介研究、通信的数学理论等；

　　当代大众传播理论——批判和文化理论（文化理论、马克思主义理论、文化研究、法兰克福学派、传播政治经济学研究、媒介功能论等），媒介与

---

① 〔英〕丹尼斯·麦奎尔：《麦奎尔大众传播理论》（第四版），崔保国、李琨译，清华大学出版社，2006。

② 〔美〕斯坦利·巴兰、丹尼斯·戴维斯：《大众传播理论：基础、争鸣与未来》（第三版），曹书乐译，清华大学出版社，2004，第9页。

受众理论（接收分析、女性主义接受研究、框架理论、信息处理理论等），关于媒介、文化和社会的理论（麦克卢汉研究、英尼斯研究、知识鸿沟、议程设置、沉默的螺旋、媒介系统依赖理论、"卑鄙世界"指数、新闻生产研究、全球化与媒介、媒介素养教育等）。

《媒体与社会：批判的视角》[1]的作者格雷姆·伯顿（Graeme Burton）采用一个传统的构架来建构传播学研究领域，即媒体机构、媒体文本和受众，但无论是对媒体机构还是对媒体文本或受众，作者都采用了批判的视角。这一视角被作者概括为"政治经济学模式"。针对媒体机构研究领域，作者讨论的问题实质是媒体与社会之间的关系，即媒体机构所具有的权力。在关于媒体文本的讨论中，作者探讨了"叙事"、"再现"、"写实主义"和"类型"等概念，强调了对文本的解构；在受众研究领域，作者探讨的是"受众与文本之间的互动"，以批判的视角考察媒体对受众和社会的影响。作者认为，无论是研究媒体机构，还是媒体文本或受众，都需要理解"意识形态""话语""霸权""神话"等概念，这些概念共同存在于"意义生产"的空间："想法和意义是如何产生出来的？这些意义具有怎样的权力？""传媒产业是意义的生产者，所有的传播行为都会生产出各种意义。正是这些意义所具有的权力以及我们使用这些意义的方式，才塑造了各种社会关系，对社会产生了影响，构建了社会现实并且导致了宰制行为和屈从心理等。"[2] 在这本书中，作者从批判的视角阐述了媒体机构、媒体文本和受众之后，将媒体与暴力、女性杂志、流行音乐、电影、媒体与新技术、广告、电视肥皂剧、新闻、体育与媒体再现、全球化与媒体等批判视角下的研究领域作为案例分析，以引发相关的讨论，但仍然是建立在"机构""文本""受众""意义生产""权力运用"等核心概念的基础上。

与《媒体与社会：批判的视角》一书采用鲜明的批判视角不同，另外一本《传播理论导引：分析与应用》[3]则平衡地阐述了25种理论，如象征性互

---

[1] ［英］格雷姆·伯顿：《媒体与社会：批判的视角》，史安斌主译，清华大学出版社，2007。

[2] ［英］格雷姆·伯顿：《媒体与社会：批判的视角》，史安斌主译，清华大学出版社，2007。

[3] ［美］理查德·韦斯特、林恩·H.特纳：《传播理论导引：分析与应用》（第二版），刘海龙译，中国人民大学出版社，2007。

动理论、认知不协调理论、社会交换理论、组织文化理论、修辞术、戏剧理论、叙事范式、文化研究、培养分析、使用与满足理论、失语群体理论等，每一种理论都涉及不同的研究对象，可以看作一个研究领域。值得注意的是，上述作者列出的一些领域实际上是跨学科研究领域，如社会交换理论与社会学相关、修辞术与文学研究相关等。但正如学者刘海龙指出的，在引进传播学理论的时候，有些领域是研究盲点，比如修辞研究或批判性修辞研究，已经"让位"给文学研究，跨文化研究更集中于国际领域，没有看到国内不同群体（比如访民与学者等）也有跨文化的问题。[①]

讨论传播学领域，一个现成的可参考的坐标是每年一度的国际传播学会（International Communication Association，ICA）年会，这是一个相对比较主流的传播学研究的平台。以 2008 年论文投稿分组为例，其研究领域包括：人际传播（Interpersonal Communication）、大众传播（Mass Communication）、组织传播（Organizational Communication）、跨文化传播（Intercultural Communication）、政治传播（Political Communication）、教育与发展传播学（Instructional & Developmental Communication）、健康传播（Health Communication）、传播哲学（Philosophy of Communication）、传播与技术（Communication & Technology）、流行文化与传播（Popular Communication）、公共关系（Public Relations）、女性主义学术研究（Feminist Scholarship）、传播法律与政策（Communication Laws and Policy）、语言与社会互动（Language and Social Interaction）、视觉传播（Visual Communication）、新闻学研究（Journalism Studies）、全球传播与社会变迁（Global Communication and Social Change）、同性恋双性恋和跨性别研究（Gay, Lesbian, Bisexual and Transgender Studies）、组内传播研究（Intergroup Communication）、少数族群与传播研究（Ethnicity and Race in Communication）、游戏研究（Game Studies ）以及传播历史研究（Communication History）等。

与国际传播学会年会相比，国际媒介与传播研究学会（International Association for Media and Communication Research，IAMCR）年会的研究领域更接近第三世界国家的研究实践。以 2012 年南非德班年会为例，其包括以下

---

① 引自［美］理查德·韦斯特、林恩·H.特纳《传播理论导引：分析与应用》（第二版），刘海龙译，中国人民大学出版社，2007，译者前言，第4~8页。

研究领域和主要议题。

受众研究——受众研究和网络新闻；受众接收研究；受众研究方法；社交媒介使用研究；受众理论与文化研究；儿童青少年与媒介研究；流行电视与再现；等等。

抗击艾滋病与健康传播——艾滋病报道研究；娱乐教育；健康新闻的建构与接收；艾滋病、价值观与行为改变；来自草根组织的艾滋病与健康传播的议程设置研究；等等。

传播政策与技术——关于互联网对隐私权、言论自由和人权的挑战；ICT与媒介影响；对社会包容与政策的批评；移动技术、实践与政策；新闻学与ICT；年轻人与政治参与；信息社会的黑暗面；重构互联网与社会。

社区传播——非洲社区广播；社会运动、行动主义与新媒介；另类传播；如何支持世界广播日；社区传播理论；关于社区传播的南北对话；社会运动、传播行动与生态危机；社区媒介政策：创新、挑战与行动主义；社区与公民媒介的批判性资源；数字文化、网络公众和虚拟社区；等等。

危机传播——危机传播的理论视角和战略视角；应用危机传播。

数字鸿沟——改善南北对话；数字鸿沟背景下的社会议题；概念化数字鸿沟；亚洲年轻人与ICT；等等。

传播学可能的新领域（Emerging Scholars Network）——非洲媒介与新技术与发展领域；媒介政治经济学；民族/国家/地方性的政治传播学；青年与媒介研究；性别、监测与社会改变；新闻学、媒介与政策；等等。

环境与科学传播学——气候变化、峰会与媒介；公共环境话语；环境传播与气候正义；传播与灾害及环境问题；媒介与科学。

社会伦理与传播伦理——中国与美国的公共关系伦理的比较研究；传播伦理研究；等等。

社会性别与传播——性别与媒介（视觉）再现；性别、传播与全球权力；性别与理论；媒介与社会变化；性别、文化与ICT；性别、人权与媒介；性别与南北对话；性别、新闻与新闻制作者；等等。

全球媒介政策——全球政策的图绘研究：挑战与趋势；关于全球媒介政策的南北对话；等等。

历史——媒介历史研究的方法论取向；媒介与帝国研究；国际媒介在历史事件中的角色；亚非的媒介改革；等等。

国际传播——学术杂志与知识生产：编辑之间的南北对话；信息技术、媒介与国际发展；当代全球媒介研究；国际广播电视新闻研究；世界新闻研究；媒介中的国家、公众、文化与认同；等等。

伊斯兰与媒介——社交网络与阿拉伯之春；革命与媒介转型；媒介中关于穆斯林的刻板印象；媒介、对话与冲突解决；等等。

新闻学与新闻教育研究——职业新闻学研究；和平新闻学（Peace Journalism）；新闻文化与公共领域；新闻教育；媒介批评；等等。

法律——表达自由的挑战；媒介法律与政策的政治经济学；法律与社会的互动研究；法学史；等等。

媒介与体育运动——媒介、运动与受众；媒介与全球体育运动；媒介、运动与庆祝仪式；媒介与运动：男性的足球；等等。

媒介教育研究——媒介课程与创造性学习的发展趋势；媒介素养教育与媒介实践；冲突和革命中的媒介素养教育；ICT 和社交网络对媒介素养教育的影响；等等。

媒介产品分析——新闻学与跨媒介；媒介产品与管理；民族志方法学；等等。

媒介宗教与文化——视觉形象、电影与宗教精神；宗教传播；宗教文本的消费主义；犯罪报道；等等。

公共关系与社会——阿拉伯之春及其启示；家庭与媒介；公民关系与公共领域；媒介与公众记忆；新媒介使用与社会政治认同；媒介行动主义；媒介研究方法论；需要理论化与概念化的问题：精英 / 信息社会；等等。

参与式传播研究——社交网络、社会运动与社会变革；参与、新闻与数字新闻；旧媒介与新媒介：社会变革；参与式传播作为一个过程；对参与式传播的批评；企业社会责任：资本主义利益相关者的理想与参与式发展的共同基础；参与式传播理论的发展；参与式传播、社区媒介与社会变革；声音、参与式传播与社会变革；国际发展中的参与式传播；等等。

政治传播研究——社交媒体与阿拉伯之春；视觉与电视政治；新闻业与政治影响；新媒介对政治传播的影响；社交媒体与新政治网络；等等。

政治经济——地方与全球动力机制；媒介与金融危机；新闻学与新闻报道；参与与社交媒介；可见与不可见：语言与记忆的政治经济学；媒介工业的发展；传播政策与公共领域；媒介政策与法规；等等。

流行文化。

后社会主义与后威权制。

公共服务与媒介政策等。

除了国际会议，还有一些区域性的会议，则更关注地方性研究主题。比如，2008 年 7 月 14~17 日在菲律宾召开的第 17 届亚洲媒介、信息与传播中心（Asian Media Information and Communication Centre，AMIC）年会的主题是"社会变革中的媒介：媒介与千年发展目标"（Changing Media, Changing Societies: Media and the Millennium Development Goals），集中于亚洲发展与传播的议题，如：媒介与 MDGs（千年发展目标）；媒介与青年；新媒介与数字技术；媒介与发展；媒介与性别；媒介、民主与人权；社区另类媒介；媒介与文化、研究传播的亚洲视角、广播研究、新闻学教育；等等。

我们从不同角度列举了传播学研究领域或主题，是想说明以下两点。

第一，现在拟定的一个研究问题很有可能来自上述领域或上述领域中的一个研究主题，具有一定学术背景的研究者会发现其拟定的研究问题与一定领域或研究主题的关系。

第二，研究问题不是研究主题或研究领域。在指导学生做研究时，我们经常发现初学者会混淆两者之间的关系。比如，在博士学位论文开题报告中，我们不难发现，研究问题被表述为"中国微博意见领袖研究""网络舆论引导研究"等，应该说，这是一个研究领域或一个正在浮现的研究主题，而不是一个研究问题。那么，什么是研究问题？

二 什么是研究问题？——研究问题的类型与方法

顾名思义，研究问题一定是在上述领域中提出一个问题。"研究问题是一个科学的疑问或一系列的疑问，因为回答这个疑问对以后的科学进程具有十分重要的意义。对于各门科学来说，取得可靠结果是重要的，发现科学问题也是重要的。因为科学问题可以开拓认识的事业。这样的问题没有解决，也仍然能推动科学研究。一门科学若不再有问题，就结束了科学研究，只能作为科学学说继续存在。"①

"研究的第一步就是将一个含糊混乱的原始情境中的真正'问题'找出。这一项工作本身是关键的、艰巨的。如果一开始就将问题找错了，那么问题的解决就无法获得。同时也是一个渐进的过程，需要多次甚至许多研究者一起努力来寻找。"②

应该注意，研究问题不是研究领域的名称，也不是一个研究主题，而是在一定研究领域或一定研究主题中要回答的一个问题，回答这个问题需要做研究，包括经验研究或思辨研究等。研究问题举例如表2.1所示。

表 2.1　研究问题举例

序号	研究领域	研究主题	研究问题
例1	健康传播	儿童青少年与预防艾滋病	在边缘青少年中最有效果的预防艾滋病的传播战略和策略是什么
例2	发展传播学	流动人口、传播与赋权	流动劳工使用什么样的媒介更有利于赋权
例3	媒介与性别研究	性别与新闻生产	某类媒介编辑部如何生产有关性别的新闻
例4	传播政治经济学	马克思主义传播学研究	马克思主义传播学都有哪些论述可以帮助我们理解目前的危机和社会变迁
例5	新媒体理论研究	新媒体研究中的批判学派	对于新技术，批判学派的主要观点是什么，与技术中心论有何主要区别
例6	媒介内容研究	大众媒介中的族群再现	《北京青年报》2006年至2007年少数民族再现的特征是什么
例7	受众研究	流动工人的媒介使用研究	建筑工地工人媒介使用的频率和偏好是什么，对他们的生活有什么用处

从表中可以看出：第一，研究问题至少是一个问句；第二，研究问题的范围比研究领域和研究主题要小，其研究焦点更为集中。

研究所采用的方法不是盲目选择的。选择方法一定要看哪种方法最能解决你的研究问题，所有方法都是针对研究问题提出的。例如，回答例1、例2、例3的研究问题，通常需要采用田野调查的方法，即通过访谈、焦点

① ［德］阿·迈纳：《方法论导论》，王路译，生活·读书·新知三联书店，1991，第189页。

② 杨中芳：《从主流心理学研究程序来看本土化的途径》，第五届华人心理与行为科学学术研讨会，"中研院"民族学研究所，2000年12月8~10日。

组访谈、观察、参与式观察或民族志研究等方法。例 4 和例 5 则采用文献分析和思辨研究的方法。例 6 则需要采用定量的内容分析方法。要回答例 7 的研究问题，最好的方法可能是社会调查以及焦点组访谈。这说明：第一，研究者感兴趣的研究问题并不都需要用实证方法或经验研究的方法来解决；第二，有些研究问题可采用多种方法。

台湾学者杨中芳[①] 曾引用 Northrop 说明社会科学的研究问题可分为三类：与逻辑合理性有关的研究问题，简称"逻辑问题"；与事实是否吻合有关的实然问题，简称"实证问题"；与价值有关的应然问题，如道德、宗教及偏好等，简称"价值问题"。

逻辑问题，只能采用思辨研究方法来回答，我们也称之为逻辑方法。逻辑问题无须也不能用实证方法来解决。

实证问题，即是否符合事实的问题，只能用实证方法来回答，但必然借助思辨研究方法。

与思辨研究相比，实证研究是探讨某个或某类现象自身的属性是什么的，比如这个苹果是红的还是绿的、综艺节目的收视率是多少等，不能通过思辨研究方法来回答，只能通过实证方法来回答。思辨研究则是处理研究现象之间的关系的，比如现象的集合关系和现象间的因果关系（作用关系）。当我们要说明什么是"主流媒介"的时候，我们可能将"全国发行的""政府主办的""发行量在 200 万以上的"等特征汇集起来进行定义，这就是对现象集合关系的分析；当我们要说明媒介暴力是否对青少年有影响，这就是对现象间的因果关系的分析。在这里应该强调的是，思辨研究有两种表现形式：第一种是纯思辨研究，这类研究通常涉及类似"传播的本质是什么"的问题；第二种则是出现在实证研究中的思辨研究，用以解释事实之间的关系。从这个意义上说，只要涉及社会现象之间的关系问题，无论是实然问题还是逻辑问题，都需要采用思辨研究方法。

应然问题，即价值或信仰问题，通常不会构成学术领域中的研究问题，也不可能完全用实证方法来解决，即不可能在现实社会中找到与之完全对应的事实加以验证。但是，如果认为一个应然问题特别重要，有时经过努力可

---

① 杨中芳:《从主流心理学研究程序来看本土化的途径》，第五届华人心理与行为科学学术研讨会，"中研院"民族学研究所，2000 年 12 月 8~10 日。

以通过追问，把其中的实证部分找出来，将价值问题的一部分变成实证问题，当然，这需要研究者的智慧和真功夫。

比如，在国学盛行的时候，有人提出，儿童应该从小学习《三字经》和《弟子规》。这是一个典型的价值问题的例子，其表现形式是结论先行。如果想将此价值问题变成实证问题的话，就要追问：为什么儿童应该从小学习《三字经》和《弟子规》？我们可能会得到一个理由：学了《三字经》和《弟子规》的儿童更懂礼貌。这样我们可以形成一个实证问题的假设：从小学习了《三字经》和《弟子规》的儿童比没有学过《三字经》和《弟子规》的儿童更懂礼貌。为证明这个假设，研究者首先要定义何谓"学习"、何谓"礼貌"，然后到学过和没有学过《三字经》和《弟子规》的儿童中去做调查，看是否学了《三字经》和《弟子规》的儿童更懂礼貌，最后得出结论，其结论是在研究之后的。

在现实生活中，通常我们遇到的行政研究，如社会科学基金课题、国家各部委委托的课题以及联合国机构等委托的课题等更多地含有价值观的预设。这就要求我们在仔细研究之后，将其转变为可以实证的研究。当然，也可转变为纯思辨研究的研究问题，但需要警惕的是"选择性观察"等偏见的影响。

三　什么是好的研究问题？——研究问题的规范

概括地说，符合规范的研究问题就是好的研究问题。这种规范表现在三个层面上。

（一）研究问题的内容层面

在内容层面上，好的研究问题要具备如下要素。

第一，在新闻学或传播学学术领域内或在与传播学交叉的学术领域内提出的研究问题。这就意味着研究问题具有一定的新闻学或传播学的学术背景。

第二，研究问题不是一个前科学的问题，而是经过研究之后，从含混不清的状态中发现的真正清晰的研究问题。

第三，反映两个以上的变量之间的关系。研究者要想发现一个有意义的研究问题，可采用两个以上的变量构成某种关系，以此来建构研究问题。这可能是一个起点，之后还要进行大量的修正，或者包括更多变量的复杂关系。比如，联合国儿童基金会曾委托一个科研机构研究大众媒介中的女孩形象，研究者将其修改为："女孩在新闻节目中出现的频率与其被刻画为顺从或主导地位的角色之间是什么关系。"

第四，研究问题陈述可检验，且存在一个以上的答案或答案是不清楚的，通过研究才能得到答案。

第五，研究问题具有一定的价值，包括学术价值和社会价值。学术价值指的是研究此问题对一定研究领域的学术发展的贡献程度，包括选题对学科发展的贡献（我们经常说是否填补了空白等）、回答此研究问题是否能为一定研究领域提供新事实或新知识、所产生的新的认识结论是否会推动学科发展等，还包括是否提供了新的分析视角或研究方法的创新等。[①] 我们通常会问自己：我回答这个研究问题会为这个研究领域增加什么新知识或新事实？当然，要想知道增加何种新知识或新事实等，首先要知道这个研究领域已经有了什么样的知识，明确认识到自己的研究在此研究领域内处于什么样的位置。社会价值则指的是研究问题是否会回应重大现实问题，或是否会对认识现实世界及促进社会改变有用等。有的研究学术价值和社会价值兼具，有的研究则以学术价值为主，或以社会价值为主。

第六，研究问题排除了个人的价值判断。如前文所述，应该、好坏的问题属于个人的价值判断，比如对残障人士的报道应该符合伦理标准，就没有排除个人的价值判断。但是如果提出"关于残障人士的报道是否符合伦理标准"的研究问题，并基于一定的系统的标准进行评价，就不是研究者个人的价值判断。对这样一个研究问题，我们首先要建构一个伦理标准，然后用此标准来衡量一定样本的报道，以此得出结论，这样的研究问题就是客观的。

（二）研究问题的形式层面

第一，研究问题在形式上是一个问句。

第二，研究问题是用专业术语来表达的（表明是在一定的研究领域内）。

第三，研究问题概念明确且条理清晰。

---

① 　卜卫、周海宏、刘晓红：《社会科学成果价值评估》，社会科学文献出版社，1999，第126页。

（三）研究问题的操作层面

第一，所选择的研究问题是用已知的科学方法可以探明的问题。

第二，研究问题的层次是合适的（例如，如果是学位论文，研究问题必须适合做一个硕士或博士学位论文题目）。

第三，个人的知识结构、研究经验和可利用的资源适合做此类研究。

我们以中国社会科学院研究生院 2007 级硕士万小广的论文《转型期社会利益冲突的媒介再现——主流媒体对农民工讨薪报道的架构分析》为例进行说明。

这篇论文源于作者对主流媒体报道农民工议题的观察。作者认为，主流媒体往往通过不同的媒介框架来报道农民工议题。所谓媒介框架，是指媒介在报道新闻中围绕某一主旨对事实进行选择和裁剪，使之形成特定的认识世界的"相框"。这个"相框"界定了议题的性质，并能够顺理成章地推导出"对策和建议"，进行价值判断。受各种政治、经济力量的影响，媒体往往以不同的"相框"呈现农民工议题。经过这种"相框"呈现的媒介事实，反过来影响人们的认知、态度和行动，特别是政府决策，如将打工者视为"不稳定因素"、出台禁止"集体讨薪"条例等。

作者的研究目的非常清晰。作者指出这项研究希望通过分析主流媒体如何报道农民工讨薪议题，达到两个目的：探讨转型期媒体报道社会利益冲突议题，包括内容特征、内容形成的机制和影响因素，特别是转型期媒体宣传属性与商业属性并存的结构性特征如何体现在媒体的运行当中；作为一个负载权力的话语产制场域，大众媒体如何使用话语与象征报道社会冲突议题，以及在此过程中如何建构并维系转型期的社会政治经济权力关系。

从上述研究目的出发，作者提出以下三个研究问题：

主流媒体对农民工讨薪议题的报道存在哪些主要的媒介框架？

这些媒介框架受哪些因素影响，各种因素在新闻产制中是如何起作用的？

在中国转型期的社会背景下，主流媒体再现农民工讨薪这类社会利益冲突性议题的媒介框架，其意识形态内涵及意义是什么？

前两个研究问题是为了实现第一个研究目的，第三个研究问题是为了实现第二个研究目的。

就研究问题的内容层面而言，我们做如下判断。

第一，作者是在新闻学或传播学学术领域内提出的研究问题。

第二，研究问题是清晰的研究问题。

第三，研究问题反映两个以上的变量之间的关系，如主流媒介中的报道、媒介框架、影响因素等。

第四，研究问题陈述可检验，在研究之前没有答案。

第五，研究问题具有一定的价值，包括学术价值和社会价值。作者阐述的社会价值为，研究有助于增进对转型期农民工与主流媒体关系的了解，为探索和开展"传播与赋权"行动提供经验支持，具体包括：以此作为农民工媒介素养教育的素材，赋权（empowerment）农民工，增强农民工社会组织的媒介倡导能力；以此作为培训记者和媒体的素材，增强媒体在报道不同群体（特别是处于某种困境的群体）利益诉求时的公平意识，减少在社会利益冲突议题报道中的社会歧视和污名化现象，促进社会的公平与正义。该研究的学术价值为，增进学术界对以下两方面的认识，包括：归纳转型期主流媒体报道社会利益冲突议题的媒介框架、运行机制和影响因素，增进对转型期媒体行动逻辑的理解；探讨在这类社会利益冲突议题的报道中，主流媒体如何使用话语与象征来建构和维系转型期的社会政治经济的权力关系，增进对转型期大众媒体与社会之间的关系的理解。

第六，研究问题排除了个人的价值判断。

就研究问题的形式层面而言，我们看到：万小广的研究问题在形式上是一个问句，且用专业术语来表达，如"媒介框架""意识形态""社会利益冲突性议题"等；研究问题概念明确且条理清晰，首先是探讨存在何种框架，然后观察这些框架产生的影响因素，最后讨论这些框架的意识形态意涵。

就研究问题的操作层面而言，作者所选择的研究问题是用已知的科学方法可以探明的问题，如作者计划采用内容分析和框架分析以及记者访谈的方法试图回答三个研究问题；研究问题的层次适合做一篇硕士学位论文，且作者的知识结构等适合做此类研究。在启动这一研究之前，作者已经系统地进行了架构分析，且发表了相关的论文；作者从2008年至2010年参与了流动工人组织的诸多文化事件，并承担了这些事件的新闻报道工作，积累了很多实践经验。

因此，万小广这篇论文的研究问题可以说是规范的、有意义的。

科学研究都是从疑问开始的，科学研究的一个重要动机就是好奇心。但在基于好奇心提出问题之后，要不断地通过研究来澄清问题，以此来确认这个问题是一个有意义的问题，且是目前采用科学方法进行研究可以回答的问题。应该说明，发现或提出一个好的研究问题并不是一件容易的事情。在这个意义上，提出科学的研究问题本身可以说是一项研究的最重要的组成部分。

第二节　如何发现研究问题？——研究问题的主要来源

如何发现研究问题？这一节将重点介绍研究问题的四种主要来源。应该注意的是，实际上研究问题的来源不只这四种，而且大多数研究问题的来源是混合的。这四种主要来源是：实际社会生活、学术界、行政部门以及社会辩论。

一　实际社会生活

从实际社会生活中发现研究问题，大致包括个人经历、他人经历以及社会事件或冲突等。对有学术敏感的研究者来说，这些经历、事件或冲突可能会触动其特定的学术积累，激发其产生相关假设的灵感，或促使研究者产生研究冲动以寻找解决方案。

（一）个人经历

如果研究者具有一定的学术积累且对生活观察非常细致的话，那么个人经历有可能成为研究问题的来源。一个基本的道理是：每个人都生活在一定的社会环境中，在一个基本的社会位置上与不同的社会群体建立了不同的联系，这就为发现研究问题提供了重要基础。有时，个人经历有可能成为研究问题的全部来源，比如，经历过癌症的研究者会对健康传播的领域非常感兴趣，提出"在信息社会里，一个癌症患者可能有哪些获得信息的渠道、需要哪些条件提高与增强自己对治疗过程的参与程度和与医生的协商能力"等研究问题，通过研究自己的经历来寻找答案。这类将自己的经历放置于研究中心的研究通常被称为"自我民族志"①或"局内人民族志"。

在大多数情况下，个人经历可以启发研究一定群体或社会中的问题。比如，基于研究者自己患癌之后治疗的经历，同样可以产生类似"在信息社会里，一个癌症患者可能有哪些获得信息的渠道、需要哪些条件提高与增强自己对治疗过程的参与程度和与医生的协商能力"的研究问题，然后通过对其他患者和他们的信息渠道进行定量或定性调查来寻找答案。又如，来自农村的研究者可能对农村的生育文化和传播更有研究感觉。再如，一个偶然的机会，研究者应邀参加了农民工的圣诞聚会，可能会产生"农民工，特别是流动妇女，为什么对宗教聚会如此投入"的疑问，进而产生了关于宗教在农民工生活中的作用的研究问题。

上述经历是"可遇不可求"的。但有的研究者为研究特定的问题，专门追求一种与研究对象相同的经历，会投身于相应的生活生产实践中。麦克·布·洛维（Michael Burawoy），美国加州大学伯克利分校的社会学教授，曾以长期参与式观察的方法在赞比亚、美国、匈牙利和俄罗斯的多个工厂当过工人，在此基础上完成了关于劳工研究的《制造同意：垄断资本主义劳动过程的变迁》《生产的政治：资本主义和社会主义下的工厂政体》等重要著作。

应该说，个人经历是研究问题非常重要的来源。但遗憾的是，当研究生逐步进入研究领域后，会自然地切断自己的生活实践与研究的联系，自己、自己所属的群体以及自己的生活似乎与传播学研究无关，而将研究焦点放在传播学领域的主流议题上。当互联网研究比较热门时，就去研究互联网，当微博比较热门时，又去研究微博，不能将自己置于社会发展的背景中重新认识自己的生活实践。一位来自甘肃省的研究生曾经反省过自己的生活与传播学研究的关系，她说："我外公外婆不识字，有次回家他们问我为什么在电视里没有看到过我，他们认为，我们这些在'外面'的人都应该出现在电视里……这些东西对他们来说简直就是天外之物。""很多国家政策落实到乡村

---

① 卡洛琳·艾利丝、亚瑟·P.博克纳：《作为主体的研究者：自我民族志、个体叙事、自反性》，载［美］诺曼·K.邓津、伊冯娜·S.林肯主编《定性研究（第3卷）：经验资料收集与分析的方法》，风笑天等译，重庆大学出版社，2007，第777~822页。在这里，自我民族志被看作一种探讨研究者自我生活经验的自传式个人叙事。

就早已走了样，比如'村村通'工程，第一次安装好电视接收机，之后出现问题了就再也无人问津，农民不知道去哪里可以修或者换。"这些都是传播学需要研究的问题。此外，研究者可以通过反省自己的生活与社会发展的关系，将自己原本以为属于私人领域的经历和经验，放到公共领域重新认识，从而对塑造自己本身的历史和社会背景有一个深入的了解，使自己的生活也参与其中，而不是被"悬空"或割裂在研究之外[①]，这也是研究问题的重要来源之一。

（二）他人经历

研究者熟识的或不熟识的人的经历，也能启发研究者产生新的研究问题。譬如，在抗击艾滋病的传播研究中，我们认识了一些感染者小组的成员，参加了他们组织的"反歧视"传播活动，发现他们组织活动的经历特别有意义，因为小组或集体的传播活动比针对个人的传播活动更有效果，由此可以发展出相应的研究问题。

（三）更广泛的他人经历——社会事件或冲突

实际社会生活指的是我们观察到的社会中发生的事件或冲突以及突发事件等。2012年和2013年，很多媒体都报道了"打工春晚"，其春晚视频也可从优酷或搜狐等视频网站上看到。那么，为什么会有"打工春晚"？"打工春晚"是谁组织的以及如何发展起来的？"打工春晚"与央视春晚在内容和形式上有何不同？"打工春晚"的价值和意义是什么？这一系列的疑问就可能发展成一个关于劳工文化的研究问题。

从实际生活中发现研究问题，并不意味着仅看看社会或深入基层就能发现好的研究问题。好的研究问题大多建立在相对足够的学术积累的基础上。有了一定的学术积累，社会实践才能触动、启发研究者发现有意义的研究问题。在没有讲授"社会性别与媒介"课程的时候，几乎所有学生对媒介中再现的"男主外女主内""男强女弱"的性别形象没有任何感觉，但了解了社会性别理论之后，学生们再看到媒介中的性别形象的时候，就会指出男权中心的意识形态的问题。有的学生从中发展了"时尚杂志是如何再现女性形象

---

① 〔美〕麦克·布洛维:《公共社会学》，沈原等译，社会科学文献出版社，2007，第14页。

的""国家形象中女性角色如何被安置"等研究问题。

从实际生活中发展好的研究问题或寻找研究题目，需要结合系统的文献分析。系统的文献分析会告诉我们，该题目是否已经被人研究过，在学术领域中这个问题已经有了怎样的知识积累、有什么空白需要填补、有什么疑问有待澄清，等等。

二　学术界

学术界可以提供已有的研究成果和正在进行的研究以及尚在争议之中的研究观点，这是我们发现研究问题的另一个宝贵资源。

已有的研究成果指的是公开发表的成果，其形式包括论文、论著、学术期刊、教科书或课堂教学等。当开始做研究的时候，我们大多对某一领域的研究主题抱有一定兴趣，诸如"新媒体研究""健康传播""微博研究""新闻报道的框架分析""生态农业与传播""流动人口与传播""广告研究"等，但如前文所述，这些都是一定的研究领域或研究主题，而不是研究问题。阅读这些成果，会帮助研究者理解其所感兴趣的学术背景，慢慢聚焦某一领域或某一主题，激发研究灵感，最后形成新的研究问题。比如"生态农业与传播"是发展传播学的一个研究领域，在阅读国内外的研究成果之后，可以逐渐形成"新型生态农业如何在中国试验农场进行扩散"等研究问题。值得注意的是，学术期刊中已发表的成果，可能会在文末对未来研究提出建议，我们可以直接拿来做参考。在文末的研究建议和论文摘要，大多会描述此项研究在整个研究领域的位置和意义，为我们提供寻找新的研究问题的线索，有时甚至可能直接形成研究问题。比如，20 世纪 90 年代发表的一篇论文中，在对儿童与传播研究进行总结后，提出中国农村儿童的媒介接触及其影响的研究还是一个空白。另一个研究者直接采用了这个建议，提出了"农村儿童如何使用媒介"等研究问题。此外，年鉴中对某一领域研究的总结以及发表在各个学术期刊的研究综述都是发展研究问题的重要参考资料。

除了已经发表的研究成果，正在进行的研究项目、课题或正在撰写过程当中的论文也是我们发现研究问题的来源之一。这些正在进行的项目、课题或正在撰写过程当中的论文大多可以从国际研讨会、国内研讨会、正式或非正式的同行学术交流等渠道获得。在国际研讨会上，这类论文被称为 Working

Paper，作者一般会注明"不能引用"（no quoted）。Working Paper 在国际研讨会上交流的目的是广泛听取质疑和批评意见，使论文更经得起同行专家的推敲和检验。同时，其他研究者可以了解目前最前沿的研究趋势，在批评别人的论文中获得启发。例如，研究者如果对劳工与传播主题感兴趣的话，那么在国际研讨会上，听了有关加拿大劳工抗争与传播的发言之后，就会联想到中国劳工抗争与传播的研究；听了有关马克思主义劳工研究的发言，就会产生"马克思主义传播学中究竟有哪些关于劳工文化和传播的论述，这些论述的产生背景是什么""新马克思主义如何建构这个研究主题，对中国的实践有何意义"等一系列疑问，这就是研究问题的雏形。

各种国际国内研讨会的论文征集（Call for Paper），也可看作研究问题的来源之一，通常是一组研究学者就某一领域的特定主题来征集论文。例如，2013 年国际媒介与传播研究学会年会主题是"危机、'创造性解构'、全球权力与传播秩序"（Crisis, "Creative Destruction" and the Global Power and Communication Orders）。在这个主题之下，各个分会拟定了适合自己的研究问题。社区传播（Community Communication）历来重视研究社区、另类媒介和公民媒介，重视非政府组织和公益组织的传播实践、促进公民社会发展的参与式传播以及传播技术与公民社会、社会运动、社会网络的关系等，它的基本研究题目或问题如下：边缘群体如何发展、利用传播技术？何种条件或因素能使公民媒介发挥作用并具有可持续性？媒介行动主义发展了何种创新的形式？社区和另类媒介的社会、经济、法律和政治环境是怎样的？何种理论和研究方法适合研究这类媒介？有哪些运用社区或另类媒介的新闻学实践，这些新闻学实践是否提供了新的网络公民、参与式民主和积极的公民社会的形式？社会运动研究、社区发展理论、激进和公民媒介理论、新闻学理论、政治传播研究、政治与艺术研究、公民社会理论、公民与民主理论等，上述这些理论是否能成为解释社区媒介的分析框架？那么，结合大会主题，社区传播分会的召集人会考虑在目前全球权力、传播秩序与危机的背景下，集中讨论如下问题。

全球权力、传播秩序与危机：面对经济、环境等各种危机，社区和另类媒介如何能继续解构现存的权力结构和传播秩序；在这种情形下，另类媒介（包括社区媒介、激进媒介、艺术媒介或公民媒介等）扮演了何种角色，这类媒介能否改变传播秩序，或者怎样被各种危机影响，以及社区传播是否也面临社会的、经济的或理论的危机。

另类新闻学与公众利益：社区媒介（包括另类媒介和公民媒介）在聚焦公众利益和提供公众服务方面扮演了何种角色、另类媒介组织的哪种结构和文化能够促进公民新闻学，以及如何理解"公众"与"公众利益"。

社区传播与社会运动：社交媒介如何应用于社会运动和社区媒介实践？在传统社区传播与社交媒介之间产生了哪些创新的形式，面临何种挑战？传统社区传播研究能否为社交媒介实践提供新的见解？社交媒介如何从理论上和实践上挑战传统社区传播？社交媒介和数字文化是否影响了集体的传播行动？我们对社区媒介以及另类媒介的想法是否应该更新？

社区、另类媒介和公民媒介政策框架：目前的媒介政策框架是否适合社区媒介争取更多的空间与资源？政策发展能否更好地发挥这些媒介的作用？政府在支持社区媒介方面扮演了什么角色？我们怎样能更好地进行政策倡导和政策行动？

关于社区媒介的理论：目前社区媒介理论发展方向如何？在各个理论之间，如新媒介技术理论、参与传播学和发展传播学之间存在何种联系？等等。

如果研究者对"社区传播"感兴趣的话，就可从中寻找并澄清研究问题。实际上，将上述问题缩小研究范围就比较容易形成研究问题。

除了国际传播学研讨会，社会学等领域的研讨会也会进行有关传播学研究的论文征集。2013 年第 11 届欧洲社会学学会年会的主题是"危机、批评与变革"（Crisis, Critique and Change）。其中"传播与媒介研究的社会学"研究网络征集有关传播学研究的论文，主题是"传播、危机、批评与变革"，集中讨论了当今危机和社会变迁如何促成了今天的媒介、传播与社会的研究，试图回答"金融危机、资本主义经济危机、全球战争与冲突的危机、生态危机等各种危机，哪一个是我们正在经历的危机，这些危机如何影响当代社会的媒介与传播及其研究"等问题，主要包括以下问题。

资本主义、传播、危机和批判：批判研究怎样将资本主义与传播联系起来？危机是否影响了媒介与文化工业？在资本主义经济全球化的背景下，媒介与传播技术扮演了何种角色？等等。

危机时代的媒介与传播工业中的知识劳动：当代危机中媒介与传播工业

的工作条件如何？知识或创造性的劳动是否正在经历变化？知识劳动中的阶级和不稳定性的作用是什么？等等。

批判研究和媒介：什么是批判社会学？媒介与传播研究的作用是什么？哪一种社会理论适合我们批判性地研究媒介与社会的关系？在今天，什么是社会的主要变化以及什么是媒介的主要变化？我们怎样理论化或解释这些变化？等等。

传播与媒介研究的社会学：金融危机与传播学的联系是什么？危机、传播和政治批判运动（阿拉伯之春的媒介使用、占领运动、希腊西班牙的抗议运动等）的联系是什么？什么是今天媒介与传播的批判研究的主要话题？哪一种理论适合解释媒介/传播的批判研究和社会学权力结构的关系？批判的媒介/传播研究需要采用何种方法？批判的媒介社会学怎样与政治运动发生关系？等等。

这个网络也包括传播政治经济学的议题，所提出的基本问题是：马克思主义和批判的传播政治经济学等如何能帮助我们理解今天的危机与变革？

可以看出，因为是社会学学会年会，所征集论文的题目更偏重于探讨媒介与社会的关系，经常浏览或参与这类跨学科的论文征集，可以拓展我们的研究视野。

还有一个启发我们产生新的研究问题的渠道是阅读或参与"同行辩论"。埃弗利特·E. 丹尼斯（Everette E. Dennis）和约翰·C. 梅里尔（John C. Merrill）合著的《媒介论争：19个重大问题的正反方辩论》[①]是一个典型的例子。作者展示了新闻学研究中的重大争论，如新闻和出版自由、媒体与政府的关系、媒介所有权的集中、新闻的客观性、知情权、宽带革命、互联网与新媒体、公民新闻学、新闻道德、全球性与媒体等。其中，一些辩题是：

新闻出版自由是一个已经解决的问题 VS. 新闻出版自由是一个没有定论的问题；

媒体与政府应该是对手 VS. 媒体与政府不应该是对手；

---

① ［美］埃弗利特·E. 丹尼斯、约翰·C. 梅里尔：《媒介论争：19个重大问题的正反方辩论》，王纬等译，北京广播学院出版社，2004。

媒体所有权的集中受众是受益者 VS. 媒体所有权的集中受众不是受益者；新媒体加强了新闻工作 VS. 新媒体削弱了新闻工作；等等。

1998 年儿童与媒介世界峰会上，有关儿童节目 *Teletubbies*（《天线宝宝》）是否应该播出的辩论直接就在大会上展开。这是英国 BBC 制作的节目，美国儿童与媒介研究者认为该节目符合儿童特点，并肯定了儿童的经验，所以应该引进，但挪威儿童与媒介研究者则反对引进。在大会辩论时，所有参会的研究者都可提问或参与辩论。

同行辩论逻辑性强，且会从不同的视角提供证据和观点，极具刺激性，由此可以促使我们思考一个问题的正反两面，以从中发现研究问题。

三　行政部门

无论是国际机构还是国内行政部门，通常出于社会管理或促进社会变革的需要，出资委托科研机构或研究者来完成特定的研究项目。在中国的传播学研究中，联合国机构如联合国儿童基金会、联合国教科文组织、联合国开发计划署、国际劳工组织、联合国妇女署、联合国艾滋病规划署等，国际基金会如福特基金会、乐施会、世界宣明会，以及国外基金会组织如瑞典国际发展署、加拿大国际发展署等，都曾资助过中国传播学研究，这些议题与社会发展密切相关，因此大多在发展传播学领域，聚焦于儿童参与式传播、性别平等倡导、劳工文化、抗击艾滋病、反对针对妇女儿童的暴力的媒介倡导、环境新闻学等。与此同时，各部委会就公共卫生问题、预防人口拐卖问题、性别平等问题、劳工权益问题、青少年互联网使用的问题等委托研究者做研究。与研究者自发的研究不同，这类研究都属于行政研究。其特点是研究主题和内容由委托机构决定，其研究结果要满足委托机构解决问题的需要。因此，大部分研究可能是调查项目或行动研究以及评估研究。

国内研究者经常遇到的行政研究是社会科学基金项目，从国家到省级再到自己的研究机构，都有委托课题。每年国家都会公布年度国家社会科学基金项目课题指南。如 2012 年国家社会科学基金项目课题指南中包括的研究项目有：马克思主义新闻理论体系建设研究；"走基层、转作风、改文风"与践行马克思主义新闻观研究；"中国发展道路"的国际影响力与国际新闻传播话语权研究；"三网融合"背景下的广播电视媒体发展战略研究；全球化信息化条件下主流媒体新闻宣传和舆论引导规律研究；舆论监督机制及效果评价研究；微博研究；网络社群组织与社会管理创新研究；对外宣传方式方法创新研究；文化走出去工程的政策措施研究；等等。从这个指南中可以看出，根据形势的变化国家想着重解决哪些问题，而这些问题的解决既需要基础研究也需要应用研究。此外，国家也会公布一些纯粹基础研究的课题指南，如外国新闻史研究、传播理论的本地／在地化研究等。

总的来说，无论是国际机构还是国内行政部门，所公布的课题指南或委托的课题名称都还不是研究问题，只是确定了在一定研究范围之内的研究主题，而这个研究主题通常表现了委托机构的意图或研究目的。研究者只有结合文献分析和社会观察，将研究主题或领导的研究目的转化为真正的研究问题，才能提供对委托机构有用的研究结果。

从研究主题转化为真正的研究问题，同样是研究的过程。如关于社会性别与艾滋病政策的研究。

在中国，已有数据表明中国社会开始呈现艾滋病女性化的趋势，但是社会性别与艾滋病议题尚未提到应有的高度来认识。与国际上一样，艾滋病话语的建构伴随道德谴责和社会歧视。当女性与艾滋病议题相联系的时候，女性仅仅被看作孕妇或暗娼，因而成为艾滋病的载体或传播者，而不是艾滋病的受害者和抗击艾滋病的行动主体。也因此没有相应的专门、有效的措施和政策来解决社会性别不平等造成的女性易感性和社会经济脆弱性的问题。为此，受联合国妇女发展基金和联合国艾滋病规划署委托，中国社会科学院新闻与传播研究所媒介传播与青少年发展研究中心，于 2008 年 10 月至 2010年 1 月就"社会性别与艾滋病政策"进行了专题研究。研究的第一步是发现和澄清研究问题。通过文献分析、社会观察、对女性感染者的先期访谈和焦点组访谈，并与委托机构不断交流，课题组拟定了五个研究问题：从女性感染者的角度和经验，女性的易感性因素及其原因是什么？从女性感染者的角度和经验，女性应对艾滋病的脆弱性主要表现在哪些方面及其影响因素是什么？从女性感染者、女性感染者草根小组的角度和经验，女性在抗击艾滋病中的主要作用是什么、影响女性发挥作用的有利因素和不利因素是什么？从社会性别的角度，现有的有关艾滋病防治的法规政策及措施对女性的易感性、应对艾滋病的脆弱性、赋权女性分别有什么影响？根据以上分析，具有社会性别敏感的政策建议是什么？

根据研究问题，课题组认为这是一个探索性研究，为此采用了以定性研究为主、结合定量分析的研究方法。课题组在河南、河北、北京、陕西、山东、山西、广西、广东、贵州、云南、四川、辽宁、上海等 13 个省（区、市）的 26 个调查地点，完成了对 130 余位女性感染者的访谈、850 份问卷调查，以及对 26 个地方感染者小组／组织的访问，通过解读分析数据回答了上述五个研究问题。

四 社会辩论

社会辩论既不等同于实际发生的社会事件，也不等同于学术界的辩论，而是经常发生在大众媒介或互联网上的来自非学术界的观点争论。与学术界的争论明显不同的是，争论者是外行，其提出的观点来自前科学的观察，但却提出了社会关切的议题，因此引起了社会的广泛关注。

比如，没有经过传播学训练的教育学学者会提出"阅读比电视对儿童更有益"的观点，忽略了儿童年龄差异以及个体成长差异，并对"阅读"和"电视"没有严格的定义；历届来自两会的"雷人提案"也大多如此，如提案"妇女回归家庭会提高幸福指数"，显然表现出对中国情境下的性别平等缺少必要的认识；诸多没有做过传播学研究的人士喜欢对互联网议题发表意见，特别是重复"互联网对青少年有负面影响"的说法，但缺少科学的证据。我们在行内就会了解到三个最基本的事实：第一，青少年不是被动的使用互联网；第二，互联网不会对所有青少年有一个统一的影响；第三，是互联网的使用而不是互联网本身对青少年产生了影响。我们也会注意到，大众媒介充斥着对互联网的负面看法，但缺少有关正面影响的研究证据，这与大众媒介所奉行的"新闻价值"有关。

作为研究者，应该看到这些辩论为我们提供了丰富的研究问题。首先，这些辩论的内容几乎都是社会最关切的问题，澄清这些问题至少会有社会价值；其次，这些辩论提供了双方的观点和理由，有利于我们从不同的角度进行研究，充分考虑反面的意见可以帮助克服自身先入为主的偏见。我们还要注意到，这些辩论涉及的概念都是一种非常笼统的说法，所有概念虽然未经过严格定义，但在相关人群中达成共识，因此我们在发展研究问题时，要结合文献分析和实际的社会观察，仔细澄清相关概念，将一些笼统的说法转化为科学的研究问题。例如，"互联网对青少年有负面影响"中的"互联网""青少年""负面影响"等概念都非常笼统。我们要问的问题是：是互联网本身还是人对互联网的使用才会产生影响？互联网的何种使用对应哪类影响？网上购物、浏览新闻、利用网上资源做作业等是不同的使用，有没有一种使用模式会产生某类影响？谁是青少年？城市青少年、流动青少年还是留守青少年，他们对互联网的使用是相同的吗，产生什么影响？什么是负面影响？根据什么以及如何定义负面影响？等等。澄清了这些概念，我们可以提出一个具体的研究问题，如"大城市青少年对互联网的使用是否影响了他们的人际交往"。互联网的迷思中包括上网的青少年越来越自闭等，回答这样一个研究问题需要了解：大城市青少年可接近的互联网设施；大城市青少年的互联网使用模式；大城市青少年的人际交往情况；大城市青少年的互联网使用模式与人际交往的相关性；在定义"人际交往"（如交友的频率、见面交流的次数、交友是否超越了现实生活的范围等）及其正面/负面影响的基础上，说明互联网使用的影响。

总之，实际社会生活、学术界、行政部门以及社会辩论都为我们提供了研究问题的来源。为了捕捉这些来源以发展研究问题：第一，要关注社会现象，特别是有关传播的社会现象；第二，要熟悉本领域的相关文献，使自己具有学术眼光，这样才容易发现有意义的研究问题；第三，要关注和了解社会学、文学研究、马克思主义研究等其他相关学科的进步或进展，很多研究问题可能是通过其他学科发现的；第四，根据自己的兴趣和关注点，建立个人的研究资源库，比如，系统阅读与自己研究兴趣相关的学术杂志和重要书籍，并建立档案，参加相关的学术会议，参加相关的非正式的学术讨论小组，参加相关的国际研究网络的邮件组，参与相关的社会实践项目，等等。当然，还要与自己的导师经常交流，在大多数情况下，导师是某一研究领域的专家。

但是，研究问题的来源并不等于现成的研究问题，我们通常需要仔细研究才可将有意义的研究问题提炼出来，也就是说，真正的研究问题需要进一步的学术探索。

第三节　提出和澄清研究问题的过程

这一节将提供提出和澄清研究问题的基本思路，可概括为 14 个步骤。应该说明，这 14 个步骤并没有严格的前后顺序，只是体现了提出和澄清研究问题大致所需要的过程。有时可能在澄清了研究的学术价值和社会价值之后，会更换研究问题，有时也可能在缩小了研究范围之后，重新确定研究的学术价值等，特别需要强调的是，提出、澄清和确认研究问题的过程，也是阅读和分析研究文献的过程，不能与文献研究相分离。关于文献研究，我们将在第三章重点阐述。

提出和澄清研究问题的 14 个步骤大致分为三个阶段。第一个阶段，提出研究问题；通过大量阅读有关文献深入思考研究问题的性质，包括确认研究问题的价值、研究内容和研究对象、所联系的理论框架等；通过与他人讨论或其他方法思考研究的可行性以及可利用的资源。第二个阶段实际上是从不同角度澄清研究问题的过程。第三个阶段则是考虑此研究问题能否操作的过程。各个阶段分述如下。

提出研究问题

步骤 1，尝试提出一个研究问题。研究者可从实际社会生活中、学术讨论中、行政研究的题目中以及社会辩题中寻找研究灵感，并尝试提出一个研究问题。

澄清过程：确认研究问题的价值

步骤 2，确定研究问题的学术价值。这就需要广泛地阅读相关研究文献，确定此研究问题所在的研究领域，考察在这个研究领域中，就此研究问题而言，已经积累了哪些知识，我们提出的研究问题通过研究之后可以提供哪些新知识、新事实、新观点或新视角等。具体描述回答这个研究问题可能的学术贡献。

步骤 3，确定研究问题的社会价值。结合实际社会生活，考察研究问题与社会现实的联系及其性质。具体描述回答此研究问题可能的社会意义，即对社会发展有什么好处。

步骤 2 和 3 实际上是要求研究者将他们所提出的研究问题与已有的研究

或理论以及一定的社会现实联系起来。研究者的功力就在于，或者将研究问题与已有的研究或理论联系起来，提出自己的见解，或者将研究问题与一定的社会现实联系起来，促进解决社会问题，或者二者兼具。

澄清过程：确认研究问题的范围

步骤4，将研究问题限定在一定内容范围内。首先，要考察这一研究问题是否在传播学、新闻学研究领域内。如果要研究"如何加强计算机系统的安全性"这类问题，就跑到技术领域中了。其次，根据表2.1，逐步确认研究问题所在的研究领域和所属的研究主题，比如，"在边缘青少年中最有效果的预防艾滋病的传播战略和策略是什么"的研究问题，是健康传播研究领域，属于儿童青少年与预防艾滋病的研究主题。最后，最重要的是要考虑研究问题的具体内容。通常研究者在开始提出一个研究问题时，会比较抽象或空泛，并不一定清楚地指向具体内容。在步骤4，必须要确认具体的研究内容。例如：研究媒介对价值观的影响，要了解的是价值观的哪部分内容，是个人价值观还是社会价值观；研究媒介内容，是什么内容，是广告、娱乐节目还是新闻等。更确切地说，"研究问题不是宽泛的研究目标，而是被研究直接解决的问题，是那些为了更清晰地展现研究课题，而被观察、计量或询问的特定事物"[①]。研究问题要将这些特定事物描述清楚。

步骤5，考虑研究问题与哪个社会群体或哪类社会现象相关？确定这个研究问题的研究对象是什么，对社会群体或社会现象进行限定。

步骤6，考虑限制时间和地理范围。任何研究不可能做到从古到今再到未来，也不可能研究所有地理范围内的传播现象。媒介的内容分析一定会限定哪些媒介、哪些议题或版面、哪些时间段的内容需要做研究，如"《北京青年报》2007年至2008年有关少数民族报道的内容分析"。社会调查也会限定其样本来自哪些地区的哪类人群，如城市青少年互联网使用调查的对象是"北京、上海、广州三城市12岁至18岁在读青少年"；关于流动青少年的生殖健康需求与传播倡导的调查对象是"河南郑州、陕西西安两地14岁至24岁流动青少年"，对流动的定义为"农村户口现在两地工作的青少年"；等等。

---

① ［英］马丁·丹斯考姆：《做好社会研究的10个关键》，杨子江译，北京大学出版社，2007，第29页。

澄清过程：了解研究问题的学术背景以确定研究问题在其领域中的位置

步骤 7，建立研究问题与已有知识或理论之间的联系。研究者要清楚地知道，在研究问题所在的研究领域内，已经存在哪些科学认识，这些科学认识（包括理论或知识）与研究问题的联系是什么？哪些理论在哪个层面上与研究问题发生了联系，这些理论是支持还是反对你的研究假设，这些理论或概念如何能帮助你解释研究问题？回答自己的研究问题是否要修正和扩充现有理论，或是必须要发展理论？这些理论是否能检验你的研究结果？等等。通常我们建议学生列出所有与研究问题相关的理论或学说，逐步进行分析，最终确认其联系。

步骤 8，建立研究问题的历史感。大多数研究问题不是"横空出世"的，会有自己的研究历史，关键是研究者要去发现和建立此研究问题与以前类似研究问题之间的联系。例如，在 20 世纪 90 年代互联网技术普及之初，国内一些学者热衷于研究"数字鸿沟"，但忽略了"数字鸿沟"与收音机鸿沟、电视鸿沟、电脑鸿沟以及阅读鸿沟的联系。美国学者 Benjamin 曾就美国媒介技术发展的情形指出："今天的数字鸿沟其实就是昨天的学校计算机鸿沟、1955 年的电视鸿沟、19 世纪 30 年代的收音机鸿沟，以及半个世纪以来的阅读鸿沟。"[1] 这些鸿沟显然是有密切联系的，至少我们可以看到传播技术普及总是从城市中产阶级开始，逐渐扩展到乡村有一定教育水平的民众，但很难达到缺少技术资源、教育资源以及语言资源的人群。为建立关于"数字鸿沟"的历史感，可以通过阅读《技术与社会包含：重新思考数字鸿沟》[2]、《信息革命与发展中国家》[3]、《跨越数字鸿沟：技术、社区与公共政策》[4]、《数字鸿沟：公民契约、信息贫困和世界范围的互联网》[5]、《数字鸿沟：面对危机还是制造

---

[1] B. M. Compaine，*The Digital Divide: Facing a Crisis or Creating a Myth?* The MIT Press, 2001, p.102.

[2] M. Warschauer，*Technology and Social Inclusion: Rethinking the Digital Divide*, The MIT Press, 2004.

[3] E. J. Wilson，*The Information Revolution and Developing Countries*, The MIT Press, 2004.

[4] L. J. Servon，*Bridging the Digital Divide: Technology, Community and Public Policy*, John Wiley & Sons, 2008.

[5] P. Norris，*Digital Divide: Civic Engagement, Information Poverty, and the Internet Worldwide*, Cambridge University Press, 2001.

一个神话》[①]，以及《高技术与低收入国家》[②]等研究文献，发现研究问题的历史线索。

可以说，步骤 7 旨在发现和建构研究问题的横向联系，而步骤 8 则是发现和建构研究问题的纵向联系，以确立研究问题在其所在领域中的位置。

澄清过程：确认研究的可行性

步骤 9，确认此研究问题使用现有的科学研究手段能够进行研究，并计划所需采用的具体研究方法。在此阶段，研究方法的有效性和可操作性也需要考虑。

步骤 10，发现并澄清此研究问题中包含的关键概念，列出所有的关键概念并考虑能否对这些概念进行操作性定义。

步骤 11，考虑研究此问题能否得到足够的可供分析的数据。例如：如果要研究艾滋病感染者的防治知识来源，就要考虑如何能找到一定数量的艾滋病人。

步骤 12，考虑时间和资金是否允许你做这样的研究。需要注意的是：经验研究一般需要考虑资金等问题。

如果上述 4 个步骤都是肯定回答，那么你的研究就会大有可行性。

澄清过程：了解你的研究资源

步骤 13，研究者本人对这个研究问题有多少兴趣，以及在这个领域中有多少研究经验，考虑个人的知识结构、研究经验积累的情况是否适合此类研究。

步骤 14，考虑研究者有何种外部资源可以利用，包括专家、导师以及与研究对象的联系等。

提出和澄清研究问题大致经历这些步骤。可能每个研究者所经历的步骤顺序不同，或者还需要循环往复的过程，但都要经历确定研究问题的价值，建立研究问题与以往研究、知识或理论的联系，聚焦特定的研究内容，探讨研究的可行性这个过程。

---

① B. M. Compaine, *The Digital Divide: Facing a Crisis or Creating a Myth?* The MIT Press, 2001.

② D. A. Schön, B. Sanyal, *High Technology and Low-income Communities: Prospects for the Positive Use of Advanced Information Technology*, The MIT Press, 1999.

第四节　对研究问题进行反思

传播与社会发展研究特别强调要对研究问题进行反思。

对研究问题进行反思，意味着研究者要对研究问题的提出视角和立场持一种质疑的态度：这个研究问题反映的是谁的视角？什么是研究问题背后的假定？这种假定是依据谁的经验做出的？谁被展示在这个研究领域中，目的是什么？他们是行动者还是对象，还是根本就没有出现？如果出现了，是否以他们的视角和经验来定义和叙述事实？从谁的视角出发定义了研究的基本概念和基本问题？研究过程和结果有利于谁？等等。比如，为什么国际上关于中国互联网发展的研究集中于"政府管制"和"政府治理"？这是谁的议题？为什么会有这样的议题？在中国情境下，什么是互联网使用者和未使用者面临的问题？同样，在中国的行政研究中，为什么研究主题都集中于政府如何更好地管理互联网以及如何让网民避免网络的负面影响，其背后的假设是什么？反思基于"对研究的政治—意识形态特征的自觉"，因为"社会科学是一种植根于政治与伦理语境中的社会现象。其探索者以及如何探索，很难避免要么支撑（再现）要么挑战存在的社会条件。不同的社会利益，受惠与未受惠，有赖于所问（与未问）的问题以及实在如何被表征与解释"。因此，研究者的解释与理论设定，"不是中立的，而是政治与意识形态条件的一部分，并有助于政治与意识形态的建构"。①

每个研究领域都有其中心问题。我们在提出研究问题的过程中，要问自己，中心问题是谁的问题？我们自己的研究问题与中心问题有何关联？在传播学领域，中国国内学者基本上处于一种学习的状态，所提出的研究问题不可避免地受到国际传播学研究的影响，那么什么是我们本土的研究问题？如何能提出对一定的社群、社区、社会发展有利的研究问题？这就是我们面临的挑战。女性主义研究在反思方面给我们提供了可借鉴的经验。女性主义研究者指出：传统的社会科学只从社会生活中男性（即西方资产阶级白人男性）

---

① 〔美〕马茨·艾尔维森、卡伊·舍尔德贝里：《质性研究的理论视角：一种反身性的方法论》，陈仁仁译，重庆大学出版社，2009，第9页。

的经验中寻找问题，只提出了他们想要探究的自然和社会生活的问题。如果"只有那些男性认为重要的活动才值得研究"，这将导致"我们忽视社会再生产、性活动以及育儿方式等方面的变化对国家、经济制度和其他公共机构所产生的引导作用"。[①] 以男权主义的标准，我们不会问这样的问题：为什么媒介中没有理想的黑人的妇女形象？为什么男性的性行为具有如此的主动性，并被视为有力量的象征（强奸合理论）？为什么冒险成为一种独特的社会行为，而生育却被看作一个自然过程？等等。

女性主义研究者的另一个观点是：在反思过程中，研究者也应该与研究问题一样置于被审视的地位[②]。无论研究者是谁，其阶层、种族、文化、社会性别、观点、信仰和行为都可能影响他们提出的研究问题。在一定的研究领域中，那些已经提出来的和没有被提出来的问题影响我们知识的完整性。我们在提出、澄清和确认一个研究问题时，也在参与建构一个研究领域的知识。

为了避免盲目地跟随"别人"的研究问题，我们提倡要面对和关注我们的社会现实。社会学学者郭于华指出：置身于转型期的中国社会，社会科学工作者的任务是提出"要命"而"有趣"的问题并且回答这些问题。这里所谓的"要命"指那些真实、紧迫且重大的社会问题，而"有趣"则指具有重要理论意义和学术潜力且能够生产科学知识的问题。社会变迁与社会转型改变了成千上万人的命运——他们在社会结构中处于何等位置？这些位置如何塑造了他们自身，又如何影响了他们的行动？在改革过程中谁是最大的获益者？谁又是承担了最大代价的人？不同的群体如何选择行动策略从而有利于自身的存在与发展？他们的行动转而对整个社会结构有什么样的影响？是什么因素或力量决定人们之间的关系以及社会的整合或冲突？一种独特的文明在实践中运作的机制与逻辑是什么？这种文明又是如何演变的？……对社会转型的探索迫切需要一种"心智品质"，即"米尔斯社会学的想象力"，对转型期的中国社会的研究尤其需要这种社会学的想象力[③]。

---

① Sandra Harding:《概述：有没有一种女性主义研究方法？》，载孙中欣、张莉莉主编《女性主义研究方法》，复旦大学出版社，2007，第23页。

② Sandra Harding:《概述：有没有一种女性主义研究方法？》，载孙中欣、张莉莉主编《女性主义研究方法》，复旦大学出版社，2007，第26页。

③ 郭于华:《从社会学的想象力到民族志的洞察力》，"质性研究方法：教学与实践"论坛，2011年7月4日。

第三章　文献回顾

内容提要

　　这一章针对的问题是：如何在以往文献总结的基础上提出有价值的研究问题，以引导做出有价值的研究。应该特别说明：虽然为了教学方便，我们将"研究问题的提出"和"文献回顾"分为两章进行讨论，但是研究问题的提出及其澄清与文献回顾实际上是不可分离的、相互修正和相互促进的过程。第三章"文献回顾"的主要的目的是：让学生了解在学术领域中，文献回顾有哪些常见的类型，为什么要做文献回顾，如果做文献回顾，到哪里和如何找到相应的文献，如何阅读文献，如何评估文献，写作文献回顾的基本策略，文献回顾总结以及如何对文献回顾进行反思，等等。在这一章的讨论中，我们会不断地将文献回顾与研究问题的提出结合起来，以认识二者是如何相互修正和相互促进的。

第一节　文献回顾的类型

　　文献回顾，英文为"Literature Review"。Literature 为文献，包括科学文献和非科学文献。科学文献为已经发表的研究成果，包括学术期刊论文、论著、学术会议论文、教师公开讲课内容等，也包括互联网上自行刊登的论文等。非科学文献，如书本、杂志、诗歌、报纸、歌曲、绘画、演讲、信件、法律条文、影视节目等视听资料、历史文献。"Review"有多种中文翻译："回顾""评价""评鉴""评估""述评"等。应该说明，与研究问题的提出一样，文献回顾也是研究的一个重要组成部分，它与研究问题的提出一起成为我们研究的指南。

在学术领域中，包括在传播学研究领域中，如果以文献为研究对象，其常见的研究类型有如下五种（见表 3.1）。前两种"文献研究"和"媒介内容分析/文本分析"不属于"文献回顾"，大多是独立的且原创的研究。后三种"文献综述""文献探讨""理论综述"是我们本章讨论的重点，分述如下。

表 3.1　以文献为研究对象的研究类型

	文献研究	媒介内容分析/文本分析	文献综述	文献探讨	理论综述
目的	通过对以往相关文献的分析揭露社会事实或史实	描述和讨论媒介文本中有关议题的出现频率及其意义	描述一定领域的研究进程、议题、理论或方法等方面的发展趋势以及探讨未来的研究方向	对以往相关研究进行回顾和讨论，以进一步理解、澄清及发展自己的研究问题	对现存的相关理论进行回顾、梳理和讨论的过程，针对特定的研究问题以澄清、发展自己的理论框架
文献来源	科学文献和非科学文献	非科学文献	科学文献	科学文献	科学文献
研究方法	内容分析、个案研究（如话语分析）、历史/比较方法	内容分析或文本分析	内容分析、历史/比较方法	历史/比较方法	历史/比较方法
成果举例	关于新闻史/媒介发展史的著作或论文	关于主流媒介农民工报道的内容分析	年鉴中的某学科发展的年度研究综述	学术论文/专著中的"文献探讨"部分	学术论文/专著中的"理论探讨/综述"部分
形式	独立成篇（论文或论著）			论文或论著中的一部分	
位置	参照本书其他章节			本章论述重点	

（一）文献研究

文献研究指的是通过对以往相关文献的分析揭露社会事实或史实，即通过文献来研究社会。这类研究被学者命名为"非介入性研究"或"无回应性研究"（Non-reactive Research），即"一种研究社会行为但不对其产生影响的方法"①。其主要的文献来源包括科学文献和非科学文献，特别是研究史实时，要大量参考和分析地方志、官方记录、民间版本、当地传说以及当时出版物等。研究者大多采用历史／比较方法进行研究。其成果形式是独立的、原创的论文或论著，多数为新闻史／媒介发展史的著作或论文。文献研究属于定性研究，在后面有关定性研究的章节中我们还会提到。

（二）媒介内容分析／文本分析

在传播学研究领域中，大量的研究成果表现为媒介内容分析／文本分析的结果。这类研究是描述和讨论媒介文本中有关议题的出现频率及其意义。其文献来源为媒介产品。其成果形式为独立的、原创的论文或论著。对媒介文本的内容分析属于定量研究，在本书第八章有详细讲述。文本分析则属于定性研究，将在后面的章节中加以讨论。

（三）文献综述

在本书中，我们将"文献综述"界定为通过文献分析描述一定领域的研究进程、发展趋势以及探讨未来的研究方向的研究。它的文献来源多是经过遴选的科学文献，其研究方法可以是内容分析，也可以是历史／比较方法。文献综述在多数情况下，是独立的但不是原创的研究②。作者会尝试结合别人已经发表的研究成果，点评以前学者的研究，建立相关主题领域的联系，辨析一个或所有领域的中心问题③，并做出自己的评价。作者可以聚焦以往研究成果的不同方面，如理论、研究方法、研究结果等。文献综述大多独立成文。

（四）文献探讨

当一个研究者开始新的研究时，一般会对以往的与自己的研究题目相关的研究文献进行回顾和讨论，以进一步理解、澄清及发展自己的研究问题。研究者期望能描绘出自己所关注领域的知识全貌，以为自己将要开展的研究进行定位。研究者还会强调以往研究中遗漏的或尚未解决的重要问题，或通过分析指出以往研究中的逻辑问题以及其他问题，来拓展自己的研究空

---

① ［美］艾尔·巴比：《社会研究方法》（第八版），邱泽奇译，华夏出版社，2000，第423页。

② 在这里，我们没有包括用文献综述所做的"元分析"（Meta-analysis）。

③ ［美］哈里斯·库珀：《如何做综述性研究》，刘洋译，重庆大学出版社，2010，第4页。

间。在大多数情况下，文献来源是科学文献，所采用的研究方法是历史／比较方法。文献探讨不会独立成文，大多是论文中、论著中或博士、硕士学位论文中的一部分，通常位于论文或论著中的前部，以"文献探讨""文献综述""理论综述"等标明，用以展示自己澄清研究问题的过程，并指引读者来阅读其论文或著作。

（五）理论综述

同文献探讨一样，在这里提出的"理论综述"也是为发展和解决新的研究问题服务的。理论综述是指：针对一定领域的特定研究问题，研究者对现存的相关理论进行回顾、梳理和讨论的过程，以达到澄清、发展自己的理论框架的目的。其文献来源是在本领域内有影响力的理论所刊载的科学文献，主要研究方法是历史／比较方法。理论综述在博士、硕士学位论文中，也用来展示作者发展自己的分析框架、修正或发展理论的过程，是其论文中的一个重要组成部分。

应该看到，文献回顾随着其广度与深度的不同而有所不同，且不同类型的文献回顾有不同的目标。有的文献回顾可能需要花一年的时间，才能完成某个领域详尽和专业的摘要回顾，如独立成书的文献综述。有的文献回顾可能只花上几个星期，就可以完成，如投给年鉴类刊物的针对某一领域的年度研究综述。如果刚刚进入某一研究领域，并试图撰写此领域的博士、硕士学位论文，那么这一领域的文献探讨或理论综述可能要花上几个月，甚至一年的时间。

有的博士研究生或硕士研究生打算以文献综述为自己的论文成果形式。应该注意到，博士、硕士学位论文，特别是博士学位论文，要通过自己的独立研究提出新事实或新见解，要创作出有学术价值和社会价值的成果。文献综述通常是在讨论别人已经做过的东西或说过的话。如果文献综述只是说"张三说了什么"或"李四有什么主要观点"，这就不是原创的论文。文献综述要想做成原创的成果，需要通过研究提出自己的理论分析框架，以此来梳理原有的成果，并提出新的结论。

应该说明，上述分类属于大致的情况。在实际研究过程中，有时会遇到两种或更多种的类型交互使用的情形。在本章中，我们则重点讨论后三种文献回顾，即文献综述、文献探讨和理论综述。

第二节　文献回顾的重要性

文献回顾基于这样的假设：知识是累积起来的，我们从他人的成果中学习并在他人的成果的基础上发展我们自己的研究，可能是最有效的事情。科学研究是许许多多相互分享研究成果的研究者，以科学共同体的力量来追求知识的集体努力。[①]

文献回顾的主要作用有以下几点。第一，能使我们了解有关某个研究主题的研究历史和现状，避免低水平重复。如果你想说出你研究的学术价值，就必须要了解在这个领域中已经有了哪些研究，并对这些研究结果做出符合客观实际的分析。比如有的学生对媒介暴力对青少年的影响很感兴趣，但在投入研究之前，一定要了解在短期和长期效果研究领域，已经积累了哪些经验研究数据和理论探讨，诸如如何定义媒介暴力、如何定义影响等，如何测量媒介暴力及其影响，已经有了很多争论和讨论。如果不了解这些背景，直接将若干暴力节目与某个青少年的暴力行为联系起来，其研究结果不仅是低水平重复的，也是不科学的。当我们开始一项新的课题时，文献回顾可以帮助我们认识到这个新的课题是否是一个值得研究的课题。

第二，可以增加我们在这一主题方面的学识以及深入对研究问题的理解，帮助我们找到自己的研究在该研究领域中的位置。

我们以媒介素养教育领域的成果为例，来说明文献回顾的重要意义。

传播学界自1997年开始出现有关媒介素养教育的论述，中国大陆学者对媒介素养教育的研究及其实践探讨已经走过20多年，并在这个领域发表了诸多著述。媒介素养教育近年来成为一个研究课题被列入国家或省级的研究计划，成为目前传播学研究的热点领域之一。

如果我们回顾媒介素养教育的起源以及它在国际学界20世纪30~90年代的发展历程就会发现，其实是有不同的媒介素养教育的观点和方法。英国学者大卫·白金汉（David Buckingham）曾将媒介素养教育发展历程概括为

---

① ［美］劳伦斯·纽曼：《社会研究方法：定性和定量的取向》（第五版），郝大海译，中国人民大学出版社，2007，第122页。

四个阶段，即 20 世纪 30~40 年代的分辨与抗拒时期、50~60 年代的文化研究与大众艺术时期、70 年代的银幕教育与去迷思化时期，以及 80 年代以后的"以学生为中心"的时期。[①]David 说之所以有这种变化，是因为媒体与儿童关系的理论发生了变化。早期的"保护主义"的媒介素养教育试图通过这种教育武装青少年对抗大众媒介的商业化操纵，并学习所谓的"高级文化"所具有不证自明的价值。每当新媒体出现时，媒介素养教育都会被当作一种预防接种的手段。在这种情况下，媒体可能给儿童青少年带来的益处与快感被忽略，而且在某些例子中，媒体可能造成的伤害被夸大。[②]这种保护主义的理论基于如下媒体与儿童关系的理论观点：第一，将媒体视为单一意识形态或信念的承载物，或具有相同伤害力或缺乏文化价值的载体；第二，将媒体视为全能的意识形态工业，也就是认为媒体有可能将错误的价值观加在被动的阅听人身上。但是，上述两个主要观点普遍遭到质疑。人们看到，现代传播已经发展成为一种更异质化的环境，在这里所谓高级文化与大众文化的界限是非常模糊的；当代研究发现，儿童青少年是比我们想象中具有更多的自主性和批判性的阅听人[③]。因此，媒介素养教育现在不再必然地与学生的媒介经验对立，不再认同媒体必然有害、青少年必然被动受害的观点。相反，在这个领域，相关研究提出了以学生为中心进行教育的观点，即以学生既有的媒介经验而非教师教学的媒体诠释为出发点开展媒介素养教育，目的是增加儿童青少年对周遭媒体的了解与参与，使儿童青少年有能力对自己的行为做出有益的决定。在此，媒介素养教育不是一种"保护"，而是一种"预备"（Preparation），成为民主公民（Democratic Citizenship）素养教育的一部分。[④]如果以"保护"或"预备"来区分目前的著述，不难看出，部分著述中的媒介素养教育内容及其建构方式、方法仍倾向于"保护主义"的教育。其主要原因是缺少对媒体与儿童关系的理论的反思，而直接假设大众媒介会对儿童

---

① 〔英〕大卫·白金汉:《媒体教育：素养、学习与现代文化》，林子彬译，台湾巨流图书公司，2006，第 6~9 页。

② 〔英〕大卫·白金汉:《媒体教育：素养、学习与现代文化》，林子彬译，台湾巨流图书公司，2006，第 11 页。

③ 〔英〕大卫·白金汉:《媒体教育：素养、学习与现代文化》，林子彬译，台湾巨流图书公司，2006，第 17 页。

④ 〔英〕大卫·白金汉:《媒体教育：素养、学习与现代文化》，林子彬译，台湾巨流图书公司，2006，第 14 页。

青少年产生不良影响，儿童青少年是被动的阅听人，且教师可以教给大众和儿童青少年"正确知识"和"精英品位"等。因此，当我们为媒介素养教育研究的进展感到欢欣鼓舞的同时，应该开始对其进行认真的反思：我们目前所做的研究是在哪一个位置上的，以及我们为什么会认同这个位置。这就有必要对已有研究进行回顾分析，才能找到答案。

文献回顾对澄清研究问题有非常重要的、不可替代的作用。如前文所述，文献回顾与研究问题的提出是一个相辅相成的过程。文献回顾实际上也是将我们感兴趣的研究主题聚焦成研究问题的过程，在这个过程中一定要有文献回顾的参与。我们可能从实际社会生活、学术讨论、科学文献或行政部门中获得了新的研究课题，并初步形成了新的研究问题，带着这个研究问题，我们会阅读相关的文献，以了解相关的研究都已经提出了以及在哪个层面提出了、从哪个视角提出了哪些研究问题，以及回答了哪些研究问题，进一步发现研究问题是否被澄清以及在哪些方面没有被澄清，发现其中有争议的地方以及文献中尚未回答的问题等。之后，可根据文献回顾的结果来进一步澄清我们的研究问题。澄清后，还可再看文献再澄清，直到能够深入研究问题的性质为止，应该说，这是一个循环往复的过程。

在大多数情况下，一个研究问题不会凭空出现，它有可能与其所在的研究领域中的其他问题或已有的研究成果相联系。研究的第一步就是要找到这种联系，以进一步确定研究问题的价值和性质。

第三节　文献检索：文献来源和寻找文献的技术

当研究者有了大致的研究主题或明确的研究问题之后，首先可能要进行文献检索。这一节主要介绍传播学文献来源和寻找文献的技术。

文献来源有正式渠道和非正式渠道。正式渠道包括国内外学术期刊、词典/辞典、百科全书、手册（Handbook）或国际手册、年鉴（Yearbook）、学位论文、研讨会论文、专著、论文集、课堂教学、国家统计信息等；非正式渠道包括个人联系、学术圈非正式讨论、导师或专家介绍、相关邮件组活动以及微博等新技术载体上的线索。有时候我们需要同时采用正式渠道和非正式渠道来获取所需要的研究信息。

（一）学术期刊

学术期刊的主要任务是介绍当前学术界与专业研究人员的研究成果。这些期刊通常由专业性协会、科研机构或专门出版机构编辑或出版。所出版的论文由研究者撰写，并在出版前接受同行评估。这些论文常常代表最科学的、最新的研究成果。虽然各个学术期刊的关注主题和风格有所不同，但好的学术期刊都会坚持学术严谨性和成果的原创性。

国内主要学术期刊包括中国社会科学院新闻与传播研究所主办的《新闻与传播研究》，2013年改为月刊；复旦大学新闻学院主办的《新闻大学》（月刊）；中国传媒大学主办的《现代传播》（中国传媒大学学报）（月刊）；中国人民大学新闻学院主办的《国际新闻界》（月刊）；等等。

应该注意的是，国内亦有一些以书代刊的学术期刊，如《文化研究》[1]，2000年起不定期出版，前三辑由天津社会科学出版社出版，第四辑起由中央编译出版社出版;《媒介批评》[2]，2005年起不定期出版，由北京师范大学媒体策划与文化传播研究中心主办，由广西师范大学出版社出版；武汉大学新闻与传播学院主办的《新闻与传播评论》；等等。

浙江大学传播研究所主办了《中国传媒报告》（国际刊号 ISSN 1682-3362）和《中国传媒海外报告》（国际刊号 ISSN 1557-1351）。这是两份面向海内外新闻与传播界的学术性的国际连续出版物。

香港、台湾的传播学期刊也是我们重要的文献来源。在香港，主要期刊是香港中文大学新闻与传播学院主办的《传播与社会学刊》等。台湾在新闻与传播研究方面的学术刊物主要有《新闻学研究》（台湾政治大学新闻研究所主办）、《广播与电视》（台湾政治大学广播电视系主办）、《传播文化》（台湾辅仁大学传播研究所主办）等。像《新闻学研究》《传播文化》等学术期刊，都是由作者自由投稿，由编辑委员会邀请同行专家进行匿名审稿（有关大陆传播研究的文稿，常有大陆学者参与审稿）。所谓"匿名审稿"，即送审前隐去作者姓名，使审稿者不知作者是谁，如要作者修改，就隐去提修改意见的

---

[1] 现由南京大学人文社会科学高级研究院与广州大学人文学院共同主办，由社会科学文献出版社出版。

[2] 现由同济大学、北京师范大学、中国社会科学院等高校主办，由广西师范大学出版社集团社科分社出版。

审稿者的姓名，使作者也不知审稿者是谁。"只认学术不认人"，以达到学术
生产的客观公正。一篇稿子通常由两名以上审稿者来审。对于来稿，是刊用
还是修改后刊用，还是不刊用，全由审稿者决定。根据以往对《新闻学研究》
的审稿统计，《新闻学研究》的拒绝率（又称退稿率）为 51.8%（五期平均）。
目前，大陆的多数传播学学术期刊也采用了匿名审稿制。

国外传播学学术期刊有国际期刊、区域期刊和国别期刊①。如第二
章所述，国际主要的传播学会包括 ICA 和 IAMCR 等，这些国际学会
都出版了自己的会刊。ICA 的主要出版物包括《传播学刊》（*Journal of
Communication*）、《人类传播研究》（*Human Communication Research*）、《传
播学理论》（*Communication Theory*）、《计算机传播》（*Journal of Computer-
Mediated Communication*），以及《传播、文化与批判》（*Communication,
Culture & Critique*）等。IAMCR 则在其官方网站上提供了开放期刊（Open
Access Journals），各国研究者可从网上浏览和下载英文、西班牙语等语
种的论文摘要或 PDF 格式的论文全文。有的期刊同时出版纸质版和电子
版，有的期刊则只有电子版。开放期刊也会注明它是否是同行评审或匿
名同行评审的期刊。IAMCR 开放的学术期刊主要包括：《非洲信息与传播技
术》（*African Journal of Information & Communication Technology*）、《美国传
播》（*American Communication Journal*）、《加拿大传播》（*Canadian Journal
of Communication*）、《社区基础的信息研究》（*Community Informatics*）、《向
东行》（*Eastbound*）②、《发展中国家信息制度研究》（*Electronic Journal of
Information Systems in Developing Countries*）、《全球媒介研究》（*Global Media
Journal*，目前已经有非洲版、墨西哥版、中国版、西班牙版、土耳其版、
德国版、波斯语版等）、《信息技术与国际发展》（*Information Technologies
and International Development*，ITID）、《教育、发展与 ICT》（*International
Journal of Education and Development using ICT*）、《跨文化传播》（*Journal of
Intercultural Communication*）、《媒介法律与伦理》（*Journal of Media Law &
Ethics*）、《虚拟世界研究》（*Journal of Virtual Worlds Research*）、《北欧信息与

①　如果对美国传播学研究感兴趣，可以参见〔美〕利贝卡·鲁宾等《传播研究方法：
策略与资料来源》（第四版），黄晓兰等译，华夏出版社，2000，第 122~130 页。
②　这是一本西欧、东欧学者交流传播学和媒介研究的期刊。

传播技术研究》（*Nordic and Baltic Journal of Information and Communication Technologies*）等。在 IAMCR 的网上开放期刊中，也包括 ICA 的会刊《传播学刊》（*Journal of Communications*）和《计算机传播》（*Journal of Computer-Mediated Communication*）等。2013 年，IAMCR 的政治经济学分会出版了期刊《传播政治经济学》（*Political Economy of Communication*）。IAMCR 官方网站上也链接了其他有关传播研究的新期刊的信息，如《社区音乐教育国际期刊》①（*International Journal of Community Music*）等。

区域学术期刊主要有《北欧媒介与传播研究评论》（*Nordicom Review of Nordic research on Media & Communication*），由北欧大众传播研究信息中心主办；《亚洲传播研究》（*The Asian Journal of Communication*），由新加坡南洋理工大学传播与信息学院亚洲媒介、信息与传播研究中心主办；《欧洲传播研究》（*European Journal of Communication*），目前由英国 Northumbria University 的 Peter Golding、葡萄牙 Universidade do Minho 的 Helena Sousa、比利时 Ghent University 的 Karin Raeymaeckers 主办。

（二）年鉴、手册、百科全书和辞典 / 词典

1. 年鉴

年鉴与年刊（Annual）介绍特定领域年度发展的最新信息。这些年鉴一般都是连续出版物。如果我们想迅速了解一个领域的研究历史和现状，年鉴或年刊是一个可选择的渠道。国内主要的年鉴有以下几本。

《中国新闻年鉴》，创刊于 1982 年，是一部由中国社会科学院新闻与传播研究所主办、反映我国新闻事业发展基本情况和发展变化的大型资料性工具书。其主要内容是记录上一年我国报刊业、广播电视业、网络传播业、新闻宣传与管理、新闻教育以及新闻与传播研究的工作实绩、重大事件、重大改革举措、典型经验、重要人物、优秀成果、机构设置、重大人事变动等方面的情况。

《中国广播电视年鉴》，创刊于 1986 年，是全面反映中国广播电视事业基本情况和发展变化风貌，客观记述上一年全国广播电视系统各方面新情况、新资料的大型年刊。该年鉴由国家广播电视总局主管，总局信息中心和中国

---

① ISSN 17526299；Online ISSN 17526302。

传媒大学主办。《中国广播电视年鉴》2022 年卷共设 20 个栏目：特载、年度报道、概况、大事记、节目播出、媒体融合与智慧广电、网络视听、受众调查、科学技术、产业发展、公共服务、交流与合作、改革创新、评奖与表彰、机构与社团、人物、学术研究与出版、法规文件、统计资料、附录。

《中国新闻出版统计资料汇编》，由国家新闻出版总署编，由中国书籍出版社出版，在中国知网上可查到 1997 年到 2011 年的全部统计数据。

其他重要年鉴还包括：《中国出版年鉴》，自 2014 年起由《中国出版年鉴》杂志社有限公司出版；《中国信息年鉴》，由国家发展和改革委员会主管，由国家信息中心和中国信息协会主办，由《中国信息年鉴》期刊社出版；《中国互联网发展报告》，由中国互联网协会编；《中国电视收视年鉴》，由中国传媒大学出版社出版；等等。

国外年鉴如 ICA 年刊《传播学年鉴》(*The Annals of the International Communication Association*，前身为 *Communication Yearbook*)，汇集了国际多领域的文献综述和论文。此年鉴截至 2013 年已经出版到第 38 卷。

2. 手册

在学术研究领域，手册不是简要叙事的小册子或新闻报道操作指南，而是学术性较强的针对特定主题的论述合集。手册一般会邀请特定领域或特定主题的各方专家来撰写，它有助于传播学者了解一定领域的研究现状及其目前的焦点及论题。

例如，2008 年 Sage 出版的《儿童、媒介与文化国际手册》(*The International Handbook of Children, Media and Culture*) 由两名儿童与媒介研究的国际专家 Kirsten Drotner 和 Sonia Livingstone 主编。他们邀请了来自印度、南非、英国、加拿大、意大利、美国、瑞典、爱尔兰、澳大利亚、新西兰、荷兰、匈牙利、丹麦、法国、波兰、日本、中国等国的专家学者就童年建构与文化、历史上儿童与媒介的公共辩论、儿童如何理解媒介现实、手机与儿童、游戏的学习理论、青年与电影、儿童与媒介的文化研究、媒介与性别、亚太地区儿童的媒介使用与区域现代性、阿拉伯世界青年的媒介使用与文化、巴西青少年的媒介消费、跨国电视文化和媒介社会化、日本青少年的媒介使用与日常生活、媒介法规与儿童保护、青少年互联网的政治参与和公民社会文化等主题撰写了专门的文章。对于研究儿童、媒介与文化的研究者来说，通过阅读这本手册可以拓展研究视野，并了解目前这个领域的研究焦点。

中国国内还没有出版类似的手册，但国外已经出版了大量的有关传播学和新闻学研究的手册。20世纪80年代出版的手册包括《传播科学手册》[1]《组织传播手册》[2]《美国流行文化手册》[3]《人际传播手册》[4]《话语分析手册》[5]《国际与跨文化传播手册》[6]等。当然，有的手册出版后，其他研究者根据研究的变化可能会重新出版。如上述所列出的《话语分析手册》出版于1985年，2003年学者Deborah Schiffrin、Deborah Tannen和Heidi E. Hamilton出版了电子版和印刷版[7]的《话语分析手册》。2011年，James P. Gee和Michael Handford编辑出版了《Routledge话语分析手册》[8]。

2008年以来，ICA与Routledge出版社合作出版了传播学研究系列学术手册。其目的是为传播学研究建立学术标准和规范，并开启未来研究的议程，以促进国际传播学研究领域的学术和理论发展。目前出版的手册有以下几本。

《世界选举报道手册》（*The Handbook of Election News Coverage Around the World*，2008）。从政治传播学、政治学科以及大众媒介与社会学科等角度，来研究各国选举的新闻报道。

《新闻学研究手册》（*The Handbook of Journalism Studies*，2009）。从理论和经验研究的角度，描述有关新闻生产、新闻机构和组织、新闻内容、新闻事业与社会、全球新闻学等研究，并采用比较的方法，探讨各国在不同社会情境下的研究特点。

---

[1] C. R. Berger, S. H. Chaffee (Eds.), *Handbook of Communication Science*, Newbury Park, C. A.: Sage, 1987.

[2] G. M. Goldhaber, G. A. Barnett (Eds.), *Handbook of Organizational Communication*, Norwood, N. J.: Ablex, 1988.

[3] M. T. Inge (Ed.), *Handbook of American Popular Culture* (2nd ed., vol. 3), New York: Greenwood Press, 1989.

[4] M. L. Knapp, G. R. Miller (Eds.), *Handbook of Interpersonal Communication* (2nd ed.), Thousand Oaks, C. A.: Sage, 1994.

[5] T. A. Dijk, *Handbook of Discourse Analysis* (vol4.), London: Academic Press, 1985.

[6] M. K. Asante, W. B. Gudykunst (Eds.), *Handbook of International and Intercultural Communication*, Newbury Park, C. A.: Sage, 1989.

[7] 电子版书号为eISBN 9780631205968；印刷版出版日期为2003年。

[8] P. G. James, H. Michael, *The Routledge Handbook of Discourse Analysis*, London, New York: Routledge, 2011.

《传播伦理手册》(*The Handbook of Communication Ethics*, 2010)。这本手册汇集了有关传播与伦理议题的理论分析以及在实践中的应用的讨论。传播伦理之所以非常重要，是因为它与权力、平等和社会正义密切相关；手册从国际视角分析了各种文化情境下的社会正义与传播伦理理论的关系，并试图做出比较评估；手册从更广泛的理论视野，如女性主义、后现代主义和后殖民主义出发，探讨了少数群体的传播、新闻学、新媒介、视觉传播、公共关系和市场等议题，并与当代议题，如民主、宗教、安全、环境、贸易、法律和经济等结合起来；手册具有促进对话的功能，包括理论与实践的对话、学术话语和流行话语的对话、普遍性与特殊性的对话、全球化与地方性的对话，以及理性与情感的对话。

《比较传播学研究手册》(*The Handbook of Comparative Communication Research*，2012)。这本手册可以看作比较传播学的研究指南，包括对传播领域及相关艺术领域的比较研究的分析，评述比较传播学的基本概念、分析框架、理论和方法论等，并指出未来的研究方向。

与 ICA 一样，IAMCR 也与出版社 Wiley-Blackwell 合作，出版了一系列学术手册，其名称为《媒介与传播研究国际手册》(*Global Handbooks in Media and Communication Research*)。现已出版《传播政治经济学手册》(*The Handbook of Political Economy of Communication*, 2011)、《媒介受众研究手册》(*The Handbook of Media Audiences*，2011)、《全球媒介与传播政策研究手册》(*The Handbook of Global Media and Communication Policy*，2011) 等。

除了国际手册，各地科研机构也可能出版地方的研究手册，如 2003 年，新加坡南洋理工大学出版了《新闻媒介与新媒介：亚太地区互联网手册》[①] 等。

3. 百科全书

与手册不同，百科全书则试图提供一定研究领域的全方位的信息。

如 2006 年出版的《宗教、传播与媒介百科全书》(*The Encyclopedia of Religion, Communication, and Media*) 以 A–Z 为检索线描述了世界范围内的宗教传播的形式，包括口头和印刷媒介，并分析了世界各地宗教如何以

---

① Nanyang Technological University，*News Media and New Media: The Asia-Pacific Internet Handbook*, Eastern Universities Press, 2003.

及为什么会使用不同的传播手段。《国际传播学百科全书》[*International Encyclopedia of Communication*, (4 vols.), 1989] 包含了 500 多篇有关传播学研究的跨学科和跨国界的文章，主题包括广告、动物沟通、艺术、公共关系、传播研究、教育、国际传播、新闻、语言与言语、媒体、电影、音乐、非语言传播、摄影、政治传播、广播、演讲、电视、戏剧以及传播理论等，同时列举了一些论文及常见著作和教科书，并附有概念术语、姓名和标题的检索表。[①] 其他百科全书如《国际媒介与传播百科全书》(*Encyclopedia of International Media and Communications*, 2003)、《新媒体百科全书》(*Encyclopedia of New Media: An Essential Reference to Communication and Technology*, 2002) 等。

随着时代的变迁和传播学研究的发展，百科全书也具备了一种汇集相关信息以重新建构研究领域的作用。2011 年出版的《社会运动与媒介百科全书》(*Encyclopedia of Social Movement Media*)，着重于探讨各国媒介与社会运动的关系。在理论上，《社会运动与媒介百科全书》提供了关于另类媒介 (Alternative Media)、公民新闻学 (Citizen Journalism)、知识共享 (Creative Commons)、女性主义媒介 (Feminist Media)、草根技术活动家与媒介政策 (Crassroots Tech Activists and Media Policy)、新媒介与行动主义 (New Media and Activism)、参与式媒介 (Participatory Media)、信息政策行动主义 (Information Policy Activism) 等概念的解释及理论。在各国实践的层面上，《社会运动与媒介百科全书》则提供了电影、电视、视频、流行音乐等如何应用于社会运动的信息，并分类提供了如下媒介在各国以及国际组织中的活动信息，如女性主义媒介、性少数群体媒介、人权媒介、独立运动媒介、本土媒介、互联网社交媒介、劳动媒介、表演媒介等。在解释一个名词的时候，除了有短文需要阅读之外，短文之后通常附有参考书目。依据这些参考书目，我们可以找到关于这个主题的其他资料，如在这本百科全书中，我们可以学习到关于另类媒介的知识，包括另类媒介概念的起源，另类媒介的不同定义、性质（作为一种对大众媒介权力的挑战），另类媒介的类型，另类媒介的社会学理论，另类媒介新闻学，另类媒介的意识

---

① [美] 利贝卡·鲁宾等：《传播研究方法：策略与资料来源》（第四版），黄晓兰等译，华夏出版社，2000，第 83 页。

形态与实践，等等。在这篇短文后，百科全书列出了 18 种关于另类媒介的重要研究著作和论文。这 18 种著作和论文可以大大缩短我们寻找资料的时间以及缩小寻找资料的范围。

4. 辞典 / 词典

辞典 / 词典为我们提供了关于传播学研究领域的学术名词或专业术语的解释。国内自 20 世纪 80~90 年代开始出版有关新闻学研究的词典，如《新闻学大辞典》[①]《广播电视辞典》[②]《马克思主义新闻学词典》[③]《宣传舆论学大辞典》[④] 等。我们也翻译了一些国外的重要辞典，如《关键概念：传播与文化研究辞典》[⑤] 等，但更多的辞典是英文的，如《媒介与传播学研究词典》[⑥]（*Dictionary of Media & Communication Studies*）等。

（三）专著和论文集

有关专著和论文集是我们的重要文献来源之一。有很多线索可以帮助我们找到所需要的专著和论文集：

发表在学术期刊上的研究综述文章、新书书评或介绍；

发表在年鉴中的研究综述文章；

百科全书和辞典 / 词典提供的有关某个研究主题的著作和论文；

各出版社的新书目录以及各大出版商网站发布的出版信息；

国际传播学会议上的书展及新书发布会；

导师或专业人士的介绍等。

我们也可从非常信任的网站上关注新书信息，比如，Routledge 是一个专门出版学术专著的专业出版社，登陆其网站（http://www.routledge.com/communication/）可以定期收到有关传播学研究的新书信息。

另外一个经常使用的方法是：从一本专著所列出的参考文献中选择自己所需要的书籍。

---

① 甘惜分主编《新闻学大辞典》，河南人民出版社，1993。

② 赵玉明、王福顺主编《广播电视辞典》，北京广播学院出版社，1999。

③ 陈力丹:《马克思主义新闻学词典》，中国广播电视出版社，2002。

④ 刘建明主编《宣传舆论学大辞典》，经济日报出版社，1993。

⑤ ［美］约翰·费斯克等编撰《关键概念：传播与文化研究辞典》，李彬译注，新华出版社，2004。

⑥ J. Watson, A. Hill, *Dictionary of Media & Communication Studies*, Fifth Edition, London & New York: Hodder Headline Group & Oxford University Press Inc., 2000.

（四）学位论文和研讨会论文

学位论文和研讨会论文大多是没有正式发表的论文。国内外均有一些网站或图书馆提供有关学位论文和研讨会论文的信息。在国内，中国知网（http://www.cnki.net/）会提供有关传播学研究的博士、硕士学位论文的信息。ICA 会在其网站上提供大会报告，IAMCR 有的分会也会提供分会报告，但只发送给分会会员。如果我们能参加两个学会的年会，通常会得到大约 800 篇论文摘要的电子版。如果特别需要哪一篇论文全文，可以直接与作者联络。

（五）其他文献来源

其他文献来源包括政府信息、有关法律法规以及其他学科的年鉴或学术期刊等。

需要注意的是，每年 2 月到 3 月，中国政府都会正式公布一次国民经济和社会发展统计公报。该统计公报包括邮电、广播电视、互联网以及出版的统计信息。比如 2012 年国家统计局公布的《中华人民共和国 2011 年国民经济和社会发展统计公报》的第七部分交通、邮电和旅游提供了关于电信和电话普及的信息。电信业务总量 11772 亿元，增长 15.5%。年末固定电话用户 28512 万户，其中城市电话用户 19110 万户，农村电话用户 9402 万户。新增移动电话用户 12725 万户，年末达到 98625 万户，其中 3G 移动电话用户 12842 万户。年末全国固定及移动电话用户总数达到 127137 万户，比上年末增加 11802 万户。电话普及率达到 94.9 部 / 百人。互联网上网人数 5.13 亿人，互联网普及率达到 38.3%。第九部分教育、科学技术与文化提供了有关媒介设施、文化单位、媒介产品生产等方面的统计数据。年末全国文化系统共有艺术表演团体 2481 个，博物馆 2571 个，全国共有公共图书馆 2925 个，文化馆 3276 个。广播电台 197 座，电视台 213 座，广播电视台 2153 座，教育电视台 44 个。有线电视用户 20152 万户，有线数字电视用户 11455 万户。年末广播节目综合人口覆盖率为 97.1%；电视节目综合人口覆盖率为 97.8%。全年生产电视剧 469 部 14939 集，动画电视 261444 分钟。全年生产故事影片 558 部，科教、纪录、动画和特种影片 131 部。出版各类报纸 467 亿份，各类期刊 33 亿册，图书 77 亿册（张）。通常国家正式公布的数据被视为比较可靠的数据。

找寻所需文献的最基本方法是：根据上述所提到的各种线索，确定若干关键词，用这些关键词到资料中心、相关网站、离线或在线数据库以及图书馆[①]进行查询；即使对某个研究领域还算是个生手，但通过查询结果能够确定谁是这个领域的专家，谁发表论述较多且水平较高，基于"术业有专攻"的基本假设，可以继续查询这个专家的所有论述，也可以确定有关我们研究问题的文献一般可能在何种学术刊物上可以找到，进而检索这类刊物的全部文章；之后的基本查询策略就是"滚雪球"，使用所得到的重要文献后面的文献索引寻找文献，直到获得足够的信息。

第四节　如何阅读文献

阅读文献最有效的方式是带着自己的研究主题或研究问题阅读文献。阅读文献是一个不断地将文献与自己的研究问题建立联系的过程。一方面，要不断地汲取研究文献中的营养，以深入理解研究问题；另一方面，要依据对研究文献的思考，不断地澄清自己的研究问题和形成自己的研究假设。

以硕士学位论文中的文献探讨为例，如果研究问题是"央视春晚 20 年来如何再现农民工形象"，我们至少要问：就春晚、农民工形象和媒体再现这三个方面都有哪些研究？到目前为止已经积累起哪些知识和理论，这些知识和理论是否能解决这一研究问题？显而易见，需要阅读的文献包括三个方面：关于央视春晚及地方春晚的研究文献；关于媒体与农民工形象的研究文献；关于媒体再现的理论。关于媒体再现的理论将来在论文中会形成理论综述，以发展对此研究问题的分析框架。

文献阅读的过程是问问题的过程，其实质是找到我们的研究问题所在的

---

① 下面是一些有关文献检索的信息：中国知网（http://www.cnki.net/）提供几乎所有国内传播学研究学术期刊的论文全文索引；在线数据库 OCLC，创建于 1967 年，据 2000 年底统计，OCLC 产品和服务已覆盖 70 多个国家和地区的 40000 多个图书馆和教育科研机构，中国社会科学院文献信息中心已与 OCLC 开展正式合作，目前已使用的服务包括 OCLC 联机联合目录服务、OCLC Firstsearch 联机检索系统两种，中国社会科学院的读者可以直接使用的服务是 OCLC Firstsearch 联机检索系统；北京图书馆所能提供的英文学术期刊至少包括 *Columbia Journalism Review*、*Journalism & Mass Communication Quarterly*、*Journal of Communication*、*Southern Communication Journal*、*Information Communication and Society*、*European Journal of Communication* 等。

研究范式的过程。在阅读之前，一定要问如下问题：

在这个领域中，已经有了哪种类型的研究？这些研究涉及哪些研究范式？其中心问题、价值观和概念术语有哪些？你的研究与哪种研究范式相关？哪些术语或概念比较适合你的研究？

在这个领域中，已经研究了哪些问题？其研究焦点是什么？你的研究与这些问题或焦点的关系是什么？

先前的研究都采用了哪些方法？你的研究最好采用什么方法，为什么？

先前的研究有哪些重要发现？这些发现采用了何种视角和理论？哪些发现可以成为你研究的基础？你将会从何种视角或理论中提出你的研究问题？

这些研究文献已经提出了哪些进一步研究的建议？这些建议的研究如何能增加这个领域的知识？

回答这些问题可以帮助你进一步澄清你自己的研究问题。

在阅读文献时，要在了解研究范式的基础上处理精读和泛读的关系。

在一个研究范式中，最经典的研究文献需要精读，包括理论文章和经验研究等。因为正是这类研究奠定了这个研究范式的基础。有关传播学研究的辞典/词典、手册、百科全书，以及有关这个范式的文献综述文章都可提供何谓经典的阅读线索。此外，与自己研究问题密切相关的高质量的研究文献需要精读，其他相关文献则可泛读。经过精读和泛读，研究者可以逐步建立自己的理论结构。

在阅读过程中，除了要处理精读和泛读的关系，我们还要处理如下问题：文献量过多、文献量过少、读不懂文献等。每个研究领域的文献量和文献来源以及深浅程度都有所不同，我们就此分别提出建议。

如果文献量过多，我们就会一脚踏入文献的海洋不知所措，因此建议：

第一，寻找最新的文献综述，通过文献综述进入一个研究领域，并建立阅读线索，这些文献综述通常由同行专家撰写，具有一定的可靠性；

第二，通过百科全书、手册或辞典/词典的推荐文献来寻找阅读资料进行阅读，比如，百科全书、手册或辞典/词典中的有关"再现"短文之后，会列出关于"再现"的重要研究目录；

第三，缩小阅读范围，从整个研究领域的阅读缩小到主题阅读，甚至仅围绕研究问题进行阅读；

第四，一边阅读一边做结构笔记，以发现自己的研究问题在其中的清晰定位。

如果文献量过少，我们提出以下建议。

第一，扩展阅读：从研究问题阅读扩展到主题阅读，甚至研究领域阅读或相关研究领域阅读。当提出一个新的研究问题时，有可能缺少相关文献。比如当人们开始使用互联网时，很难找到有关互联网对个人、社会影响的相关论文。但是，我们可以参考媒介对个人、社会影响的先期研究。

第二，质疑自己的文献线索，是否找错了方向或学科。比如，有关发展传播学的文献，在 ICA 研讨会上就不如在 IAMCR 研讨会上多。有些发展传播学的文献不仅要在传播学研究领域寻找，还要到其他相关研究领域如发展学、行动艺术等去找。

第三，质疑和反省自己的研究问题，是否提错了问题。问自己到底想研究什么，研究问题本身与现实的联系以及与相关理论的联系是什么。质疑和反省自己的研究问题并不意味着如果找不到相关文献，就是自己错了，而是要在这一过程中进一步澄清自己的研究问题，其结果如修改、重新发展或坚持自己的研究问题，都有可能产生。但在大多数情况下，这种类似"星外来客"的问题极少可以成为研究问题。

如果读不懂文献，我们提出以下建议。

第一，暂时放弃这个文献，先看其他容易懂的文献，逐渐积累这个研究领域的知识。读到一定程度后，先前放弃的文献就比较容易读懂了。

第二，通过发现与研究问题的联系激发阅读兴趣。兴趣可以帮助你克服阅读困难。

第三，检查看不懂的原因，是不太理解或完全不懂其理论背景，还是不熟悉或不理解主要的概念术语，还是概念术语之间的关系比较复杂等。针对这些原因补充阅读资料，特别是理论背景和概念术语部分，可将其分解，通过阅读有关手册、百科全书或辞典／词典来解决。

第四，与同学或老师讨论。经验表明，成立一个读书小组或网上讨论组并定期开展活动，是促进研究文献阅读和理解的有效方法。

第五节　如何评估研究文献

阅读文献的过程也是评估文献的过程。毋庸置疑，我们可以从以往的文献中学习到很多东西，但是这种学习不是全盘、盲目的接受，而是要在批判的基础上接受，不仅要评估这样的研究文献提出了何种研究问题以及是否有效地解决了这个研究问题，还要逐渐理解研究文献背后所属的研究范式、分析视角、理论框架、研究方法及其方法论，并对此研究文献做出自己的判断：其研究观点、研究视角、所积累的知识等对解决自己的研究问题有何价值或有何借鉴，或者根本没有任何价值。这里所说的没有任何价值并不是说这个文献的好坏，而是指对解决我们的问题是否有用。

在写作论文中，评估文献的直接目的就是根据一定的标准筛选文献，决定是否在我们的论文中引用或采用，以在此基础上推进我们自己的研究，或者说，是用前人的研究为我们自己的研究建立一个基础。

评估文献大致经历三个过程。

第一个过程：评估文献与自己研究问题的联系。这个文献与自己的研究问题是否存在联系、在哪个层面存在联系，以及联系的强度和性质等。有时候，我们会首先判断这个文献与我们自己的研究是否在同一个研究领域、属于同一个研究主题，甚至回答同一个研究问题等，也要判断是否属于同一种研究范式等。

第二个过程：在评估文献科学性的基础上，评估文献的价值。其具体步骤如下：

第一，文献中提出的研究问题是什么；

第二，研究是否回答了研究问题、答案是什么、回答是否有效；

第三，其回答问题的理由是否成立、可检查论据的可靠性、关键概念的使用是否有语句歧义、推理是否存在逻辑问题等；

第四，采用何种方法获得了理由、获得理由的方法是否可靠；

第五，如果结论可靠，那么这个文献在既定的研究领域中有何贡献，即增加了哪些知识、对社会有何用处，或者说提供了何种学术价值以及社会价值。

第三个过程：在深入理解研究文献背景的基础上，确认文献对解决我们的研究问题的启发和价值。其思考的要点是：这个研究是谁做的？其作者的基本研究观点和视角是什么样的？其大多数研究属于何种研究范式？其分析视角和理论框架与其他同类研究有何不同？这类研究采用何种方法论或特定的研究方法？他们的理由是什么？在这个研究领域中，是否还有盲点？在回答如上问题的基础上，要逐渐确认这类／个文献对我们的启发，特别是对我们如何具体地解决我们的研究问题的启发。

这只是大致的三个过程。在实际阅读和评估中，如果我们已经积累了足够的评估经验，以及已经习惯采用批判的眼光来审视以往的研究，那么这三个过程可能很快就完成了。

第六节　文献回顾的写作：类型、方法和策略

一　形成文献回顾的问题

文献综述、文献探讨或理论综述等的写作同样要有问题意识，即首先要形成文献综述、文献探讨或理论综述的问题。

如果是独立成文的文献综述，一般的研究问题是：这个研究领域的研究历史是怎样的？都有哪些人或者哪些流派的人在做这类研究？到目前为止，这个研究领域积累了哪些知识和理论，这些知识和理论主要能解释什么问题？理论是通过何种研究获得的，其有效性如何？谁做的这些研究？目前的研究进展如何？什么是未来的研究发展方向？文献综述不仅可以对研究历史、现状和未来做一般性描述，也可以集中于某一焦点问题，像"在中国大陆的媒介与性别研究领域，是否引进的理论更偏向西方自由主义女性主义理论"类似的焦点问题也需要做一定领域的文献回顾才能回答。

如果是学术论文中的文献探讨，则要结合文献评估的三个过程，尝试回答如下问题：就我们的研究问题所属的研究领域，已经积累了哪些知识？这些知识是否以及哪些知识能够解决你面临的问题？还有哪些尚未被澄清的问题？有哪些盲点或空白？

如果是学术论文中的理论综述，研究者则要通过自己的努力，让读者了解在一定的研究领域内，产生了哪些理论，这些理论在何种层面上可以或不

可以解决我们的研究问题及其原因。分析原因要联系理论产生的历史背景、学术流派的争论以及有关的方法论，最终为自己开辟一个使用或修订或发展理论的空间。

如果是学术论文中的文献探讨和理论综述，一般会放在论文前半部分。在论文结尾部分的"结论与讨论"中，研究者会重提理论和前述文献，结合自己发现的结论（而不是研究问题）讨论自己的研究贡献和需要进一步解决的问题。

二 文献回顾的内容

我们要在文献回顾中写什么？依据劳伦斯·纽曼对文献回顾的分类[①]，有以下五种内容可供我们借鉴。

背景回顾（Context Review），即将研究者自己的研究放在较大的范围内来考察。背景回顾通常出现在一篇论文的开头，目的是告诉读者自己的研究在整个知识领域中的地位及含义。

历史回顾（Historical Review），即研究者追溯某个概念或某个议题的发展过程，或者显示某个议题或理论如何经历不同时期的演进变化。

理论回顾（Theoretical Review），即研究者将以解释某件相同事物为目的的所有理论都陈述出来，然后比较不同的理论如何探讨某项议题，评价每个理论的解释力。除了证明预测与发现之间的一致性之外，理论回顾也可以比较各个理论假设的完整性、逻辑的一致性及解释的范围。也有的研究者通过理论综述整合两个以上的理论，或将某个理论的触角扩展到新的议题上。理论回顾常常用于学术论文中的理论综述部分，以指引自己的研究。

整合性回顾（Integrative Review）。就一个特点的研究主题或研究问题，研究者将汇集一定时间段的所有文献进行描述，以展示某个议题在某个时点上或每个时间段内的研究现状，即描述目前的知识状态。

方法论回顾（Methodological Review）。研究者将指出各项研究在方法上

---

① ［美］劳伦斯·纽曼：《社会研究方法：定性和定量的取向》（第五版），郝大海译，中国人民大学出版社，2007，第123~124页。

有何不同，评估以往研究在方法上的优劣，描述相互冲突的研究结果，并且显示不同的研究设计、样本和测量如何造成不同的研究结果。

我们可能采用多种内容类型撰写文献回顾，但无论采用何种内容类型，都要明确我们做文献回顾的目标，即一定要将自己的研究问题与以往文献中的知识或理论联系起来。文献回顾也一定是将建立和发展研究问题与现有知识或理论进行链接的过程。

三　文献回顾的基本策略

（一）方法设计

如果是独立成文的文献综述，可能会采用历史／比较方法或内容分析等方法。在大多数情况下，如果是写学术论文中的文献探讨或理论综述部分，大多采用历史／比较方法。

（二）文献筛选

当研究者汇集了许多有价值的文献之后，会面临一种选择的困境：是否将所有文献都写进文献回顾之中，还是只列出关键文献？就这个问题，利贝卡·鲁宾（Rebecca B. Rubin）等给我们提供了两种筛选文献的策略[①]。

第一种选择是示范式文献回顾（Exemplary Literature Review）。采用示范式文献回顾策略的前提是：读者对此研究主题已有基础概念、此研究主题文献资料量多且雷同等。在这种情况下，介绍与研究问题相关的关键研究文献即可，或是描述对解决研究问题有直接影响的研究文献。示范式文献回顾通常被使用在学术论文中的文献探讨或理论综述。

第二种选择是无遗漏式文献回顾（Exhaustive Literature Review）。采用这种回顾策略，意味着作者要在文献回顾的写作中囊括所有的文献信息。采用这种回顾策略的前提包括：读者此领域的知识贫乏、此领域是一个新的研究领域且文献量很少。这种策略常用于学术论文中的文献探讨或理论综述。当需要做独立成文的文献综述或研究述评时，研究者会更多地考虑使用无遗漏式文献回顾策略，并且会考虑使用内容分析方法。

---

① ［美］利贝卡·鲁宾等：《传播研究方法：策略与资料来源》（第四版），黄晓兰等译，华夏出版社，2000，第212~213页。

四　文献信息的五种组织方式

在文献回顾的写作中，至少有五种文献信息的组织方式①可供我们选择。

（一）主题次序（Topical Order）

研究者首先根据研究问题提出若干主题或论点，然后将文献分类，汇集在不同的主题或论点之下。比如，一个关于媒介与性别的文献综述，试图描述 1996 年联合国第四次世界妇女大会之后至 2005 年的媒介与性别研究的进展与问题，并指出未来的研究方向。作者汇集了在传播类和妇女研究类刊物上发表的所有论文并对其进行分析，发现文献显示了一种比较清晰的分类。根据这个发现，作者修改了传统的传播模式框架形成不同的主题，如行动者研究、传播者研究、媒介内容研究、妇女媒介研究、接收者研究和效果研究等，将汇集的所有资料呈现在不同的主题之下。文献综述的结果说明：比较 6 个主题的研究，接收者研究几乎是个空白，即缺少女性主义的受众研究；效果研究集中于推测和思辨，缺少经验研究的证据；媒介研究则集中于城市妇女报刊，忽略了农村妇女习惯使用的传统媒介以及妇女 NGOs 所倡导的另类媒介；等等。

（二）年代次序（Chorological Order）

在写作中，如需回顾某一领域或某一概念术语的发展或演变时，年代次序这种组织方式最为有效。比如，在一篇学术论文中，作者回顾了西方质性研究的演变，将其划分为实证主义传统期（1900~1950 年），即外来专家的田野作业时期；实证主义的黄金期（1950~1970 年），并发展了后实证主义典范；领域模糊期（1970~1986 年），社会科学与人文科学领域模糊，引入了人文视角的研究，如文本分析、叙事学、符号学等进入质性研究；危机期（1986~1990 年），研究写作本身是一种自我反思和探索，传统研究的标准开始受到质疑；后现代期（1990 年以后），理论被看作叙说来解释，研究者在方法上不是旁观者，开始进行"行动研究"和运动取向（Activist-oriented）。

---

① 这一部分参照利贝卡·鲁宾等列出的七种组织方式，但对其内容做了诸多修改。参见［美］利贝卡·鲁宾等《传播研究方法：策略与资料来源》（第四版），黄晓兰等译，华夏出版社，2000，第 214 页。

作者依此得出结论：质的研究本身并非静态一致共识的学问，而是人类对社会知识和知识建构的一系列革命。

当我们对传播学一个领域的主题、研究焦点、研究方法、概念术语、研究变量的变化感兴趣时，就可以采用年代次序进行文献回顾的写作。但是，年代的划分需要说出理由，并能达成一定的共识。有的年代划分依据时代变迁的大背景，比如当代新闻媒介发展史的划分通常采用 1949~1966 年（新中国成立到"文革"开始）、1966~1978 年（"文革"时期）、1978~1989 年（改革开放 10 年）、1989~1992 年或 1993 年（20 世纪 80 年代末期到邓小平发表南方谈话）、1994 年至今（互联网等新媒体开始普及）等。媒介与性别研究的文献回顾通常以 1995 年联合国第四次世界妇女大会在北京召开为重要分界线，因为这个大会极大地影响了中国的性别研究，且研究者对此已达成共识。有的年代划分则取决于研究文献某个变量的变化，比如，在劳工媒介研究领域，可能从哪一年开始，以劳工诗歌为主的形式突然转变为劳工音乐等。无论依据何种标准划分，一定要说明理由。

（三）比较的次序（Comparison-and Contrast Order）

研究者可依据研究主题或方法的异同来组织文献信息。

（四）一般到特殊次序（General-top-specific Order）

在写作时，从一个研究领域的文献回顾到相关研究的主题回顾，最后到与研究问题直接相关的文献回顾。

比如，对"媒介暴力对青少年侵犯性行为是否有影响"的研究问题，研究者文献回顾的次序可以是：

媒介效果研究的文献回顾（一般）；

媒介对青少年影响的文献回顾、媒介对青少年行为影响的文献回顾，以及媒介暴力影响的文献回顾（次一般）；

媒介暴力对青少年侵犯性行为的文献回顾（特殊）。

（五）特殊到一般次序（Specific-to-general Order）

比如描述三篇讨论人际沟通能力的研究报告，从中归纳出人际沟通能力如何定义或测量的结论。

以上五种组织方式可以在一篇文献回顾中交互使用。

五　文献回顾的批评性结论

好的文献回顾一定会提供批评性结论。通常文献回顾以批评性结论为结尾。批评性结论包括：总结以往研究文献的贡献、阐明以往研究文献的研究方法及其可靠性、提出以往研究文献尚未回答的问题、指出未来研究的方向。

为学术论文所做的文献探讨或理论综述，还必须阐明以往研究文献对我们研究的重要启发。在将研究问题与以往研究或理论建立联系的基础上，提出经过澄清的研究问题和研究思路（包括研究焦点和方法）。

六　关于引用规范

（一）关于引用

在文献回顾的写作中，我们会引用他人研究成果中的事实或观点。在论文写作过程中，我们也会引用他人研究成果作为论据，以增强我们论文的说服力。但在引用时，我们首先要对他人成果做一个大致的评估。

第一，对文献来源的评估。如果不是发表在学术期刊的事实或观点，要谨慎引用。通常大众媒介上发表的事实或观点是需要确认的，它发表的标准是新闻价值而不是学术价值。此外，网上的资料都需要通过其他渠道再确认才能使用。

第二，引用学科名人或社会名人的话要谨慎。有些名人名言很有迷惑性，但未必是经过严谨的研究之后得出的结论。未经过严谨的研究得出的结论或名言不能作为论据在学术论文中使用。

第三，尽量不引用"豪言壮语"等。这类引用只能通过情感动员来增强论文的说服力。学术论文不是以情动人，而是以理服人。

总之，写论文，"说话要有证据"，但这个证据一定要来源可靠，且是经过谨慎研究的事实或观点。

（二）关于引用道德

所有引用都应该注明原作者和出处。无论是引用他人文字、段落还是引用他人观点，无论是正式发表还是非正式发表的情况，如教师讲课等，都需要注明出处来源。直接引用，原文要加上引号，引用段落或观点要注明出处。

引用注明原作者和出处来源是一个研究者最基本的学术道德，否则就是抄袭或剽窃（Plagiarism）。

实际上，我们学术界对"剽窃"还没有一个严格的定义，通常认为直接采用别人说过的话不注明是剽窃，但经过研究者编辑改述后就不是剽窃。实质上，这是对"他人成果"没有清晰的定义。根据《美国社会学学会道德手册》（*American Sociological Association Code of Ethics*）（第五版）和《美国心理学会出版手册》（第四版）中关于"剽窃"的说明可以看出，他人成果包括已经发表的文字和未发表的观点或陈述。

《美国社会学学会道德手册》中，第 14 条是关于"剽窃"的说明[①]：

"当一位研究者在其出版物、演讲、教学、服务或实践中，如果采用他人的研究数据或语言（无论是公开出版或未出版的或电子版的数据或语言）时，必须明确地表示他（她）使用或参考了他人的成果，并将荣誉归于被引用者。否则为剽窃。"

"在研究者的出版物、演讲、教学、实践或服务活动中，如果参考了他人的成果，无论是公开出版或未出版的或是电子版的，均须承认并注明。即使这些参考不是逐字逐段的使用，也必须注明。不能使读者误认为这是研究者自己的成果。否则为剽窃。"

上述两条指明：只要是他人成果，无论是公开发表的还是未公开发表的，研究者无论是直接引用的还是参考的，无论是在出版物中使用的还是在教学中使用的，都必须注明出处，不能使读者误认为是自己的成果，否则就是剽窃。

利贝卡·鲁宾等在《传播学研究方法：策略与资料来源》（第四版）[②]中，也指出了三种不可接受的引用方式：

第一，直接引用，没有注明出处和页码；

第二，引述，即通过编辑原文字，如改变句子顺序等，使读者认为是自己的作品；

[①]　转引自 W. Lawrence Neuman，*Social Research Methods: Qualitative and Quantitative Approaches*, Sixth Edition, Pearson Education, 2006, p. 531.

[②]　［美］利贝卡·鲁宾等：《传播研究方法：策略与资料来源》（第四版），黄晓兰等译，华夏出版社，2000，第 199 页。

第三，改述，将他人论点说成是自己的。

《美国心理学会出版手册》（第六版）也提到"自我剽窃"（Self-plagiarism）的概念，即不能将自己过去的研究成果当作现在新的发现来展示，需要注明出处来源。

（三）引文规范格式

在国内，每一种学术刊物都有自己的引文规范格式。其规范会在刊物论文征集中或在其网站上详细说明。有些国内学术刊物直接采用国际流行的APA格式。

在国外，学术领域内通行不止一种引文著录格式，如哈佛体系、英国标准体系、APA格式、MLA格式及芝加哥格式[①]等。APA格式起源于1929年，指的是美国心理学会（American Psychological Association）出版的《美国心理学会出版手册》，后逐渐成为一种广为接受的研究论文撰写格式。

APA格式，即文中引文采用"（作者姓氏，出版年）"的方式，有时再加上页码，同姓氏的作者要写出作者全名，名用首字母缩写。末尾则列出参考文献。APA格式的"参考文献"只将引文的来源放入文中。详细信息请参考利贝卡·鲁宾等所著的《传播学研究方法：策略与资料来源》（第四版）中的附录一[②]，或《美国心理学会出版手册》（第六版），第六版提供了最新的关于APA格式的信息。

小　结

在本章中，我们结合研究问题的提出介绍了文献回顾的类型、目的、文献来源，以及如何阅读、评估和写作文献回顾。

好的文献回顾不是笔记陈列，也不是他人的研究结论或观点的罗列，而是在总结他人研究的基础上，以一定的分析框架和合乎逻辑的方式将诸多他人的研究或结论联系起来，展示其学术贡献并做出评价，同时指出其研究领域中的矛盾、弱点或盲点。实际上，文献回顾的过程也就是以一己之力来建构一个研究领域，为自己也为他人提供研究的线索。

---

① 羌丽、华薇娜：《英文学术文献的引文著录格式》，《现代情报》2010年第9期。

② ［美］利贝卡·鲁宾等：《传播研究方法：策略与资料来源》（第四版），黄晓兰等译，华夏出版社，2000，第234~245页。

学术论文中的文献探讨和理论综述，则要求作者紧密结合研究问题的提出来进行写作。检查文献回顾是否有效，需要问自己如下问题：

1. 与研究问题密切相关的关键性资料是否包括在文献回顾中？

2. 论述是否围绕研究问题来进行，或与研究问题的提出密切相关？

3. 文献回顾是否明确指出各个文献主题之间的关系或冲突，而不是研究或观点的罗列？

4. 文献回顾是否评价了文献的有效性？

5. 文献回顾是否清楚地说明文献中尚未回答的问题以及可以改进的地方，即你的研究比以往的研究可能会增加什么样的新的知识，或提出未来努力的方向？

6. 文献回顾是否采用了符合科学规范和科学道德的引用格式和注释？

目前，我们有比较充足的资源和丰富的渠道可以获得很多文献，这当然有利于我们的文献回顾工作。但是，对文献来源，特别是国内的核心期刊和国外的影响因子甚高的主流期刊也要持反思的态度，因为任何核心期刊或主流期刊，大多反映了主办者（具体表现为编辑部）的研究立场、特定视角或研究偏好，与此不同的论文可能难以发表。现在越来越多的国内学者开始引用国际发表的英文论文。在靠近国际学术前沿的同时，要警惕我们有可能越来越倾向于研究国外情境中产生的研究问题，而忽略了自己本土的研究问题。瑞典学者 A. 厄尔英加（A. Elzinga）曾指出，面向由核心期刊引用率决定的国际研究工作的前沿，"往往意味着面向像美国那样的核心国家"，"意味着像美国、英国和法国这样一些国家将逐渐占据支配地位。然而对较小的国家来说，适应最大共性可能意味着扩大研究与实践之间的鸿沟"。[①]

---

① ［瑞典］A. 厄尔英加：《对学术研究进行评估的后果》，陈鹤琴译，《科学学译丛》1989年第 1 期。

第四章　概念化与操作化

内容提要

前面几章，我们讨论了什么是研究问题、如何提出研究问题。从本章开始，我们讨论如何解决研究问题。本章介绍了社会科学研究中一些最核心的元素，如概念、构念、概念化、操作化、变量、因果关系、相关关系、理论、假设等，以及这些元素之间的逻辑联系。

第一节　概念

研究是提出问题和解决问题的过程，所讨论的问题属于认识论范畴，即解决现象和现象间关系的问题。在研究中，研究者使用概念来指称现象，例如，"报纸的少数民族新闻如何将中国少数民族再现为'他者'"是一个研究问题[1]，这里的"报纸""少数民族""新闻""再现""他者"等都是概念，每一个概念分别指称了一类具有共同特征的现象。

概念是"采用抽象化的方式，从一群事物中提取出来的，反映这些事物之共同特性的思维单位"[2]。

一　概念形成的抽象化过程举例

在图 4.1 的这十个物件中，哪些可以称为"杯子"？历次学生课堂讨论后

---

① 覃诗翔:《中国少数民族的"他者"再现——对 2006 年〈北京青年报〉少数民族新闻的内容分析》,《传播与社会学刊》(香港) 2010 年第 14 期。

② Wikipedia，http://zh.wikipedia.org/wiki/%E6%A6%82%E5%BF%B5，最后访问日期:2014 年 3 月 24 日。

的一致意见是，最可以称为杯子的是 C、F、G、I，勉强可以称为杯子的是 B 和 E，而 A、D、H、J 不能称为杯子。

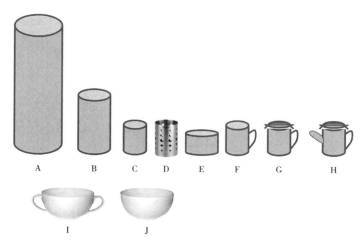

图 4.1　什么是杯子

资料来源：参考［美］J.R. 安德森《认知心理学》，杨清、张述祖等译，吉林教育出版社，1989，第 172 页图 5-4，以及中央音乐学院周海宏的重新设计。

C、F、G、I 为什么可以称为杯子？它们的共同特征是能盛水，所以 D 漏勺被排除了。但 A、H、J 也能盛水，为什么不能称为杯子？A 太大，不能用一只手握住，因此杯子的另一共同特征是能用一只手拿着喝水；H 有"嘴"，是壶的典型特征，有"嘴"就不能称为杯子；J 的形状，是碗的特征，但这样形状的容器带把手就不再是碗，碗不能带把手。

因此，归纳出杯子这个概念所指一类现象的共同特征是，可以用一只手握住的、只有一个开口的、用于喝水的容器，这是这个概念的所指。而"杯子"——发音为 bēi zi，或称 cup、mug...，这是这个概念的称名，即这个概念的能指。

当然不是所有概念的抽象过程都像杯子这样直观、具体，如"成就""现代化""意识形态""女性主义"等。概念形成的过程，不都是归纳观察的结果，也可以是演绎推理的结果，或是综合使用归纳演绎逻辑的结果。但无论何种情况，在认识论范畴中的概念，都是针对现象确立的，都是和某些现象对应的，即具有明确所指，只不过抽象程度越高，离具体的现象就越远，从概念还原到现象也就越困难。

二　概念的分类

概念可以从多个维度进行分类，例如，以抽象程度分：具体 / 抽象；以复杂程度分：简单 / 复杂；以使用情境分：日常 / 学术；以形成的方式分：归纳 / 演绎；等等。

具体概念和抽象概念

概念是采用抽象化的方式形成的，抽象化的程度有高有低。

例如：《人民日报》→ 政府机关报 → 报纸 → 纸质大众媒体 → 大众媒体 → 意识形态机构。从《人民日报》到意识形态机构，抽象化程度越来越高。

简单概念和复杂概念

简单和复杂是指，概念涉及因素的多少，因素之间逻辑关系的数量、类型及层次的多少。

简单概念，例如"网民"，只涉及是否使用互联网这一个因素，不存在因素间的逻辑关系问题。

复杂概念，例如"文化移转"（Transculturation），涉及文化适应、文化同化、跨文化传播、全球化、迪斯尼化、美国化与普世化等因素以及它们之间的关系。[①]

一些看起来简单的概念，可能建立在其他概念之上，例如杯子是盛水的容器，水、容器都是概念，水是氢氧化合物，氢、氧、化合、化合物、化合价都是概念，只是在对杯子的讨论中，这些都是前提假设（Assumption），是不需要提出的问题，是已经没有歧义的共识。

归纳逻辑形成的概念和演绎逻辑形成的概念

"网民"这个概念，可以通过对是否有使用互联网行为进行归纳形成。

"共产主义""一国两制"这样的概念，则主要通过演绎逻辑形成。

三　构念

构念（Construct）是概念的一种，它完全符合概念的定义，有所不同的

---

① "文化移转"的概念来自陈韬文《论华人社会传播研究中全球化与本土化的张力处理》,《中国传媒报告》（香港）2002 年第 2 期。

是，构念是以想法、证据、概念等为材料，建构、构思而成的概念，是研究者为说明和解释现象或概念间的关系，创造出来的概念，因而是理论的产物。作为理论的产物，构念由根据某理论声称的一组具有内在逻辑联系的现象、概念构成，如智力、女性主义、现代性等。

也正由于构念是理论的产物，它常常难以形成有完全共识的定义。

构念不能直接观察到。例如，我们可以指着一个物件说，这是一个杯子，但不能指着某一现象说，这是现代性。我们可以通过观察那些表现出某个构念的现象，来间接观察一个构念。[1]

例如，中国社会科学院社会学研究所 2001 年的一项关于中国社会变迁的研究[2]，测量了个人现代性和传统性，分为时间、价值、主体、规则四个维度，每个维度有传统性、现代性两种倾向，每个维度的每种倾向由一组态度题目来测量。例如，在时间维度上的传统性，有 5 个态度题目：只要能稳定地生活，即使发展机会不多我也无所谓；我从不在生活方式上赶时髦、追逐新的潮流；生死由命中注定，富贵由老天安排，这种说法很有道理；"各人自扫门前雪，休管他人瓦上霜"仍是当今的处世原则；我更多的是怀念过去的生活，而很少向往未来的生活。而这些态度，都是可以直接观察的，即研究者通过分析被调查者在这 5 个题目上的选择，间接观察了被调查者在时间维度上的传统性程度。在这个研究中，现代性、传统性均为构念。

第二节　概念化

一　什么是概念化及为什么要概念化

概念化指发展概念和澄清概念的过程。概念化的目标是，使概念更清晰地描述某类事物的共同属性、本质特征，更清晰地区别于其他事物。为达到这个目标，必须充分考察和分析与此概念相联系的现象、其他概念和理论，在这个过程中，有可能提出新的对现象的认识，新的对现象、概念间关系的

[1]　参考 Wikipedia，http://en.wikipedia.org/w/index.php?title=Construct_(philosophy_of_science)&action=edit; L. J. Cronbach, P. E. Meehl, "Construct Validity in Psychological Tests," *Psychological Bulletin* 52(1995): 281-302。

[2]　2001 年 11 月，中国社会科学院社会学研究所"社会变迁研究"课题组的课题"中国社会变迁研究"。

认识——新的概念和新的理论。

（一）概念化为什么不能靠查辞典

概念所抽象、概括的对象，是现象和其他概念及理论，而这些元素，是在不断变化中的。同一词语——概念的能指，在不同的历史时期、文化背景、观察视角、社会群体、使用情境、话语体系、理论框架下，可能有不完全相同的内涵和外延——所指，因此，对一个具体研究来说，概念化是研究的一个重要组成部分，对研究领域来说，概念化则是一个不断持续的过程。[①]

上述特征决定了，把一个概念——所要研究的关键概念——写入论文或辞典，并不意味着概念化的完成。同时决定了，研究者作为知识的创造者，在没有分析论证的情况下，不能简单地接受辞典或任何一篇已发表论文中的概念定义为某一概念的定义。

（二）日常概念与科学概念

概念化的一个结果是，使概念清晰化。在这方面，区分日常概念和科学概念是一个需要注意的问题。

1. 分清日常概念和科学概念

社会科学中的概念，都是在直接或间接地描述社会生活，因此一些社会科学概念，既在研究领域使用，也在日常生活中使用。而其在日常生活中的使用比较随意，内涵可能因人因地而改变，大家说的是一个词，但所指却不一定相同。例如"价值观"，既是一个学术概念，也常在日常生活中使用。本书作者曾分析一份报纸的文章是如何使用价值观的[②]，发现在这些文章中，价值观的含义包括："一个人的担当能力的核心要素""理想""对足球俱乐部的价值判断""买车的标准""企业（新浪汽车频道）的做事原则""精英标准的设定""有利于在企业获得事业进步的素质"等。类似这样的概念有很多，例如"文化""意识形态""权力""智商""态度""社会心理承受力""社会心态"等。

---

① 从研究这个职业来说，这也就是为什么针对同样一些词语，人们能层出不穷地提出各种各样的研究问题。

② 2005 年 11 月 21 日至 2006 年 11 月 30 日，《北京娱乐信报》出现"价值观"的文章共 32 篇。

2.日常概念转换为科学概念

从另一角度看，概念的产生，从根本上说，是源于对社会生活的认识，因此，日常生活中使用的概念，尤其是那些已经成为我们生活背景的一部分的概念，需要研究者去研究。例如"面子"这个概念，"由于我们长期浸淫在脸面运作的社会情境中，我们能习惯地去实践，未必能体会；我们能体会，未必有认识；我们有认识，未必就有研究。因此如何能在知识上捕捉到社会生活中的脸和面子的特点及其运作规则，并在社会与行为科学领域内作理论和实证的探讨，是一项非常艰难的工作"①。

（三）概念与文化

同一词语，在不同文化中可能有不同含义。这里的不同文化，不仅指中国、外国，而且指不同的亚文化群体，如男性和女性、城市居民和农民、成人和青少年等。

例如"自尊"这个概念，在中国文化中，自尊的意思是尊重自己，不向别人卑躬屈节，也不容许被别人歧视、侮辱。②例如，全国妇联原主席陈慕华在1988年召开的中国妇女第六次代表大会闭幕式上向全国妇女发出的"四自"（自尊、自信、自立、自强）号召，其中对"自尊"的解释是："希望女性尊重自己的人格、国格，珍视并维护女性作为国家主人的尊严与价值，不要自轻自贱。"③"Self-esteem"的中文翻译也是自尊，但这个自尊的意思是，一个人珍视、珍惜、赞许或喜欢自己的程度。④类似的例子还有中西医对"肾"的不同定义。

（四）概念与话语体系

同一词语，在不同的话语体系中可能有不同含义。例如，"工人阶级"是社会学领域的重要概念，在中共文件中也常会出现。但这个概念的含义在这两种话语体系中不一致。1888年恩格斯对工人阶级的定义是：无产阶级是指没有自己的生产资料，因而不得不靠出卖劳动力来维持生活的现代雇佣工

---

① 翟学伟特约主编《中国社会心理学评论》（第二辑），社会科学文献出版社，2006。

② 中国社会科学院语言研究所词典编辑室编《现代汉语词典》（修订本），商务印书馆，1996。

③ 《"四自"精神教育》，东北新闻网，2005年3月7日，http://women.nen.com.cn/768514 64735031296/20050307/1630162.shtml。

④ ［美］Robinson, Shave, Wrightsman主编《性格与社会心理测量总览》，杨宜音、彭泗清等译，台湾远流出版公司，1997。

人阶级。[①] 许叶萍和石秀印在《工人阶级形成：体制内与体制外的转换》一文中提到，马克思本人并未明确提出工人阶级形成的概念，但是他的论述表明，工人因形成共同的阶级意识、建立阶级组织、采取阶级行动而最终成为一个阶级。[②] 同时指出，马克思所说的工人阶级指生产工人（产业工人）的阶级组合，不包括管理者和专业技术人员。而中国"工人阶级"概念的外延和内涵在 1949 年以后的官方话语中不断变化。张伟在《中国工人阶级 60 年》一文中系统整理了这一变化过程，工人阶级从最初的产业工人扩展到干部、职员，到包含了知识分子（1956 年 1 月周恩来在知识分子问题会议上的讲话），到否定包括知识分子（1971 年的全国教育工作会议），到又包括知识分子（1978 年邓小平在全国科学大会开幕式上的讲话），到包括进城务工人员（2003 年中国工会第十四次全国代表大会），泛化到各种新兴社会结构成分。[③]

对工人阶级与政权的关系认识也不一致：根据马克思的工人阶级概念和博兰尼的工人构建社会的观点，工人阶级是在"体制外"形成的，即在体制外的社会行动中形成，而工人的"去阶级化"恰恰是进入或被纳入了"体制内"的。[④] 在我国，1949 年以前，工人阶级虽然不在当时政权的"体制内"，但是中共夺取政权所依靠的核心力量；1949 年以后，工人阶级则成为领导阶级。例如习近平总书记在二十大报告中提到，"我国是工人阶级领导的、以工农联盟为基础的人民民主专政的社会主义国家"[⑤]。

二 概念化与文献分析

在一项研究中会出现很多概念，但研究问题会集中针对一个或几个概

---

① 转引自张伟《中国工人阶级 60 年》，《瞭望》2009 年第 18 期。

② 许叶萍、石秀印：《工人阶级形成：体制内与体制外的转换》，《学海》2006 年第 4 期。以上观点来自马克思、恩格斯的《德意志意识形态》《共产党宣言》，马克思的《资本论》《雇佣劳动与资本》《经济学手稿》《哲学的贫困》，恩格斯的《英国工人阶级状况》《必要的和多余的社会阶级》《共产主义信条草案》《美国工人运动》《德国的制宪问题》等著作。

③ 张伟：《中国工人阶级 60 年》，《瞭望》2009 年第 18 期。

④ 许叶萍、石秀印：《工人阶级形成：体制内与体制外的转换》，《学海》2006 年第 4 期。

⑤ 《习近平：高举中国特色社会主义伟大旗帜为全面建设社会主义现代化国家而团结奋斗——在中国共产党第二十次全国代表大会上的报告》，中国政府网，2022 年 10 月 25 日，https://www.gov.cn/xinwen/2022-10/25/content_5721685.htm。

念，这就是一项研究中的关键概念，这也是一项研究最可能做出贡献的地方。因此，在研究中只需要针对关键概念进行概念化分析。

例如，"中国新闻从业者是否有一些共享的新闻理念，而这些理念是否具有范式的结构特征"是潘忠党、陈韬文在《从媒体范例评价看中国大陆新闻改革中的范式转变》一文中的研究问题[①]，这个表述研究问题的句子涉及多个概念："中国""新闻""新闻从业者""共享""新闻理念""范式""结构""结构特征"等。但该文的核心概念是"新闻范式"，因此概念化的重点是新闻范式，而不需要对其他概念再进行概念化分析。

概念化的方法，概括地说，就是"对于概念的确定及分析（概念化），必须通过文献回顾和整合的手段，并建立在此基础上"，即"建立在以文献的方式而存在的现有知识基础上"。[②]

概念化的第一步，也是最重要的一步，就是分析与此关键概念有关的概念及理论的相关文献，分析这一组概念之间的逻辑关系，分析解释这些逻辑关系的相关理论。在此基础上，根据新的经验事实和逻辑思考，重新构建描述经验事实及组织其他相关概念的框架和理论假设，并在实地研究中观察和考验这些假设。

在概念化过程中，应致力于使关键概念清晰化，即分辨、探寻一类现象与其他类现象的本质区别。文献分析的核心内容是，分析那些描述同一范围内现象的其他概念与所研究的关键概念的区别和联系，其实也就是对这个范围内现象及关系的重新分析和思考，使得所研究的关键概念得以创立或重新构建，以及对概念间关系的发现和重新构建——新的理论，能够帮助人们更清晰地了解、洞察现象及相互关系，这也是提出一个新概念或重新构建一个已有概念或提出一个理论的价值所在。

在这个过程中，需要充分注意前面已经提到的几点，包括概念的历史变迁、使用概念的文化群体、日常生活和学术中使用概念的区别和联系、研究所采用的话语体系等因素，而且这些因素会组合在一起影响一个概念的内涵，例如"进步主义""自由主义""保守主义"等概念，都具有这样的特征。

---

①　潘忠党、陈韬文：《从媒体范例评价看中国大陆新闻改革中的范式转变》，《新闻学研究》（台湾）2004 年第 78 期。

②　2008 年 3 月 17 日，潘忠党的个人交流。

从逻辑上说，所有在认识论范畴内的概念，都是在讨论现象间的关系，都需要在实地研究中得到确认，因此文献分析并不能独立完成概念化。

三 概念与理论

"广义地说，概念化的过程就是建构理论的过程。"[①] 理论是什么？潘忠党指出，"从结构上来说，理论由一组陈述句构成，它们以逻辑的相互关联而组成一个内部统一的体系；从功能上来说，这个结构体系可以描述、解释和预测现实的现象，导致或加深我们对特定现象的理解；从认识论的角度来看，理论是对现实的抽象，它不具体描述个体或个案，但却明确地描述和解释对象，它加深我们对研究对象及其运动在更抽象和普适层面的理解，并帮助我们辨认、区分、解释层出不穷、千变万化的个体或个案（即现象）"[②]。

陈韬文的说法是，"根据不同的知识论，理论的定义会不一样。从科学的观点视之，自然事物的变化，莫不受到因果规律的约制，而理论就是这些因果关系的说明。简单地说，社会理论是对两个变量或者两个以上变量的关系的界定，是对社会现象的解说"[③]。

简化上述两位学者的说法，我们可以说，理论是对现象或概念之间关系的描述、解释或预测。为便于理解什么是理论，下面以两个国人都知道的说法为例子。

"大难不死，必有后福"就是一个理论。它是对大难、大难的后果（不死）、福这三个现象或概念之间关系的描述；"吃核桃能补脑，因为核桃的外观和人脑相似"是一个理论，它首先描述了核桃与人脑的关系，然后对这样的关系之所以成立做了解释。当然，这两个理论能不能成立，需要在现实中进行检验。

前面讲到，概念化就是要分析和讨论与概念有关的各种现象、概念、理论之间的关系，形成新的概念关系结构或概念体系，这个结构或体系可以更

---

① 2008 年 3 月 17 日，潘忠党的个人交流。

② 潘忠党：《导读：媒介效果实证研究的话语——对一个研究领域的理解与误解之反思》，载［美］简宁斯·布莱恩特、道尔夫·兹尔曼主编《媒介效果理论与研究前沿》（第二版），石义彬、彭彪译，华夏出版社，2009。

③ 陈韬文：《论华人社会传播研究中全球化与本土化的张力处理》，《中国传媒报告》（香港）2002 年第 2 期。

合理有效地解释已有现象和新现象，更清晰地分辨本概念与已有类似概念的关系。可以看到，这样的概念化过程，就是建构理论的过程，概念化结果，就是理论。

理论可以相对简单（如魔弹论），也可以相对复杂（如使用与满足理论）；可以是科学理论（如架构理论），也可以是规范性理论（如四种报刊理论）；可以是较微观的理论（如第三人效果理论），也可以是宏观的理论（如文化帝国主义理论）。

需要说明的是，不应把理论理解为都是像牛顿三大定律、架构理论这样成体系、有命名的概念框架。理论，如我们前面简化的说法，就是对现象或概念之间关系的描述、解释或预测。试图在现象或概念之间建立逻辑和经验事实支持的联系的论述，都是理论。例如，孙五三研究了批评性报道在中国市场转型期的作用，作者依据一个完整的案例，观察到并概括出"批评报道—政府行政措施—有关人员的行政或法律处理"的常规程序和制度安排，提出了媒介在市场转型期作为一种"治理技术"的观点。[①] 研究者把批评性报道、治理、技术这三个概念描述成这样一种关系，并用事实说明了为什么（解释）是这样的关系，这就是理论。而不一定起个名字叫"批评报道治理技术论"。

下面我们举一实例说明概念化与理论的关系。

四　概念化与理论的例子

本小节以陈韬文创设"文化移转"概念 / 理论的例子，说明概念化与理论的关系。[②] 陈韬文这项研究的目的是，探究发展中国家的本土文化如何被西方媒体全球化的过程。研究者通过研究迪斯尼动画片《花木兰》制作过程的重要环节和因素，提出了"文化移转"这个新概念，即"文化移转是指某一文化与另一文化在相遇时被改变和吸纳的过程"，"是一个文化为了自己的

---

① 孙五三：《批评报道作为治理技术——市场转型期媒介的政治—社会运作机制》，《新闻与传播评论》2002 年。

② 陈韬文：《文化移转：中国花木兰传说的美国化和全球化》，《新闻学研究》（台湾）2001 年第 66 期，第 1~27 页。

需要而改造其它文化、据为己用的过程"。[①]

在跨文化传播研究领域，有诸多概念和理论，如文化适应、文化同化、跨文化传播、全球化、迪斯尼化、美国化与普世化、文化本土化、文化融合、文化杂交、全球文化等。作者辨析了文化移转与文化适应、文化同化、跨文化传播这三个相近概念的不同，说明了这三个概念为何不能解释《花木兰》所代表的现象，同时建立了文化移转概念与全球化、迪斯尼化、美国化与普世化、文化本土化、文化融合、文化杂交、全球文化等相关概念的关系。

文化移转理论，解释了以往相关理论所不能有效解释的现象，同时与以往相关概念/理论建立了具有内在逻辑联系的体系。从以上描述可以看出，文化移转这个新概念的形成过程，也就是建构理论的过程。

第三节　操作化

一　什么是操作化及为什么要操作化

操作化，是"将概念与可观测的事件联系起来"[②]的过程。而"以可观察、可测量的操作给一个概念下出来的定义"[③]，就是概念的操作性定义（Operational Definition）。

例如，一个人要研究《人民日报》读者的人口特征（性别、年龄、职业……），首先需要找到符合条件的研究对象——《人民日报》读者。"《人民日报》读者"是一个概念，它的概念定义是"读《人民日报》的人"。但仅按照这个定义去找研究对象，不同的研究者可能找到不同的人作为研究对象。例如在历次的课堂讨论中，同学们提到如下特征："订《人民日报》的人""认真阅读《人民日报》的人""每天都读《人民日报》的人""平均每星期浏览1期及以上《人民日报》的人"等。从这个例子可以看出，根据这些特征找到的人，可能交集很小，甚至可能不存在交集。不同的研究者根据不

---

①　陈韬文：《文化移转：中国花木兰传说的美国化和全球化》，《新闻学研究》（台湾）2001年第66期，第1~27页。

②　[加]K. E. Stanovich：《与"众"不同的心理学：如何正视心理学》（第七版），范照、邹智敏等译，中国轻工业出版社，2005，第66页。

③　[加]K. E. Stanovich：《与"众"不同的心理学：如何正视心理学》（第七版），范照、邹智敏等译，中国轻工业出版社，2005，第86页。

同的人群得出关于《人民日报》读者的人口特征的结论，可能是完全不同的。因此在研究中，必须对概念做出可观察、可测量的定义，使读者知道研究结论具体是针对什么人的。在上面提到的四种描述中，除了"认真阅读《人民日报》的人"以外，其他三种都可作为《人民日报》读者的操作性定义，因为它们是可观察、可测量的事件，而"认真阅读"则是难以观察和测量的事件。

又如，"以性别为导向的父母行为"[1]是研究儿童社会性别角色形成的一个概念，指父母对待不同性别的孩子会有不同做法的行为特征。这一概念如何与可观测的事件联系起来？一项研究观察了18项科学展览中298组来自不同家庭的父母与儿童的互动行为，发现无论孩子大小，父母在向儿子解释科学展览时所花费的时间比女儿多得多。[2]在这个研究中，"父母为不同性别的孩子解释科学展览所花费的时间"是可观测的，因此在这个研究中，这就是"以性别为导向的父母行为"的操作性定义。针对一个概念，操作性定义可能并不是唯一的。"以性别为导向的父母行为"还可以有其他的定义，例如，父母与不同性别的孩子玩不同的游戏，给不同性别的孩子买不同类型的服装、用品，为不同性别的孩子提供不同的教育机会，等等。

二　操作性定义与理论的可证伪性[3]

操作性定义并不是只为一项研究服务。一个概念或理论，如果没有明确的操作性定义，就不具有可证伪性，而不具有可证伪性，学术界就无法对这个理论展开讨论，并推动人们深化在相关领域的认识。

可证伪性指的是，一个理论或一个命题，必须有被证明为错（伪）的可能性。也就是，人们必须有办法知道一个理论的对错。因为，理论是对概念/现象及其关系的描述，如果人们无法知道这种描述的对错，则这种理论显然

---

① ［美］R. A. 巴伦、D. 伯恩：《社会心理学》（第十版），黄敏儿、王飞雪等译，华东师范大学出版社，2004，第237~238页。

② K. Crowley, M. A. Callanan, H. R. Tenenbaum and E. Allen, "Parents Explain More often to Boys than to Girls During Shared Scientific Thinking," *Psychological Science*12（2001）：258-261.

③ 我们这里所指的理论，是认识论范畴的理论，不包括非认识论范畴的理论，例如规范性理论，后者所讨论的内容与事实无关，也就不存在真伪的问题。

是没有价值的。

假定有这样一个关于互联网的理论，即"社交媒体促进了青少年政治观念的内化"，这一理论可证伪的关键在于，这一理论中的几个关键概念——"社交媒体"（的使用）、"政治观念"、"内化"都要有操作性定义。如果有明确的操作性定义，即将这些概念与可观察、可测量的事件联系在一起，就是可证伪的。也只有这样，其他研究者才可以通过那些可观察、可测量的事件判断理论的真伪，即社交媒体是否促进了青少年政治观念的内化。

因此，概念的操作化是理论可证伪性的条件。

我们在教学中发现，对可证伪性最容易产生的误解是，把"可证伪的"理解为某理论已经被证明是"伪"的。正确的理解是，某理论的表述使得它有被证明为"伪"的可能性。

对可证伪性的另外一个常见的误解是，把证伪的过程理解为，只要出现一个反例，就可以推翻某理论。在逻辑学领域可能是这样的，例如，如果某理论说"所有乌鸦都是黑色的"，那么只要发现一只白色乌鸦，该理论就被证伪。但社会科学不是逻辑学，社会科学规律都是概率性质的，一般不会出现全称判断。在后面关于变量关系的讨论中，会详细分析这一点。

三　操作性定义与概念化

前面讨论了概念化与文献分析的关系，并提到，一些概念的概念化，需要在经验研究过程中完成。"只有在广泛地研究了与某个术语相关的现象之后，而不是在此之前，才能确定相应科学概念的含义。对概念性术语之定义的修正源自在科学研究过程中所累积的，具有内部一致性的数据和其理论基础之间的相互修正，而不是源自对语词用法的争论。"[①] 概念所指的现象，在描述时必然是概括性的，只有将概括性描述的现象操作化，才能在研究中真正去观察和测量这些现象。

对操作化的追求，有利于培养深入挖掘概念内涵与外延的意识和习惯，有利于对概念的变迁、使用的文化背景保持敏感性，而不至于随意改变或根

---

① ［加］K. E. Stanovich:《与"众"不同的心理学：如何正视心理学》，范照、邹智敏等译，中国轻工业出版社，2005，第 65 页。

本不关心概念的含义，并想当然地认为其他使用者对概念的理解都与自己相同，或者意识不到每个人使用同一概念名称时，所指可能是不同的。

四　评价操作性定义的质量——建构效度

效度（Validity），一项推论的真实性、正确性或获支持的程度[①]。

"所有的科学和所有的实验是否成功，都要看他们是否能做有效的推论。"[②]

所有声称的知识，在被科学共同体接受成为某学科体系的一部分之前，都是推论。

因此，对于任何一个研究推论，效度是必然要提出的问题。例如，"大难不死必有后福"是一个推论，我们必然会问，证据是什么？

这里的推论不是仅指研究结论，研究过程存在诸多推论，都需要进行效度判断。

建构效度（Construct Validity）指"从一项研究所使用的人、情境、因与果的操作的样本，能够推论到这些样本所代表的建构的程度"[③]。这个定义是关于实验方法的四个元素的，在这里完全适用。

操作性定义是"以可观察、可测量的操作给一个概念下出来的定义"，在一项具体研究中，也就是研究者声称其所选择的这种操作的样本能够代表所研究的概念，对这种推论的考察，就是在考察建构效度。

例如，本节开始提到的《人民日报》读者的例子，研究者想知道《人民日报》读者的人口特征（性别、年龄、职业……）。在提到的四种操作性定义中，相对而言，"平均每星期浏览1期及以上《人民日报》的人"应该说是建构效度最高的，也就是最能说明《人民日报》读者这个概念的操作。"订《人民日报》的人"遗漏了读而不订的读者，"每天都读《人民日报》的人"遗漏了读报频率没有这么高的读者。

①　［美］W. R. Shadish, T. D. Cook, D. T. Campbell:《实验与类实验设计——因果扩论》，杨孟丽译，心理出版社，2007，第610页。

②　［美］W. R. Shadish, T. D. Cook, D. T. Campbell:《实验与类实验设计——因果扩论》，杨孟丽译，心理出版社，2007，第39页。

③　［美］W. R. Shadish, T. D. Cook, D. T. Campbell:《实验与类实验设计——因果扩论》，杨孟丽译，心理出版社，2007，第610页。

又如，智力测验题目是智力的操作性定义。在美国早期的智力测验中，外来移民往往因得分较低而被贴上"智障"的标签，实际上，这些智力测验需要被试对美国文化有较多的了解，外来移民因不熟悉美国文化而得分不高，因此智力测验的题目对这些外来移民来说，可能不是测量智力，而是测量对美国语言文化的熟悉程度。[①] 这样的操作性定义，建构效度较低。

因此我们可以体会到，操作性定义与建构效度是一体两面的。考虑到这一点，我们在设计操作性定义的时候，不至于脱离社会生活实际，闭门造车。

同时应该强调的是，一个概念或一个理论的确立不是一次经验研究就可以完成的，而是不同的研究者，在不同的条件下，从不同的角度，采取不同的操作性定义，逐步形成的。

另外需要注意的是，上面的例子中，《人民日报》读者这个概念与智力这个概念有一个本质的不同，前者存在自然衡量标准——读报频率，后者不存在这样的标准，我们在测量与观察一章还要进一步讨论这个问题。

五　关于操作化的几点说明

（一）操作化不等于概念分解

例如，一项研究要了解中国电视广告中的性别平等状况[②]，课题组首先将广告中的"性别平等"概念分解为四个指标：正视女性在工作上的贡献、重视女性的独立及自主角色、突破两性的性格定型和行为模式、让儿童理解多元化的男女特质。这四个指标虽然比"性别平等"更加具体，但仍然不能算是可观察、可测量的，例如，什么样的表现是"性格定型"？如何做才算是"突破"？课题组进一步给出了指标的操作性定义，例如"突破两性的性格定型和行为模式"的操作性定义是："将男女特质做全面的描写，例如男性也可以温柔，女性也可以刚强理性，强调两性的性格及行为模式是多元化的。"

（二）操作化的过程可以是演绎逻辑／归纳逻辑的、量化／质化的

不应认为操作化都是演绎逻辑的和量化的过程，它也可以是归纳逻辑的和质化的过程。

---

① ［美］W. R. Shadish, T. D. Cook, D. T. Campbell:《实验与类实验设计——因果扩论》，杨孟丽译，心理出版社，2007，第89页。

② "电视广告中的两性形象"课题组，"2005：电视广告中的女性形象"，2006年3月。

归纳逻辑的操作化过程指，在研究设计阶段无法给出可观察、可测量的事件与概念建立联系，需要在实地研究中，根据现象做出判断。

质化的操作化过程，给出的操作性定义是可观察的，但不一定是可测量的。

下面这个研究实例，从理论形成过程来说是演绎逻辑的，但其概念的操作化过程是归纳逻辑的，其操作性定义是质化的。

杨宜音在"一项有关中国人关系分类的个案研究"[1] 中，研究了中国人在真实生活中怎样构成和运用自己的"差序格局"式的关系分类系统，以及这个关系分类系统的流动性来源。在实地研究之前，研究者无法预知有哪些可观察的事件可与"'差序格局'式的关系分类系统"以及"关系分类系统的流动性来源"建立联系。研究者在历时两年的实地研究中，访谈了五个村 100 多个家庭，与农民共同生活数十天，搜集了被访者的婚礼账单、分家单、居住分布图、家谱、地契、承包合同、家庭经济账目、借款记录、通信等资料，并请被访者根据关系他人与自己心理距离的远近对关系他人进行分类，同时解释为什么这样分类。例如下面这段访谈内容就反映了被访者对关系他人进行分类时的相对性特征："这个外人和内人，这看在什么情景下说外人和内人。你假如说，X 和我，我们俩人跟你，我们俩是内人，你是外人。可是要是说，再来一个，哪怕是庄里的人，跟我没多大交往的人，我就认为咱们这个是内人，他就算外人。"[2]

研究者搜集的上述那些反映农村人际关系分类的资料、访谈内容、被访者对关系他人的分类及解释，都是可观察的事件，这些内容就是研究者对概念及概念间关系（理论）的操作化。

（三）操作化不只适用于简单概念

为便于理解，本节开始举的例子都是相对简单的概念。实际上，越是抽象的概念，越需要操作化，因为这样的概念具有更宽广的想象空间，因此也就更容易在使用中出现内涵不明确、外延不确定的情况。

---

[1]　杨宜音：《"自己人"：一项有关中国人关系分类的个案研究》，《中国社会心理学评论》2005 年第 1 期。原文载杨国枢主编《本土心理学研究》2001 年第 13 期。

[2]　杨宜音：《"自己人"：一项有关中国人关系分类的个案研究》，《中国社会心理学评论》2005 年第 1 期。原文载杨国枢主编《本土心理学研究》2001 年第 13 期。

例如，"范式"是抽象程度较高的概念，"真正体现'范式'的是一些定义该范式的抽象原则"，同时"范式"是一个多意义的概念，所以实证地确认一个"范式"不是简单的事情。[①] 潘忠党和陈韬文在《从媒体范例评价看中国大陆新闻改革中的范式转变》[②] 的研究中，通过一系列逻辑严密的分析过程，将新闻范式与媒体从业者对媒体范例的评价建立联系，通过问卷调查及对数据的统计分析，实证地确认了他们假设的范式的存在。实证研究结果也支持了这项研究提出的检验范式存在的方法，也就是"范式"这个抽象概念的操作化方法。

但如前文所强调的，一项单独的研究可能无法完成一个概念的概念化，而将概念操作化的方法，也需要在多个研究中不断探索。

第四节　现象间的关系及作为研究工具的变量

如前文所述，研究就是要回答现象间关系的问题。"社会理论是对两个变量或者两个以上变量的关系的界定，是对社会现象的解说。"[③]

社会现象之间存在各种关系：相关关系和因果关系是最常见的。

在研究中，用变量来表达这些关系。变量在不同的关系中的不同位置，有相应的名称。在本小节中，我们讨论以下几种变量：自变量、因变量、控制变量、中介变量、混淆变量。

一　相关关系

相关关系指，两种现象的变化存在某种规律性的联系。规律性的联系有多种，最常见的是线性相关关系，即一种现象增加/减少的同时，另一种现象增加/减少（或减少/增加）。相关关系分为因果关系和不存在因果关系的相关关系，后者又分为有待查明因果机制的相关、其他因素导致的相关和巧合导致的相关（见图 4.2）。

[①] 潘忠党、陈韬文：《从媒体范例评价看中国大陆新闻改革中的范式转变》，《新闻学研究》（台湾）2004 年第 78 期。

[②] 潘忠党、陈韬文：《从媒体范例评价看中国大陆新闻改革中的范式转变》，《新闻学研究》（台湾）2004 年第 78 期。

[③] 陈韬文：《论华人社会传播研究中全球化与本土化的张力处理》，《中国传媒报告》（香港）2002 年第 2 期。

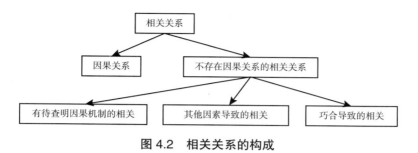

图 4.2 相关关系的构成

二 因果关系

一个事件如果是另一个事件发生的原因，则两个事件的关系是因果关系。

在因果关系的研究中，作为另一个事件发生的原因的变量或解释因素，称为自变量（Independent Variable）；作为因其他事件作用而发生的事件的变量或被解释因素，称为因变量（Dependent Variable）。某些概念在某些因果关系研究中可能是被解释因素、因变量，在另一些研究中则可能是解释因素、自变量。

事件之间的因果关系可以是直接的，也可以是通过中介因素构成的。

1. 直接因果关系

例如，张三喝酒后驾驶车辆，方向失控撞上道路分隔带，喝酒和交通事故是直接因果关系。

又如，学龄儿童进学校学习，是其掌握了学校所教知识的直接原因。

2. 通过中介因素构成的因果关系

例如，一项关于中学物理教学方法的研究发现，某一种新设计的教学方法，与以往教学方法相比，能提高中等智力水平学生的学习成绩，但不能提高较低和较高智力水平学生的学习成绩，新的教学方法是借助学生的智力水平情况来达到学习效果的。"在因与果之间的第三个变量，将来自因的影响传递给果"，就称为中介变量（Mediator Variable）。[1] 在这个研究中，智力水平

---

[1] ［美］W. R. Shadish，T. D. Cook，D. T. Campbell：《实验与类实验设计——因果扩论》，杨孟丽译，心理出版社，2007，第 603 页。

就是中介变量。[1]

又如，盖茨在《数据可能是阻止阿尔茨海默病的关键》[2]一文中提到，他们的基金会发起过一个项目，通过收集有关儿童成长的信息，来了解发育不良的孩子到底是从什么时候开始落后的。研究的一项发现是，在南亚，气候周期扮演了一个重要角色，决定一个孩子能否从食不果腹的一段时期恢复过来。如果一个孩子出生在比较难以获得食物的季风季节，则仍然有很大希望最终回到正常生长曲线。但如果孩子的母亲在季风季节正处于妊娠第三期，那么这个孩子回到正常生长曲线的可能性就会大大降低。

在这项发现中，气候是食不果腹的儿童在日后能不能回到正常生长曲线的中介变量，气候的中介作用是，气候周期的不同时点食物充足程度不同，儿童 / 胎儿在不同生长期缺乏食物对其日后的影响不同，儿童 / 胎儿的不同生长期与气候周期的不同时点相遇，影响了儿童日后能否最终回到正常生长曲线。

3. 因果关系判断的三个标准

因果关系的判断并不都是显而易见的。以下三个原则，是拉扎斯菲尔德（Lazarsfeld）于1959年提出的[3]，可以帮助我们判断两个或多个因素间是否存在因果关系。

一是，原因要在结果之前发生。比如，喝酒要在交通事故之前发生，才能说，喝酒是发生交通事故的原因，而不能反过来说，交通事故导致喝酒。但有些事情的发生顺序，并不像喝酒与发生交通事故的关系那样明确。例如"爱读书的儿童学习成绩好"，我们仅从这一现象，很难判断是爱读书（因）的学生学习成绩好（果），还是学习成绩好（因）的学生爱读书（果）；又如，"媒体议程变化与公众议程变化相似"，如果不做进一步研究，就无法判断两者谁是因，谁是果。不能靠想象判定因果关系，需要实证地确定两个事件发生的先后顺序。

---

① 梁平:《关于受力分析技能形成的研究》，硕士学位论文，北京师范大学，1993。

② 《数据可能是阻止阿尔茨海默病的关键 | 盖茨笔记》，比尔·盖茨微博，2020 年 11 月 23 日，https://weibo.com/u/1831348402。

③ ［美］郭申阳、马克·W. 弗雷泽:《倾向值分析：统计方法与应用》（Kindle 版本），郭志刚、巫锡炜等译，重庆大学出版社，2012。

二是，两变量间存在经验上的关联。

三是，两变量间观测到的经验关联不能被其他变量解释。例如，1999 年一项发表在英国《自然》杂志上的研究称，开灯睡觉的儿童，日后容易得近视眼。[1] 两者的关系符合因在前果在后，并存在相关关系，然而随后的一项研究没有发现儿童开灯睡觉会导致近视眼，却发现父母近视眼与孩子近视眼之间有很强的关联，还发现近视眼的父母更倾向于让他们的孩子开灯睡觉。[2]这个合理解释的存在，使得前面那项研究认定的开灯睡觉与儿童日后容易得近视眼的因果关系不能成立。

实际上，任何一个社会现象，都可能有多个影响因素。在研究中，针对某一社会现象，只能选择研究者关心的几个影响因素来研究，而把所要研究的因素以外的，但也有可能影响所研究的社会现象的因素，可以在研究中加以控制使其保持不变的变量，称为控制变量（Control Variable）。

例如，卜卫和刘晓红的一项研究，考察了新闻工作者使用计算机的情况，主要想了解使用计算机是否与性别有关。[3] 初步统计发现，女性使用计算机的比例高于男性，但控制了年龄以后，这种现象就不存在了。进一步分析发现，在这个新闻单位中，女性年龄均值低于男性，因此实际的情况是，年龄小的人比年龄大的人使用计算机更多。在以使用计算机为因变量、以性别为自变量时，年龄就是控制变量。

三　不存在因果关系的相关关系

一些事件在统计上存在相关关系，但并不存在因果关系，大致分为前述

---

[1]　G. E. Quinn, C. H. Shin, M. G. Maguire, R. A. Stone, "Myopia and Ambient Lighting at Night," *Nature* 399 (1999): 113 - 114. 转引自 "Correlation does not Imply Causation," http://en.wikipedia.org/wiki/Correlation_does_not_imply_causation。

[2]　J. Gwiazda, E. Ong, R. Held et al., "Myopia and Ambient Night-time Lighting," *Nature* 404、144 (2000)；J. Gwiazda, E. Ong, R. Held, F. Thorn, "Myopia and Ambient Night-time Lighting," *Nature* 404 (2000): 144；K. Zadnik et al.,"Myopia and Ambient Night-time Lighting," *Nature* 404 (2000): 144. 以上 3 项转引自 "Correlation Does not Imply Causation", http://en.wikipedia.org/wiki/Correlation_does_not_imply_causation。

[3]　卜卫、刘晓红：《新闻记者的网络使用——《人民日报》、新华社、《中国日报》记者使用计算机和互联网的报告》,《新闻与传播研究》1998 年第 3 期。

的三种情况：有待查明因果机制的相关、其他因素导致的相关、巧合导致的相关。

（一）有待查明因果机制的相关

变量间相关关系的重要性在于，"许多科学假设都以相关或缺乏相关的形式来表达的，因此相关研究是直接在验证这些假设"[①]。

关于吸烟与肺癌的关系，现在已知的事实是，在所有因肺癌死亡的病人中，85%~90%可归因于吸烟。重度吸烟者得肺癌的概率比不吸烟者高5.7倍，长期吸烟者比不吸烟者的肺癌发病率高10~20倍。[②]

但在20世纪前，肺癌非常罕见，到19世纪末，机械化和大规模营销使吸烟的习惯流行起来，导致了全球肺癌的流行。学者们开始注意到男性每人每年吸烟量和男性每10万人中肺癌死亡人数平行上升，而且男性每10万人中肺癌死亡人数比男性每人每年吸烟量约有20年的滞后，也就是两者具有相关关系（见图4.3）。

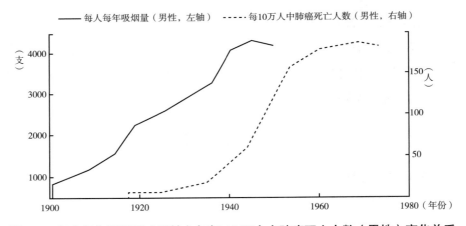

图4.3　每人每年吸烟量（男性）与每10万人中肺癌死亡人数（男性）变化关系
注：原文为英文，图中中文由本教材作者译。
资料来源："A-level Biology/Human Health and Disease/Smoking and Disease"，WIKIBOOKS，https://en.wikibooks.org/wiki/A-level_Biology/Human_Health_and_Disease/smoking_and_disease，last accessed Dec.4,2020。

[①] ［加］K. E. Stanovich:《与"众"不同的心理学：如何正视心理学》，范照、邹智敏等译，中国轻工业出版社，2005，第206页。

[②] 《吸烟与肺癌有何关系，被动吸烟危害大吗?》，健康全记录网站，2020年5月17日，https://www.qitaijk.cn/index.php/cms/show-1367.html。

研究者们进行了多项肺癌患者与非肺癌患者在吸烟情况上的对比研究，证实了吸烟与肺癌存在正相关关系。又通过动物实验、细胞病理学和香烟烟雾中致癌化学物质研究，才确认了香烟导致肺癌的因果关系。[①]

发现可能存在因果关系的相关关系，需要足够多的变量和大量的数据。前述盖茨基金会收集有关儿童成长信息的项目，发现了气候周期与儿童成长的关系。正如盖茨所说："如果没有汇集大量不同来源的数据，我们将永远不会有这一发现。"[②]

（二）其他因素导致的相关

例如：冷饮销量增加的同时，蚊子数量增加，两者存在统计上的相关关系。但常识告诉我们，两者不可能存在因果关系，两者都是受气温影响而改变的，在这个关系中，气温称为混淆变量（Confounding Variable）。混淆变量（或称混淆因素 Confounding Factor、潜伏变量 Lurking Variable、共同反应变量 Common Response Variable）是一个既影响因变量又影响自变量的变量，从而使因变量和自变量建立关联。一旦控制了混淆变量，因变量和自变量的关联将不再存在。上面的例子中，如果温度保持恒定，蚊子数量与冷饮销量的相关关系将不再存在。

前文开灯睡觉的儿童与日后容易得近视眼的例子中，父母近视眼导致了儿童开灯睡觉，也是儿童以后容易得近视眼的原因，父母近视眼是混淆变量，使得儿童开灯睡觉与日后容易得近视眼形成相关关系。

（三）巧合导致的相关

还有一种相关关系完全是出于巧合的。

例如，1999 年至 2009 年，美国从挪威进口原油的量和与火车相撞身亡的司机人数呈正相关关系（$r=0.954509$）（见图 4.4）。

又如，2005 年至 2013 年，Facebook 用户数变化与美国风力发电总量变化高度一致（$r=0.993$）。[③]

---

① R. N. Proctor, "The History of the Discovery of the Cigarette-lung Cancer Link: Evidentiary Traditions, Corporate Denial, Global Toll," *Tobacco Control* 21(2012):87-91.

② 《数据可能是阻止阿尔茨海默病的关键｜盖茨笔记》，比尔·盖茨微博，2020 年 11 月 23 日，https://weibo.com/u/1831348402。

③ V. Tyler, *Spurious Correlations*, Hachette Books, 2015，pp.142-143.

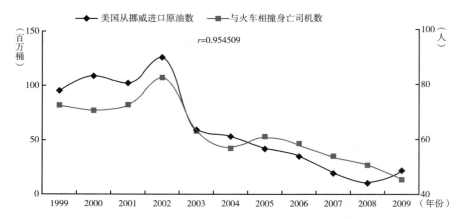

图 4.4　1999~2009 年美国从挪威进口原油量和与火车相撞身亡的司机人数的关系

注：原文为英文，中文为本教材作者译。

资料来源：http://tylervigen.com/spurious-correlations。

四　社会科学结论的概率性质

前面我们举例说明了两个事件之间存在因果关系的情况，但需要注意的是，在科学领域（而不是逻辑学领域），作为"因"的事件的发生，并不必然导致作为"果"的事件发生。

例如，醉驾入刑与醉酒驾驶的关系。新华社指出，自 2011 年醉驾入刑以来，2020 年每排查百辆车的醉驾比例比醉驾入刑前下降 70% 以上。[①] 这首先说明，醉酒驾驶行为减少，确实可能是醉驾入刑的结果，但比例下降仅说明，醉驾入刑使得一部分汽车司机减少了或杜绝了醉酒驾驶行为，但仍有很多司机醉酒驾驶。也就是说，这个因果关系在一些人身上呈现，在另一些人身上没有呈现。醉驾入刑并不必然导致醉酒驾驶行为的消失，一个司机醉酒驾驶有很多影响因素，例如，所在生活圈有劝酒的风气、没有代驾服务、对醉酒驾驶危害的知识的普及程度较低等，醉驾入刑只是影响因素之一。因此，醉驾入刑只是提高了杜绝醉酒驾驶的概率。其他的例子如，吸烟只是提高了得肺癌的概率，但不必然得肺癌；某种教学方法，只是提高了改善学习效果的

---

① 《公安部交管局：醉驾入刑十年，醉驾比例减少 70% 以上》，"中国青年网"百家号，2021 年 4 月 28 日，https://baijiahao.baidu.com/s?id=1698262493669153837&wfr=spider&for=pc。

概率，而不能必然改善学习效果，智力、家庭经济状况、父母教育水平、对子女教育的重视程度、教育是否得法、学习环境、教师的期待、学生的爱好、学生的健康状况等因素，都会影响学习效果。

社会科学以及涉及人的自然科学，例如医学的规律，都是具有概率性质的规律，而不是全称判断性质的规律。因此，任何单一"因果关系"的个例，不能产生科学结论。例如：某人吃了某祖传秘方治好了高位截瘫，不能得出该祖传秘方有治疗高位截瘫的疗效的结论。任何单一的与某一科学结论相悖的个例，也不能否定该结论。例如：吸烟者中也不乏长寿者，但这些个例不能否定吸烟有害健康这个科学理论。

第五节 因果关系、假设与理论

一 因果描述与因果解释

媒体中经常报道，有人遇到困难，而旁观者无一人伸出援手的事情。对此问题的研究，开始于20世纪60年代。[1]1964年纽约发生了一起类似事件，一位名叫凯蒂·热娜娅的女士在下班返回公寓时，遭到一持刀男性袭击，袭击持续了35分钟，有38位目击者，只有1位报警。一般认为，在场的人越多，遇困的人越可能得到帮助，但这种说法显然无法解释类似上面的事件。Darley和Latané提出了与上述说法相反的观点——突发事件发生时，旁观者越多，出手相助的人就越少，称为"旁观者效应"。他们的理论是，因为助人的责任分散到多位旁观者身上，每个人的责任感就减弱了，而且不去助人的内疚感也基于同样原因减弱了，这个理论称为"责任扩散理论"。[2]

在上面这段叙述中，"旁观者越多，出手相助的人就越少"是对两个现象间因果关系的描述（Causal Description），而责任扩散理论是对这两个现象之所以存在因果关系的解释（Causal Explanation）。

---

[1] J. M. Darley, B. Latané, "Bystander Intervention in Emergencies: Diffusion of Responsibility," *Journal of Personality and Social Psychology* 8 (1968):377-383.

[2] 《研究39 你会伸出援助之手吗？》，载［美］R. R. Hock《改变心理学的40项研究：探索心理学研究的历史》，白学军等译，中国轻工业出版社，2004，第405~416页。

因果描述和因果解释同样重要，但因果解释更有利于发展理论。

理论有助于解决问题。例如，已有研究表明，人们了解了旁观者效应后，会更愿意向危难中的人伸出援手。[①]

理论可以预测尚未发生的事件，例如，在移动电话刚出现时，认知心理学家就意识到移动电话将导致交通事故增多，这不是因为打电话时手会离开方向盘，而是因为打电话时会转移司机的注意力。而关于注意力有限加工能力的理论已有几十年的历史，远远早于后来用移动电话做的实验研究，而且事实也证明了使用移动电话的确可能引发交通事故。[②]

二 假设与理论

上面提到的责任扩散理论，最初是一个假设，研究者以这个假设为基础，设计了一系列的实验研究，证实了这个假设，使这个假设成为理论。

我们在前文讲过，理论是对现象或概念之间关系的描述、解释或预测。

与此对应，假设（Hypothesis）是对现象或概念之间关系的尝试性描述或解释，这种尝试性描述或解释能否成立，有待经验的检验。

假设分为理论假设和研究假设。理论假设，就是尚未得到经验证明的理论。

例如，上面助人研究的例子中，在未被经验研究证实前，责任扩散理论的观点就是一个理论假设，是对旁观者人数与出手助人情况之间关系的尝试性描述和解释，即将会出现什么结果——旁观者效应，为什么会出现这样的结果——责任扩散。

研究假设是指在为检验某一理论假设而设计的具体研究中，根据理论假设对研究结果的预期。在具体的研究中，理论不可直接观察，而要将理论中的现象或概念操作化，即使得相关的概念或现象，成为可观察、可测量的。

---

① 转引自《研究 39 你会伸出援助之手吗？》，载［美］R. R. Hock《改变心理学的 40 项研究：探索心理学研究的历史》，白学军等译，中国轻工业出版社，2004，第 405~416 页。

② ［加］K. E. Stanovich：《与"众"不同的心理学：如何正视心理学》，范照、邹智敏等译，中国轻工业出版社，2005，第 170 页。

例如，一个要检验责任扩散理论的实验是这样设计的，当被试在房间中等待实验时，房间的墙洞中冒出烟来，观察记录被试报警的比例。[1] 每组实验被试的人数不同。实验者根据理论假设预期，在场人数较多的情境中，报警的人数较少，这种对在场人数与报警人数关系的假设，就是研究假设，在实验研究中，可以称为"实验假设"。

研究假设的证实，不能自动产生对现象的解释，解释的形成必须靠思辨，也就是理论。研究假设是针对某一具体研究设计的，而理论假设则是超越情境的。

三　假设与前提假设

另一个常译为假设的词语是 Assumption，在本书中我们把它译为前提假设。

依据韦伯词典，前提假设的定义为"理所当然的事实或陈述"[2]。任何一项研究都存在前提假设，但很少在研究论文中出现，它在特定的研究者看来是不证自明的，所以也就不需要特别指出。

在前述的助人研究中，前提假设是，人在遇到突发事件时，会觉得自己有责任救人。在研究者看来，这个前提假设是不证自明的。如果没有这个前提假设，就没有讨论责任扩散理论的基础。

前提假设是历史性的、有条件的、分人群的。例如，上述责任扩散理论的前提假设在其他社会情境里是否成立需要重新考虑；又如，1988 年 7 月 1 日起开始施行，2018 年 3 月 19 日废止的《中华人民共和国私营企业暂行条例》第二条规定，雇工八人以上的、资产属私人所有的企业就算私营企业。这个八人的标准是从哪来的？其是马克思在《资本论》里所划分的"小业主"和"资本家"的界限，超过八个人就是资本家。马克思所说的就成为划分标准的前提假设。

对前提假设的质疑和改变，是科学进步的重要起点。例如，女性主义

---

[1]　《研究 39 你会伸出援助之手吗？》，载［美］R. R. Hock《改变心理学的 40 项研究：探索心理学研究的历史》，白学军等译，中国轻工业出版社，2004，第 405~416 页。

[2]　"A Fact or Statement Taken for Granted," Merriam-webster, https://www.merriam-webster.com/dictionary/assumption.

关于社会性别的概念，改变了以往生理性别决定男女各方面差异的前提假设。基于现代化就是朝着美国模式发展这一前提假设，形成了一种研究，而对这种前提假设的质疑，形成了另外一种路径的现代化研究。更进一步，接受某种科学哲学理论的人，以该理论为认识世界的方式和逻辑的前提假设，科学哲学理论的发展，为研究者提供了新的认识世界的方式和逻辑的前提假设。

前提假设其实是无处不在的，例如，遇到一个不认识的中国人，用中文跟他说话，前提假设是，这个人是中国人，所以一定能听懂中国话，无须证明。

四 如何提出假设

这个问题实际上是，如何提出待检验的理论。从逻辑上来说，其是在已有相关理论和这些理论不能解释的现象之间建立推论性的联系。本小节想强调的是，这些联系是体现在提出假设的论证过程中的，因此没有论证过程的假设是没有价值的。下面是一个显示了论证过程的提出假设的实例。

R. Barkhi 在一项研究中提出了这样的假设："个人激励条件下的全组表现，将比组激励条件下的全组表现好。"[①] 论证过程如后文所示。

在组激励条件下，每个人的收入依赖于其他人的努力，因此，每个人的产出增加，其他人就会受益。反之，如果每个人不努力产出，其他成员的收入将减少。如果每个人都努力产出，只有一人不努力，他还是会受益于其他人的努力，这就是搭便车现象。

在个人激励条件下，每个人的收入不依赖于其他人的产出，因此，不管他人的努力程度如何，一个人的努力会最大化他本人的收入。

然而，在组激励条件下，其他人的努力难以观察（特别是知识型工人），这时，人们可能会有搭便车行为。为了防止其他人搭便车，一个人会自己先实施搭便车行为。

这就会导致全组产出的减少，拉低全组的表现。

---

① R. Barkhi, "Information Exchange and Induced Cooperation in Group Decision Support Systems," *Communication Research* 32 (2005): 646–676.

五　关于假设的几个常见问题

最后，我们讨论几个在课堂上经常被同学提出的关于假设的疑问。

问题一：是否每个经验研究都必须有假设？

问题二：先有假设和先有结论的做法有什么不同？

问题三：可以在得出研究结果后再根据结果提出假设吗？

问题四：假设没有得到证明就意味着研究失败吗？

问题一：是否每个经验研究都必须有假设？

研究假设是根据理论假设提出的，所以如果一项研究不涉及理论，也就不需要有研究假设。例如中国互联网络信息中心（CNNIC）每半年对中国互联网发展状况进行一次调查，只需要了解状况是什么，不需要提出或检验任何理论。这样的研究就不需要假设。

需要注意的是，假设并不只在量化研究中出现，因为理论显然不只存在于量化研究中，虽然在量化研究中对假设的表达比较直观。

另外，假设也不都是在研究开始前提出的，例如探索性的质性研究，哪些关键变量影响现象的发生、发展，是在研究过程中发现的，假设也是在研究过程中提出的，并不断检验修改。

问题二：先有假设和先有结论的做法有什么不同？

【从假设出发做研究】

目的：考察假设（理论）能否成立，以推动对一个领域的认识。

对待与假设不一致的现象：欢迎这样的证据，只有经过各种证据检验过的假设，才能成为比较可靠的理论。

后果：某一假设可能无法证实、某一理论可能被修改或被推翻，但长期来看，对现象的认识是逐步深化的。

【先有结论——从观点出发写文章（有别于科普）】

目的：说明自己的观点为什么成立。

对待与观点不一致的现象：回避，只收集支持结论的证据。

后果：由于观点不容反对，其与现实的关系无法确定。

问题三：可以在得出研究结果后再根据结果提出假设吗？

事后根据结果提出与结果一致的假设，这样的"假设"已经不能称为假设，它只是对结果的另一种称谓。假设是用来检验的，可能证实、可能证伪，事后提出的假设没有被证伪的可能性。因此，不可以事后提出假设。

问题四：假设没有得到证明就意味着研究失败吗？

假设没有得到证明，可能是研究问题需要修改，也可能是理论假设需要修改，但无论假设是否得到证明，研究都是有价值的。一个理论假设是在众多研究者不同的研究发现中不断修改、完善的，并逐步证实（或证伪）。

第五章　测量与观察

内容提要

　　首先说明了本章内容与前面各章内容的逻辑关系，然后介绍了测量与观察的定义，它们与理论的关系、与质化和量化方法的关系，测量的程序，测量技术要点，包括测量的工具和水平、测量分数的合成方式和相应的道理，最后介绍了测量质量的评价方法。

　　上一章，我们讲了概念化与操作化。操作化是"将概念与可观测的事件联系起来"[①] 的过程，一个操作性定义实际指出了在测量变量时所使用的程序 [②]。

　　例如，我们把"《人民日报》读者"定义为"平均每星期浏览 1 期及以上《人民日报》的人"，实际上指出了我们用什么标准去判断一个人是否为《人民日报》读者。

　　用一个标准将概念与一个对象建立联系的过程，就是测量。

　　这个过程，既可能是演绎的，即从概念或构念→操作性定义→测量现象，也可能是归纳的，即从测量现象→操作性定义→概念或构念，在一个具体的研究中，也可能是多次往返的。

---

①　［加］K. E. Stanovich：《与"众"不同的心理学：如何正视心理学》（第七版），范照、邹智敏等译，中国轻工业出版社，2005，第 66 页。

②　朱智贤主编《心理学大词典》，北京师范大学出版社，1989，第 50 页。

第一节　观察与测量概述

一　什么是测量

参考郑日昌[1]和杨国枢等[2]学者的定义，本教材对测量给出如下定义，测量是根据一定的法则用数字或符号对事物加以确定。这个定义，把郑日昌和杨国枢等学者定义中的"数字"改为了"数字或符号"，目的是更加明确测量可以是数字化的或非数字化的过程和结果，而不只是数字化的过程和结果。在这个定义中，事物是我们要研究的现象，法则是建立数字或符号与事物的对应关系的规则。

广义地说，数字也是符号，因此，用数字标识的测量结果，并不天然的具有可计算的属性，例如，住宅区的编号为"1区、2区、3区"。而非数字的符号，例如中国古代的时辰，子时、丑时……亥时，虽然不是数字，但起到了用数字来标识时间、区分时间先后顺序的相同作用。

我们还是用《人民日报》读者——平均每星期浏览1期及以上《人民日报》的人"这个例子，来说明测量的定义。假定我们把符合条件用"1"或"Y"代表，不符合条件用"0"或"N"代表。

在这个例子中，"一定的法则"指"平均每星期浏览1期及以上《人民日报》"；"数字或符号"指"1""0"或"Y""N"；"事物"指人；"加以确定"指，如果一个人符合"平均每星期浏览1期及以上《人民日报》"，就把数字1或符号Y赋予这个人，将这个人确定为"《人民日报》读者"，如果不符合，就把数字0或符号N赋予这个人，将这个人确定为不是"《人民日报》读者"。

二　什么是观察

观察，是利用感官获得对外部世界的了解的活动，或是使用科学仪器收集资料的活动。[3] 前文关于测量的定义，也完全可以适用于观察：观察是根

---

[1]　郑日昌编著《心理测量》，湖南教育出版社，1987。

[2]　"第十一章第一节　测量的定义"，载杨国枢等主编《社会及行为科学研究法》（第13版），重庆大学出版社，2006。

[3]　修改自 http://en.wikipedia.org/wiki/Observation。

据一定的法则用数字或符号对事物加以确定。

下面是一个观察的例子。根据张宏杰的研究[①]，曾国藩曾以"相术"相人，并总结了一套看相方法，例如："邪正看眼鼻"；"视上者傲，视下者諕（必），侧头旁视者则奸"；"隆准而圆美如珠者贵，准削而歪者人心不正"。下面试用测量的定义来说明，这里的观察对象——"事物"，是指人的道德品质，这里的"一定的法则"是，眼鼻的不同外观反映人的道德品质，即好坏——邪正，这里的"符号"是，邪或正。观察就是通过眼鼻的外观来给观察对象的品德赋予一个符号，即邪或正。

又如 Goetz 和 Lecompte 提出观察提纲至少要回答六个方面的问题：谁？什么？何时？何地？如何？为什么？其中"谁"包括：有谁在场，是什么人，他们的角色、地位和身份；有多少人在场，是一个什么样的群体，这些人在群体中扮演什么角色，谁是负责人、追随者；等等。[②] 在这个例子中，观察对象是在现场的人；"符号"是角色类别名称，即负责人、追随者；"一定的法则"，即不同的角色有相应的表现。观察就是根据一个人的表现，将一个合适的角色符号分派给观察对象。

从以上例子看，测量与观察并没有本质的不同，它们都是根据一定的法则用数字或符号对事物加以确定，来建立概念与现象间的联系的过程。只是一般而言，测量是以数字为测量结果，观察是以符号或叙述为观察结果。

需要特别说明的是，观察是质化研究中的重要技术，它的核心要点是观察者与观察对象应在同一情境中，甚至从事同一活动，观察的结果不仅是根据一定的法则给观察对象分派一个符号，而且可以在一定程度上了解事件如此发生、观察对象如此行事的原因。在质化研究部分，还会进一步详细讨论。

三　测量或观察与量化和质化方法

测量本身是一项量化的研究技术，并且常用于量化研究，观察本身是一项质化的研究技术，并且常用于质化研究，但不可将常用等同于只能用。

量化研究也会用到观察，例如一项考察北京建筑业农民工的媒介使用的

---

① 张宏杰：《曾国藩的正面与侧面》，国际文化出版公司，2011，第 356 页。
② 陈向明：《质的研究方法与社会科学研究》，教育科学出版社，2000。

研究，[1]研究者在设计问卷前，先访谈了部分农民工，并在被访者所居住的宿舍区进行了观察，以便了解宿舍区附近有哪些地方可以接触到何种媒体，距离有多远。

质化研究也会用到测量，例如潘绥铭等对 3 个红灯区的入住式社区的考察研究[2]，主要研究方法是质化的参与观察和访谈，也设计采用了含有 9 项指标的"性病风险等级"量表，对 3 个红灯区进行了性病风险等级的测量。

不过，量化和质化研究在用到测量时，关注的重点可能不同。质化研究中的测量，可能更关注测量对象的独特性，量化研究中的测量则可能更关注测量对象的共性。

总之，应根据研究问题的特征，有针对性地使用观察或测量，而不是事先划定逻辑上并不能成立的界限。

四　测量的程序

测量程序，指测量工具的制作或选择，使用工具进行测量及得出测量结果的过程。

测量规则——测量工具的选择和设计，可能在接触所测现象之前完成，也可能在接触所测现象之后完成，也可能是往返的。

一般而言，演绎逻辑的研究，采用事先设计和选择测量工具的做法；归纳逻辑的研究、测量工具的设计和选择，更可能是在接触所测现象之后完成。但这种联系并不是固定的。

（一）演绎逻辑的测量程序

所谓演绎逻辑的测量程序，即先下概念定义和操作性定义，在此基础上设计或选择测量工具，然后实施测量。

例如，陈之昭对大学生"面子需要"强度的测量。[3]研究者首先给"面子"的概念下了定义，然后编制测量工具——量表。研究从对面子需要的

---

① 夏耘海:《北京建筑业农民工的媒介使用》，硕士学位论文，中国青年政治学院，2010。

② 潘绥铭等:《红灯区与艾滋病——四川项目的初步总结》，《艾滋病防治：人文—社会科学研究》，清华大学 AIDS 与 SARS 国际论坛。

③ 陈之昭:《面子心理的理论分析与实际研究》，《中国社会心理学评论》2006 年第 1 期，第 107~160 页。

操作性定义开始，提出"要测量个人对于面子的基本需要，可以从个体对于每一面子事件给予的评价中测出"，即面子需求强的人对正性面子事件感到光彩的程度和对负性面子事件感到丢脸的程度比一般人强。正性面子事件，如讲了一则笑话，惹得大家一阵爆笑；负性面子事件，如做家教时，突然被学生问倒。作者从学生及报刊资料中收集正性和负性面子事件的陈述句，经修饰形成量表中的测题，然后通过请被访者填答这些测题完成测量。

（二）归纳逻辑的测量程序

所谓归纳逻辑的测量程序，是从要测量的现象中，发现并使用测量工具进行测量。概念可能在测量活动之前形成，也可能在对现象的观察测量之后浮现，即归纳形成。

上一章提到杨宜音的《"自己人"：一项有关中国人关系分类的个案研究》，要探索在实际生活中，"自己人"这个概念是根据什么原则和逻辑确定的，也就是探索"自己人"这个概念的操作性定义和测量方法。[1] 在进入现场后，经过与村民共同生活及访谈，研究者获得许多资料，如婚礼账单、分家单、家谱等，可以作为测量工具。研究利用这些资料进行测量的做法之一是，根据某一家庭近年来一项最大仪式的账单，确定该家庭的人际交往范围，研究者把这些关系他人的名单分别写在纸条上，请该家庭的男、女主人反复调整与比较，根据这些关系他人与自己心理距离的远近把这些关系他人分成几类，对这些类别命名并进行解释，最后，研究者经被访者同意后记录名单排列的顺序与类别，形成了关系分类表。在这个过程中，研究者观察到了当地人用什么标准来描述关系他人与自己的心理距离，再经过研究者的概括归纳，形成了操作化和测量"自己人"这个概念的方法。

五　测量要讨论的技术问题

在这一部分，我们简要说明测量本身需要讨论哪些技术问题。观察作为一种质化研究技术，将在质化研究部分讲述。测量的技术问题包括以下几个。

---

① 杨宜音:《"自己人"：一项有关中国人关系分类的个案研究》，《中国社会心理学评论》2005 年第 1 期。原文载杨国枢主编《本土心理学研究》2001 年第 13 期。

（一）测量要有工具

如同生活中测量长度需要尺子、测量重量需要秤，在传播研究领域中的测量也需要工具。针对不同的测量对象——事物、对测量结果的不同要求——精确的程度，以及对测量结果的不同用途，需要不同的测量工具。在传播研究领域中，测量工具大致包括：人的感知觉，仪器（电视收视率测量仪、眼动仪、心率仪等）和软件，测题和量表，指数，等等。

（二）测量工具有不同的水平

不同的测量对象和不同的测量目的，对测量工具有不同水平的要求。例如，对人的职业的测量，需要分出类别；对人的态度的测量，需要分出方向和程度；对网民上网时间的测量，需要确定小时或分钟；等等。测量工具的水平不是绝对的，可以相互转换。

（三）多个测量结果的组合

对某些概念或构念的测量，不是一个指标可以完成的，例如智力、民主、高考成绩等，需要多个指标的合成。如何把各指标的分数合成一个总分数，是需要讨论的问题。

（四）测量的质量问题

测量的质量包括：测量的误差如何判断，测量得是否正确、是否准确。

对以上这些问题，我们将在不同小节分别讨论。

第二节　测量技术要点

一　测量的工具

在传播研究领域中，测量的工具大致包括：人的感知觉、仪器和软件、测题和量表，以及指数。

（一）人的感知觉

人出于本能，会用感官去感觉和认识社会现象。一个研究者或研究参与者，同样可以不借助任何外在的测量工具——仪器、量表等，仅依据自己头脑中已有的标准、规则，将事物转换为数字——测量。例如，一个被访者可以估计自己每天上网时间是多少小时，而不需借助网络日志或其他计量工具；一个研究者可以目测得出某劳务市场的面积大约是多少平方米、人员密度有多大，可以凭感觉了解这个市场内的空气质量、气温的高低，从而对这个劳务市场的物理求职环境有一个基本估计。或者一个研究者可以凭目测和经验，大致了解一个村庄使用电视卫星天线的普遍程度。

（二）仪器和软件

某些社会现象靠人的感官无法观察到，或无法准确观察到，这既因为人的感官的生理局限，也因为在现象的呈现、再现过程中人的有意无意地建构作用。借助仪器可以"测量人的感官觉察不到的心理和行为指标"[1]，并因此在一定程度上减少或分辨出人的建构因素的影响。实验心理学研究中的许多仪器，就用于完成这样的测量任务。而实验心理学的许多方法，已经用在测量人对媒介讯息的反应中。

例如，A. Lang 在《媒介讯息心理反应的测量》(*Measuring Psychological Responses to Media Messages*) 一书[2]中，系统讨论了如何利用心理学已有的信息处理知识和技术，研究传播领域的媒介讯息处理问题。这些应用主要体现在，不同的媒介讯息如何影响个人的感知、注意、处理、储存和提取，这些效果的测量主要是利用实验心理学的相关测量仪器完成的。[3]

下面是几个具体例子。

刻板印象是新闻传播领域研究的一个典型现象，它常会以内隐的方式影响人们的判断和行为，而这种内隐的社会认知靠自省式的问卷调查，往往无法准确测量到。利用内隐联想测验（Implicit Association Test）可以避免被试自我掩饰等现象，得到比较客观的测量结果。[4]内隐联想测验主要利用反应时技术实现，即人们对联系的紧密程度的不同概念组做出反应的速度不同——

---

[1]　舒华、张学民、韩在柱:《实验心理学的理论、方法与技术》，人民教育出版社，2006。

[2]　A. Lang (Ed.), *Measuring Psychological Responses to Media Messages*, Lawrence Erlbaum Asociates, 1994.

[3]　注：这本书出版 10 年以后，A. Lang, D. S. Bradley, Y. Chung, S. Lee 回顾分析了这本书发表 10 年以来，大众传播研究者对媒介讯息处理在研究中的应用。根据他们对过去 10 年间主流经验传播研究期刊、1999~2002 年的 *Media Psychology*，以及一些以媒介和心理学为主题的著作的研究发现，用心理学方法研究媒介效果是这个领域的一个重要组成部分。A. Lang, D. S. Bradley, Y. Chung, S. Lee, "Where the Mind Meets the Message: Reflections on Ten Years of Measuring Psychological Responses to Media," *Journal of Broadcasting & Electronic Media* 47(2003): 650–655.

[4]　侯珂、邹泓、张秋凌:《内隐联想测验：信度、效度及原理》，《心理科学进展》2004年第 2 期。

反应时，假定有这样几组词语在计算机屏幕上成对出现，要求被试对每一组成对出现的每一个词语是客体概念还是属性概念做出判断（即刻按相应的键），这几组词语包括①"黑人"—"聪明"、②"整洁"—"白人"、③"邋遢"—"黑人"、④"黑人"—"智慧"，如果一个被试在①④组上的反应时长长于在②③组上的反应时长，就表明该被试可能存在对黑人的种族歧视。这个技术还可用于性别歧视、年龄歧视等其他内隐的社会认知的测量中。

又如眼动仪，能精确测量和记录人在进行某项任务时眼睛注视点的位置、眼跳、瞳孔变化及整个过程中眼动的轨迹，用来研究视觉注意与视觉搜索的过程及其规律。[1] 例如，张晗曾利用眼动仪研究被试注视新闻 App 的规律。[2]

另一个例子是，Galesic、Tourangeau、Couper 和 Conrad 利用眼动仪直接观察了填答者在网上填答问卷时注视点的情况，发现填答者较多看前面的选项而较少看后面的选项。[3] 图 5.1 展示了眼动仪测量结果。图中圆圈表示注视点停留的位置，线表示目光在注视点间的快速扫视。圆圈中的数字表示注视点停留的顺序，圆圈的大小表示在各注视点停留时间的比例。

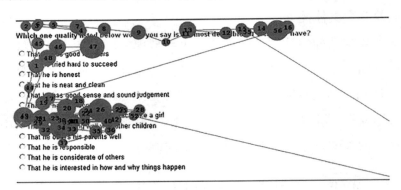

图 5.1　眼动仪测量结果

资料来源：该图取自该研究图 4（p.908）。

---

①　舒华、张学民、韩在柱：《实验心理学的理论、方法与技术》，人民教育出版社，2006。

②　张晗：《消失的头条：新闻 App 的视觉影响因素与记忆效果》，《国际新闻界》2020 年第 5 期。

③　M. Galesic, R. Tourangeau, M. P. Couper, F. G. Conrad, "Eye-Tracking Data: New Insights on Response Order Effects and Other Cognitive Shortcuts in Survey Responding," *Social Science Electronic* 72(2008): 892–913.

　　除上面介绍的反应时测量技术和眼动仪外，实验心理学研究中的信号检测论（Signal Detection Theory）[①]、皮肤电传导（Skin Conductance）和心率计（Heart Rate）[②]、列出思考（Thought Listing）[③]、次级任务反应时间（Secondary Task Reaction）[④]、时序分析（Time Series Analysis）等方法，都在传播心理现象测量中得到过应用。二十多年来取得重要进展的脑认知成像技术，可以直接、无创地观察人大脑的神经活动，从而揭示人的大脑如何实现各种认知功能。脑认知成像技术具有许多理想的测量特征，如，测量本身不会干扰被测量者的思维过程；测量是基于过程的生物信号，可以连续记录；可以更好地绕过社会期望偏差，并且不受追溯扭曲的影响。这项技术可以直接观察传播活动中人大脑神经活动的实时变化，并可能由此形成新的传播研究方法——传播神经科学。[⑤]

　　上述这些测量仪器，都属于实验心理学范围。

　　在新闻传播领域用到的测量仪器还有，测量收视率的电视收视率测量仪；软件，例如谷歌趋势（Google Trends）和百度指数（Baidu Index），分别测量在谷歌搜索引擎与百度搜索引擎中某一关键词或话题在各个时期被搜索的频率及相关内容；微信指数（WCI），是基于微信的大数据分析对关键词热度的测量；微博传播指数（Micro-blog Communication Index，BCI），通过微博的活跃度和传播度来测量账号的传播能力和传播效果；判断 Twitter 账号是否为机器人的软件 Botometer[⑥]。

① J. R. Fox, "A Signal Detection Analysis of Audio/Video Redundancy Effects in Television News Video," *Communication Research* 5(2004): 524-536.

② P. D. Bolls, A. Lang and R. F. Potter, "The Effects of Message Valence and Listener Arousal on Attention, Memory, and Facial Muscular Responses to Radio Advertisements," *Communication Research* 28(2001): 627 – 651.

③ P. M. Valkenburg, H. A. Semetko and C. H. D. Vreese, "The Effects of News Frames on Readers' Thoughts and Recall," *Communication Research* 26(1999): 550 – 569.

④ J. R. Fox, B. Park and A. Lang, "When Available Resources Become Negative Resources: The Effects of Cognitive Overload on Memory Sensitivity and Criterion Bias," *Communication Research* 34(2007): 277 – 296.

⑤ Ralf Schmälzle, Dar Meshi, "Communication Neuroscience: Theory, Methodology and Experimental Approaches," *Communication Methods and Measures* 14(2020).

⑥ 该软件由印第安纳大学的研究人员开发。G. Bolsover, P. Howard, "Chinese Computational Propaganda: Automation, Algorithms and the Manipulation of Information about Chinese Politics on Twitter and Weibo," *Information, Communication & Society* 22(2019): 2063-2080.

（三）测题和量表

研究者可以通过问一个问题，事先给定或不给定备选答案，或给定数字区间，来实现对事物的测量，这样的一个问题称为测题。

为测量某一概念或构念，将多个具有同质性的测题组合在一起，称为量表，测量某一概念、构念的单一测题也可以称为量表。

1. 单一测题的例子

一项关于转基因的研究[①]，要测量一篇新闻报道对转基因的态度，测题和备选项为，"对转基因的态度：1. 肯定　2. 否定　3. 两方意见　4. 不可辨识"，评价者根据新闻报道对转基因的态度对这条新闻进行测量，得到1、2、3或4的测量结果。

一项关于电视广告中的女性形象的研究[②]，用下面这个题目测量了广告内容是否以及在多大程度上误导了儿童对男女特质的理解[③]。

"误导儿童理解男女特质　-5~0"

其中，-5 表示在这方面存在严重问题，0 表示不存在这样的问题。

2. 量表的例子

在第四章曾提到中国社会科学院社会学研究所 2001 年的一项关于中国社会变迁的研究中[④]，研究者用以下5个题目构成一个量表，测量人在时间问题上的传统程度。

第1题：只要能稳定地生活，即使发展机会不多我也无所谓。

第2题：我从不在生活方式上赶时髦、追逐新的潮流。

第3题：生死由命中注定，富贵由老天安排，这种说法很有道理。

第4题："各人自扫门前雪，休管他人瓦上霜"仍是当今的处世原则。

第5题：我更多的是怀念过去的生活，而很少向往未来的生活。

备选答案分为五个级别：

---

① 2008 "植保协会转基因项目"课题组。

② 2005 "电视广告中的两性形象"课题组。

③ 是否误导的标准是："将成人世界典型化的行为模式套到小孩子身上。例如，男孩子好动，喜欢飞机、电脑、鲁莽，经常弄脏衣服，等等；女孩子则文静内向、爱哭、喜欢洋娃娃等。男女因此从小被刻板的性别角色行为规范，考虑其后果的严重性。"

④ 2001 年 11 月，中国社会科学院社会学研究所"社会变迁研究"课题组的课题"中国社会变迁研究"。

1. 很不同意　2. 不太同意　3. 无所谓　4. 比较同意　5. 非常同意

被访者根据自己对每一个问题的态度，选定一个级别。研究者计算这 5 个题目的测量值的合成值，就得到了该被访者在时间问题上的传统程度的测量结果。

3. 采用多个测题构成量表的好处

之所以采用多个测题构成量表来完成对一个概念的测量，是因为多个测题可以较好地覆盖所要测量的构念的所有理论意义，同时可以将不可避免的其他构念的影响分散掉。[①] 例如，前文由 5 个题目构成一个量表的例子。"人在时间问题上的传统程度"是一个构念，它表现在多个方面：追求稳定不追求发展、满意于现有生活方式不寻求改变、不相信自身力量能促成改变等。用一个测题难以表达所有这些方面。另外，如第 4 题，是测量一个人接受传统观念的程度，但不同的人对这句话可能有不同的解读。[②] 有其他 4 个题目参与测量，可以减小对这一题目的不同于作者原设计的解读造成的误差。

采用多个测题构成量表的另一个好处是，可以有效地降低晕轮效应。在各种评估、评奖等评价活动中，采用多个测题构成量表的评价结果要比评委直接给出一个分数的评价结果可能有更高的信度和效度。

也有单一测题作为量表的例子，例如 Rokeach 设计的价值观调查量表，共有两类，每类各有 18 种价值观，每种价值观用一个测题测量，测题是一个短语，印在粘贴式标签上，例如"舒适自在的生活（富裕的生活）""令人兴奋的生活（富裕刺激的、活跃的生活）"，被试根据各种价值观对自己的重要程度，将标签排列顺序。[③]

4. 采用非本土量表时应特别注意的问题

在某些研究领域，有些量表已成为测量某一概念相对固定的工具。例如

[①]　［美］Robinson, Shave, Wrightsman 主编《性格与社会心理测量总览》，杨宜音、彭泗清等译，台湾远流出版公司，1997。

[②]　例如，提到"自扫门前雪"的责任和义务，以及与政府、物业、他人责任的界限，以避免经济学上所称的"公地悲剧"的发生。（张智新的《大城市居民也需"自扫门前雪"》还提到鲁迅从压迫者 / 被压迫者的角度如何解读这句话。）

[③]　［美］Robinson, Shave, Wrightsman 主编《性格与社会心理测量总览》，杨宜音、彭泗清等译，台湾远流出版公司，1997。

Robinson, Shave, Wrightsman 主编的《性格与社会心理测量总览》[①] 一书，包含了 150 个测量工具——量表，这些量表是由本领域最有经验的学者从其领域内选出的最有用及有潜力的部分，并经过了测题制作、作答定式和心理计量三个方面的评鉴。这些量表从逻辑上说可以直接使用。

然而，正如这本书的总校订杨中芳博士在译序中写的："在本书中，我们不厌其烦地提醒读者，本书所包括的许多量表之构想及制作，有其历史、文化、社会的背景及局限性。它们测题所用的句子，时常反映了某一个时代在它们的文化里，大家所共同关心的问题。对我们生活在九十年代，中国历史、文化、社会背景下的人而言，这些测题既会造成理解上的困难，又可能因受测者认为测题内容无关宏旨而不能测到真正想要测量的概念。"[②]

这个提醒对所有想要采用非本土量表的研究者都适用。实际上，不只是外来量表不能直接用于测量本地被试，就是本地量表在应用于不同群体时，也需要重新探索和评估。

（四）指数

在媒体中我们经常会见到各种指数，例如经济方面的道琼斯指数、纳斯达克指数、消费者信心指数等，生活方面的感冒指数、洗车指数、身高体重指数（BMI）等，衡量现代政治生活质量的全球和平指数、民主指数、腐败感知指数、预算公开指数等[③]。

指数是与量表相似的一种测量工具，同样是用一个或一组题目来实现对事物的测量。有所不同的是，无论是一个题目还是一组题目，测量的结果将通过一定的算法转换为一个数字。

指数的主要功能是用于比较，包括各时点间比较、各空间比较和数据与目标比较，一个单独的指数数据无意义。各时点间比较，例如消费者信心指

---

① ［美］Robinson, Shave, Wrightsman 主编《性格与社会心理测量总览》，杨宜音、彭泗清等译，台湾远流出版公司，1997。

② ［美］Robinson, Shave, Wrightsman 主编《性格与社会心理测量总览》，杨宜音、彭泗清等译，台湾远流出版公司，1997，第Ⅳ页。

③ "全球和平指数"和"民主指数"由英国经济学家情报社分别于 2007 年、2006 年开始发布，"腐败感知指数"由透明国际组织于 1995 年开始发布，"预算公开指数"由美国预算与政策定序研究中心于 2006 年开始发布。丘德明：《英国发表民主测量指数》，《纵横周刊》2009 年 6 月 10 日。

数；各空间比较，例如微博传播指数；与目标比较，例如身高体重指数。为进行有效的比较，用于测量和计算指数的方法需要保持恒定。

下面是几个指数的例子。

单一题目例：香港"电视节目欣赏指数"[①]："请你用 0~100 分评价你对这个节目的欣赏程度，0 分代表极不欣赏，100 分代表极其欣赏，50 分代表一半一半。"

电视节目欣赏指数 = 所有被访者打分的平均值

一组题目例 1：李贞怡和李秀珠在一项研究中，使用辛普林多样性指数（Simpson's D 指数），测量了《中国时报》、《联合报》和《自由时报》在新闻报道方式、新闻主题、新闻图像比例方面的多样性。[②]

一组题目例 2：密歇根大学的消费者信心指数，最早发布于 1946 年的密歇根消费者调查，1966 年进行了数据标准化，现在每月发布一次。该指数由密歇根消费者调查中的 5 个题目的测量值计算合成，题目和算法一直没有改变过。[③]

一组题目例 3：微博传播指数，通过对微博的活跃度和传播度 7 个指标进行标准化加权合成，反映账号的传播能力和传播效果。

二　测量分数的合成

有些概念或现象，用一个变量的测量结果就可以描述，例如性别、职业、前述的香港"电视节目欣赏指数"等。

有些概念，需要用多个变量的测量结果共同描述，例如前述的李贞怡和李秀珠用于测量新闻报道方式多样性的 Simpson's D 指数，是由"一般新闻""访问整理""特写专访"等 21 个变量的测量分数合成的。

[①] 《香港 RTHK 之"电视节目欣赏指数"2009》，http://www.rthk.org.hk/special/tvai/2009/2009_season4.htm。

[②] 李贞怡、李秀珠:《台湾媒体竞争市场之报纸内容多样性研究》,《新闻学研究》(台湾) 2006 年第 88 期。

[③] 刘晓红等:《消费者调查及信心指数研究》，载于刘志明主编《中国舆情指数报告（2013）》，社会科学文献出版社，2014。从密歇根消费者调查网站 (https://data.sca.isr.umich.edu/) 对"常见问题"(https://data.sca.isr.umich.edu/faq.php) 给出的链接（https://data.sca.isr.umich.edu/fetchdoc.php?docid=24770）来看，指数计算所用的题目和算法都没有改变。

多个变量的值合并成一个变量有多种方法，可以相加、相乘，或其他合成方式，如 Simpson's D 指数的计算公式、身高体重指数的计算公式等。在社会科学包括传播学研究中，最常见、最简单直观的方式是各测量分数相加得到总分。

（一）相加和互偿性

用相加的方法计算总分，首先要考虑各变量之间是否具有互偿性，如高考总分是各科成绩相加的结果，这意味着，考试设计者假设，对于进入大学学习的学生来说，数学成绩不好在一定程度上可以用语文成绩来弥补。但对于某些概念来说，变量之间不存在这种互偿关系。例如，研究成果的科学性和价值就不存在这种互偿关系，研究成果没有科学性，就谈不上有价值，而不是研究成果没有科学性，可以用价值来弥补。

（二）三种合成方式

在明确互偿性的前提下，需要考虑各变量值之间的关系对总分的影响。不同的合成方式，各变量值之间的关系不同，对总分的影响也就不同。常见的三种合成方式为简单相加、标准分相加、经验判断相加。

1. 简单相加和标准分相加

简单相加，就是把测量得到的分数直接相加，这种合成方式的特征是，值越分散的变量在合成中的作用就越大。表 5.1 是一个模拟极端情况的例子。

5 个评委组成评审组，共同决定 10 个考生的录取顺序。观察 5 个评委的打分特征可以发现，评委 1~4 的打分特征是，打分的值很集中，每个评委对 10 个考生打的分，从最低分到最高分都只有 9 分之差；评委 5 的打分特征是，打分的值很分散，差值为 90 分。

从前 4 个评委打分的倾向看，考生成绩从高到低应为 A10 → A1，评委 5 则是 A1 → A10。如果以 5 个评委打分简单相加取平均值为考生成绩，考生成绩从高到低的顺序与评委 5 是相同的，这意味着，前 4 个评委的意见完全无法在结果中反映。

在需要追求各变量作用相同时，就需要采用标准分相加取平均值的做法。表中最后一列是 5 个评委的标准分平均值，考生成绩从高到低为 A10 → A1，反映了多数评委的意见。

表 5.1　模拟简单相加与标准分相加的极端情况

单位：分

考生编号	评委1	评委2	评委3	评委4	评委5	五个评委平均值	标准分平均值
A1	51	61	71	81	100	72.8	-0.8918
A2	52	62	72	82	90	71.6	-0.6936
A3	53	63	73	83	80	70.4	-0.4954
A4	54	64	74	84	70	69.2	-0.2973
A5	55	65	75	85	60	68.0	-0.0991
A6	56	66	76	86	50	66.8	0.0991
A7	57	67	77	87	40	65.6	0.2973
A8	58	68	78	88	30	64.4	0.4954
A9	59	69	79	89	20	63.2	0.6936
A10	60	70	80	90	10	62.0	0.8918

2. 经验判断相加

经验判断相加的做法是研究者依据经验，决定各参与相加的变量的相对重要性，并用一个系数来体现这个相对重要性，这个系数称为权重值，各加权后的变量值相加取平均就称为加权平均值。如果要比较各指标的贡献率，可以将权重值合计设计为 100%。

前文的简单相加虽然没有外显的系数，但实际上是与标准差成比例的加权，称为单位加权；标准分相加时，各变量值的权重值是相同的，称为等量加权。在经验判断相加的做法中，这个权重值是外显的，是根据经验确定的。

初中数学教科书中已涉及这个内容，下面用一个实例复习一下。

美国 NBA 的 MVP 评选方法采用经验判断相加的方式。常规赛 MVP 是由全美及加拿大的 121 名体育记者、编辑及评论员投票产生，每票可依次选 5 名球员，首选加 10 分，次选加 7 分，第三位加 5 分，第四位加 3 分，第五位加 1 分，累计总分最高的球员当选。2008-2009 赛季常规赛的 MVP 是詹姆斯，总共获得 1172 分，其中包括了 109 张首选票、11 张次选票和 1 张第三位选票。[①] 计算：$109 \times 10 + 11 \times 7 + 1 \times 5 + 0 \times 3 + 0 \times 1 = 1172$。

---

① 《詹姆斯压倒性优势当选 MVP 皇帝正式登基成队史第 1 人》，新浪体育，2009 年 5 月 5 日，https://sports.sina.com.cn/k/2009-05-05/04334362409.shtml。

（三）合成前的标准化

很多指数或指标体系是由多个变量构成的，如果各变量数据差别太大或各变量量纲不同，不能直接合成。一是直接计算不同量纲的变量，在逻辑上不合理，二是数值大的变量在合成中作用会大于数值小的变量在合成中的作用，因此需要先进行标准化。

下面以微博传播指数来说明。

微博传播指数从微博的活跃度 W1 和传播度 W2 对微博账号进行评价。两者加权合成微博传播指数，前者权重值为 20%，后者为 80%，公式为：微博传播指数 =（20% × W1+80% × W2） × 160

这两个指标又分别由 2 个和 5 个指标加权合成（见表 5.2）。

表 5.2　微博传播指数变量及权重值

活跃度 W1（20%）	发微博数 X1（30%）
	原创微博数 X2（70%）
传播度 W2（80%）	转发数 X3（20%）
	评论数 X4（20%）
	原创微博转发数 X5（25%）
	原创微博评论数 X6（25%）
	点赞数 X7（10%）

合成公式为：

$W1=30\% × \ln（X1+1）+70\% × \ln（X2+1）$

$W2=20\% × \ln（X3+1）+20\% × \ln（X4+1）+25\% × \ln（X5+1）+25\% × \ln（X6+1）$
$+10\% × \ln（X7+1）$

这些指标由于数量级和量纲不同，需要先进行标准化。微博传播指数采用的是取自然对数的标准化方法。前述的标准分合成也是一种标准化方法，标准化方法还有很多，这里不展开讨论。

三 测量的水平——4种测量尺度与4种变量

（一）4种测量尺度与4种变量

考虑下面这个问题，要想知道一个人的受教育程度，出于不同的目的可以有不同的问法，进而就得到了不同的结果（见表5.3）。

表5.3 受教育程度的不同测量尺度

不同的问法	可能的结果	用数字来代表
问法一：你是否上过学？	上过、没上过	1.上过、2.没上过
问法二：你最高上过什么学？	小学、初中、高中……	1.小学、2.初中、3.高中……
问法三：以九年义务教育为起点，在这之后你又上过几年学？	0年、1年、2年……	1.0年、2.1年、3.2年……
问法四：你上过几年学？	0年、1年、2年……	0.0年、1.1年、2.2年……

从中可以看出，这4种问法都是对受教育程度的测量，虽然都是用数字1、2……表示，但含义不同。

第一种测量，只可能有两种结果，上过、没上过，可以把测量对象分为两类。数字1和2，是类的代号，也完全可以用A和B、甲和乙等来表示。

第二种测量，得到一个数字序列，仍然可以根据这个序列把测量对象分类，但这些数字不再只是类的代号，还具有大小比较的意义。而第一种测量中的数字1和2，就不具有大小比较的意义。

第三种测量，也得到一个数字序列，仍然可以根据这个序列把测量对象分类，数字不仅是类的代号，也具有大小比较的意义，同时由于这些数字的单位是相同的——年，因此对这些数字做加减也是有意义的。假定张三的测量结果是2（高二），李四的测量结果是4（大一），4-2=2，这个差值2是有意义的：李四比张三多上两年学。而第二种测量中的数字序列，由于不具有统一的单位，之间的差值就没有明确的意义。

第四种测量，也得到一个数字序列，仍然可以根据这个序列把测量对象分类，数字不仅是类的代号，也具有大小比较的意义。差值具有明确的意义，比值也具有明确的意义。假定张三的测量结果是2（小学二年级），李四的测量结果是 4（小学四年级），4/2=2，这个比值 2 是有意义的：李四上学的年数是张三的两倍。而第三种测量中的数字序列之间的比值就没有意义，很明显，4/2=2 并不意味着李四上学年数是张三的两倍，因为在这个数字序列中，0 不代表上学的年数是 0，而是 9，也就是说，这个 0 是人为设置的，不是自然的 0，不等于"无""没有"。而第四种测量结果中的 0 表示上学的年数是 0，是自然的 0，等于"无""没有"。

上面 4 种不同的测量，代表了 4 种不同的测量尺度。统计学者史蒂文斯（S.S. Stevens）在 1951 年发表的《实验心理学手册》一书中，提出了测量的这 4 种尺度，这一类别划分一直沿用到现在。[1] 所有的测量工具都可以根据它们的数字特征归类到这 4 种尺度之一，这 4 种尺度分别为名义尺度（Nominal Scale）、顺序尺度（Ordinal Scale）、等距尺度（Interval Scale）和比率尺度（Ratio Scale）。[2] 表 5.3 中的问法一到问法四分别对应这 4 种尺度。

下面详细介绍史蒂文斯提出的这 4 种测量尺度。

名义尺度：测得的数值只代表事物的类别，而不具有这些数字通常具有的大小比较意义，如表 5.3 中的第一种测量。研究者主要关心其类型属性的概念和现象，例如，性别、职业、媒体名称、居住地等。测量事物某种属性的有无，例如，"你家是否有以下物品？"

A1. 电视　　1. 有　　2. 无

A2. 手机　　1. 有　　2. 无

⋮

A9. 电脑　　1. 有　　2. 无

网上调查中，对态度的测量常采用名义尺度。

---

[1]　S. S. Stevens, "Mathematics, Measurement, and Psychophysics," in S. S. Stevens (Ed.), *Handbook of Experimental Psychology*, New York: Wiley, 1951. 转引自邱皓政《量化研究与统计分析——SPSS 中文视窗版数据分析范例解析》，重庆大学出版社，2009，第 346 页。

[2]　这 4 种测量尺度有多种中文译法，本书采用了邱皓政在《量化研究与统计分析——SPSS 中文视窗版数据分析范例解析》（万卷方法——统计分析方法丛书，重庆大学出版社，2009）一书中的译法。

例如：你是否赞同申请购车摇号制度？[①]

　　○赞同，摇号制度有助于公平，同时有利于缓解道路拥堵。

　　○反对，摇号制度幼稚可笑，提高道路通行能力才是解决之道。

　　○不清楚。

顺序尺度：测得的数值可以代表事物类别，也可以代表事物属性在数量上的大小或多少上的次序，如表5.3中的第二种测量。研究者主要用这种尺度测量概念和现象的属性在大小或多少上的顺序方面的特征。例如，受教育程度，对各种事物的态度——同意、满意、符合自己情况的程度，等等。

　　一种称为李克特量表（Likert Scale）的顺序尺度，是测量态度非常普遍的方法。其特征是，将测量对象的属性依据大小、多少，或强弱的顺序划分为5个（3个或7个）等级。表5.4是李克特量表常见的几种表述形式。

表 5.4　李克特量表的常见表述形式

1. 很好	2. 比较好	3. 一般	4. 不太好	5. 很不好
1. 很同意	2. 比较同意	3. 一般	4. 不太同意	5. 很不同意
1. 很符合	2. 比较符合	3. 一般	4. 不太符合	5. 很不符合
1. 很满意	2. 比较满意	3. 一般	4. 不太满意	5. 很不满意

　　另一种是语意差异量表（Semantic Differential Scale）。其特征是，先确定描述测量对象属性的两个极端的形容词，将负面极端的形容词设为 −3（或 −5 等），将正面极端的形容词设为 +3（或 +5 等），两个词中间不再出现文字描述，而是用 −2、−1、0、1、2 来表示从负面极端到正面极端的程度。

　　表5.5是彭贤恩和张郁敏在《政治置入性新闻对新闻可信度之影响》一文中使用的语意差异量表。[②]

[①] 《北京申请购车摇号人数首破百万 中签难度攀升》，新京报网，2012年8月9日，http://www.bjnews.com.cn/news/2012/08/09/215819.html。

[②] 彭贤恩、张郁敏：《政治置入性新闻对新闻可信度之影响》,《新闻学研究》（台湾）2008年第95期。

表 5.5　语意差异量表形式

	-3	-2	-1	0	1	2	3	
不公平	—	—	—	—	—	—	—	公平
偏颇	—	—	—	—	—	—	—	不偏颇
不完整	—	—	—	—	—	—	—	完整
不正确	—	—	—	—	—	—	—	正确
不可信赖	—	—	—	—	—	—	—	可信赖

等距尺度：该尺度由于具有标准单位，测得的数值间不仅可以比较大小，还可以进行量的比较。研究者主要用这种尺度测量概念和现象在量上的特征。凡具有标准单位，并人为规定零点的测量，均为等距尺度的测量。如表 5.3 中的第三种测量，测量的单位是年，人为规定完成九年义务教育后没有再上学的情况为 0。

在实际应用中，顺序尺度的测量结果常当作等距尺度的结果使用。

比率尺度：与等距尺度相似，测得的数值具有标准单位。与等距尺度有所不同的是，比率尺度的零点是自然零点，不是人为规定的。例如，反应时的测量（单位是毫秒）、日记法测量的收视情况（单位是 15 分钟）、测量仪测量收视率的情况（单位是 1 分钟[①]）、家庭年收入的测量（单位是元）等。没有看电视就是看电视的时间为 0 分钟，这个 0 是自然零点，不是人为规定的。表 5.3 中的第四种测量，就是比率尺度的测量。

当把这 4 种尺度应用于研究中的变量测量时，就分别称为名义变量、顺序变量、等距变量和比率变量。

（二）4 种测量尺度的转换

在实际使用中，前文这 4 种测量尺度可以相互转换。一般是从精确向不精确转换，也就是从比率尺度向名义尺度方向转换。以一个假定的招聘为例：招聘考试的原始分数是 0~100 分，最后的结果是是否录取。表 5.6 为该例子的测量尺度的转换情况。

---

① 刘燕南:《电视收视率解析：调查、分析与应用》（第 2 版），中国传媒大学出版社，2006，第 45 页。

表 5.6　测量尺度的转换

比率尺度	转换规则	等距尺度	转换规则	顺序尺度	名义尺度
0~100 分	91~100 分	1 级	1 级	优	录取
	81~90 分	2 级	2 级	良	
	71~80 分	3 级	3~4 级	中	
	61~70 分	4 级			
	51~60 分	5 级	5~10 级	差	不录取
	41~50 分	6 级			
	31~40 分	7 级			
	21~30 分	8 级			
	11~20 分	9 级			
	0~10 分	10 级			

（三）测量中的离散型变量和连续型变量

根据 4 种测量尺度测量结果的数字特征，可将测量尺度分为两大类，离散型的测量尺度和连续型的测量尺度，变量也就相应地命名为离散型变量和连续型变量。离散型变量的取值特征是，它在某一个区间内只可能取有限的数值或一串数值。名义变量和顺序变量都可归为离散型变量。连续型变量的取值特征是，它可能取某一区间内所有数值。不严格地说，等距变量和比率变量可以归为连续型变量。

第三节　测量的质量

一　测量质量概述

（一）信度和效度

衡量测量质量有两个标准：稳定／可信、准确／有效。[1]

稳定／可信指，对一个目标的多次测量结果是一致的。

准确／有效指，正确测量了所要测的东西。

通俗地说，就是测得准不准和测得对不对的问题。

---

[1]　郑日昌编著《心理测量》，湖南教育出版社，1987。

测得准不准的例子。

假定用两把同规格尺子分别测量同一物体长度 10 次，得到表 5.7 中的结果。

表 5.7　两把同规格尺子的测量结果比较

	第 1 次	第 2 次	第 3 次	第 4 次	第 5 次	第 6 次	第 7 次	第 8 次	第 9 次	第 10 次
1 号尺子	0.99 米	0.98 米	0.97 米	0.98 米	1.00 米	1.01 米	0.99 米	0.99 米	1.02 米	1.02 米
2 号尺子	0.96 米	0.92 米	1.04 米	1.05 米	1.07 米	0.90 米	0.95 米	0.99 米	1.02 米	1.05 米

从表 5.7 中的数据可以直观地判断出，1 号尺子比 2 号尺子质量好，因为每次测得的结果比较接近，即一致性程度较高。描述测量结果一致性和稳定性程度的概念称为信度（Reliability）。但需要特别注意的是，信度不是某一个测量工具的固有指标，而是随样本不同而不同，因此是误差的函数。[1]

测得对不对的例子。

画钟测试是一种简单的工具，通过评估被测者的执行能力，[2] 来筛选人们是否存在神经系统疾病的迹象，例如阿尔茨海默病和其他类似病。做法通常是，给被测者一张空白纸或预先画好一个圆圈，要求被测者在纸上画出钟表、标上数字，或要求被测者在钟表上画出指针以显示特定时间，根据被测者的完成情况对被测者进行初步评估。[3]

画钟测试的前提假设应该是，被测者非常熟悉测试用（传统）表盘的样子，也就是在生活中习惯于看这样的钟表了解时间。随着数字式钟表的出现和普及，以及各种传统钟表表盘变式的存在（例如没有数字只有 12 个位置标识或只有 4 个位置标识），被测者熟悉测试用表盘将越来越不再是不证自明的前提假设了，在这种情况下，测量的可能不完全是被测者的执行能力，也

---

[1] A. J. Fairchild, "Instrument Reliability and Validity: Introductory Concepts and Measures," James Madison University, http://www.jmu.edu/assessment/wm_library/, last accessed Mar. 28, 2010.

[2] "Executive Dysfunction," Wikipedia, https://en.wikipedia.org/wiki/Executive_dysfunction#Clock_drawing_test, last accessed Jan. 2, 2021.

[3] Esther Heerema, MSW, "How the Clock-Drawing Test Screens for Dementia", verywellhealth, Sep. 22, 2020, https://www.verywellhealth.com/the-clock-drawing-test-98619;《失智症科普 | 画钟测试》，知乎，https://zhuanlan.zhihu.com/p/32734694?utm_source=wechat_session。

包含了对传统表盘的熟悉程度，也就是没有测到真正想测的东西。

第四章——概念化与操作化，给出了效度的定义，效度是一项推论的真实性、正确性或获支持的程度。对于测量来说，推论是所使用的测量工具能够正确测量所测对象。描述测量工具是否正确测量了所要测的对象的概念就是测量的效度。[①]

（二）系统误差和随机误差

为什么测量可能会不准或不对？因为所有的测量都存在误差。误差分为两类：随机误差（Random Error）和系统误差（System Error）。

随机误差的例子：假定用脚步去量天安门广场某一边的长度，哪些因素会影响测量结果？腿长短、步子大小、疲劳程度、风向和风力、走得直不直……，这些因素是偶然出现的，每次测得结果之间差异的方向和大小是不确定的，这种偶然因素导致的方向和大小都不确定的误差，称为随机误差。

系统误差的例子：老化的塑料量衣尺，由于长期受到抻拉，比新塑料量衣尺量得的长度总是短些；"奸商"卖东西，缺斤短两的可能性大于多出来的可能性。这种恒定因素导致的方向和大小都相对恒定的测量偏差，称为系统误差。

（三）信度与效度关系和系统误差与随机误差

信度与效度关系可以用图 5.2 来说明。图 5.2 显示的是假设的三组射击后的靶纸。左图表明，既打得不准——每次打在不同位置，也打得不对——都不在靶心，信度与效度都低，主要是随机误差——方向和大小都不固定，往

[①] 在《教育和心理测试标准》2014 年版中，效度不再定义为"一种测试在多大程度上真正测到了其声称要测的内容，而是"累积的证据和理论""对某一测试的给定用途的测试分数的特定解释的支持的程度"。相应地，在 2014 年版的表述中，也不再出现"XX 效度"，而是"基于 XX 的证据"，例如内容效度表述为：基于测试内容的证据。鉴于这个标准是用于测试 / 考试的，与这里讨论的测量问题存在较大差别，因此本教材依然沿用过去的表述。想要深入了解这个标准的读者，可在以下网址下载：Open Access Files – THE STANDARDS FOR EDUCATIONAL AND PSYCHOLOGICAL TESTING (testingstandards.net)。原文：STANDARDS for Educational and Psychological Testing, American Educational Research Association, American Psychological Association, National Council on Measurement in Education, 2014. 从三个参与制订者机构于 2021 年 3 月 1 日发表的可以免费下载的声明来看，2014 年版本是当前版本。AERA, APA, and NCME Announce the Open Access Release of Standards for Educational and Psychological Testing.

哪个方向偏的都有，偏离的距离也大小不一；中图表明，打得准——每次都打在同一位置，但打得不对——不在靶心，信度高而效度低，主要是系统误差，偏离的方向确定，偏离的距离大小也相同；右图表明，既打得准——每次都打在同一位置，也打得对——都打在靶心，信度与效度都高，两种误差都低。

信度受随机误差影响，不受系统误差影响；效度受两种误差影响，信度是前提。

| 信度与效度都低 | 信度高而效度低 | 信度与效度都高 |

图 5.2 信度与效度关系

资料来源：改编自 E. R. Babbie, *The Practice of Social Research*, 7th ed, Wadsworth Pub. Co., 1995, p.128。转引自〔美〕劳伦斯·纽曼《社会研究方法：定性和定量的取向》（第五版），郝大海译，中国人民大学出版社，2007。图7.5 信度和效度关系的解释。

二　讨论测量与观察质量的理论依据

（一）测量的真分数理论[①]

当我们提到误差的时候，实际在假定存在一个真值，或称为真分数。根据真分数理论，真分数是指，一个测量工具在测量没有误差时，所得到的纯正值。以尺子为例，某一尺子在测量某一长度时没有误差，得到的结果就是真分数。可以从逻辑上判断，这样的尺子是不存在的，因此，真分数是一个在理论上构想的概念。真分数的操作性定义是，经过无数次测量所得的平均值。[②]

实际测量中得到的分数——实测分数（X）= 真分数（T）+ 测量的随机误差（E），系统误差由于方向和大小都恒定，因此包含在真分数内。[③]

[①]　真分数理论属于经典测量理论，是应用最广泛的理论。还有其他针对这个理论局限性提出的测量理论，如概化理论和项目反应理论。其中，项目反应理论已得到了很多应用。但经典测量理论由于测量方法简单易懂、可操作性强、易于做出合理解释等，比较适用社会科学资料的分析，因此仍是目前应用最广泛的测量理论。参考顾海根主编《心理与教育测量》，北京大学出版社，2008。

[②]　郑日昌编著《心理测量》，湖南教育出版社，1987，第67页。

[③]　郑日昌编著《心理测量》，湖南教育出版社，1987，第67页。

（二）测量的对象与真分数

前文我们提到，所谓误差，是与"真值"相比较而存在的。在讨论真值或真分数的时候，需要区分以下两类不同的测量对象。一类是事物的物理属性或人的生物属性，前者如一个房间中是否装有电视机、某词语在某文本中出现的次数等，后者如被访者年龄、性别等。这类测量对象的真分数，是独立于测量过程的，即真分数不会因测量结果而改变。另一类是人的心理属性，如价值观、态度、行为等。这种心理属性的真分数完全依赖于测量过程，这里的真分数是无限次重复同一测验所得分数的平均数。[①]

社会科学研究中测量质量讨论的重点，主要是针对后一类测量对象。

（三）观察的质量——低层观察与高层观察

看图 5.3，它是什么东西？大部分人会说，它是苹果公司的 Logo。如果我们不知道世界上有苹果公司，也不知道什么是 Logo 呢？那是一个缺了一块的苹果的图片（还有人会说出缺的原因——咬掉一口）；如果观察者没见过苹果呢？那是一个灰色金属片；如果不知道什么是金属和灰色呢？……

图 5.3 一个观察对象

注：图片为本教材作者拍摄制作。

从上述过程可知，具有不同经验的人，可能看到不一样的东西。那这些人看到的，还是不是同一个东西呢？一个人看到什么东西，受到感觉、知觉、注意、记忆、语言、推理、知识、观点、价值观和观察目的等多种因素的影响，因此不同的人看到的可能是不同的东西。但之所以人们还可以相互交流，是因为在某种情况下大家看到的是同一个东西，这种情况就是

---

① ［美］L. 克罗克，J. 阿尔吉纳：《经典和现代测验理论导论》，金瑜等译，华东师范大学出版社，2004。

低层观察（Low-level Observation），与之相对的是高层观察（High-level Observation）。① 低层观察指，所有观察者在这个层面对观察到什么东西是有共识的。例如，对所有知道苹果样子的人来说，上面的图片就是一个缺了一块的苹果。高层观察指，在低层观察之上的观察，由于经验、理论、价值观的差异，观察者形成了不同的概念框架，各个观察者在不同的概念框架下会观察到不一样的东西，不知道苹果公司也不知道 Logo 的人，不会观察到上图是苹果公司的 Logo，但由于低层观察的共识，这些人依然会同意这是一个缺了一块的苹果。

类似的例子如，在机场，有两名工作人员在帮一名推轮椅的人（轮椅上坐着人）上一个长台阶，之后又帮着把轮椅抬上机场摆渡车。一个观察者可能观察到，这个机场的工作人员服务非常好，帮助残障人士解决本人无法解决的困难；另一个观察者则可能观察到，这个机场的无障碍设施严重不足。

可以想象，一个学习过细胞理论并具有在显微镜下观察细胞经验的人，与没有这样的知识和经验的人同时在显微镜下观察细胞，会报告不同的观察结果。

抬轮椅的例子则说明，对残障人士持有不同价值观的人，观察到的结果不同。

但不管价值观如何不同，两者在低层观察中是可以达成共识的，即两名工作人员在帮助一名推轮椅的人，把轮椅抬上楼梯、抬上机场摆渡车。非常重要的是：这种共识的基础是独立于声称的事实。

以上论述过程有两个核心要点：一是不存在理论或价值中立的观察和知识，二是相信存在独立于人们声称的事实。这是半根基主义哲学范式的基本观点，是讨论观察质量问题的理论依据。

三 测量质量与测量工具

上面我们概述了测量质量的相关问题，针对不同的测量工具，测量质量的考察方式不同。

---

① 参见曹群、魏雁滨《质化研究的质量：一个半根基主义的观点》，载《复旦社会学论坛》（第一辑），上海三联书店，2005，第 172~193 页。

（一）测量仪器的信度、效度分析

作为测量工具的仪器，当然也存在信度与效度的问题，即仪器的测量结果是否具有稳定性和一致性，仪器能否测得其功能所声称可以测得的概念、现象。

影响信度的主要因素，除了仪器本身的软硬件性能外，还包括测试者、被试、时间长短、测量环境等因素；影响效度的主要因素，除了上述因素外，还包括效标的选择。信度标准最常用的是，对同一被试两次或多次重复测量结果的一致程度。效度的判定包括，测量结果与其他仪器、手工测量或"金标准"的比较，即以其他仪器测量结果、手工测量结果或"金标准"为效标。[①]

例如测量电视收视率的日记法和测量仪，都存在信度和效度问题，刘燕南在《电视收视率解析：调查、分析与应用》（第2版）一书中有详细讨论。[②]

（二）评委主观评分的信度分析

生活中存在很多需要多个评估者主观打分的情况，如多名裁判对体操、跳水运动员的评分，多名评委对各种招聘招生面试的评分、对科学研究成果的评奖、对研究项目申请的评分等。这是一种相对"主观"的测量，即由评分者根据自己对标准——测量规则的理解，确定被测事物的值。

这种测量的信度称为评分者信度（Inter-rater Reliability），即评分者主体间的相互认同程度，各评分者的评分越一致，信度越高。每名评分者的信度，则是该评分者与其他评分者的一致程度。

在新闻传播研究中，评分者信度分析主要用于内容分析时对多名编码者一致程度的考察，详见内容分析一章。

评分者整体信度，一般用肯德尔和谐系数 W 或 χ^2 来估计；评委个人信度有多种计算方法，例如依次把每名评委打分去掉后计算同质性系数 α，α 越大，说明被去掉的评委与其他评委的一致性越低，信度较低。

---

① 强东昌、武留信：《健康检测中生理信号采集技术的信度、效度研究——心电信号和颈动脉超声检测技术的信度、效度验证报告》，第四届中国健康产业论坛，广东东莞，2007。

② 刘燕南：《电视收视率解析：调查、分析与应用》（第2版），中国传媒大学出版社，2006。

（三）测题、量表和指数的信度效度分析

1. 信度

这里的信度，衡量的是作为测量工具的测题、量表和指数的测量结果的稳定性。依据《教育和心理测试标准》2014年版，[1] 在经典测试理论中，测试分数的一致性主要根据可靠性系数来评估，可靠性系数是根据被试样本重复测试得出的分数之间的相关性来定义的。公认的可靠性系数有三大类：复本信度系数（Alternate-form Reliability Coefficients）、再测信度系数（Test-retest Reliability Coefficients）、内部一致性信度系数（Internal-consistency Reliability Coefficients）。这三个系数分别为复本信度、再测信度和内部一致性信度的统计量，系数越大，信度越高。下面简单介绍这几种信度。

复本信度，考察一个测量的不同替代版本之间的一致程度。在有些情况下，需要为一个测量准备几个版本，例如考试中的 A、B 卷，但前提是要保证 A 卷和 B 卷在对同一被试测量时，应得到相同结果。通常的做法是，用 A、B 卷在较短的时间间隔中，测量同一组被试，得到结果的相关程度越高，表示复本信度越高，也就是各替代版本等值程度越高。

类似 A、B 卷的做法是先形成题库，从题库中随机抽取题目形成一个测量量表，这相当于某一测量的多个复本，同样应考察每一随机形成的测量量表间的复本信度——等值程度。[2]

再测信度，考察测量在时间上的稳定性。通常的做法是，针对同一组被试在一定的时间间隔内进行两次测量。两次的测量值相关程度越高，再测信度就越高，表示该测量工具在时间上比较稳定。

例如，在一个反对针对儿童暴力的宣传倡导项目中，设实验组和对照组，在项目开始前进行基线调查，即了解儿童目前遭受暴力的水平，经过宣传倡导活动后，用同一个量表再测实验组和对照组儿童遭受暴力的水平，在其他条件未改变的前提下，如果对照组分数和基线测量结果高度相关，就说

---

[1] Standards for Educational and Psychological Testing, American Educational Research Association, American Psychological Association, National Council on Measurement in Education, 2014.

[2] 复本信度的实例参见曹艳艳、王佳艺《大学英语四级阅读理解"一试多卷"复本信度与内容效度分析》,《黑龙江教育学院学报》2015 年第 2 期。

明这个量表的再测信度较高。实验组的再测分数如果与对照组有差异，可以部分解释为宣传倡导活动的作用。

内部一致性信度，多个测题构成的量表，各测题之间的同质程度反映了这个量表测量一个潜在的概念的程度。[①]其可用于阿尔法系数（alpha）[②]、二分变量的 KR-20[③] 和分半信度系数（Split-halves Reliability Coefficient）计算[④]。

2. 效度

参考《教育和心理测试标准》2014 年版列出的项目，但依然采用"效度"表述。由于篇幅所限，下面只讲概念，实例见脚注。

表面效度（Face Validity），某个测量是否表面看起来是在测量某个构念、概念。[⑤]

内容效度（Content Validity），任何一个测量某一概念的量表，都只是能够描述这个概念的所有可能测题的一个样本。内容效度关心的是，某一测量中的测题是否是对某一概念所有可能测题的一个有代表性的样本，或测题是否表现了概念的原型特色或其中的哪些方面。[⑥]

建构效度（Construct Validity），建构效度是考察，一个声称可以测量某概念尤其是构念的量表，这种声称能得到多少证据的支持。"测量与建构是

---

① A. J. Fairchild, "Instrument Reliability and Validity: Introductory Concepts and Measures," James Madison University, http://www.jmu.edu/assessment/wm_library/, last accessed Mar. 28, 2010.

② 阿尔法系数实例参见付月、史伟《全媒体背景下大学生网络媒介素养调查量表设计研究》，《科技传播》2022 年第 23 期。

③ KR-20 实例参见韦嘉等《马洛 – 克罗恩社会赞许性量表（简版）在中学生群体中的试用》，《中国临床心理学杂志》2015 年第 4 期。

④ 分半信度实例参见龙颖等《特殊儿童家属赋能量表的汉化及其信效度研究》，《护士进修杂志》2020 年第 9 期。

⑤ 陈忆宁、罗文辉：《媒介使用与政治资本》，《新闻学研究》（台湾）2006 年第 88 期。

⑥ [美] W. R. Shadish，T. D. Cook，D. T. Campbell：《实验与类实验设计——因果扩论》，杨孟丽译，心理出版社，2007，第 424 页；例如，卜卫和刘晓红在 2003 年"青少年互联网采用、使用及其影响"的研究中定义了"青少年互联网使用"的具体内容，包括互联网使用的量、上网环境、青少年经常使用的网站、经常使用的网站功能、网上交流、使用互联网的正面经历、使用互联网的负面经历、互联网知识来源与能力等八个方面，内容效度是看，就所研究的时间（2003 年）、地点（中国 7 个城市）和对象（普通中小学 5 年级及以上的在校青少年）而言，用于测量"青少年互联网使用"的测题，是否涵盖并准确反映了这八个方面。

同一建构效度的一体两面。"[1] 考察建构效度的常用方法是 Campbell 和 Fiske 于 1959 年提出的多元特质—多重方法矩阵法（Multi Trait-Multimethod Matrix, MTMM），设计原理是以多种不同方法（如自评法、同侪评量法）测量多种不同的特质。[2]

此外，因子分析方法常用来分析构念的结构特征。

众知群体效度（Known Groups Validity），指一个测量工具当测量在所测变量方面众所周知不同的群体时，能得到不同测量结果的程度。[3]

后果效度（Consequential Validity），后果，即在特定环境和特定人群中以特定方式使用测试的预期和非预期结果。[4]

预期的结果例：2013 年开始，中国新闻奖增加了审核环节。结果是：促使各推荐单位、报送单位在组织评选的过程中，越来越重视本级评委会投票前的审核工作；通过剖析各级审核出来的各种问题，进一步提升了新闻报道的采编质量、增强了新闻工作者自律的自觉性。

非预期结果例：2005 年某省市高考取消了英语听力部分，这个政策导致了教师行为改变，之前英语课有五分钟听力训练、自习课有半小时听力训练……，之后全取消；学生行为改变，之前跟班还加自学，之后绝大部分的学生不再进行听力训练；学校行为改变，原已征订的下届高中三年级的听力教材取消。

---

① ［美］W. R. Shadish，T. D. Cook，D. T. Campbell：《实验与类实验设计——因果扩论》，杨孟丽译，心理出版社，2007，第 83 页。

② 邱皓政：《量化研究与统计分析——SPSS 中文视窗版数据分析范例解析》，重庆大学出版社，2009，第 289 页。

③ 一个测量价值观的量表（［美］Robinson, Shave, Wrightsman 主编《性格与社会心理测量总览》，杨宜音、彭泗清等译，台湾远流出版公司，1997，第 921~932 页），通过众知群体检验，支持了其中七个子量表的效度假设，例如，用耶稣会神学院学生相对一般男大学生，检验了"宗教信仰"子量表；用妇女体育俱乐部成员相对一般女大学生，检验了"身体发育"子量表。这里的耶稣会神学院学生和妇女体育俱乐部成员就是众知群体，即众所周知前者在宗教信仰方面要不同于一般男大学生，前者对身体和运动的态度不同于一般女大学生。

④ Standards for Educational and Psychological Testing, American Educational Research Association, American Psychological Association, National Council on Measurement in Education, 2014.

（四）难度与鉴别度分析

如果是知识测验，难度指测题的难易程度，有多种确定方法，可以直观判断，也可以计算得出。例如"中国的首都是哪里"这个测题，可以直观判断难度，也可以通过一个群体中答"北京"的比例来确定难度。对测量价值观、态度、行为等心理属性的题目，难度指应答结果在同质人群中一致的程度。

鉴别度是指，一个测量工具对所要测量的知识水平或心理特征的区分程度。它实质上是在考察测量工具的效度，因此常常需要外部效度标准，前面讲到的"众知群体效度"，实际上就是对测量工具的鉴别度的考察，众知群体就是一个外部效度标准。在外部效度标准难以获得的情况下，常用所有测题分数的总和代替外部效标。[1]

难度和鉴别度的取值，以及难度和鉴别度之间的权衡，需要根据研究目的确定。

（五）利用已有的量表

对某些心理特质，例如价值观、主观幸福感等，西方社会心理学有比较成熟的量表，中国传播学研究对这些量表也有使用。例如，Pollay 和 Gallagher 于 1990 年发表的测量广告中的价值观方法及量表，以及 Mueller 于 1987 年和 1992 年发表的对日本和美国杂志中广告的价值观比较及日本杂志广告中西化程度的量表，被广告中的价值观研究广泛采用[2]。（例如，H.Cheng[3]、冯捷蕴[4]、吴辉[5]、高佳霖[6]、王绎嘉[7] 等。）

---

[1] 郑日昌编著《心理测量》，湖南教育出版社，1987，第 183 页。

[2] 这里的"采用"包括了选择、修改、分析等工作，并不指简单地挪用，由于篇幅所限，此处不详细说明。

[3] H. Cheng , "Toward an Understanding of Cultural Values Manifest in Advertising: A Content Analysis of Chinese Television Commercials in 1990 and 1995," *Journalism & Mass Communication Quarturly* 74(1997): 773-796.

[4] 冯捷蕴：《中国大陆的文化价值观：以 2004 年网络广告内容分析为例》，《现代传播》（中国传媒大学学报）2004 年第 5 期。

[5] 吴辉：《上海市民报纸广告诉求的主导性文化价值——基于对 1998~2007〈新民晚报〉广告的内容分析》，《新闻大学》2009 年第 3 期。

[6] 高佳霖：《台湾电视广告中呈现的文化价值》，硕士学位论文，台湾艺术大学应用媒体艺术研究所，2008。

[7] 王绎嘉：《"我"或"我们"？个人主义在台湾与美国杂志广告内容呈现之比较》，硕士学位论文，台湾"中山大学"传播管理研究所，2006。

又如，"中国独生子女人格发展"课题组的《中国城市独生子女人格发展现状及教育研究报告》[①]，使用了课题组修订后的爱德华个人偏好量表来测量独生子女的成就需要、亲和需要、扶助需要、谦卑需要等。卜卫和刘晓红在《青少年互联网采用、使用及其影响的调查报告》[②]的研究中，"青少年非孤寂量表"修改利用了 Asher，Hymel 和 Renshaw 于 1984 年编制的"儿童孤寂感量表"[③]。

采用已有量表时，需要充分考虑原量表形成的文化、社会和年代，因为所有测题和量表的形成，都是在概念化、理论分析、操作化基础上形成的，脱离了这些基础，简单地拿到某一不同的历史、文化、社会背景中使用，得到的测量结果无法做出合理的解释，因此也无从判断效度。

---

① 参见 http://sunyunxiao.youth.cn/jygd/xsbg/200608/t20060804_349670.htm。

② 课题来源：中国社会科学院社会发展研究中心。

③ ［美］Robinson, Shave, Wrightsman 主编《性格与社会心理测量总览》，杨宜音、彭泗清等译，台湾远流出版公司，1997。

第六章 抽样

内容提要

本章介绍了抽样的概念和基本做法，包括非概率抽样和概率抽样的基本概念和具体做法。介绍了概化的概念及四种概化类型。

看图 6.1 这四幅漫画，思考一下这个社会调查做得怎么样？

图 6.1 "社会调查"——大学生李四的宿舍调查

阅读过本书前面章节的读者，都会同意这个社会调查的结论是过度概括，即从不能充分代表总体（中国大学生）的样本（李四的同宿舍同学）中得出概括到总体的结论。[①] 类似的例子还有很多，例如，"男孩就是比女孩胆大，我家小孩（男）就是这样。"怎么知道女孩胆小？"我同事谁谁的孩子是个女孩，就不如我家小孩胆大。"

然而，用很少的例子推测整体，是人的本能，不这样就不能生存。例

---

① 参考 Wikipedia，http://en.wikipedia.org/wiki/Over_generalization#cite_note-FallacyHasty-0#cite_note-FallacyHasty-0；"The Nizkor Project"，http://www.nizkor.org/features/fallacies/hasty-generalization.html。

如，从一头狼吃了张三，推测出狼会吃人这样重要的生存指南，而不是等狼吃完了所有人，才知道狼吃人。

研究抽样就是研究如何选择有限的例子，以做出正确的推论，或者称为概括化，简称"概化"。

在上面的论述中，出现三个概念：总体、样本和抽样。

总体（Population），研究对象的全体。上面例子中的"中国大学生""男孩、女孩"。

样本（Sample），总体中选出的一部分。上面例子中的"李四的同宿舍同学""推论者的男孩和同事的女孩"。

抽样（Sampling），选出样本的过程。上面例子中：李四直接去找同宿舍的同学、推论者直接想到自己孩子（男）和同事的孩子（女）。这两个例子的样本选择过程的共同特征是方便。

我们已经知道，这两个例子中的推论是过度概括，即样本不能有效代表总体，这是由抽样过程决定的，读者凭直觉也可以很容易得出这个结论。下面就讨论如何抽样才能做出有效的推论。

第一节　抽样概述

看下面两个例子，思考为了做出有效的推论，应该如何抽样。

例1：想了解北京全体居民对北京市政府控制北京市人口政策的态度，要通过调查一部分北京居民去了解，这一部分北京居民应该具有什么特征？

影响北京全体居民对这个政策的态度的因素有很多，有已知的，也有未知的。要调查的这一部分北京居民在这些已知和未知因素上的比例，应与北京全体居民在这些因素上的比例相同。

例2：要了解北京市政府对北京人口数量管理的态度，如果要通过报纸去了解，应该去看哪份报纸？

较好的做法是，看《北京日报》，也就是选择最能代表北京市政府态度的报纸。

上面两个例子中的样本，具有明显不同的特征。

例1的样本特征：样本得出的结果应该与用全部个体算出的结果无系统

性的偏差，即没有恒定因素导致的方向和大小都相对恒定的偏差，并且误差值可以估算出来。

具有这样特征的样本称为概率样本（Probability Sample）或随机样本（Random Sample），获得这种样本的抽样方法称为概率抽样（Probability Sampling）或随机抽样（Random Sampling）。

概率抽样：总体中的每个个体都有被抽中作为样本的机会——概率不为0，概率是可以准确计算的。这样形成的样本，可以对总体做出无偏估计。[①]误差是可计算的。

例2的样本特征：不追求对总体做出这样的推论，而是用逻辑判断什么样本可以对总体做出最有效、可靠的推论，什么样本能反映研究者所关注的理论特征。

具有这样特征的样本称为非概率样本（Non-probability Sample）或非随机样本（Non-random Sample），获得这种样本的抽样方法称为非概率抽样（Non-probability Sampling）或非随机抽样（Non-random Sampling）

非概率抽样：所有不采用概率抽样的抽样方法统称为非概率抽样。

第二节　非概率抽样的方法、原理和应用

非概率抽样有多种方法，这里只介绍常用的三种：目的抽样、方便抽样、配额抽样。

一　目的抽样（Purposive Sampling）

如果研究目标是获得对一个现象、个体、事件或个案研究中的个案的深入了解，则研究者将有针对性地选取个体、群体、情境，以最深入、全面地理解现象。个体、群体和情境选择的主要考虑因素是，相较于其他选择，它们是否能提供重要的、丰富的信息。

目的抽样的定义只是给出了大致的原则，在实际操作中，有十几种具体的抽样策略。Charles Teddlie 和 Fen Yu 把多个研究者提出的策略归纳为三大

---

① 参考 Wikipedia "Sampling (statistics)" 词条中对 "Probability Sampling" 和 "Nonprobability Sampling" 的表达，http://en.wikipedia.org/wiki/Sampling_(statistics)。

类 14 种，再加上混合目的抽样策略。[①]

第一大类是选择对一类事物具有典型性或代表性，或具有可比性的样本，有 6 种策略，下面用一个实例介绍其中的最大变异抽样（Maximum Variation Sampling）策略。

关于二手烟与不吸烟者患肺癌的因果关系，已有流行病学的结论。研究者想知道，这个结论能否推论到工作场所、餐厅等环境，为是否应该在这些场所制定禁烟的规定提供依据。为此，研究者选择了那些对比性强的场所，例如不吸烟的配偶与吸烟者结婚的家庭、两者都不吸烟的家庭等。[②]

第二大类是选择特殊的、独一无二的样本，包括 4 种策略，下面以孙五三对中国北部地区一个乡镇电视台的个案研究为例，介绍其中的关键案例抽样（Critical Case Sampling）策略。

乡镇政府是中国最低一级的行政建制，不在当时"四级办电视"所规定的可以开办电视台的行政机构之内，但所研究的这个镇却开办了电视台，并且没有遵守中央政府对这一级别电视台的内容、经费、管辖权等各项规定。经过一系列的各方博弈，最终以省政府颁发执照的形式确认了这个独立的镇电视台的合法性，从而固化了不合中央政府规则的制度安排。在研究过程中，作者访谈了参与这个博弈过程的当事人或知情人，这些被访者就是关键案例抽样的样本，即如果没有这样的样本，作者就不可能如此清晰地描述这个事件在博弈过程中的复杂发展过程。

第三大类是序贯抽样（Sequential Sampling），没有事先确定的样本量，而是根据研究进程一个一个确定样本，随着对样本研究结果的积累，确定继续还是结束抽样。序贯抽样有 4 种策略，下面介绍其中的雪球式抽样（Snowball Sampling）策略。雪球式抽样的做法是，首先通过各种途径例如熟人介绍，找到通常是很少量的符合研究目的的人员作为样本，然后请这些已成为样本成员的参与者推荐、招募其他参与者，类似滚雪球。该抽样方法主

[①] A. J. Onwuegbuzie, K. M. T. Collins, "A Typology of Mixed Methods Sampling Designs in Social Science Research," *The Qualitative Report* 12(2007)：281-316. 该篇文章介绍了 24 种抽样类型。

[②] [美] W. R. Shadish, T. D. Cook, D. T. Campbell：《实验与类实验设计——因果扩论》，杨孟丽译，心理出版社，2007，第 418、421 页。

要用于特定的总体成员难以找到时。例如，农村失辍学青少年、安利的营业员、吸毒者、艾滋病感染者等。由于群体内部成员对什么人符合这个群体特征更了解，这种方法特别适用于研究一个群体的关系网。

一种扩展的雪球式抽样方法被称为被访者推动抽样（Respondent—Driven Sampling，RDS），与一般雪球式抽样的区别是，这种抽样方法不只是请被访者推荐新的被访者，还通过物质激励，要求他们直接招募新的被访者来接受调查。这种抽样方法可用来研究隐藏人口（规模较少、边界不清、不愿暴露身份），例如吸毒者、HIV 感染者等。好处是，可以对所研究群体的规模进行比较准确的估计。[1] 在互联网上也可以采用这种被访者推动抽样方法，且效率和效能更高。[2]

此外，对雪球式抽样存在一种误解，认为被访者只要是一个传一个找来的，就是雪球式抽样。

两者核心区别是：雪球式抽样是利用属于某一群体中的成员之间的特定关系，找到该群体中的成员，研究对象就是这个特定群体成员；利用一般的认识关系找到一组人，这样一组人并不具有研究者感兴趣的某一特定群体成员的特征，这种样本形成方式属于方便抽样。

除上述三大类外，混合目的抽样同时采用两种或多种上述策略，如何选择取决于研究目的和所研究问题的复杂程度。

目的抽样的各种抽样策略的共同特征是，由研究者根据研究目的直接确定具体样本。与这种抽样方法相区别的两种非概率抽样方法是：方便抽样和配额抽样。

二 方便抽样（Convenience Sampling）

从便利角度考虑的抽样。

例如，概念化与操作化一章中提到的验证责任扩散理论的实验研究，就是在研究者之一——达利所在的纽约大学，找选修心理学课程的学生作为被

---

[1] 赵延东、[挪威] Jon Pedersen：《受访者推动抽样：研究隐藏人口的方法与实践》，《社会》2007 年第 2 期。

[2] C. Wejnert, D. D. Heckathorn, "Web-Based Network Sampling Efficiency and Efficacy of Respondent-Driven Sampling for Online Research," *Sociological Methods & Research* 37（2008）: 105-134.

试。[1] 又如皮亚杰通过对自己三个孩子的观察，提出了儿童认知发展四阶段理论。这两个例子都是方便抽样。

一种典型的方便抽样样本是志愿者样本，如网页上挂着的调查，参与者可直接点入参加调查。

需要注意的是，由于方便，方便抽样是一个经常被误用的抽样方法，即作为一种非概率抽样方法，却得出通过概率抽样才能得出的推论。方便抽样之所以是非概率抽样，是因为它不具有"总体中的每个个体都有被抽中作为样本的机会"。挂在网页上的调查，其结果常常被推论到参与者以外的人群，例如"网民"。但其实只有恰好看到这个网页并且有参与意愿以及实际参与了这个调查的人，才成为样本，并不是每个网民都有被抽中作为样本的机会。

本章开始部分提到的两个例子，都是方便抽样使用不当的例子：

李四直接去找同宿舍同学，而不是"中国大学生"中的每一位都有被抽中作为样本的机会；

推论者直接想到自己孩子（男）和同事的孩子（女），而不是所有"男孩、女孩"都有被抽中作为样本的机会。

三　配额抽样（Quota Sampling）

依据研究目的，将总体分为互斥的子总体，样本中各子样本的比例应与总体中各子总体的比例相同。[2]

后文举一个虚拟的例子。假定想研究社会科学院研究生毕业后的职业选择，要从全体研究生中（假定1000人）选100人调查。影响职业选择的因素有很多，假定有专业、年龄、性别三个因素。假定总体中专业、年龄、性别的分布如表6.1中所示，则根据样本比例与总体比例相同的配额抽样原则，就可直接计算出三个因素形成的8个组应各有多少样本成员。

---

①　[美] R. R. Hock：《改变心理学的40项研究：探索心理学研究的历史》，白学军等译，中国轻工业出版社，2004。

②　参考 WiKipedia 词条修改。"Quota Sampling"，WiKipedia，https://en.wikipedia.org/wiki/Category:Quotas.

表 6.1 配额抽样举例

单位：人

专业	年龄	总体（1000）		样本（100）	
		男	女	男	女
理工	30 岁及以上	150	50	15	5
	30 岁以下	190	220	19	22
文史	30 岁及以上	20	40	2	4
	30 岁以下	100	230	10	23

在确定每种特征样本的数量后，抽样到人的时候是方便抽样的。因此，配额抽样是非概率抽样。

配额抽样应确定影响研究结果的关键变量，并尽可能找到总体中相应变量的数据，以便找到符合研究要求的、能与总体结构一致或接近的样本。

配额抽样常利用人口特征这类可以通过人口普查获得的数据，然而这些人口变量不一定是影响研究问题的重要因素。例如，美国在投票行为方面，年龄和性别这两个可以用来配额抽样的变量对投票行为影响很小，而收入、受教育程度、职业、肤色等反映经济水平的变量影响更大，但这些变量的总体数据不如年龄和性别变量的总体数据容易获得。[1] 在使用配额抽样时，应充分意识到这一点。

在线调查流行以来，配额抽样被广泛采用。

四 过抽样（Oversampling）和欠抽样（Undersampling）

过抽样是有意识地通过增加某群体的样本量，使样本中某群体的比例大于其在总体中的比例，常针对人口总体中比例较小的人群进行。例如皮尤研究中心（Pew Research Center，PEW）在 2022 年 8 月的一项以居住在美国的 18 岁及以上的非机构化人群[2] 为目标总体的调查中，为对较小人口群体的意见和经历进行更准确的估计，对西班牙裔、亚裔和黑人成年人以及

---

① ［美］L. Kish：《抽样调查》，倪加勋主译，孙山泽校译，中国统计出版社，1997。
② 非机构化人群（Non-institutionalized Persons）指不住在医院、疗养院或监狱的人，也不包括军人。

18~29 岁的共和党人和倾向共和党的独立人士做了过抽样。[①]

其实，在一般的问卷调查中过抽样和欠抽样的方法经常采用。表6.2是一个经改编的实际调查例子的一部分。表中的8个城市是根据调查需要平衡中国六个大区选出的大城市样本。从表中可见，如果按照8个城市的人口比例抽样，上海样本量是沈阳样本量的近3倍，沈阳调查的精确程度要比上海低不少。通常的做法是，各城市取相同样本量，事后再通过加权使样本量的比例与总体比例一致。这样做对于前5个城市来说就是欠抽样，对于后3个城市来说就是过抽样。

表6.2　经改编的实际调查例子的过抽样、欠抽样与加权

单位：万人，%

城市	七普人口	占总体人口的比例	配额	实际样本量	事后加权值
上海	2487	18	363	250	1.4516
北京	2189	16	319	250	1.2777
成都	2094	15	306	250	1.2222
广州	1868	14	273	250	1.0903
深圳	1749	13	255	250	1.0209
西安	1218	9	178	250	0.7109
杭州	1194	9	174	250	0.6969
沈阳	907	7	132	250	0.5294
合计	13706	100	2000	2000	—

第三节　概率抽样的方法、原理、应用

一　概率抽样的相关概念

如要在数量上比较准确地推论总体，需要采用概率抽样。在数量上推论总体的意思是，基于样本得到的统计结果，可以认为是对总体实际情况的

---

① Pew Research Center, "Abortion Rises in Importance as a Voting Issue, Driven by Democrats", Aug. 2022.

一个无系统偏差的估计值。例如，要了解北京市民仅使用手机（不使用固定电话）的比例，采用概率抽样方法抽取了一个 1000 人的样本，假定其中 300 人仅使用手机，比例为 30%，就可以认为，北京市民仅使用手机的比例约为 30%。总体实际情况称为总体参数，通过样本计算出来的值称为样本统计量。

总体参数（Population Parameter）：要研究的目标量。上例中北京市民仅使用手机的比例。总体参数是客观存在的一个固定值，如果我们能对全体北京市民仅使用手机的情况进行一个普查，就能够确切地知道这个数值。只是我们没必要这样做，所以需要抽样。

样本统计量（Sample Statistic）：从样本中计算出来的数值。上例中用 1000 人的样本计算出来的仅使用手机的比例（这里是 30%）。

由于是调查一部分而不是全部，用样本统计量去估计总体参数一定会有误差，这个误差称为抽样误差。

抽样误差（Sampling Error）：由于统计结果产生于总体的一部分而不是全部。在上例中，这个误差可以计算出来，约为 ±3%。

但概率抽样的样本误差不是系统性偏差，因而对总体参数的估计是无偏估计。所谓无偏估计，可以想象这样的情况，假定对总体做无数次抽样，每次得到某变量值，即一个样本统计量，将这些变量值取平均值，应与该变量总体参数的真值相同，也就是不会形成偏向某一方向的情况。

如果是概率抽样，抽样误差是可以计算的。很显然，非概率抽样也有抽样误差，但无法知道有多大，也无法知道偏差的方向。

抽样误差的存在，使得系统参数不直接等于样本统计量，而是在样本统计量加上抽样误差的一个区间内，这个区间称为置信区间。

置信区间（Confidence Interval）：对总体参数的一个区间估计值。上例中，置信区间为 30%±3%，即总体参数在 27%~33%。

但每一次抽样可能得到不同的结果，例如，在上例中，不能保证每一次抽样的总体参数都落在 27%~33% 这样一个置信区间内，这个置信区间可能是 22%~28%、30%~36% 等。因此，某一次抽样得到一个估计总体参数的置信区间，但总体参数落在这个区间内的把握并不是 100%，这个把握的度称为置信度或置信水平。

置信水平（Confidence Level）：在我们对总体可能抽取的所有样本中，一部分样本而不是全部样本的置信区间会包含总体参数，这部分样本在所有样本中所占的比例称为置信水平。例如，在上例中，我们假定置信水平是95%，意思是，如果我们能对北京全体市民所有可能的样本计算置信区间，其中95%的样本的置信区间会包含北京全体市民仅使用手机的实际比例，其余5%的样本的置信区间不包含。

但每次研究一般来说只会抽取一个样本，得到一个置信区间，总体参数是否在这个区间内是确定的，但在不在是我们不知道的，置信水平是指，我们对总体参数在这个置信区间内有多大的把握。

另外，置信水平是研究者人为确定的，并与抽样误差相互制约。在样本量确定的情况下，置信水平设得越高，抽样误差就越大。就像天气预报，报得越精确，把握就越小；报得越粗略，把握就越大。例如，预报为"明天可能下雨也可能不下雨"，把握100%；预报为"明天降雨量是3.14159毫米"，把握可能接近0。

样本量（Sample Size）：样本中个体的数目。例如上例中的1000人。

下面我们用一个实际的例子复习本章到目前为止出现的概念。

《纽约时报》（*The New York Times*）和哥伦比亚广播公司（CBS News）的一项民意调查显示[1]，在美国最高法院以5:4做出奥巴马医改方案合宪的裁决后，美国民众对最高法院的满意程度进一步下降。赞成和不赞成最高法院工作的美国民众比例相同，均为41%。

这是一项于2012年7月11~16日进行的全国电话调查，采用随机抽样方法确定样本，共有1089位美国成年人参与了调查，抽样误差为±3%。理论上说，从20个这样的样本中的19个得出的结果，与调查美国全体成年人的结果的差异，在±3%内变动。

在上面的例子中，总体为美国全体成年人，抽样方法为随机抽样，总体参数为美国全体成年人赞成/不赞成最高法院工作的比例，样本为抽取出的1089位美国成年人，样本量为1089，样本统计量均为41%，抽样误差为

[1] "Public's Opinion of Supreme Court Drops After Health Care Law Decision", *The New York Times*, Jul. 19, 2012, http://www.nytimes.com/2012/07/19/us/politics/publics-opinion-of-court-drops-after-health-care-law-decision.html?ref=newyorktimespollwatch.

±3%，置信水平为 95%（19 个样本 /20 个样本），置信区间均为 38%~44%。

在进行两组（及以上）数据比较时，置信区间是需要注意的因素。例如两位候选人 A 和 B 的民意调查支持率分别为 48% 和 49%，如果样本量为 1100，抽样误差为 3%，则 A 的支持率置信区间为 45%~51%，B 为 46%~52%，两者的置信区间有重合（46%~51%），在这种情况下，就不能得出 B 的支持率领先于 A 的结论。

二　概率抽样的具体做法

本章开始时给出了概率抽样的定义：总体中的每个个体都有被抽中作为样本的机会——概率不为 0。如何才能完成这样的抽样？

例如，中国福利彩票"双色球"的一种投注方式是，从红色球号码 1~33 中选择 6 个号码，从蓝色球号码 1~16 中选择 1 个号码，组合为一注投注号码。号码可以自选或机选。[1] 很多彩民会选择他们认为中奖率高的号码，例如前次中奖号码、生日等。如果真要自己随机选择，不是像想象的那么容易。已有研究表明，如果不借助骰子、硬币等工具，选择真正的随机号码是一件很困难的事情。[2]

我们曾在课堂上做过多次黑格的《机会的数学原理》一书中提到的试验[3]，即由每名同学从 0~9 这 10 个数字中随机选出两个数字，并写在纸上。每次试验的结果都是，绝大多数同学选的两个数字不是连在一起的，中间至少要隔 1 个数字，例如 2、4，3、6，4、7，等等，选 0 或 9 的人非常少。选择时表现出的这种规律性说明，人们会觉得靠两边或连在一起的两个数字都不够随机。

以上例子说明，不经过训练，一般人很难做到"随机"。[4] 因此，我们

---

[1] 《中国福利彩票"双色球"游戏规则》，中国福彩网，2017 年 11 月 15 日，https://www.cwl.gov.cn/c/2017-11-15/418901.shtml。

[2] 瑞士彩票的例子。参见［英］约翰·黑格《机会的数学原理》，李大强译，吉林人民出版社，2001，第 28~29 页。

[3] ［英］约翰·黑格:《机会的数学原理》，李大强译，吉林人民出版社，2001，第 20 页。

[4] 可以参考这个网站，来测试一下"随机"的程度：http://faculty.rhodes.edu/wetzel/random/intro.html。

需要借助工具。

最简单的抽样工具是抽签或抓阄，这是生活中人人都经历过的。

在实际应用中，概率抽样主要有五种做法：简单随机抽样、系统抽样（等距）、分层抽样、整群抽样、多阶段抽样。

（一）简单随机抽样（Simple Random Sampling）

简单随机抽样的特征是，总体中的每一个个体都有相同的机会被选中作为样本。[1]

可以具体采用的做法是，抽签或抓阄、随机数表[2]、EXCEL 中的随机函数等。

1. 抽签或抓阄

假定一个班有 30 名学生，都报名要当 2022 年冬奥会志愿者，但只有 3 个名额，公平的做法是抽签。公平的原因是，每名学生抽中的机会相同。

通常的做法是，做 30 个签，其中 27 个签写"无"，3 个签写"有"，每人抽一个，抽到"有"的签的学生即为志愿者。另一做法是，将 30 名学生的学号做成 30 个签，从中随机抽取 3 个，抽中学号的学生即为志愿者。这 30 个学号称为抽样框。

抽样框（Sampling Frame）：总体的操作性定义。总体中实际可能用来抽样的抽样单元的名单。这个名单可以是任何能唯一标识某一抽样单元并与其他抽样单元相区分的符号。上例中 30 名学生的学号，也可以是每名学生的名字、身份证、E-mail 地址、手机号，或临时为每人编的 1~30 号。

要实现通过概率抽样无偏地推论总体，有一个好的抽样框是前提条件。

AAPOR 提到好的抽样框有三个标准：包含总体中的每个人、不包含总体外的人、总体内的人只包含一次。[3]

获得好的抽样框，需要针对总体的特征采用相应的抽样技术。

---

[1] 实际上，抽取单元是一个一个进行的，抽取一个单元后，剩下的所有备选单元被抽取的机会相同，但小于前面已抽取的单元的机会，但如果总体单元数相较于样本容量来说非常大，则可以忽略这种差异。更准确的概念定义详见柯惠新、黄京华、沈浩编著《调查研究中的统计分析法》，北京广播学院出版社，1992，第 304 页。

[2] 随机数表的方法在高中数学教材中已经涉及，另外该方法在实际中几乎不用，所以本教材不再专门介绍。

[3] 参见 http://www.aapor.org/goodsamples?s=online。

　　例如，中国社会科学院社会学研究所发起的一项全国范围的大型连续性抽样调查——"中国社会状况综合调查"（Chinese Social Survey，CSS），采用面访调查方式。为了把大量的人户分离的流动人口包括在内，从 2011 年第 3 期开始，该调查采用"绘图—抽样"工作模式，一一绘制村委会 / 居委会辖区内的所有建筑物并列举出住户地址，形成居住在某一村委会 / 居委会管辖范围的居民总体的地址抽样框。

　　获得好的抽样框，还与收集数据的手段有关。

　　例如马诗远和郑承军在《新信息环境下海外社交媒体中的北京形象研究》中[1]，以 Twitter、Facebook、Instagram 三大海外社交媒体 2020 年 1 月 1 日至 2020 年 12 月 31 日关于北京的帖文为分析对象。作者利用大数据挖掘与分析平台 DiVoMiner© 获取帖文 296943 篇作为抽样框，随机抽取了其中的 5000 篇作为分析样本。

　　在抽样框性价比差的情况下，可能需要考虑改变总体。

　　例如，CNNIC 每半年一次的中国互联网络发展状况调查，都要报告"我国网民规模"。例如 2022 年 8 月发布的第 50 次调查报告，"截至 2022 年 6 月，我国网民规模为 10.51 亿"，实际的调查总体是"我国有住宅固定电话（家庭电话、宿舍电话）或者手机的 6 周岁及以上居民"[2]，没有这两种电话的人不在调查范围内。电话抽样是实现概率抽样的可操作性方法。但在这种情况下的总体，就不再是"我国网民"，而是我国有固定电话或移动电话的网民。这样做的前提条件是，对"我国网民"数量的估算并不会因此有不可接受的偏差。

　　抽样单元（Sampling Unit）：可以单独抽取的部分。例如该部分首个例子中的一名学生。

　　需要注意的是，抽样单元不一定是构成总体的最终组成部分。该部分首个例子中，总体是一个有 30 名学生的班，总体的最终组成部分是学生个体，但有时抽样不能一步到位，需要一级一级地进行，例如，要研究的总体是一

---

①　马诗远、郑承军：《新信息环境下海外社交媒体中的北京形象研究》，《现代传播》（中国传媒大学学报）2021 年第 7 期。

②　《第 50 次〈中国互联网络发展状况统计报告〉》，中国互联网络信息中心网站，2022 年 8 月 31 日，https://www.cnnic.cn/n4/2022/0914/c88-10226.html。

个区的全体小学生，计划抽取 1200 名小学生作为样本：

第一步，可能会从全区所有小学中随机抽取 10 个学校，学校就是初级抽样单元（Primary Sampling Unit，PSU）；

第二步，从这 10 个学校中的每个学校每个年级随机抽取 1 个班，共 60 个班，班就是二级抽样单元（Second Sampling Units，SSU）；

第三步，从每个抽中的班中随机抽取 20 名学生，学生是最终抽样单元（Ultimate Sampling Units，USU）。

2. 利用 EXCEL 软件中的随机函数

当样本量较大时，抽签或抓阄、随机数表都不太实用。下面是一个实际发生的例子。

5·12 地震后，都江堰 18058 户地震损毁户需要搬进安居房，但第一批只有 2943 套安居房可以分配，第二批只有 3110 套可以分配。[1] 如何做到"公开、公平、公正"？公众接受的办法是抓阄，但不现实。由于很多人会认为，先抽签的人占便宜，需要先抽签决定抓阄顺序，再按顺序抓阄确定房子。组织者过去的经验是，三四百人抓阄分房，需两三天才能分好。"18000 多人抽签分房子，光是时间就不现实。""不仅仅是时间，抽签场地安排、交通组织、安全保卫，甚至包括这些人的吃喝拉撒，基本都是无法解决的难题。因此，按照传统的抓阄方式分房不现实。"该项工作最终利用体彩摇号机完成。

体彩摇号机是利用机械臂或气流来搅拌号码球使吹出或摇出的号码球达到随机效果。据目测，每摇出一个号码球大约需要几十秒的时间。对于不需要眼见为实地展现公平的随机抽样任务，就可以采用电脑摇号方法。电脑摇号可采用多种软件来实现，利用 EXCEL 软件中的随机函数，是一个非常简单的产生随机数的方法。

例如，该部分首个例子中，要在 30 名学生中随机确定 3 名学生的做法之一是，先将 30 名学生从 1~30 编号，在任一单元格内插入"= INT（RAND（ ）* 30+0.5）"，按回车，即随机产生一个 1~30 内的数字，执行 3 次即产生 3 个随机数字。

---

[1] 《都江堰 18000 人分房 不可能按老传统进行抓阄》，四川在线，2010 年 6 月 28 日，http://sc.stehouse.com/fczx/news/201006/201006280825359.html。

3. 不等概率抽样（Sampling with Unequal Probabilities）

在简单随机抽样中，每个单元被选中的概率相同，因而是等概率抽样，其前提是，抽样框中的每个单元大小相同。当抽样框中的各抽样单元规模不同时，例如，前面讲到多阶段抽样时，各阶段抽样单元分别为学校、班、学生，在一个行政区中，每一个学校的人数差别可能非常大，如果不同规模的学校被抽中的机会相同，而在每个抽中学校中抽取相同人数的情况下，规模大的学校的学生被抽取到的机会就会小于规模小的学校的学生被抽取到的机会。类似的情况很多，例如不同规模的省、市、社区、医院、商店，不同出版周期的报纸，等等。在这种情况下，常采用"按与容量大小成比例的概率抽样"（Probability Proportional to Sizes，PPS）。

例如，假定某小学有 20 个班，每班有 10~60 人，共有 710 名学生，要抽取 5 个班作为样本，如果采用等概率抽样，从 20 个班中随机抽取 5 个班，每个班被抽中的概率是相同的，为 1/20=5%，但这样做的结果是，学生数多的班中的学生就比学生数少的班中的学生被抽中的机会小。更好的做法是采用 PPS 方法，M_i 为某一班的学生数，i 为班编号，即 M_1 为第 1 个班学生数，M_2 为第 2 个班学生数……M_{20} 为第 20 个班学生数。为各班按人数编顺序号，第 1 个班的编号为 1~M_1，第 2 个班的编号为 M_1+1~M_1+M_2，以此类推（见表 6.3）。

从 1~710 中随机抽取 5 个数，这个数所在的班就是样本班（见表 6.4）。用这种方法各班被抽取为样本的概率为 $M_i/710$，即与班级人数成比例。

表 6.3　不等概率抽样举例

班编号	班学生数	班顺序号
1	60 人	1~60
2	20 人	61~80
3	30 人	81~110
4	60 人	111~170
5	50 人	171~220
6	30 人	221~250
7	20 人	251~270

续表

班编号	班学生数	班顺序号
8	60 人	271~330
9	10 人	331~340
10	30 人	341~370
11	20 人	371~390
12	60 人	391~450
13	20 人	451~470
14	50 人	471~520
15	10 人	521~530
16	60 人	531~590
17	50 人	591~640
18	20 人	641~660
19	20 人	661~680
20	30 人	681~710

表 6.4 不等概率抽样结果举例

随机数	341	431	238	629	52
班编号	10	12	6	17	1

4. 简单随机抽样小结

从上面的介绍可以看出,简单随机抽样至少用于两种目的:一种是,需要公平地分配不足以分给每个人的机会,如前面提到的都江堰 18058 户地震损毁户第一批只有 2943 套安居房可以分配,又如三个候选转世灵童只有一个能成为新一世班禅的机会,或一般而言人们不希望中选的情况,如香港陪审员和美国在征兵模式下的征兵,均由抽签决定;[1] 另一种是,通过样本的情况推测总体。

对于前一种目的,总体中的每个单元都必须有唯一对应的编号,但对

---

① 香港陪审团抽签详见香港司法机构网站,http://www.judiciary.gov.hk/tc/crt_services/pphlt/html/jury.htm;美国征兵详见"美国征兵机制",互动百科网站,http://www.hudong.com/wiki/%E7%BE%8E%E5%9B%BD%E5%BE%81%E5%85%B5%E6%9C%BA%E5%88%B6。

于后一种情况，却不需要这样做，因为不存在公平性问题，而只追求样本对总体有好的代表性，成为样本的单元是张三还是李四，与样本所要完成的任务无关。在社会科学研究中，主要是后一种情况，因此在实际实施的抽样中，有一些更具有可操作性的做法，不需要对总体中的每个单元进行编号。这些做法包括，系统抽样、分层抽样、整群抽样、多阶段抽样及混合抽样等。①

（二）系统抽样（Systematic Sampling）

系统抽样也称为等距抽样，这种抽样方法的精度与简单随机抽样差不多，但可操作性大大好于简单随机抽样。具体做法是，从抽样框中每隔 K 个单元抽取一个单元，K 称为距，等于抽样框中的单元总数 N 除以样本量 n。假定要从一个有 200 户人家的居民楼中抽取 10 户人家作为样本，$K=200/10=20$。随机确定一个起始户，例如第 2 户，此后每 20 户调查一户，即 2、22、42、62……。

邱宜仪和苏蘅在《政治名人与媒体：马英九报道的新闻框架初探》②一文中，采用了系统抽样，具体内容详见原文。

（三）分层抽样（Stratified Sampling）

如果总体中各单元可依据研究所关注的特征分为不同的群体，则可以对这些群体——子总体／层分别抽样。这种抽样方法的精度一般高于简单随机抽样。

例如，在卜卫和刘晓红主持完成的 2003 年北京、上海、广州、成都、长沙、西宁、呼和浩特青少年互联网采用、使用及其影响的调查中，考虑到互联网使用与年龄和年级有关，因此采用了分层抽样方法，7 个城市分别按小学四五六年级、初中、高中分为 3 层，每层样本量按这 3 个群体的实际比例确定。例如，根据各种资料计算，北京当时的 8 个城区 3 个群体的情况及样本校比例如表 6.5 所示。再根据 8 个城区各层学生比例确定样本校分配情况。

---

① 系统抽样和分层抽样在高中数学教材中都已涉及，这里只是复习和举例。多阶段抽样，也称多级抽样、多阶抽样、套抽样。

② 邱宜仪、苏蘅：《政治名人与媒体：马英九报道的新闻框架初探》，《新闻学研究》（台湾）2009 年第 99 期。

表 6.5　2003 年北京 8 个城区互联网调查分层抽样情况

	小学四五六年级	初中	高中
在校生人数（人）	160207	242901	127372
占比（%）	30.2	45.8	24.0
样本校数*（个）	8	11	6

注：* 每个学校拟调查的人数相同，因此样本校数的比例等于样本学生数的比例。

又如 2012 年 7 月 CNNIC 的中国互联网络发展状况调查，对固定电话覆盖群体采用分层抽样，将全国按省（区、市）分为 31 层，各层独立抽取样本。[1]

一个经常会问到的问题是，分层抽样和配额抽样有何不同。从外观看，两者似乎都是先把总体按照某些特征分组，然后从中确定样本，不同的是，配额抽样在抽取最终样本单元时采用方便抽样，分层抽样在抽取最终样本单元时采用随机抽样。参与配额的变量应该是影响研究问题的重要变量，但一是这样的变量在研究前可能无法确定，二是这样的变量的总体数据不便获得，所以通常是用人口特征（性别、年龄等）变量进行配额。而分层抽样抽取最终抽样单元时由于采用随机抽样，从理论上说，各变量的比例都应与总体比例相同或相近。

针对周期性出版物，例如报纸的内容分析经常采用的结构周方法，就是一种分层抽样方法，即将全年的日期按星期几分为 7 层，每层有 52 天左右，在层内随机抽取一些天，组成最后的样本。

（四）整群抽样（Cluster Sampling）

在互联网调查的例子中，调查对象是学生，因此最终的抽样单元应该是学生。由于采用分层抽样，首先以学校为抽样单元抽取了 25 个学校，然后在抽到的学校中再抽取班，在抽到的班中再抽取学生。

如果抽到学校这一级后，凡抽到的学校，全部学生均作为样本，就称为整群抽样。在样本学校内抽到的班，全部学生均作为样本，也是整群抽样。学校或者班，是最终调查单元——学生的集合，称为群。

---

[1]　《CNNIC 发布〈第 30 次中国互联网络发展状况统计报告〉》，中国互联网络信息中心网站，2012 年 7 月 19 日，https://www.cnnic.cn/n4/2022/0829/c57-10088.html。

大部分的报纸内容分析的抽样，都采用了整群抽样方法。例如前面所举的邱宜仪和苏蘅的研究，3 份报纸 3 个阶段，每个阶段每份报纸等距抽取 14 日作为样本，应有 126 份（3×3×14）报纸，但要想得到 864 篇所要研究的主题的报道，就要将样本日报纸的相关报道都作为样本，将报纸作为报道的群，因而是整群抽样。

（五）多阶段抽样（Multi-Level Sampling）

多阶段抽样，即抽样通过多个阶段完成。罗文辉、陈韬文、潘忠党的《大陆、香港与台湾新闻人员对新闻伦理的态度与认知》[1]一文中采用了多阶段抽样，具体内容详见原文。

第四节　抽样方法与研究结果的概化

从样本结果推论其所取自的总体，称为概化。

Onwuegbuzie、Leech 和 Firestone 等学者，归纳了质性研究中的三类概化类型，即统计概化、分析概化和案例到案例的迁移。其中统计概化分为外部统计概化和内部统计概化。[2] 这四种概化中的外部统计概化和分析概化，对量化研究也适用，因此本教材就采用这个分类作为概化的一般分类。

一　外部统计概化（External Statistical Generalization）

外部统计概化，即从取自某总体的样本中，做出针对该总体的推论或概化。这种概化类型，常出现在量化研究的问卷调查和内容分析中，常采用概率抽样方法。

前面所举的一些例子属于外部统计概化的有：《纽约时报》和哥伦比亚广播公司，通过 1089 位美国成年人随机抽取的样本，推论美国全体成年人对最

---

① 罗文辉、陈韬文、潘忠党：《大陆、香港与台湾新闻人员对新闻伦理的态度与认知》，《新闻学研究》（台湾）2001 年第 68 期。

② A. J. Onwuegbuzie, N. L. Leech, "Sampling Designs in Qualitative Research: Making the Sampling Process More Public," *The Qualitative Report* 12（2007）: 238–254; W. A. Firestone, "Alternative Arguments for Generalizing from Data as Applied to Qualitative Research," *Educational Researcher* 22(1993): 16–23.

高法院工作的评价；罗文辉、陈韬文、潘忠党通过 2150 人的样本，推论大陆新闻人员对新闻伦理的态度与认知；等等。

二 内部统计概化（Internal Statistical Generalization）

从一个或多个参与者的数据，概化 / 推论至这些参与者所取自的样本，重点关注这些参与者所提供的数据代表其他样本成员的程度。

在质化研究中，常有一些关键信息提供者，能比一般参与者为研究人员提供更多的数据，研究者常常主要依赖这些关键信息提供者得出研究结论，因此需要考虑这些关键信息提供者提供的信息，能否代表样本中的其他参与者，研究者需要在抽样时采取措施，以尽量避免关键信息偏差。

三 分析概化（Analytical Generalization）

分析概化的特征是，从特定案例的研究结果中概括出理论。也可以是从案例研究中，为已有理论提供新的证据，或发展、修改、否定已有理论，发现与其他相关理论的关系等。[①]

量化研究中的实验方法，质化研究中的个案研究、民族志研究、文本分析等，主要采用分析概化。以分析概化为目标的研究常采用非概率抽样方法。

例如，孙五三考察了中国北部地区一个乡镇电视台在建设过程中归属权变化的复杂过程。[②] 研究者发现了在中国电视系统中，地方政府如何通过各种方式，应对中央政府的正式制度，最终形成与中央政府的规则不相符的地方性非正式电视制度的过程。这项个案研究涉及地方电视制度的各关键要素，包括条块管理、中央政府权力的集中与分散、地方利益和上级政府利益、经济利益和政治制度、广电技术的发展与利益的重新分配等多种因素及相互关系，这些相关因素及其相互关系在中国地方电视制度中具有普遍性，因此从这一个案研究得到的结论，是可以超越这个具体乡镇电视台，而成为具有概括性的结论。

---

① W. A. Firestone, "Alternative Arguments for Generalizing from Data as Applied to Qualitative Research," *Educational Researcher* 22(1993): 16-23.

② 孙五三:《一个镇电视台的生存战争——新的制度安排是怎样产生的》,《新闻与传播评论》2005 年第 1 期。

四 案例到案例的迁移（Case-to-Case Transfer）

案例到案例的迁移，指在一个新的案例研究中，采用以往某一案例的研究结果，即将一个案例的研究结果迁移到另一案例。

与前面两种概化类型不同的是，案例到案例的迁移不是由拟被采纳的案例研究完成的，而是由采纳者完成的，采纳者需要判断当下的案例是否适合采纳先前的案例。而被采纳案例的研究者需要对案例做丰富、详尽的描述，包括背景、研究过程、结果，使潜在的采纳者便于比较。

例如，2006~2010年，全国妇联与联合国儿童基金会在3个省试点反对针对儿童暴力的干预模式，包括以学校为基础的预防和干预模式、以家庭和社区为基础的预防和干预模式和以儿童为中心的干预模式，试点的目的就是将试点中的经验用于全国其他地方。而当全国其他地方根据本地本校的具体情况，将这些试点案例的研究结果用于本地本校时，就是案例到案例的迁移。

五 样本量多大合适

样本量与研究目的、概化类型和研究方法有关。概率抽样有数学规律可循，因此样本量可以根据所希望的误差控制计算出来；非概率抽样则主要依据经验和主观判断确定。

（一）外部统计概化——在数量上推论总体

在本教材介绍的研究方法中，只有问卷调查和内容分析涉及外部统计概化。

问卷调查会采用简单随机抽样、分层抽样、整群抽样或多种抽样方法配合使用。不同的抽样方法所采用的样本量有区别。确定样本量有几个需要考虑的因素。

1. 置信度和估计精度

抽样误差是用几个标准误差来衡量的，"几个"是由置信度确定的，68%的置信度——1个、95%的置信度——1.96个、99.7%的置信度——3个。

在简单随机抽样中，当置信度为95%时：

样本量约为1100时，最大绝对抽样误差约为3%；

样本量约为600时，最大绝对抽样误差约为4%；

样本量约为 400 时，最大绝对抽样误差约为 5%。

从这几个数据可以看出，在置信度确定的情况下样本量越大，误差越小。

2. 拆分成多少个分总体

随机抽取了 1000 人，置信度约为 95%，最大绝对抽样误差约为 3%。

如果 1000 人中男女各一半，以男或女为总体，置信度同为 95%，最大绝对抽样误差将 >4%。

3. 样本量与总体的关系

当样本量与总体相比，比例非常小时，可不考虑此问题；比例较大时，需要考虑。

4. 经费和时间

5. 当已知回收率低时，需要考虑大于预定样本的样本量

6. 参考同类研究

例如，《纽约时报》和哥伦比亚广播公司在 2012 年 9 月 8~12 日的一次针对美国全体成年人关于美国总统大选的民意调查中，样本量为 1089，置信度为 95%[1]，最大抽样误差不超过 ±3%[2]。根据这个调查中的样本量和置信度确定抽样误差，是这类调查通常的选择。

（二）分析概化的样本量

分析概化的主要抽样方法是非概率抽样，质化研究以及量化研究中的实验方法大多采用非概率抽样。样本量主要依据达到数据饱和、理论饱和或信息冗余来确定，需要足够的样本量又不能因增加样本量而影响研究的深入。根据以往研究经验，Onwuegbuzie 和 Collins 在他们的研究中，从研究设计、抽样设计和数据搜集过程三个方面，搜集了以往研究者给出的最大样本量的建议。[3] 例如，在研究设计层面的民族志研究，需要一个文化群、30~50 个被

---

[1] 《纽约时报》表述为，"从理论上说，在 20 个这样的调查中的 19 个，基于这样的样本的调查结果，与调查美国全体成年人的差别，无论在正负方向上，都不会超过 3 个百分点。对于较小的子群体来说，抽样误差会更大"。

[2] 参见 http://www.nytimes.com/2012/09/15/us/politics/how-the-poll-was-conducted.html?ref=newyorktimespollwatch。

[3] A. J. Onwuegbuzie, K. M. T. Collins, "A Typology of Mixed Methods Sampling Designs in Social Science Research," *The Qualitative Report* 12(2007): 281–316.

访者。

前面提到的孙五三对一个乡镇电视台在建设过程中归属权变化的复杂过程的研究，研究者访谈了这个电视台建设过程中的数十位知情人，包括上级相关主管部门的行政和技术负责人、电视台的出资人、历任台长和工作人员等。①

在数据搜集过程方面的焦点组访谈，需要 3~6 个焦点组，每组需要 6~12 个被访者。例如，在前文提到的反对针对儿童的暴力试点基线研究中，除了在三个试点城市针对目标人群——教师、家长和学生做了问卷调查和访谈之外，还做了焦点组访谈。对教师的焦点组访谈共有 4 组 30 人、对中学家长的焦点组访谈共有 4 组 25 人、对小学家长的焦点组访谈共有 3 组 25 人，针对这两类直接接触儿童的目标人群的焦点组访谈，主要了解他们对儿童暴力的认识、态度和平时的做法。针对学生的焦点组访谈，包括中学女生、男生、男生女生混合各 1 组，共 30 人；小学女生、男生各 3 组，男生女生混合 1 组，共 49 人。除了了解他们对儿童暴力的认识、态度，还重点了解了他们在学校、家中以及上下学路上遭遇来自老师、同学、家长和校外青年的暴力的具体情况。

---

① 孙五三：《一个镇电视台的生存战争——新的制度安排是怎样产生的》，《新闻与传播评论》2005 年第 1 期。

第二部分
量化研究方法

第七章　实验与因果关系研究

内容提要

本章首先通过一个例子介绍了什么是实验研究方法，介绍了实验研究方法的三个核心特征、三组结构要素和实验的四个组成部分；其次讨论了如何评价和提高实验质量，举例介绍了实验的几种类型，介绍了随机分组实验研究方法的理论基础——Neyman-Rubin 反事实框架理论，提及了倾向值匹配方法；最后讨论了实验的伦理问题。

第四章概念化与操作化，讲到了因果关系存在的三个必要条件（以下简称"条件"）：如果 A 与 B 是因果关系，A 是原因 B 是结果，则 A 在 B 之前发生、A 和 B 在经验上相互关联、两变量间观测到的经验关联不能被其他变量解释。

本章将讨论，如何在经验研究中依据这三个必要条件确认因果关系，主要介绍了实验研究方法和观察研究方法。

第一节　什么是实验研究方法

思考下面几组问题。

为什么有人不上网？为什么我的网突然上不去了？

这是从结果找原因。

食用转基因大豆油是否有害？我去这个单位工作而不去那个单位工作的利弊是什么？

这是从事件（原因）推测结果。

"吃核桃能补脑子""唇裂（兔唇）是因为怀孕时吃了兔肉"。

这是在两者间建立因果联系，前者是从原因推测结果，后者是为结果找原因。

"因为核桃的外观与脑子的外观相似""因为唇裂的外观与兔子唇外观相似"。

这是对因果联系做出解释。

看到某种结果，去猜测原因；出现某个事件，去推测结果；在两个元素之间建立因果联系并做出解释。这是人的本能，是非专业的公众和专业人士／机构每天在做的事情。

但找出真正的原因、发现真正的结果，却不是可以随意做到的。实验是致力于、擅长于解决这类问题的方法。

下面我们用一个例子来说明什么是实验研究方法。

转基因食品对人体是否安全，在公众中一直没有形成共识，一些支持和反对转基因的人，都会写文章表述他们的观点，以影响公众。

假定一个研究人员想要通过研究证明，权威人士写的支持转基因的文章，会说服公众接受转基因，他可以怎么做？以下列出尝试解决这个问题的几种做法。

【做法一】问卷调查

Q1. 你看过"安全的转基因食品"的文章吗？（1. 是 2. 否）

Q2. 你认为转基因食品安全吗？（1. 很不安全 2. 不太安全 3. 说不好 4. 比较安全 5. 很安全）

假定的结果：Q1 中答 1 的人，在 Q2 中更多地选 4 和 5，Q1 中答 2 的人，在 Q2 中更多地选 1 和 2。这个结果能否确定阅读权威人士文章与读者态度改变有因果关系？

结论：不能。因果关系的条件一不满足：阅读权威人士文章和读者态度发生的先后顺序无法知道。读过这篇文章的人，可能是因为本来就赞成作者的观点才读，也可能是读过以后改变了他们的态度；没读过的人，可能本来就是反对作者观点的，因而没读。条件二不满足：不能确定读过权威人士文章与读者态度是否有关联。条件三不满足：不能排除可能存在导致态度改变的除阅读权威人士文章以外的"因"。

【做法二】做法一需要改进，我们只找没有读过这篇文章的被试，让其先阅读这篇文章，然后再做问卷调查，称为后测。

Q2. 你认为转基因食品安全吗?（1. 很不安全　2. 不太安全　3. 说不好　4. 比较安全　5. 很安全）

假定的结果：有 80% 的人认为安全，另外 20% 的人认为不安全。从这个结果能否确定阅读权威人士文章与读者态度改变有因果关系?

结论：不能。条件一不满足：我们还是无法知道，认为安全的那 80% 的人，原来就是这么认为的，还是读了权威人士文章以后才这么认为的；认为不安全的那 20% 的人，是原来认为不安全，阅读权威人士文章并没有改变他们的看法，还是原来认为安全，阅读权威人士文章逆转了他们的态度。条件二不满足：阅读权威人士文章与读者态度的联系无法确定。条件三不满足：不能排除可能存在导致态度改变的除阅读权威人士文章以外的"因"，例如，在阅读权威人士文章的同一时段，国家出台了鼓励转基因农作物科研的政策，是这个新政策影响了读者对转基因的态度。[①] 这种情况称为历史效应。

上面的分析提示我们，需要知道被试在阅读权威人士文章前的态度是什么。

【做法三】在阅读权威人士文章前，先测量被试对转基因食品安全性的态度——前测，然后阅读文章，之后再测一次——后测。

这样做能否确定阅读权威人士文章与读者态度改变有因果关系?

结论：条件一可以满足，"因"——阅读权威人士文章发生在"果"——态度改变（前测与后测结果不同）之前；条件二可以满足，前测、后测比较——态度的变化体现出"因"的作用；条件三不能满足，不能确定除了"因"——阅读权威人士文章之外没有其他合理原因可以解释"果"的发生。例如，在阅读之前的前测，可能对被试随后的阅读和测量有提示作用，被试猜测出调查和阅读的目的，以致被试不表达自己的真实想法，这使得后测与

---

① 除非所读内容确认是读者从不了解的内容，例如第一次学习微积分知识。参考〔美〕W. R. Shadish, T. D. Cook, D. T. Campbell《实验与类实验设计——因果扩论》，杨孟丽译，心理出版社，2007。

前测的差别并不只是阅读权威人士文章的结果，还包括了受前测的影响。[①]
这种情况称为实验者效应。

另外，历史效应依然存在。

【做法四】针对上述问题，考虑加入另一个组，让这组阅读非权威人士
"安全的转基因食品"文章，称为对照组。

这样做能否确定阅读权威人士文章与读者态度改变有因果关系吗？

结论：由于前测的存在，实验者效应依然存在，但可以比较两组前测、
后测的差异，所以可以相对明确地知道，阅读权威人士文章是否影响了读者
态度。但条件三仍不能满足。阅读权威人士文章组和阅读非权威人士文章组
被试本身可能存在差异：例如，阅读权威人士文章组的被试在参与实验前，
就具有一定的转基因方面的知识，而对照组不具备，或两组具有的转基因知
识程度不同，或两组被试的专业背景不同，一组是学生物的，另一组是学历
史的，或两组被试对环保的态度不同。所有这些差异，可能是已知的，也可
能是潜在的，这些因素都有可能影响被试对转基因食品的态度，为了一揽子
排除这些已知的和未知的因素对判断阅读权威人士文章是否有效的干扰，我
们采用做法五。

【做法五】随机分配两组

做法四和做法五都可以用图7.1表示，两者的区别是，做法五中两个组
的被试是随机分配（Random Assignment）的，即每一个被试随机地分配到阅
读权威人士文章组或阅读非权威人士文章组，例如，用掷硬币的方式决定被
试进入阅读组或非阅读组。这种随机化的安排，从理论上来说，使得两组在
实验前在各个指标上的期望值[②]相同。但每一次具体的实验，两组的前测值
会存在随机差异。随机分组情况下，前测常可以不用。这时前测的作用是，
如果在实验过程中存在样本流失，前测结果有助于分析流失的原因，另外可
以观察前测中不同得分层级的研究对象的实验处理效果是否相同。[③]

---

① 参考霍桑效应，一种实验者效应，即当被观察者知道自己成为观察对象而改变行为
倾向的反应。

② 期望值：样本数趋于无穷大时，样本均值的极限。

③ ［美］W. R. Shadish，T. D. Cook，D. T. Campbell：《实验与类实验设计——因果扩论》，
杨孟丽译，心理出版社，2007。

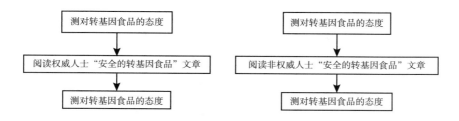

图7.1 做法四、做法五的过程

从上面分析过程可以看出，做法五可以较好地确定阅读权威人士文章与读者态度改变的因果关系。实验组如果在后测分数上高于控制组，可以比较放心地解释为是阅读权威人士文章的效果。

上述探索过程给我们的启示是，因果关系的确定是非常困难的，因为多种因素干扰因果关系的判断。面对各种各样的干扰因素，我们需要具备有效的判断因果关系的思考路径。

从上面几个做法的发展过程中，可以概括出实验研究方法的三个核心特征，即比较、控制、操纵。

【比较】写文章让人读的目的是改变读者态度。改变意味着两个状态不同。如果不对阅读前后的态度做比较，就无法确定是否发生了态度转变；如果不对控制组与实验组结果做比较，就无法确定是否受其他因素的影响。一个孤立的现象，难以提供有价值的信息。

【控制】在得到了比较信息后——读者阅读前后态度有改变，需要考虑其他可能造成这种改变的原因，例如可能是前测的暗示作用或历史效应。因此需要排除干扰因素，采用阅读非权威人士文章组，是一种对干扰因素的控制。

"理解理论检验，最关键的是要认识'其他可能的合理解释'这一概念：一个事件或现象通常可以用许多相互可替代的理论来解释。实验设计的目标就是组织安排这一事件或现象的出现，使其只能用某一特定理论才能解释，而用其他理论则解释不通。"[1] 回忆一下之前讲过的《中国日报》新闻工作者使用计算机的调查，不控制年龄这个变量，就会得出《中国日报》的女性新

---

① ［加］K. E. Stanovich:《与"众"不同的心理学：如何正视心理学》，范照、邹智敏等译，中国轻工业出版社，2005，第93页。

闻工作者比男性新闻工作者更多使用计算机的错误结论。

【操纵】符合研究目的的比较条件，并不都能在自然状态下找到，因此需要人为地操纵实验条件。

实验是实现比较、控制和操纵的最适宜的方法。恰当的实验设计，可以做出明确的先"因"后"果"的安排、方便计算出"因"与"果"是否有关系、排除其他导致"果"的看起来合理的"因"。

下面给出实验定义的两种表述：

第一，"操弄一个变项，籍以探索其效果。"[①]

第二，"有控制的观察。""按照研究目的，有计划地控制或创设条件以主动引起或改变被试的心理、态度、行为等，从而进行分析研究的客观方法。"[②]

"有控制的观察"，相对于日常生活中的随意观察；"操弄一个变项""有计划地控制或创设条件以主动引起或改变"，意味着不是等待变项或条件的自然发生，而是人为制造；"探索其效果""引起或改变被试的心理、态度、行为等"，"引起"是从无到有的状态改变，"改变"是从前一个状态到后一个状态；通过这些安排，探索两个或更多现象间的因果关系。

其实在日常生活中，人们每天都很自然地使用实验的思路，只不过靠人们应付日常生活的实验技术水平去进行社会现象的研究，会犯很多错误。科学的实验研究方法，系统性地汇集了有效的做法及避免各种错误解释的措施。

人类对实验方法的探索，开始得很早。1843 年，世界上就出现了第一个农业实验研究机构——Rothamsted Experimental Station（现在的 Rothamsted Research）[③]，1876 年出现了世界第二个、美国第一个实验田——美国伊利诺伊大学厄巴纳—香槟分校中的莫柔地块[④]。

---

① ［美］W. R. Shadish, T. D. Cook, D. T. Campbell：《实验与类实验设计——因果扩论》，杨孟丽译，心理出版社，2007，第 601 页。

② 朱智贤主编《心理学大词典》，北京师范大学出版社，1989，第 605~606 页。

③ "The History of Rothamsted Research," Rothamsted Research, https://www.rothamsted.ac.uk/history-and-heritage.

④ "College of Agricultural, Consumer and Environmental Sciences", UIUC, http://aces.illinois.edu/.

R. A. Fisher 被认为是第一个提出系统、科学的实验设计和分析方法的人 ①，他在统计科学上的主要贡献都是在 Rothamsted Experimental Station 供职期间做出的 ②。Fisher 从 1919 年起在这个实验研究机构工作了 14 年，在这里他开发了方差分析（ANOVA），以分析早在 19 世纪 40 年代从作物实验中收集的大量数据。③Fisher 在 1935 年出版的经典著作《实验设计》中提出的随机实验法，至今仍然是因果分析的"黄金标准"。④

第二节　实验的结构要素和符号表示

我们把图 7.1 中各方框中的内容抽象出来，就形成了图 7.2。图 7.2 显示了构成实验的三组结构要素：自变量 / 因变量、前测 / 后测、实验组 / 控制组。

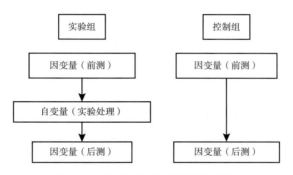

图 7.2　构成实验的三组结构要素

自变量，在实验中通常称为实验处理，在本例中是让被试读一篇文章，在其他例子中可以是服用一种新药、接受一种新的教学方法等。因变量，即实验处理的结果，在本例中是实验前后被试对转基因食品的态度，在其他例

---

① W. Bodmer et al., "The Outstanding Scientist, R.A. Fisher: His Views on Eugenics and Race," *Heredity* 126(2021): 565–576.

② ［美］郭申阳、马克·W. 弗雷泽：《倾向值分析：统计方法与应用》（Kindle 版本），郭志刚、巫锡炜等译，重庆大学出版社，2012。

③ Ronald Aylmer Fisher | The Royal Society: Science in the Making.

④ W. Bodmer et al., "The Outstanding Scientist, R.A. Fisher: His Views on Eugenics and Race," *Heredity* 126(2021): 565–576.

子中可以是被试服用一种新药／旧药／安慰剂后的效果，或被试接受了新的教学方法／旧的教学方法后的学习成绩。

前测，是在接受实验处理之前对被试的测量；后测，是在接受实验处理之后（控制组与实验组同时）对被试的测量。无论前测、后测，都是在测量因变量，在本例中，即阅读权威人士文章前的态度与阅读后的态度。实验处理是否有效，是指与控制组相比，实验组的态度发生了所假设的更大的转变、病情有了更大的好转、学习成绩提高程度更高。这些结果是通过对因变量的前测、后测进行比较获得的。

实验组，指接受实验处理的组，在本例中是阅读权威人士文章的组，在其他例子中可以是服用新药的组，或接受新的教学方法的组；控制组，在本例中是阅读非权威人士文章的组，或在其他例子中不接受实验处理的组，后者不接受实验处理，只接受前测、后测。

在这三组结构要素中，自变量／因变量、后测必须有；前测、控制组不一定有。

除了做法一是问卷调查，其他做法均可称为"实验"，因为它们都是"有控制的观察"。

把被试分为实验组与控制组的原则，是影响实验结果的核心因素。有两类分组方式：随机分组和非随机分组。

为了表达方便，本书用符号表示上面的这些结构要素和分组方式。[①]

X：实验处理

O_n："O"代表观察、测量，下标"n"代表测量的次数。

R：代表随机分组。

NR：代表非随机分组。

下面我们用这种方法来标注前面的做法一至做法五，虽然做法一不算是一种实验，但为了看得更清楚，我们还是放在一起标识。

做法一：　　　　　　　　　　　O_1

做法二：　　　　　　　　X　　O_1

---

① 本教材采用舒华、张学民、韩在柱在《实验心理学的理论、方法与技术》中提出的标注方法，即在因素实验设计部分采用表格方式标注，其他采用文中的标注方法。

做法三：		O_1	X	O_2
做法四：NR		O_1	X	O_2
	NR	O_1		O_2
做法五：R		O_1	X	O_2
	R	O_1		O_2

第三节　实验的四个组成部分

一般而言，任何一个实验都由四个实体部分组成，即实验被试（一般指人，也可以是动物）、实验情境、实验处理和实验结果的测量。

【实验被试】可能是特定的一组人，也可能是上传播学课程的学生、各行各业的市民……

【实验情境】可能是教室，也可能是市民家中、微信群中……

【实验处理】可能是阅读文章，也可能是看手机视频、听一段音频……

【实验结果的测量】可能是用问卷测被试态度变化，也可能是观察被试日后是否更多 / 少地选择转基因食品、是否更多 / 少地转发支持 / 反对转基因的文章……

第四节　实验设计——理论假设和实验假设

实验既可以用于发展理论，也可以用于应用。

用于发展理论的实验，首先要提出理论假设。理论假设，即有待证实的理论。根据理论假设设计实验，提出实验假设，即如果理论假设成立，实验中将会出现什么样的结果。关于假设和理论的关系，第四章已有充分讨论，这里不再重复。

对于应用目的的实验，理论至少不是研究者关心的重点，也就是研究者只关注现象本身，而不关心对现象的解释。因此，一般不需要提出假设。下面是一个例子。

2013 年 6 月，前美国中央情报局（CIA）职员、美国国家安全局（NSA）外包技术员斯诺登，在香港将美国国家安全局关于棱镜计划监听项目的秘密文档披露给了英国《卫报》和美国《华盛顿邮报》。针对这个事件，美国一些调查机构调查了公众对美国政府监听公民个人信息的态度，发现不同的调查机构调查的结果不同，例如皮尤研究中心[①]立即进行的调查显示，该监听项目获得 56% 的支持；盖洛普几天之后的调查，则是反对的占多数（53%）。这期间有不少相关调查，所有调查都努力要把这个项目尽可能准确的中立描述，然而问题的不同问法会得到不同的回答。

为更好地了解对政府监听计划的描述形式如何影响公众对这个计划的评估，皮尤研究中心于 2013 年 7 月 11~21 日进行的全国电话调查中调查了 2002 名成年人。这些被试接受了不同措辞问题的调查，通过调查结果可以了解到，填答不同措辞的问卷的被访者，对美国政府监听公民个人信息的做法评价不同。

第五节　实验的质量分析

考察实验的质量，需要回答以下四个问题[②]：

第一，因果之间的共变有多大？

第二，是否存在因果关系？如果没有实验处理，两者共变是否还存在？

第三，实验用到的人、情境、实验处理和结果观察，能代表什么建构／概念？

第四，这个实验发现的因果关系，在不同的人、情境、实验处理和结果观察中还会存在吗？

以上四个问题分别通过分析四种效度解决，即建构效度、统计结论效度、内部效度和外部效度，每一种效度都存在相对应的效度威胁，即这些推论可能错误的原因。下面分别讨论。

---

① 皮尤研究中心（Pew Research Center, PEW），https://ropercenter.cornell.edu/pew-research-center。

② ［美］W. R. Shadish，T. D. Cook，D. T. Campbell：《实验与类实验设计——因果扩论》，杨孟丽译，心理出版社，2007，第 46 页。

一　实验中变量的操作性定义及建构效度

建构效度（Construct Validity），从一项研究所使用的人、情境、实验处理和对结果的测量的样本，推论到这个样本所代表的建构（概念）的程度。[①]

开始的例子中，作为实验处理的阅读材料采用了权威人士和非权威人士文章。这些文章是研究者对权威／非权威的操作性定义，研究者实际上是在声称，这些文章能代表权威／非权威的概念。

建构效度指的是，这个对于实验处理的声称的真实程度是怎么样的？能得到证据的支持吗？

1953年，霍夫兰等人曾做过一个劝说与态度改变的研究，探讨信息传递者的不同可信度，对信息的接收效果是否有影响。[②] 在实验开始前，通过问卷调查了被试对许多信息源（其中包括了这项研究所使用的8种信息源）的可信性判断，研究中采用的4种高可信度信息源，在问卷调查中有81%~95%的被试认为可以信赖；对所采用的4种低可信度信息源，只有1%~21%的被试认为可以信赖。因此，研究者是用被试自己的判断作为信息源可信度的操作性定义。研究者用这8种信息源代表高／低可信度信息源，得到了证据的支持，所以建构效度较高。

与情境有关的建构效度指的是，在一个具体研究中，研究者在什么样的情境下进行实验并对这种情境如何命名，一次实验的具体情境对研究者所命名的情境的推论的有效与否，就是实验情境的建构效度问题。例如，假定研究者把某一次观看电视的实验情境命名为，与观众日常生活情境相仿的自然生活情境，而实际的实验情境是把多名被试安排在一间会议室中集中观看指定的电视节目，这样的实验安排，其情境的建构效度较低，即用对情境的这一次抽样推论它所代表的概念的有效性较差。

对研究单位（人）和结果的观察这两个因素的建构效度，在前面的测量一章有较多讨论，这里不再重复。

[①]　［美］W. R. Shadish, T. D. Cook, D. T. Campbell:《实验与类实验设计——因果扩论》，杨孟丽译，心理出版社，2007，第599页。

[②]　［美］C. I. 霍夫兰、I. L. 亚尼斯、H. H. 凯利:《劝说与态度改变》，载周晓虹主编《现代社会心理学名著菁华》，南京大学出版社，1992。

在实验研究中，对建构效度的威胁有多种，薛狄戌（Shadish）、库克（Cook）和坎伯尔（Campbell）在他们的著作中列出了 14 种。[1] 这些项目，有的是实验的四个组成部分都可能遇到的，例如该表列出的第一条，"建构说明不够清楚"[2]，如果没有详细说明四个组成部分中的每一个，都可能导致实验中采用的例子在推论到这个例子所代表的建构时，效度较低。

提高建构效度的办法，就是在实验设计时充分考虑并尽量排除对建构效度的各种可能的威胁。

薛狄戌、库克和坎伯尔指出，研究者对这四个组成部分的建构效度的关注并不是平均的，应用研究对实验结果的测量的建构效度关注较多，例如是否用了合理、良好的测量工具，基础研究则主要关注实验处理的建构效度，这样才能使因变量与理论之间的联系更紧密。[3] 因此，实验研究的目的，指引我们应该重点注意这四个组成部分中那几个部分的建构效度问题。

二 实验的统计结论效度及威胁

因果关系三个条件中的第二个条件，两变量在经验上相互关联。

统计结论效度（Statistical Conclusion Validity），就是对两变量间存在共变（Covariation）及强度的推论的效度。

虽然最常见的判断是否有共变的方法是假设检验（Null Hypothesis Significance Testing, NHST），但更好的做法是根据两变量的效果量、统计检验

---

[1] ［美］W. R. Shadish，T. D. Cook，D. T. Campbell：《实验与类实验设计——因果扩论》，杨孟丽译，心理出版社，2007，第三章。注：有的著作把霍桑效应、安慰剂效应、要求特征等当作对内部效度的威胁，例如，舒华、张学民、韩在柱的《实验心理学的理论、方法与技术》；有的当作对外部效度的威胁，例如，史密斯和戴维斯的《实验心理学教程：勘破心理世界的侦探》（第三版）（郭秀艳、孙里宁译，杨治良审校，中国轻工业出版社，2006）；本书采用薛狄戌、库克和坎伯尔的分类，当作对建构效度的威胁。

[2] ［美］W. R. Shadish，T. D. Cook，D. T. Campbell：《实验与类实验设计——因果扩论》，杨孟丽译，心理出版社，2007，第三章。

[3] ［美］W. R. Shadish，T. D. Cook，D. T. Campbell：《实验与类实验设计——因果扩论》，杨孟丽译，心理出版社，2007，第三章。

力、置信区间等数据，来判断关联是否存在以及关联的程度。[1]

可能让研究者对两变量是否存在共变及强度做出错误判断的原因，即威胁有多个，例如统计检验力较弱、变量的数值范围过小、测量的信度较低等。了解这些威胁的存在及避免的办法，有助于提高统计结论效度。[2]

三　实验的内部效度及威胁

内部效度（Internal Validity），A、B两变量之间的关联，是A导致B的因果关系的推论的效度。这个推论能否成立，需要满足前述的三个条件：A出现时间在B之前，A、B间存在共变，找不到其他原因可以合理解释A、B间的关系。

薛狄戍、库克和坎伯尔在《实验与类实验设计——因果扩论》一书中[3]，提到了9种对内部效度的威胁。我们在最初的例子中，已经涉及了第1种，

---

[1]　关于这个议题，可参考以下文献。其一，美国统计协会（ASA）2016年3月7日发布了"关于统计显著性和P值的声明"（STATEMENT ON STATISTICAL SIGNIFICANCE AND P-VALUES），其中包含了正确使用和解释P值的六个原则。为此ASA还发表了题为 "American Statistical Association Releases Statement on Statistical Significance and P-Values Principles to Improve the Conduct and Interpretation of Quantitative Science" 的新闻和题为 "The ASA's Statement on P-Values: Context, Process, and Purpose" 的社论，指出发表这个声明"旨在引导研究进入'后P<0.05时代'"。R. L. Wasserstein, N. A. Lazar, "The ASA Statement on P-Values: Context, Process, and Purpose," *The American Statistician* 70(2016): 129-133. 其二，美国心理学会科学事务委员会在《心理学期刊的统计方法指南和说明》一文中提出了如何报告假设检验结果的建议。"Statistical Methods in Psychology Journals Guidelines and Explanations," *American Psychologist* 54 (1999): 594-604. 其三，赵心树、张小佳：《传播学定量研究的新议题》，载洪俊浩主编《传播学新趋势》，清华大学出版社，2014，第953页。其讨论了P值与效果量的关系。其四，G. Cumming, "The New Statistics: Why and How," *Psychological Science* 25（2014）: 7-29. 其讨论了NHST的缺陷，推荐了基于效果大小、置信区间和元分析的估计，提出了25条改进研究方法的指导方针和一个新的八步研究统计策略。其五，《政治分析》（*Political Analysis*）新上任的编辑Jeff Gill发表的 "*Political Analysis* 将不再在回归表或其他地方报告P值"的声明。其六，*Basic and Applied Social Psychology*（BASP）将不再发表包含P值的论文的声明。

[2]　关于威胁统计结论效度的因素及相应的解决方法，详见〔美〕W. R. Shadish, T. D. Cook, D. T. Campbell《实验与类实验设计——因果扩论》，杨孟丽译，心理出版社，2007，第54~63页。

[3]　〔美〕W. R. Shadish, T. D. Cook, D. T. Campbell：《实验与类实验设计——因果扩论》，杨孟丽译，心理出版社，2007，第66页，表2.4。

时间的先后次序模糊；第 2 种，选择；第 3 种，历史；第 7 种，测验等因素。未涉及的因素有以下几种。

第 4 种，成熟。

其指某些自然发生的情况，产生与实验处理类似的效果，从而威胁了因果推论的效度。例如一个反对针对儿童暴力的五年计划项目，希望借助项目的干预，减少针对儿童的暴力行为。但随着社会的发展进步，例如，社会秩序的好转，针对儿童的暴力也可能会相应地减少，而不一定是项目干预的作用。

第 5 种，回归的假象。

例如在反对针对儿童暴力的项目中，为了使项目达到最大收益，可能选择一个暴力最严重的地区作为项目点，由于该地的暴力程度已经达到了顶点，再测量时，暴力程度很可能没有前一次测量的那么高，这就会造成是项目干预起了作用的假象，这种向中间值靠近的现象就称为回归。

第 6 种，样本流失。

仍以反对针对儿童暴力的项目为例，在项目执行过程中，一些暴力行为特别严重的学生可能会按照学校的惯例被送往特殊教育机构，或被开除，使得后测时的样本与前测相比减少了一部分暴力倾向特别严重的学生，客观上可能降低暴力发生率，从而影响了对项目干预作用的辨认。

第 8 种，测量工具的使用。

家庭暴力的干预项目，目的是降低家庭暴力的发生率，但对什么现象可以算是家庭暴力，干预项目的定义与被干预对象不同，前者比后者的外延要宽，在项目开始前，由于被干预对象把许多现象不归为家庭暴力，但在干预之后，被干预对象认定的家庭暴力范围会扩大，当用同样的量表测量时，可能会测出家庭暴力发生率提高，导致出现干预项目提高家庭暴力发生率的假象。这里的问题是，虽然是同一个量表，但这一工具已不再适用于已经改变了的被测对象。

第 9 种，内部效度威胁之间的相加效应与交互作用。

可以合理地想象，上述的那些威胁内部效度的因素，有可能在一个实验中同时出现一个以上，这时就会产生威胁之间的相加效应和交互作用。

意识到上面那些对内部效度的威胁因素，就需要在研究设计时考虑如何消除或隔离这些因素的影响。例如，为解决做法一中的因果时序不明问题，我们采用做法二；为解决实验组、对照组的不等组问题，我们采用做法五——随机分组等。实际上，在长期实践中，学术界已经形成了一套系统性的实验设计方式，以解决上面提到的和尚未提到的问题，也可以参考更专业的实验教科书。

四　实验的外部效度及威胁

假设我们在前面的实验中发现，阅读那篇转基因的文章确实能改变读者对转基因的态度，我们想知道，在以下情况下，这个实验的结果还能成立吗：如果不是这些被试（假定他们是正在上传播学课程的学生），而是各行各业的市民；如果不是在实验室（假定是在教室），而是在微信朋友圈中；如果不是阅读这篇文章，而是看一个同样内容的手机视频讲座；如果不是用问卷调查的方法测量被试态度变化，而是看他们日后是否更多 / 少地选择转基因食品。对这组问题的回答，就是对实验的外部效度的衡量。

外部效度（External Validity），是指因果关系在各种不同的人、情境、实验处理及结果测量方法中都成立的推论之效度。[①] 对外部效度的威胁指，在某一次研究中获得的因果关系，放在不同的人、情境、实验处理及对结果的测量下，都会发生改变，可能是程度的改变，也可能是实质的改变，即因果关系不存在了，也就是因果关系与实验的四个组成部分之间存在交互作用，这种交互作用，就构成了对外部效度的威胁。[②]

一项关于框架作用的实验[③]，是在互联网上进行的。样本通过 RDD 加匹配的方式获得，样本量为235。研究者首先用问卷调查了他们的政治倾向——保守主义还是自由主义，然后根据调查结果把被试分到相应的组中，共分为 50 个讨论组（同质性保守组 17 个、同质性自由组 15 个、异质性组 18 个），每组 5 个人左右。小组讨论的主题是同性恋伴侣关系是否应得到法律承认。各组被随机分配到两种框架条件中的一种（"同性婚姻 / 特殊权利"框架或"民事结合 / 平等权利"框架）。

---

① ［美］W. R. Shadish，T. D. Cook，D. T. Campbell：《实验与类实验设计——因果扩论》，杨孟丽译，心理出版社，2007。

② ［美］W. R. Shadish，T. D. Cook，D. T. Campbell：《实验与类实验设计——因果扩论》，杨孟丽译，心理出版社，2007。

③ V. V. Price，L. Nir，J. N. Cappella，"Framing Public Discussion of Gay Civil Unions，" *Public Opinion Quarterly* 69（2005）：179-212.

研究发现，框架操纵确实影响了团体讨论同性恋伴侣合法化前景的方式。然而，在所有情况下，这些影响都取决于群体的意识形态组成。

在这个实验中，小组成员通过电脑而不是面对面交流，是与来自全国各地的陌生人交流，而不是与邻居交流。因此，在情境方面涉及两个因素，共四种组合。两个因素：在线和面对面、陌生人和熟人。四种组合：在线陌生人、在线熟人、面对面陌生人、面对面熟人。

已有研究发现：与面对面环境中的陌生人相比，在线互动的陌生人更能展现真实或内在的自我，并被他人接受；参与者能更坦率地表达不同的政治观点和辩论关于同性恋这种在面对面情况下可能会让人回避的话题。

这个例子显示了因果关系与实验情境可能发生的交互作用，从而可能产生的对外部效度的威胁。

五　外部效度与抽样

首先需要区分随机抽样与随机分组，随机抽样是从总体（的抽样框）中随机抽取一个样本，随机分组则是将被试（已确定的一个样本）随机分配到实验组或控制组。前者的目标是从样本数据有效地推论所取自的总体；后者的目标是使实验组和控制组在各种可能的混淆因素下达到均衡。混淆因素（Confound），是在因果关系中会与自变量和因变量产生共变的外来变量，但不是中介变量。①

外部效度的核心，是评价一项研究中发现的因果关系，能不能有效地推论到其他单位（人或组）、情境、实验处理及对结果的测量情况中。从理论上来说，随机抽样是最理想的办法，但常常是不可操作的。例如，要把研究结果推论到其他人，首先需要建立总体的抽样框，这还是相对容易的，而要确定实验情境的总体、实验处理方式的总体和对结果的测量方式的总体，以及相应的抽样框，几乎是不可能的。②

因此，实验主要采用目的抽样方法，有两种思路，异质性高的样本、典

---

① 混淆变量也常称为干扰变量。与混淆变量类似的一个变量是协变量（Covariates），两者的区别是，协变量不影响自变量，只影响因变量。

② 关于这个问题的讨论，参见［美］W. R. Shadish, T. D. Cook, D. T. Campbell《实验与类实验设计——因果扩论》，杨孟丽译，心理出版社，2007。

型样本。

考虑异质性的抽样例子。在一项汉语语音范畴性知觉在儿童早期阅读中的作用的研究中[①]，研究者以学前及学龄一年级、年龄在 5~7 岁的儿童为研究对象，系统考察了语音范畴性知觉、语音意识和早期汉字识别的发展及其关系，因此年龄是重要自变量。研究者将北京市某普通幼儿园和普通小学的172 名儿童，分为 5 岁组、6 岁组和 7 岁组三个年龄组别。

考虑典型性的抽样例子。一个研究助人的实验，要研究旁观者关注自己的事情时，是否会因较少注意周围发生的事情而较少发生助人行为。[②] 采用的被试是神学院学生，研究者假定这些学生是乐于助人的。这个目的抽样的典型性体现在，如果人群中典型的乐于助人的人都会出现研究者假设的现象，这个假设在一般人群中就更应该成立。

六　外部效度与内部效度的权衡

内部效度和外部效度存在矛盾，提高内部效度，就需要更多的人为控制，但人为控制程度越高，离现实也就越远，外部效度也就越低。因此，需要在两者之间进行权衡。权衡两者的核心要点是，考虑研究目的为理论导向还是应用导向。对此，Stanovich[③] 和 Mook[④] 有充分的讨论。但不管哪种导向，内部效度是必需的。

理论导向的研究目标，是加深我们对一类现象背后的原理的理解，而不是致力于解决某些现实中的问题。这类研究的价值，就存在于理解本身。在这样的实验中，外部效度甚至不会作为一个问题提出来。例如 Mook 举的电和电视机关系的例子[⑤]，制造一台电视机需要很多方面的知识，但至少需要很

① 姜薇、张林军、舒华：《汉语语音范畴性知觉在儿童早期阅读中的作用》，《心理发展与教育》2015 年第 3 期；喻国明等：《读者阅读中文报纸版面的视觉轨迹及其规律——一项基于眼动仪的实验研究》，《国际新闻界》2007 年第 8 期。

② ［美］R. A. 巴伦、D. 伯恩：《社会心理学》（第十版），黄敏儿、王飞雪等译，华东师范大学出版社，2004，第 507 页。

③ ［加］K. E. Stanovich:《与"众"不同的心理学：如何正视心理学》，范照、邹智敏等译，中国轻工业出版社，2005。

④ D. G. Mook, *Psychological Research: The Ideas behind the Methods*, New York: Norton, 2001.

⑤ D. G. Mook, *Psychological Research: The Ideas behind the Methods*, New York: Norton, 2001, p.17.

多关于电的知识，而本杰明·富兰克林、威廉·吉尔伯特这些对电的早期探索者，他们的目的并不是要制造一台电视机。

应用导向的研究目标，是致力于使自己的研究结果，为一类现实问题提供解决办法，或对未来可能出现的现实做出预测。

下面是两个应用导向实验的实例，第一个属于发展经济学领域，第二个属于行为经济学领域。

应用研究例1　改善印度尼西亚粮食补助项目①

Raskin 是印度尼西亚最大的社会援助项目，收入在底端的 30% 的家庭，每月可以用五分之一市场价买 15 公斤大米。但由于地方政府腐败，买到的大米比配额少很多，价格比规定高很多，不符合条件的家庭也买低价补贴粮。针对这个问题，印度尼西亚政府提出为受益人提供 ID 卡这项措施，让贫困家庭了解官方规定的优惠价格和配额，也方便执行人查验购买优惠粮的家庭资质。

研究者先做了小规模随机干预实验，分为有/无 ID 卡组，发现有 ID 卡的实验组家庭比没有 ID 卡的控制组家庭，增加了优惠粮购买量，降低了价格。在这个实验结果支持下，印度尼西亚政府决定扩大规模，2013 年向 1500 万户贫困家庭发放了 ID 卡。这个 ID 卡方法还应该用到了其他社会援助项目上。

这项实验并不是一个孤立的个案。它是采用实验方法进行发展经济学研究的典型案例。2019 年，诺贝尔经济学奖颁给了三位经济学家——阿比吉特·班纳吉（Abhijit Banerjee）、埃斯特·迪弗洛（Esther Duflo）与迈克尔·克雷默（Michael Kremer），表彰他们的研究"大大提高了我们应对全球贫困的能力。在短短的 20 年中，他们基于实验的新方法改变了发展经济学，如今这已成为一个蓬勃发展的研究领域"。他们将田野实验引入原本以理论研究为主的发

① "Transparency in Anti-Poverty Programs"，https://www.povertyactionlab.org/evaluation/improving-transparency-and-delivery-subsidized-rice-program-indonesia。转引自石蓉等《随机干预实验在全球推动扶贫政策改善的经验》，《华东师范大学学报》（教育科学版）2020 年第 8 期。

展经济学，经过 20 年的发展，如今，进行田野实验已经成为从事发展经济学研究的重要手段。三位获奖者的前两位合著了：《贫穷的本质——我们为什么摆脱不了贫穷》[1]一书，对通过随机对照实验解决贫困问题的方法进行了深刻的阐释[2]。

应用研究例 2　催款实验

英国曾经进行过一次催款实验，这项实验共涉及 12 万名纳税人，他们逾期未缴纳的税款金额为 351 英镑到 5 万英镑。每个人都收到了一封催款信，信中解释了税款的用途。另外，除了对照组以外，其他信件中都含有一句具有助推作用的话语，比如：

英国绝大多数人都已及时缴税；

你所在地区的绝大多数人都已及时缴税；

目前，只有极少数人未及时缴税，你也是其中之一。

所有这些信件都起到了积极的作用，因为这项实验，政府在 23 天内的收入增加了 900 万英镑。[3]

这个实验项目，是行为经济学助推实验的实例。2017 年经济学家理查德·泰勒（Richard Thaler）因他"对行为经济学的贡献，以及他在不符合经济学原理的人类可预测性非理性行为方面的开创性工作"而被授予诺贝尔经济学奖。

助推——"通过较低的成本对社会成员施加某种行为干预，从而激发其内在的社会偏好，并诱导其行为走向有利于社会福利改进的方向"[4]。

要想进一步了解行为经济学和助推概念以及应用，可以参考泰勒的《"错误"的行为》[5]，桑斯坦的《助推：快与慢——人类动因与行为经

① ［印度］阿比吉特·班纳吉、［法］埃斯特·迪弗洛：《贫穷的本质——我们为什么摆脱不了贫穷》，景芳译，中信出版社，2013。

② 读者还可以参考石蓉等《随机干预实验在全球推动扶贫政策改善的经验》，《华东师范大学学报》（教育科学版）2020 年第 8 期。

③ ［美］理查德·泰勒：《"错误"的行为》，王晋译，中信出版社，2016。

④ 周业安：推荐序，载［美］卡斯·R.桑斯坦《助推：快与慢——人类动因与行为经济学》，王格非、路智雯译，中国人民大学出版社，2021，第 5 页。

⑤ ［美］理查德·泰勒：《"错误"的行为》，王晋译，中信出版社，2016。

济学》[1]和徐富明、黄龙、张慧的《随机控制实验：助推脱贫的现场干预研究》[2]。

需要注意的是，一方面，应用导向的研究并非没有理论，应用研究是在理论指导下进行的，或者是在探索依据哪一种理论更能解决当下实践中的问题。例如上面的催款实验，就是利用了从众理论。

另一方面，理论导向的研究并非不能应用。"应用研究的发现可以立即被利用，然而没有任何东西比一个普遍的、精确的理论更有用，只不过这种理论需要时间的酝酿。"[3]

七　一次实验的价值与证据集中原则[4]

某一次单一的实验，即使内部效度很高，也不能仅凭这次实验结果就证明或证伪一个理论。每一个实验都可能是有缺陷的，每一个实验都可能矫正别的实验的错误，同时接受别的实验的检验。当诸多各有不同缺陷的实验都得出大致相同的结论时，这个结论才能被接受。从理论检验的角度说，在一系列实验都一致支持了某一理论而否定了其他重要的竞争理论情况下，这个结论——理论就比较可靠。缺陷实验逻辑和理论检验两个方面，构成了证据集中原则，是正确看待单一实验结果和众多实验结果，并从中得到比较确定的结论时应该遵循的原则。

第六节　实验的类型

本章最初例子中的那几种做法，其实就是不同的实验设计类型，针对各种可能的混淆因素，设计相应的实验方法。

第二节讲了实验方法的三组结构要素：自变量／因变量，前测／后测，

---

① ［美］卡斯·R. 桑斯坦:《助推：快与慢——人类动因与行为经济学》，王格非、路智雯译，中国人民大学出版社，2021。

② 徐富明、黄龙、张慧:《随机控制实验：助推脱贫的现场干预研究》,《心理科学进展》2020 年第 11 期。

③ ［加］K. E. Stanovich:《与"众"不同的心理学：如何正视心理学》，范照、邹智敏等译，中国轻工业出版社，2005。

④ 参考［加］K. E. Stanovich《与"众"不同的心理学：如何正视心理学》，范照、邹智敏等译，中国轻工业出版社，2005。

实验组／控制组。各种不同的实验设计类型，表现为这些要素的不同变化和组合，例如，有前测／无前测、有一次前测或后测还是多次前测或后测、有控制组／无控制组、随机分配各组还是其他分配办法、一个自变量还是多个自变量、自变量有两个水平还是多个水平、不同被试接受不同水平的实验处理还是相同被试接受多个水平的实验处理等。

一些固定样式的结构要素组合有各自的名称，比如，我们前文例子的做法二，只有实验组没有控制组，只有后测没有前测，就称为"一组只有后测的设计"（One-group Posttest-only Design）；做法三比做法二增加了前测，就称为"一组前测后测的设计"（One-group Pretest-posttest Design）；做法四增加了对照组，但不是随机分组，称为"非等同对照组设计"（Nonequivalent Comparison Group）。

上面各种可能的结构要素变化和组合，按照不同的维度可以分成几个大类，比如，前文例子的做法五，属于随机化实验，前文例子的做法二到做法四，都属于准实验设计这个大类。除了这两类，还有自然实验。

下面我们就分三个大的类型——随机化实验、准实验、自然实验[1]，简要介绍一些实验设计类型。最后还要提到实验室实验和田野实验的区别。

第七节 随机化实验设计

一 随机化实验设计与反事实推断模型

因果判断追求的是明确的因与果的关系，即实验组和控制组／对照组两者间在实验结果上的差异，在多大程度上能归因于因的作用。从前文例子的做法二到做法四可以看到，各种努力都是在尽可能把因的作用与混淆因素的作用分离开来。

如要完美排除所有混淆因素，理论上唯一合理的做法是，比较同一个体接受处理和不接受处理的结果。基于本章开始的例子，读了"安全的转基因食品"文章的张三支持转基因食品，如果张三没有读会不会支持转基因食品？显然这个"如果"是不可能存在的，因此是"反事实"的。反事实就是

---

[1] 我们采用 Shadish、Cook、Campbell 在《实验与类实验设计——因果扩论》中的分类思路。

如果某原因存在（其实不存在）的情况下会产生的结果，这个结果也是不存在的，因此称为潜在结果（Potential Outcome）。探讨阅读权威人士文章与读者对转基因食品安全性的态度之间的因果关系，就是要比较读者在读与未读的情况下对转基因食品安全性的态度，这对个体来说，显然是无法实现的。解决的办法是用实验组（读）的平均值与控制组（未读）的平均值的差值来估计，也就是用未被干预组的平均值替代干预组的未被干预的潜在结果，与干预组平均值进行比较。对上述思路的理论表述，就是 Neyman- Rubin 反事实框架理论（Neyman- Rubin Counterfactual Framework）。

但这样做的前提是，实验组和控制组必须满足可忽略的干预分配假定（Ignorable Treatment Assignment Assumption），即在控制协变量的情况下，将研究成员分配到两分类干预条件（干预相对于未被干预）独立于未被干预的结果和干预的结果。[1] 通俗地说，假定研究成员有张三、李四等数十人，把张三、李四等数十人分配到实验组还是控制组，实验结果不会因此不同。

研究表明，随机分组可以满足可忽略的干预分配假定，"反事实推断模型"是随机实验方法的理论基础。[2] 这就从理论上说明了，为什么本章开始部分的做法五（随机分配两组），如果实验组在后测分数上高于控制组，可以比较放心地解释为是阅读权威人士文章的效果。

如果不是随机分组，也就是准实验设计或观察研究，则不能满足可忽略的干预分配假定，也就不能直接用控制组的数据替代实验组未被干预的结果。但采用倾向值匹配方法，可以使并未随机分配的两组，实现等同于随机分配的效果。具体做法详见准实验部分。

二　随机化实验设计及实例

随机化实验，即被试随机分配到实验组或控制组。假定有 20 位被试参与实验，最原始的做法是，做 20 个阄，10 个写 1，10 个写 2，抓到 1 的被试进实验组，抓到 2 的被试进控制组。如果被试不在现场，可以把被试手机号后

---

① ［美］郭申阳、马克·W.弗雷泽《倾向值分析：统计方法与应用》，郭志刚、巫锡炜等译，重庆大学出版社，2012，第 22 页。

② 详细了解反事实框架，可参考［美］郭申阳、马克·W.弗雷泽《倾向值分析：统计方法与应用》，郭志刚、巫锡炜等译，重庆大学出版社，2012。

4 位输入 EXCLE 的 A 列，B 列产生 20 个随机数，将随机数排序，排在前 10 位的被试进实验组，后 10 位的被试进控制组。分组的具体做法可因地制宜。

随机分组实验设计用符号表示为：

$$R \quad O_1 \quad X \quad O_2$$
$$R \quad O_1 \qquad\quad O_2$$

随机分组如果不设前测，用符号表示就是：

$$R \qquad\quad X \quad O_2$$
$$R \qquad\qquad\quad O_2$$

但在可能出现样本流失的情况下，前测依然必要，以便了解流失的部分（或剩下的部分）是否存在系统差异。

在前文的例子中，如果我们还想知道，不同专业背景会不会影响读者阅读转基因说服文章后的态度改变，我们可以把说理类型也作为一个自变量放在实验中。这样在一个实验中，就出现了两个自变量。自变量 1 为阅读权威人士文章，自变量 2 为说理类型。自变量 1 有两个取值，即阅读 / 不阅读；自变量 2 有两个取值，即一面说 / 两面说。这种含有两个及以上自变量，每个自变量有两个及以上取值的一类实验，称为因素实验设计（Factorial Designs）。

三　随机化实验的一种——因素实验设计

因素实验设计通常指含有两个及以上自变量的实验设计，自变量在因素实验设计中称为因素，自变量的取值称为水平，前文的例子就是两个因素分别有两个水平的因素实验设计。如果我们把自变量 1 改成三个取值：阅读高信度信息源文章 / 阅读低信度信息源文章 / 阅读与主题无关文章，自变量 2 不变，就变为两个因素，分别有三个水平和两个水平的因素实验设计，表达为 3×2 因素实验设计，"×"相连的数字的个数，表示因素的个数，数字的具体数值表示因素的水平。

我们采用舒华在《心理与教育研究中的多因素实验设计》一书中的方式[①]，来表达因素实验设计中被试如何分配。假定在上面的 3×2 实验中有 30 位被试参与，被试的分配如表 7.1 所示。

---

① 舒华编著《心理与教育研究中的多因素实验设计》，北京师范大学出版社，1994。

表7.1　被试的分配

a_1 b_1	a_1 b_2	a_2 b_1	a_2 b_2	a_3 b_1	a_3 b_2
s_1	s_6	s_{11}	s_{16}	s_{21}	s_{26}
s_2	s_7	s_{12}	s_{17}	s_{22}	s_{27}
s_3	s_8	s_{13}	s_{18}	s_{23}	s_{28}
s_4	s_9	s_{14}	s_{19}	s_{24}	s_{29}
s_5	s_{10}	s_{15}	s_{20}	s_{25}	s_{30}

表中：a表示第一个因素，数字下标为因素a的水平；b表示第二个因素，数字下标为因素b的水平；s表示被试，数字下标为被试编号。

从这个分配表中，我们可以看出，30位被试（s_1~s_{30}）被随机分配到以下6种实验处理组合中：

a_1b_1 阅读高信度信息源文章、一面说理（s_1~s_5）

a_1b_2 阅读高信度信息源文章、两面说理（s_6~s_{10}）

a_2b_1 阅读低信度信息源文章、一面说理（s_{11}~s_{15}）

a_2b_2 阅读低信度信息源文章、两面说理（s_{16}~s_{20}）

a_3b_1 阅读与主题无关文章、一面说理（s_{21}~s_{25}）

a_3b_2 阅读与主题无关文章、两面说理（s_{26}~s_{30}）

根据不同的因素个数和被试接受实验处理的不同安排，实验设计也有相应的名称，例如上面的实验就称为两因素完全随机实验设计。

因素实验设计的好处是，可以考察多个自变量组合的效果，以及自变量之间的交互作用。此外，还可以节省被试。

交互作用的意思是，一个因素/变量在另一个因素/变量的不同水平上的取值不同。在这个例子中的表现如后文所示。

有交互作用的情况是：如果在高信度条件下一面说理效果好，在低信度条件下一面说理效果就没有那么好，那么说明说理类型和信息源信度两个变量之间存在交互作用。

没有交互作用的情况是：如果不管是高信度还是低信度，一面说理效果都比两面说理效果好，而且效果的程度相同，那么说明说理类型和信息源信度两个变量之间不存在交互作用。

因素实验设计的两个实例（具体内容详见脚注）为徐美苓等的《爱滋新

闻阅读与对感染者与病患的态度：以针对年轻族群的讯息设计实验为例》[1]，皮尤研究中心对斯诺登事件调查问题措辞的实验[2]。

第八节　准实验设计

准实验设计（Quasi-experiment Design），只要不是随机分组的实验都统称为准实验设计[3]。

由于不是随机分组，影响自变量和因变量的混淆变量，在实验组和控制组的期望值不再相等。

准实验设计有很多类型，前面曾经提到本章最初例子中的做法二到做法四，都属于准实验设计这个大类。下面介绍几种常被提到的准实验设计类型。

一　非同等比较组设计（Noneequivalent Comparison Group Design）

"也许是所有类实验中最常见的设计。"[4]

即有一个实验组、一个比较组，两组不是随机分组形成的，而是自然形成的，例如两个班级的学生、两个村子的农户、两个社区的居民，其中一个定为实验组，另一个定为控制组/对照组，实验组接受实验处理，对照组不接受，两组均接受前测和后测。

用符号表示为：

NR　　　　O_1　　　X　　　O_2

NR　　　　O_1　　　　　　O_2

①　徐美苓等：《爱滋新闻阅读与对感染者与病患的态度：以针对年轻族群的讯息设计实验为例》，《新闻学研究》（台湾）2006 年第 87 期。

②　"Government Surveillance: A Question Wording Experiment -- Court Approval a Big Factor in Public Support", Jul. 26, 2013, http://www.people-press.org/2013/07/26/government-surveillance-a-question-wording-experiment/.

③　也称为类实验，可以与观察研究（Observational Studies）交替使用。参见 [美] 郭申阳、马克·W. 弗雷泽《倾向值分析：统计方法与应用》（Kindle 版本），郭志刚、巫锡炜等译，重庆大学出版社，2012。

④　[美] W. R. Shadish，T. D. Cook，D. T. Campbell：《实验与类实验设计——因果扩论》，杨孟丽译，心理出版社，2007，第 164 页。

本章开始的假设例子中的做法四，就是这样的设计。

由于不是随机分组，不再满足可忽略的干预分配假定，控制组的数据如果不能替代实验组未被干预的数据，也就不能依据实验组和控制组实验结果的差异直接推论因果关系。

不能直接推论因果关系的原因是，不是随机分组，两组中的混淆变量不平衡，如果混淆变量较少，可以用匹配办法使两组混淆变量平衡。例如有 3 个混淆变量，每个混淆变量各有两个取值，将形成 8（2^3）种组合，但如果有 10 个混淆变量，每个混淆变量各有两个取值，将形成 1024（2^{10}）种组合。虽然用计算机程序可以解决匹配，但未必能有足够的样本实现这样的匹配。

如果能把需要匹配的变量组合成一个值，实验组、控制组每个样本成员都有这样一个值，两个组只用这一个值进行匹配，即为实验组每一个样本成员，从控制组中找到在这个值上最相近的样本成员，从而形成一个与实验组在各混淆变量上最相近的控制组。这样的值就是倾向值[1]，这种匹配的方法称为倾向值匹配（Propensity Score Matching，PSM）[2]。倾向值可以用 Logistic 回归估计。

经过 PSM 处理后，就可以将非同等比较组设计看作随机分配的实验设计，可以做随机分配实验设计的各种统计计算。但可以直观地看出，"这种拟随机化，只能平衡显在的选择偏差（Overt Selection Bias），无法平衡隐藏的选择偏差（Hidden Selection Bias），因此随机化实验仍然是一个黄金标准"[3]。

下面是一个实例。

---

[1] 倾向值：给定观测协变量（Observed Covariates）向量的情况下（观测案例）被分配到某一特定干预的条件概率。

[2] PSM 是 1983 年由罗森鲍姆和鲁宾在《生物计量学》上发表的论文《倾向值在观察性研究中研究因果效应的中心角色》中提出的。P. R. Rosenbaum, D. B. Rubin, "The Central Role of the Propensity Score in Observational Studies for Causal Effects," *Biometrika* 70(1983); 41 - 55.PSM 的具体做法可以参考［美］郭申阳、马克·W. 弗雷泽《倾向值分析：统计方法与应用》，郭志刚、巫锡炜等译，重庆大学出版社，2012。

[3] ［美］郭申阳、马克·W. 弗雷泽:《倾向值分析：统计方法与应用》，郭志刚、巫锡炜等译，重庆大学出版社，2012，第 26~27 页。

一项研究考察了改良陆稻技术采用对农户收入的影响。[1] 以往传统的做法是直接比较采用改良陆稻技术的农户收入和未采用的农户收入。但由于是否采用是自选择的，不是随机分配的，诸多因素会影响是否选择采用改良技术，进而影响对改良技术效果的判断。这个项目的影响因素包括：家庭大小、户主年龄、户主性别、户主受教育程度、劳动力比重、土地构成（土地面积、台地面积比重、水田比重等）、牲畜数量、到最近市场的距离、所在地的海拔高度、所在村是否有改良陆稻技术推广项目、所在县等。研究者对这些因素做了倾向值匹配处理，根据匹配后的结果计算可得，传统的简单比较高估了改良技术采用的效果（见表7.2）。

表 7.2　PSM 处理前后比较

单位：倍

	2000 年	2002 年	2004 年
PSM 前：采用比非采用的收入	1.79	1.49	1.27
PSM 后：采用比非采用的收入	1.49	1.34	1.23

在干预项目中，会遇到很多类似的因无法随机分组而利用原有的自然分组的情况，利用 PSM 对实验组和对照组数据进行事后处理，可以比较准确地估计干预效果。[2] 其核心要点是先分析确定在当下的项目中，哪些是可能影响干预效果的混淆因素，以便用 PSM 去匹配。

二　打断的时间序列设计（Interrupted Time-series Design[3]）

最简单的打断的时间序列设计，只包含一组被试，在一段时间内，对某一变量先进行重复的前测，然后在某一点引入实验处理，再进行重复的后测，

---

[1]　陈玉萍等:《基于倾向得分匹配法分析农业技术采用对农户收入的影响——以滇西南农户改良陆稻技术采用为例》,《中国农业科学》2010 年第 17 期。

[2]　郭申阳、马克·W.弗雷泽在《倾向值分析：统计方法与应用》一书中，详细介绍了六个评估案例，其中三个案例是，评估教会学校相较于公立学校对学习的影响、评估贫困对学业成绩的影响、评估父母滥用药物的儿童的福利等。读者可以参考。

[3]　对"interrupted time"有多种译法，间歇时间、间断时间、中断时间、间时、干涉时间、断续时间等，这里我们采用 Shadish、Cook、Campbell 中文版的译法——打断的时间。

以观察实验处理的效果。5 次前测，引入实验处理，再进行 5 次后测的符号表示：

$$O_1 \quad O_2 \quad O_3 \quad O_4 \quad O_5 \quad X \quad O_6 \quad O_7 \quad O_8 \quad O_9 \quad O_{10}$$

用打断的时间序列设计对介入措施的效果进行评价，已被各领域广泛使用。[1] 下面我们介绍一个在健康传播干预项目中，使用打断的时间序列设计进行效果评估的例子。

Rick S. Zimmerman, Philip M. Palmgreen, Seth M. Noar, Mia Liza A. Lustria, Hung-Yi Lu 和 Mary Lee Horosewski 等六位研究人员，在 2002 年 4 月完成了一项公益广告效果的实验。[2] 其目的是考察一个单独的在电视上播放的倡导安全性行为的节目（A Stand-alone Televised Mass Media Campaign），能否有效地影响观众实施更安全的性行为。

目标人群是 18~26 岁性活动活跃的异性恋群体。采用打断的时间序列设计，在上面最简单的设计形式的基础上，加了一个非同等控制组。将美国肯塔基州列克星敦市作为实验地区，将田纳西州诺克斯维尔市作为控制地区。具体做法是，在实验干预前，连续 8 个月调查目标人群样本使用安全套的情况，在随后的 3 个月中，高饱和地在电视上插播 30 秒公益广告，同时继续每月的调查，实验处理结束后，再做 10 个月每月一次的调查，以此来观察公益广告的效果。实验安排如表 7.3 所示。

表 7.3　实验安排

年	2002								2003												2004
月	5	6	7	8	9	10	11	12	1	2	3	4	5	6	7	8	9	10	11	12	1
实验组	O_1	O_2	O_3	O_4	O_5	O_6	O_7	O_8	O_9 / X	O_{10} / X	O_{11} / X	O_{12}	O_{13}	O_{14}	O_{15}	O_{16}	O_{17}	O_{18}	O_{19}	O_{10}	O_{21}
控制组	O_1	O_2	O_3	O_4	O_5	O_6	O_7	O_8	O_9	O_{10}	O_{11}	O_{12}	O_{13}	O_{14}	O_{15}	O_{16}	O_{17}	O_{18}	O_{19}	O_{10}	O_{21}

---

[1] ［美］W. R. Shadish, T. D. Cook, D. T. Campbell：《实验与类实验设计——因果扩论》，杨孟丽译，心理出版社，2007。

[2] Rick S. Zimmerman, Philip M. Palmgreen, Seth M. Noar, Mia Liza A. Lustria, Hung-Yi Lu, and Mary Lee Horosewski, "Effects of a Televised Two-City Safer Sex Mass Media Campaign Targeting High-Sensation-Seeking and Impulsive-Decision-Making Young Adults," *Health Education & Behavior* 34（2007）:810 - 826.

该公益广告的内容主要是增加安全套的使用，专门针对在性活动中追求强刺激／冲动型的人士设计。每月用电话随机拨号的方式在两个社区分别产生 100 个样本，筛选样本的标准是，年龄为 18~26 岁，在过去 3 个月中有活跃的异性性行为。

研究结果详见图 7.3。从图中可以看出：一是，在实验地区，实验开始后的 5 个月中，目标人群使用安全套的比例有显著增长，而在对比地区情况没有变化；二是，虽然 5 个月后又开始下降，但趋势线的截距已高于实验开始前的趋势线。

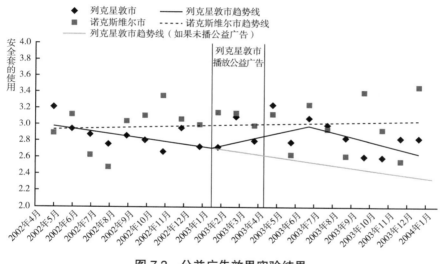

图 7.3　公益广告效果实验结果

第九节　观察研究和自然实验

观察研究（Observational Studies）是无法使用控制实验和将成员随机分配到不同程序的情况下意在阐明因果关系的实证调查（Empirical Investigation）。观察研究产生的数据称为观察数据（Observational Data），包括调查、普查或行政管理档案（Administrative Records），一般民调不属于观察研究。①

---

① ［美］郭申阳、马克·W. 弗雷泽：《倾向值分析：统计方法与应用》（Kindle 版本），
　　郭志刚、巫锡炜等译，重庆大学出版社，2012。

一个类似的研究类型是"自然实验"（Natural Experiment），自然实验是探讨某个自然发生的事件所产生的效应的研究。[①]

准实验、观察研究和自然实验常被作为一类实验类型看待。这一类型都不是随机分组，都存在自变量和因变量，都需要考察效果。但从人为干预的程度看，从准实验到观察研究再到自然实验越来越低。可以把有人为控制自变量的研究归为准实验一类，观察研究则包含了调查、普查或行政管理档案等非实验数据来源类型[②]，自然实验中的自变量则是自然发生的事件。

下面是一个观察研究的例子。

吸烟和肺癌的因果关系研究，显然既不能用随机分组实验也不能用任何一种准实验设计，因为违背研究伦理，但可以利用已有的数据进行研究。最经典的是著名统计学家 William Cochran 的研究。Cochran 运用美国、加拿大和英国的统计资料，将三组人群（吸烟者、吸雪茄或烟斗者、非吸烟者）按年龄分层，经过统计分析发现，吸烟者死亡率最高，吸雪茄或烟斗者次之，非吸烟者最低。[③]

再举一个自然实验的例子。

差异心理学中激烈争论的问题之一是，实践和天赋对于特定领域内的高水平表现的相对重要性。通俗地说，就是高水平表现是天生的还是练出来的。一种广为流传的说法是，专家级的表演需要 10000 小时以上的刻意练习。Mosing 等人在 2014 年发表的研究论文——《练习并不能获得完美：音乐练习对音乐能力没有因果影响》[④] 中，首次探讨了音乐实践与音乐能力之间的因果关系和遗传的影响。研究者对 1959 年至 1985 年出生的 1211 对同卵双胞胎

---

① 这里采用的是 Shadish、Cook、Campbell 对自然实验的定义。有些教科书不把"自然实验"作为一个实验类型，或不介绍这种类型，还有些教科书把"自然实验"作为"田野实验"的一类。例如，朱宝荣主编的《应用心理学教程》中提到，"在日常生活条件下，结合被试的工作、学习、活动情境来进行的实验形式称为'自然实验'"。

② ［美］郭申阳、马克·W. 弗雷泽：《倾向值分析：统计方法与应用》（Kindle 版本），郭志刚、巫锡炜等译，重庆大学出版社，2012。

③ 详见前言页Ⅶ、3.1 节"数据平衡为何是必需的？一个探究性的例子"，载［美］郭申阳、马克·W. 弗雷泽《倾向值分析：统计方法与应用》，郭志刚、巫锡炜等译，重庆大学出版社，2012。

④ M. A. Mosing et al., "Practice Does not Make Perfect: No Causal Effect of Music Practice on Music Ability," *Psychological Science* 9 (2014): 1795 - 1803.

（共享所有基因）和 1358 对异卵双胞胎（共享一半基因）进行了练习时间调查和音乐能力测验。

练习时间调查。首先了解参与者是否演奏乐器或主动唱歌，对答是的人进一步了解他们在四个年龄段（测量前的 0~5 岁、6~11 岁、12~17 岁和 18 岁）练习的年数，以及他们在每个年龄段每周练习的小时数。根据这些数据计算出他们练习的总时数。

音乐能力测验。采用瑞典音乐辨别测试（SMDT），包含三个子测验：音高辨别测试、旋律辨别测试和节奏辨别测试。

然后对练习时间和音乐能力得分进行统计分析，得出了有关两者关系的结论：音乐实践和音乐能力之间的联系主要是遗传的，同卵双胞胎的非共享的环境影响没有起作用。同卵双胞胎虽然练习时间不同，但是在能力上没有差异，因此当遗传倾向得到控制时，更多的练习时间不再与更强的音乐能力相关。这些发现表明，音乐练习时间可能不会对音乐能力产生影响，而个体之间的遗传变异会影响练习能力和倾向。

这项研究中的遗传因素和音乐练习时间，都是自然形成的，没有任何人为干预，这项研究可以看作典型的自然实验。

第十节　实验室实验与田野实验

随机化实验、准实验、自然实验，是从对实验的控制程度来划分的。还有一种分类，大致是从实验情境与自然环境接近的程度来划分的，分为实验室实验（Laboratory Experiment）和田野实验（Field Experiment）。在实验室中，研究者通过人为控制，去掉或恒定自然环境中可能的混淆因素；在自然环境中，研究者控制各种因素的可能性比在实验室中低很多。

因此，一般来说随机化实验在田野实验中较难采用，田野实验较多采用准实验设计类型。但也不尽然，例如前面提到的发展经济学中实地应用研究的方法，就是随机分组实验。

把研究导向和实验类型作为两个维度，研究从逻辑上大致可以有的分类情况如图 7.4 所示。

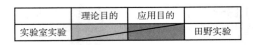

图 7.4　研究目的与实验场所

这四种组合都可以找到研究实例，因篇幅所限不在此列出。

第十一节　互联网实验

互联网实验，简单地说就是把实验情境限定在互联网的实验，但互联网本身，也可以作为实验研究（或其他研究方式）的对象。

从实验的其他三个组成部分看，实验被试是网民；实验处理是在互联网上可以呈现或操控的内容；实验结果的测量可以是网页自动记录的各种态度、情绪或行为，或人工完成的测量，如调查态度、情绪或行为的量表，或取自行政数据等。

从实验组和对照组 / 控制组这个结构因素看，在互联网上可以通过向不同网民呈现不同的网页内容来分组，例如后面要介绍的 6100 万名 Facebook 用户的社会影响和政治动员实验和 A/B 测试（A/B test）；可以由研究人员人为分组，例如前面提到的关于框架作用的实验[1]。

从前测、后测这个结构因素看，对于向不同网民呈现不同的网页内容的分组方法，前测是一直在持续进行的，因此也不存在实验者效应。

从自变量 / 因变量这个结构因素看，自变量可以是不同的网页设计元素，也可以是类似前述框架实验那样的其他元素；因变量可以是网民的态度、情绪、行为等特征的改变。

互联网实验既可以是随机化的，例如 A/B test，也可以是前述框架实验那样的准实验，或自然实验，例如行政政策改变或自然事件导致的网民态度、情绪、行为的改变。

互联网实验，既可以是实验室实验，如前述的框架实验，也可以是田野实验，如 A/B test；既可以用于研究理论，也可以用于应用。

---

[1]　V. V. Price, L. Nir, J. N. Cappella, "Framing Public Discussion of Gay Civil Unions," *Public Opinion Quarterly* 69 (2005): 179-212.

与线下实验相比，互联网实验更容易获得大样本，被试的人口特征可以更多样，并具有更高的外部效度。内部效度控制遇到的挑战：被试身份的确定、实验过程中如果出现干扰的情况研究人员无法了解、被试选择性地脱离实验、不同尺寸的屏幕和浏览器等导致的差异等，但研究者已开始研究如何解决这些问题并已提出了一些解决办法。[①]

下面是两个互联网实验的例子。

例一　6100万名 Facebook 用户的社会影响和政治动员的实验 [②]

测试政治行为可以通过在线社交网络扩散的假设，研究者对在美国的于2010年11月2日访问了 Facebook 网站的所有年龄（至少18岁）的用户，进行了一项随机对照试验。这一天是美国国会选举日。用户被随机分配到社交消息组、信息消息组或控制组。图7.5左侧上半部分显示了信息消息组的页面，左侧下半部分显示了社会消息组页面，右侧显示了实验的直接效果。

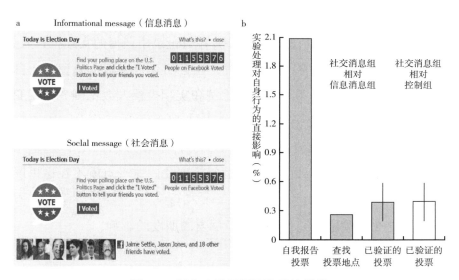

图7.5　两个实验组页面和直接效果

注：图中的中文由本教材作者译。

资料来源：R. Bond, C. Fariss, J. Jones et al., "A 61-million-person Experiment in Social Influence and Political Mobilization," *Nature* 489(2012): 295‑298. Figure 1: The experiment and direct effects.

---

①　Web-based experiments，https://en.wikipedia.org/wiki/Web-based_experiments.

②　R. Bond, C. Fariss, J. Jones et al., "A 61-million-person Experiment in Social Influence and Political Mobilization," *Nature* 489(2012)295‑298 .

实验采用不等概率随机分组，自变量是页面展示的信息，有 3 个不同的取值。

- 社会消息组（n = 60055176）：在"新闻提要"的顶部显示一段陈述，鼓励用户去投票；提供查找本地投票站点的链接；设置了一个"我投了票"的按钮；一个计数器显示了有多少其他 Facebook 用户之前报告了已投票；显示了最多 6 个随机选择的已经点击了"我投了票"按钮的用户的 Facebook 朋友的个人资料图片。
- 信息消息组（n = 611044）：没有显示社会消息组的第 5 项信息，其他 4 项信息都有。
- 控制组（n = 613096）：5 项信息都没有显示。

两个实验组的因变量：自我报告投票人数比例、查找投票地点次数比例、实际投票人数比例

控制组因变量：实际投票人数比例

测量因变量的方法为：自我报告投票人数比例；由网页系统自动记录的查找投票地点次数比例；从选定州的公开投票记录中获得的实际投票人数。[①]

从图 7.5 右侧所展示的直接效果看，社会消息组比信息消息组在自我报告投票人数比例、查找投票地点次数比例和实际投票人数比例 3 个因变量上的分别增加了 2.08 个百分点、0.26 个百分点和 0.39 个百分点，比控制组高 0.39 个百分点。虽然增加值本身非常小，但样本数为 6100 万，这意味着即使是微小的改变也可能导致数百万人的行为变化。这一点就不在这里展开讨论了。

另外，这个实验还研究了对朋友及朋友的朋友的影响。

例二　A/B test

A/B test，指为达到某一目而设置不同元素的页面，测量哪一个页面的访问者的行为及导致的结果能更好地达到目的。不同页面可以是两个版本，通常是一个正在使用中的版本和一个理论上预计可能有更好表现的新版本。也可以是多个新版本，例如扎克伯格提到，在每时每刻，世界上都不只有一个版本的 Facebook，世界上可能有成百上千个版本在运行，工程师们会尝试不

---

① R. Bond, C. Fariss, J. Jones et al., "A 61-million-person Experiment in Social Influence and Political Mobilization," *Nature* 489(2012): 295 - 298.

同的点子，让也许 1 万名或 10 万名用户去尝试，用自己版本的数据结果去和一个基本版去比较，知道自己实验结果的好坏。①

在 A/B test 中，自变量是在不同版本页面上要考察的元素，因变量是访问者的行为及导致的结果。下面是一个实例。

2004 年，亚马逊在主页上放置了信用卡推广，该推广带来了可观的利润，但点击率很低。团队做了把该推广移至购物车页面的实验，用户把商品加入购物车后，可以看到一个简单的计算，从而对该信用卡带来的优惠额度一目了然（见图 7.6）。

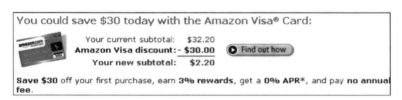

图 7.6　亚马逊购物车页面的信用卡推广

资料来源：[美] 罗恩·科哈维（Ron Kohavi）、黛安·唐（Diane Tang）、许亚（Ya Xu）《关键迭代：可信赖的线上对照实验》，韩玮等译，机械工业出版社，2021，第 16 页，图 1.5。

因为已经在购物车添加了商品的用户有非常明确的购物意图，这一推广出现的时机十分正确。对照实验显示，这一简单的改动帮助亚马逊增加了数千万美金的年利润。

第四章——概念化与操作化提到，不可以事后提出假设，因为事后设置的假设没有被证伪的可能性。互联网实验由于可观测到大量数据的改变，容易掉进 A/B test 中潜在的、最阴险的陷阱，即摘樱桃谬误（Cherry-picking）和事后假设谬误（HARKing——Hypothesizing after the Results are Known），前者指只收集有利于结论的证据，忽略了不利于结论的证据，就像摘樱桃只摘好的樱桃一样。② 因此，互联网实验应像线下实验一样，事先要有明确的假设和观察的变量。

---

① 《扎克伯格：你最大的风险就是不冒风险》，微博，2017 年 9 月 27 日，https://weibo.com/ttarticle/p/show?id=2309404156608467878802。

② D. Ryaboy, "The What and Why of Product Experimentation at Twitter," Engineering Manager, Product Instrumentation and Experimentation, Oct. 23, 2015, https://blog.twitter.com/2015/the-what-and-why-of-product-experimentation-at-twitter-0.

第十二节　实验伦理

在本教材中，我们有专章讨论社会科学研究的核心伦理原则问题，在这一节，我们只讲实验可能会遇到的两个伦理问题。

第一，实验处理本身是威胁内部效度的因素之一，因此在实验前和实验中，常常不告知被试实验的真实目的，而编造一个看起来很容易接受的说法，虽然是为了科学，但毕竟是一种欺骗的行为。美国心理学会（APA）伦理标准的第8.07条中[1]，专门讨论了研究中的隐瞒手段问题。首先，如果要做的研究没有显著的可预见的价值，或有其他可替代的有效办法，就不能采用隐瞒手段。其次，不能向被试隐瞒实验对他们身体和精神造成的可预期的伤害，如果在实验中采用了隐瞒手段，应尽早向被试解释，并允许被试撤回他们的数据。让被试了解实验性质、结果、结论，纠正被试可能产生的任何误解，这也是伦理标准的内容之一［8.08（a）]。

例如，在一项实验研究中，艾英戈（Shanto Iyengar）和金德（Donald R. Kinder）要研究电视新闻如何影响普通美国人的政治观点[2]，为了避免被试受到实验目的的暗示而影响研究结果，研究者隐瞒实验的真正目的，告诉被试他们的目的是研究人们如何解释和理解电视新闻。（试想一下，如果不隐瞒，直接告诉被试实验的目的，会得到什么结果？这种实验是否还有价值？）但在实验结束后，研究者向被试告知了真实的研究目的，并解释了为什么要这么做。

第二，出于伦理的考虑，有些研究不能采用以人为被试的实验方法。为了探索经验能否改变人类大脑的发展，需要对比在丰富环境中和在贫乏环境中成长的个体的脑组织的区别，例如，大脑皮层重量和厚度、某种酶的活性、脑细胞的数量、神经元的体积等，这样的研究显然不能以人类为被试[3]。还有

---

①　"Ethical Principles of Psychologists and Code Of Conduct 2002," APA, http://www.apa.org/ethics/.

②　［美］仙托·艾英戈、唐纳德·R.金德:《至关重要的新闻：电视与美国民意》，刘海龙译，新华出版社，2004；D. C. Mutz, J. Soss, "Reading Public Opinion," *Public Opinion Quarterly* 61(1997)。

③　［美］R. R. Hock:《改变心理学的40项研究：探索心理学研究的历史》，白学军等译，中国轻工业出版社，2004。

些研究，不以人为被试就没有意义，这就需要在伦理优先的原则下，在方法上采用妥协折中的做法。

例如，密集互动（Intensive Interaction）是一种干预措施，用于增强重度或复合学习障碍者的社会交流能力，同时提升照顾他们或与他们一起工作的人的倾听能力。要想评价这一干预措施的效果，需要进行研究，但这种研究可能存在伦理问题。Mary Kellett 和 Melanie Nind 用他们自己所做的以评价这种密集互动措施的有效性为目的的研究为例，探讨了其中的伦理问题及他们的解决办法。[1]

他们以 6 个年轻的重度学习障碍者为被试，考察密集互动措施对他们的社会交往能力有什么影响。做这个研究，遇到的第一个伦理问题是，这个研究是否值得做，谁将从这个研究中受益？经过论证后，他们的结论是，评价性研究会促进学者和有重度学习障碍者的家庭对此种方法有效性的理解，因此有利于重度学习障碍者减少他们有效社会交流的障碍。第二个伦理问题是，重度学习障碍者自己无法用言语来解释、描述他们的感觉，必须考虑其他做法。一种做法是，分成两个组，一组采取密集互动措施，另一组不采取，即采用实验组／控制组设计；另一种做法是，密集互动在执行一段时间后停止，看进展是否停滞或倒退。这两种做法显然都存在严重的伦理问题。研究者假定密集互动是有利于重度学习障碍者培养社会交往能力的，无论停滞或倒退都会对研究参与者的利益有潜在危害。为解决这一问题，研究者选择了有两个组的打断的时间序列设计，两个组同时开始基线测量，然后交错开始实验处理——密集互动。这样做可以获得密集互动是否有效的比较有力的证据，同时从伦理上讲，对某一组来说，只是效果延后了几星期而不是停滞或倒退。

在结果的测量中，他们也遇到了伦理问题。为了防止被试受到潜在的伤害，他们舍弃了获得更纯净的，也是更有说服力的数据测量方法，转而采取了一种妥协折中的测量方法，虽然数据不够纯净，但更加符合伦理原则。具体做法略。

---

[1]　M. Kellett, M. Nind,"Ethics in Quasi-experimental Research on People with Severe Learning Disabilities: Dilemmas and Compromises,"*British Journal of Learning Disabilities* 29(2001): 51-55.

第八章　问卷调查

内容提要

本章介绍了什么是问卷调查方法、问卷调查方法适用的研究问题和领域、问卷调查方法与新闻传播行业的关系；重点介绍了问卷设计的过程、收集数据的方法、问卷调查应遵循的行业规范和伦理原则，以及报告发布应披露的信息等内容；简单介绍了当无法采用概率抽样时，如何通过后期良好处理提高非概率样本质量的方法。

第一节　问卷调查方法概述

一　什么是问卷调查方法

表 8.1 和表 8.2 是一项问卷调查的例子 [①]，读者可能看到过或参与过这样的调查。这就是问卷调查的一种形式。

表 8.1　问卷调查的问卷例

2b. 就您的个人信念来看，您是否能够接纳以下群体（每行单选）：

	非常不能接纳	不太能接纳	比较能接纳	非常能接纳	［不好说］
1. 婚前同居者	1	2	3	4	−1
2. 同性恋	1	2	3	4	−1

---

① 表 8.1 中的问卷取自"2021 年中国社会状况综合调查"问卷 F2b 题，表 8.2 中的调查结果是本教材作者根据从该次调查数据中随机抽取 10% 的数据计算得出的，仅为举例说明问卷调查结果的一种表达形式。"2021 年中国社会状况综合调查"是中国社会科学院重大项目。该调查由中国社会科学院社会学研究所执行，项目主持人为陈光金、李炜。作者感谢上述机构及其人员提供数据协助，表 8.2 中的统计结果由本教材作者自行负责。

续表

	非常不能接纳	不太能接纳	比较能接纳	非常能接纳	[不好说]
3. 乞讨要饭者	1	2	3	4	−1
4. 刑满释放者	1	2	3	4	−1
5. 有不同宗教信仰者	1	2	3	4	−1
6. 艾滋病患者	1	2	3	4	−1

表 8.2　问卷调查的结果例

就您的个人信念来看，您是否能够接纳以下群体（%）（n=1005）

	非常不能接纳	不太能接纳	比较能接纳	非常能接纳	[不好说]	合计
1. 婚前同居者	20.1	22.9	41.6	10.9	4.5	100.0
2. 同性恋	55.5	20.2	14.2	3.4	6.7	100.0
3. 乞讨要饭者	16.1	27.4	40.8	10.7	5.0	100.0
4. 刑满释放者	11.7	19.0	53.9	8.5	6.9	100.0
5. 有不同宗教信仰者	14.5	15.8	48.4	13.9	7.4	100.0
6. 艾滋病患者	40.5	24.0	25.6	4.2	5.8	100.0

在第五章中，我们讲了测量，问卷就是一种测量工具，它一般由一个或一组相互关联的测题或量表构成，测量的对象是个体，但研究者关心的不是个体的测量结果，而是以被调查个体为代表的群体的特征。

表 8.1 是问卷，调查的是参与者对某一现象的态度。表 8.2 是调查结果，显示了 1005 名被访者对调查者列出的 6 个群体的态度选择的分布。

一个以问卷调查为数据收集过程的研究，大致包括以下步骤：

- 提出研究问题
- 研究问题中所涉及概念的概念化，提出概念间关系、假设
- 各概念的操作化
- 依据概念间的关系形成问卷的大致结构
- 在各概念操作化定义的基础上形成测题、量表和问卷
- 确定数据收集方法（抽样设计和调查方法）
- 实地调查

- 调查结果的统计分析
- 检验假设、结论和讨论
- 结果的发布

前三个步骤在前面的章节中已有讨论，本章重点讨论从第四步开始的除调查结果的统计分析以外的各步。

二 问卷调查方法适用的研究问题

我们从三个方面讨论这个主题：研究问题的性质、研究的时间维度、所研究变量间的关系。

（一）研究问题的性质：探索性、描述性和解释性研究

问卷调查是一种收集数据的方法，可以用于探索性、描述性和解释性研究，用于什么性质的研究取决于研究者提出的研究问题。下面各举一例。

1. 探索性研究

皮尤研究中心的一项历时一年的研究[①]，探讨了"美国人的新闻消费习惯，以及研究人员如何测量这些新闻消费习惯"。测量分为以下几个步骤。

首先，对部分公众进行认知访谈，以获得公众对所要调查的议题的定性反馈，初步地深入了解公众对数字时代新闻消费有关的新概念的理解。

其次，通过一个概率样本库做搭车调查，测试如何测量新闻消费的不同问法，这些问题来自与该领域专家的讨论以及认知访谈的数据。测量新闻消费问法如图 8.1 所示。

调查开始前半个月一直到调查结束，安装在移动设备或个人电脑上的跟踪器记录了同意参与的样本库成员的数字活动。研究人员由此可以确定他们参与媒体和新闻活动的频率。

最后，将调查数据与实测数据进行比较，观察哪种问法更接近使用者的真实情况，同时分析美国人对媒体和新闻的不同方面的意识。

其中，第二步的搭车调查就是探索性研究，探索哪种问法更接近被访者实际情况。

---

① "Measuring News Consumption in a Digital Era," Pew Research Center, Dec. 8, 2020, https://www.pewresearch.org/journalism/2020/12/08/measuring-news-consumption-in-a-digital-era/.

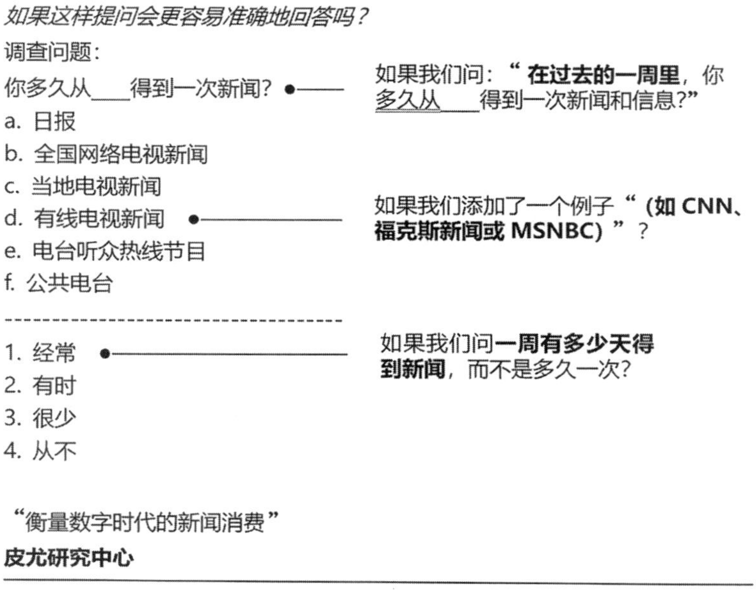

如果这样提问会更容易准确地回答吗？

调查问题：

你多久从＿＿得到一次新闻？●——　　如果我们问：**"在过去的一周里**，你 <u>多久从</u>＿＿得到一次新闻和信息?"

a. 日报

b. 全国网络电视新闻

c. 当地电视新闻

d. 有线电视新闻 ●———　　如果我们添加了一个例子"**(如 CNN、福克斯新闻或 MSNBC)**"?

e. 电台听众热线节目

f. 公共电台

- -

1. 经常 ●———　　如果我们问**一周有多少天得到新闻**，而不是多久一次?

2. 有时

3. 很少

4. 从不

"衡量数字时代的新闻消费"

皮尤研究中心

图 8.1　测量新闻消费的不同问法

注：图中的中文由本教材作者译。

2. 描述性研究

CNNIC 每半年一次的中国互联网络发展状况调查中，关于网民和非网民的调查就是采用问卷调查方法，是典型的描述性研究，报告给出各项内容的数量或百分比，主要内容包括：网民/非网民数量、人口特征，非网民不上网的原因、造成的不便等，网民对互联网的利用情况——搜索、新闻、办公、金融、旅行、网约车、医疗、网游等。

3. 解释性研究

这样的例子有孙五三的《交往行为与观念现代化》（媒介与观念现代化全国调查报告之一）[1]、潘忠党和陈韬文的《从媒体范例评价看中国大陆新闻改革中的范式转变》[2]、陈忆宁和罗文辉的《媒介使用与政治资本》[3] 等。这

---

[1]　孙五三：《交往行为与观念现代化》（媒介与观念、现代化全国调查报告之一），《新闻与传播研究》1994 年第 2 期。

[2]　潘忠党、陈韬文：《从媒体范例评价看中国大陆新闻改革中的范式转变》，《新闻学研究》（台湾）2004 年第 78 期。

[3]　陈忆宁、罗文辉：《媒介使用与政治资本》，《新闻学研究》（台湾）2006 年第 88 期。

些研究不只描述现象，重点致力于探讨现象间的关系特别是因果关系，以发现规律、发展理论。

（二）研究的时间维度：横向和纵向

针对某一研究问题的问卷调查，可以在某一时点进行一次，也可以在不同时点进行多次，前者称为横向调查，后者称为纵向调查。

1. 横向调查

横向调查的特征是问卷调查只在同一时点进行一次，在研究问题中，不把时间作为一个研究变量。例如前述的陈忆宁和罗文辉的研究，属于横向调查。文中注明了调查时间为 "2003 年 9 月 28 日至 10 月 24 日" [1]，但他们不对比在调查进行的近一个月中，不同日期收集的数据在所研究变量上的差别。

2. 纵向调查 [2]

纵向调查是针对同一群体在不同时点进行多次调查。

"同一群体"有各种不同的情况，例如可以是代表某一总体的样本，称为趋势分析（Trend Analysis）；可以是出生于同一时间段的人，称为代群或同期群分析（Cohort Analysis）；可以是固定的同一群人，称为固定样本分析（Panel Sample Analysis）。下面各举一例说明。

趋势分析举例　皮尤研究中心 2012 年 6 月 4 日发布了以《美国人价值观趋势：1987—2012 布什，奥巴马时代的党派极化现象》为标题的调查报告，报告显示了 25 年来美国民众在政府的作用和表现、环境、商业、劳动、机会平等和国家安全等 48 个价值观问题上的变化，特别指出了美国民众 25 年来在性别、年龄、种族、阶层等方面的差异始终保持平稳，但民主党和共和党在 48 个价值观问题上的分歧逐步拉大并达到了 25 年来的最大。调查以美国民众为总体，在 25 年中一共做了 15 次调查。[3]

同期群分析举例　"转变中的青年"（The Youth in Transition Survey）是一项由加拿大统计局（Statistics Canada）与加拿大人力资源和技能发展部（Human Resources and Skills Development Canada）实施的纵向调查，目的是

---

① 　陈忆宁、罗文辉:《媒介使用与政治资本》,《新闻学研究》（台湾）2006 年第 88 期。

② 　本小节参考"第 15 章——纵向关系研究"，载柯惠新、祝建华、孙江华编著《传播统计学》，北京广播学院出版社，2003。

③ 　来源于 Pew Research Center, http://www.people-press.org/2012/06/04/partisan-polarization-surges-in-bush-obama-years/。

考察青年生活中的变化，特别是教育、训练和工作方面的变化。其中有一项称为"YITS 15 岁阅读同期群"的调查，调查对象是加拿大 10 个省 15 岁的人（1984 年出生），每两年调查一次，开始年份是 2000 年，到 2010 年已完成 6 轮。调查对象的年龄在 6 轮调查中分别为 15 岁、17 岁、19 岁、21 岁、23 岁、25 岁。需要说明的是，这项同期群研究要求每轮调查的参与者都必须是前一轮调查的参与者，但这在同期群研究中并不是必需的。[①]

固定样本分析举例　北大中国家庭追踪调查（China Family Panel Studies，CFPS）样本覆盖 25 个省（区、市），目标样本规模为 16000 户，调查对象包含样本户中的全部家庭成员。经 2010 年基线调查界定出来的所有基线家庭成员及其今后的血缘/领养子女将作为 CFPS 的基因成员，成为永久追踪对象。[②]

（三）所研究变量间的关系：相关和因果

问卷调查，无论横向或纵向，都可以方便地获得各变量之间的相关关系的描述。但因果关系的描述，一般来说只在前述的固定样本的多次调查中可以获得，因为在多次调查中，可以确切地知道调查结果的时间顺序，可以知道在多次调查的各个时间段的现实中发生了哪些事情可能影响被访者对相关问题的回答，可以满足因在前果在后的必要条件。需要注意的是，数据只能提供因果关系的描述，但不能自动产生因果关系的解释。

三　问卷调查方法适用的领域

问卷调查方法具有以上各种特征，因此在社会生活各领域得到广泛应用。除了应用于社会科学研究，还应用于民意调查、舆情调查、市场调查等领域。以下举例说明。

民意调查例　皮尤研究中心利用美国趋势样本库（概率样本库）于 2016 年 8 月 16 日到 9 月 12 日进行了一次调查，[③] 主题是被访者为什么支持和关注希拉里·克林顿或唐纳德·特朗普，样本量为 4538。调查问题包括："如果 2016 美国总统大选在今天进行你将投谁的票？"（唐纳德·特朗普、希拉

---

① 来源于加拿大统计局网站，http://www23.statcan.gc.ca/imdb/p2SV.pl?Function=getSurvey&SDDS=4435&lang=en&db=imdb&adm=8&dis=2。

② 来源于中国家庭追踪调查网站，http://www.isss.pku.edu.cn/cfps/。

③ "In Their Own Words: Why Voters Support – and Have Concerns About – Clinton and Trump," Pew Research Center, September, 2016.

里·克林顿、加里·约翰逊、吉尔·斯坦因、无回答①）"如果 2016 年 11 月的选举中特朗普（克林顿）赢了你会是什么感觉？"（兴奋、安心、失望、愤怒、无回答）"请用你自己的话说，你支持希拉里·克林顿（唐纳德·特朗普）当总统的主要原因是什么。"

舆情调查例　由中国外文局与日本言论 NPO 共同举办的"北京—东京论坛"，从 2005 年开始，每年举行一次，"中日关系舆论调查"是论坛的重要组成部分，是反映两国民意、增进相互了解的重要途径。

2020 年第 16 次调查，由中国外文局所属当代中国与世界研究院主持，北京零点有数数据科技股份有限公司执行。调查样本在 10 个城市采集：北京、广州、郑州、武汉、南京、沈阳、西安、上海、成都与青岛。调查时间为 2020 年 9 月 15 日至 10 月 16 日，采用随机抽样方法，有效样本 1571 份。调查内容为，中国受访者对日本的总体印象、对中日关系的看法、对中日关系重要性的看法、对中日民间交流的重要性的看法等。例如对未来中日关系的看法，选择"好"或"比较好"的比例为 22.1%，比 2019 年（34.3%）下降了 12.2 个百分点；选择"比较差"或"差"的比例为 22.6%，比 2019 年（35.6%）下降了 13.0 个百分点；54% 的受访者选择"说不清"。②

市场调查例　2013 年零点指标数据公司进行了主题为"城市居民装修需求"的调查。内容包括城市居民装修计划、客厅装修、厨房装修、取暖器安装、卫浴装修、儿童房装修等方面，调查对象为 18 周岁以上常住居民，样本量为 3000+，执行区域为北京、上海、广州等 10 个城市，调查方法为入户。

四　问卷调查方法与新闻传播行业的关系

问卷调查方法与新闻传播行业关系紧密，新闻传播媒体既是调查对象，也是调查主体和调查结果发布的平台。

媒体是调查对象。新闻传播机构、从业者和新闻传播产品，都是新闻传播专业的研究对象，在研究中，问卷调查是常用的方法。例如，陈礼安在

---

① 前两者随机排在第 1 位、第 2 位，后两者随机排在第 3 位、第 4 位。

② 《【智库报告】2020 年中日关系舆论调查》，中国网，2020 年 11 月 18 日，http://www.china.com.cn/opinion/think/2020-11/18/content_76921370.htm。

《阅听人媒介评价在广告媒介企画过程中的考量与运用探析》一文中[1]，为了解媒体代理商在平面媒体广告媒介企划作业时的参考因素，对 51 位媒体代理商做了问卷调查，包括媒体刊物的印刷品质、广告价格、阅读率等 12 个方面。

媒体是调查主体。问卷调查这种方法的主要应用领域之一是民意测验，有关民意测验的最早记载，是 1824 年美国总统选举前，《宾夕法尼亚报》记者调查了当地选民对当年 4 位总统竞选者的态度，并于 7 月 24 日公布了这项调查结果。到 19 世纪末，选举前的民意测验已成为报刊的常规任务。[2]

根据李欣荣的《辛亥〈时事新报〉征文的政治旨趣与舆论互动》，清末的《时事新报》曾"举行责任内阁总理、协理之投票"，在报上刊登投票广告："请阅报诸君各就己见所信仰者（不问其人现在资格），填票寄下，每月之终，当将得票较多者若干人揭载报端，以占人望之所归。"同时以《投票：理想之新内阁》为题，在《时事新报》1911 年 5 月 18 日第 1 张第 2 版，公布了三次调查结果。[3]

另据北京师范大学校史记载[4]，中华心理学会首任掌门、中国第一本心理学专业杂志创办者、哥伦比亚大学心理学硕士张耀翔，在 1922 年 11 月 14 日，即北京师范大学成立 14 周年纪念日，对来宾进行了一次民意测验，问卷内载以下八个问题。

> 你赞成女子参政吗？假使你有选举权，你将选举谁做下任大总统？你最喜欢读的中国旧小说是哪一本？当今活着的中国人，你最佩服哪一个？你相信宗教有存在的必要吗？中国有许多不良的风俗和习惯，你觉得哪一样应当首先改良？北京地方上急当设立的是什么？北京地方上急当取缔的是什么？

---

[1] 陈礼安：《阅听人媒介评价在广告媒介企画过程中的考量与运用探析》，《广告学研究》（台湾政治大学广告学系出版）2008。

[2] 喻国明：《解构民意：一个舆论学者的实证研究》，华夏出版社，2001，第 11 页。

[3] 李欣荣：《辛亥〈时事新报〉征文的政治旨趣与舆论互动》，《南京大学学报》（哲学·人文科学·社会科学版）2021 年第 4 期。

[4] 北京师范大学校史研究室（bnu.edu.cn）。

此次民意测验共收回答卷 931 份，民意测验结果被张耀翔发表于《北京晨报》。"这是张耀翔赴美归来，把西方科学精神应用于中国实际的典范，标志着中国民意测验的开端。"

目前，媒体是民意测验的主要机构类别之一，例如，美国的 ABC News、Associated Press、CBS News、Washington Post、Fox 和 CNN 等；日本的日本广播协会电视台、《读卖新闻》《朝日新闻》；中国大陆的中国国际电视台[1]、人民日报主办的人民网[2] 等；中国台湾的《联合报》民调中心、《中国时报》民调中心等[3]。

除媒体外，使用问卷调查研究社会、市场的机构，还包括大学中的研究团体、政府部门、专门的研究机构等。

媒体是调查结果发布的平台。如前文所述，民意调查最早是由媒体完成并在媒体上发布的。前述的从事调查的媒体，也发布自身完成的及专业机构完成的民意调查结果。

新闻传播媒体的三种角色，构成了三个研究领域：作为调查对象，需要了解调查内容；作为调查主体，需要了解调查方法；作为调查结果发布的平台，需要了解发布的规则和技术。本章只讨论后两个方面。

第二节　问卷设计要点

问卷设计的核心要点是，提问的内容和形式要与被访者的生活经验接近，应避免仅凭个人经验和对测量对象生活的猜测和想象设计问卷。

一　问卷设计过程

问卷设计是一个研究问题分析→各概念的概念化→各概念的操作性定

---

[1]　《CGTN 智库全球网络民意调查：83.1% 网民支持应对美国进行溯源调查》，"央视新闻"百家号，2021 年 8 月 22 日，https://baijiahao.baidu.com/s?id=17069852923478 10623&wfr=spider&for=pc。

[2]　例如，《2022 年全国两会调查》，人民网，http://lianghui.people.com.cn/2022npc/GB/441856/index.html，最后访问日期：2022 年 9 月 26 日。

[3]　《【环时深度】为何一到选举，台湾假民调满天飞？》，"环球网"百家号，2022 年 9 月 24 日，https://baijiahao.baidu.com/s?id=1744803035448729412&wfr=spider&for=pc。

义→各概念的测题或量表→问卷的不断"拆分"的过程。下面以一项青少年互联网研究为例说明这个过程。[①]

这项研究的研究问题之一是了解青少年互联网采用、使用及其影响因素。研究者在理论和文献分析基础上，确定了各概念之间的关系（见图 8.2 ）。

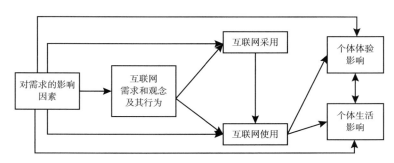

图 8.2　该研究中现象和概念间的关系

下面以"对需求的影响因素"为例，展示研究者把这个概念"拆分"为测题的操作化过程。

"对需求的影响因素"包含四个方面内容：人口、家庭、个人特征和采用环境。每一个方面又操作化为多个变量，例如其中的"采用环境"操作化为学校、同学、亲戚、父母的互联网使用情况及父母对子女使用互联网的态度，学校的互联网使用情况可以用三个测题来测量。这个过程，就把"对需求的影响因素"落实到问卷中的测题。

对需求的影响因素

- 人口→性别、年龄、年级、地区、学校级别
- 家庭→父母文化程度、父母职业、家庭人口、家庭收入等
- 个人特征→学习成绩等、个人生活满意量表、个人孤寂量表
- 采用环境→
    - ◆ 学校是否用

① 中国社会科学院新闻与传播研究所媒介传播与青少年发展研究中心的卜卫、刘晓红发布《2003 年北京、上海、广州、成都、长沙、西宁、呼和浩特青少年互联网采用、使用及其影响的调查报告》。

Q15. 你在学校里能使用互联网吗?（限选一项画○)

　　　1. 学校没有互联网　2. 有,学生不能用

　　　3. 只有上计算机课时可以用　4. 课下也可以用

Q16. 你的老师是否留过需要用电脑才能完成的作业?（限选一项画○)

　　　1. 是　2. 否

Q17. 你的老师是否留过需要上网才能完成的作业?（限选一项画○)

　　　1. 是　2. 否

◆ 同学采用的人数

◆ 家庭亲戚采用的人数

◆ 父母是否采用

◆ 家长鼓励和管理

二　对测量对象的原始探索

　　问卷调查为测量学校的互联网使用情况,设计了三个测题——Q15、Q16、Q17。这三个测题所描述的现象,是研究者在对一些青少年的焦点组访谈中了解到的,青少年在学校中如何使用互联网,不是研究者坐在屋里能想象、猜测出来的。如果测题和选项与研究对象的生活无关或存在距离,虽然填答者（尤其是儿童）会勾选一些选项,但这样得到的数据没有任何价值。

　　在一项以艾滋病感染者为对象的调查中[①],研究者事先对部分艾滋病感染者做了访谈,并在此基础上设计了调查问卷,但在第一个地点实施调查时,在被问到得病后最支持自己的人是谁时,很多女性感染者提到"孩子",而问卷中没有这个备选项,之所以遗漏这个选项,是因为事先访谈的对象是一些尚未暴露的女性感染者,或异地生活的女性感染者,她们都不存在被歧视后得到孩子支持的经验。从第二个地点开始,便加上了这个备选项,全部调查完成后的统计结果显示,"孩子"这个选项的占比高达 20%。

　　另外一个问题是感染者认识多少个其他的感染者,该问题的本意是

---

① 　卜卫、刘晓红 2010 年发布的《社会性别与艾滋病政策研究报告》,是联合国妇女发展基金、联合国艾滋病规划署项目,由中国社会科学院新闻与传播研究所媒介传播与青少年发展研究中心社会性别与艾滋病政策研究课题组执行。

想了解感染者是否与其他感染者有交流，但在农村一个村的所有人都可能互相知道姓名，因此在调查中被访者提出什么算"认识"的疑问，这导致无法判断调查结果中得到的认识人数是知道姓名的人数还是相互有交流的人数。

三　形成问卷的大致结构

图 8.2 显示了与"对需求的影响因素"相关的各概念间的关系，经过上述的操作化过程，确定了探索各概念的测题，研究者可以依据各概念之间的关系，形成相应的问卷结构，即可以大致确定这份问卷将设置哪些测题、这些测题放置的位置。

四　问卷设计技术要点

问卷设计技术要点，主要指问卷中测题用词、形式等。问卷设计技术层面的要点非常多，不同的数据采集方式，例如笔填纸质问卷与网上调查在问卷设计上也有不同。本小节只列举几个有共性的技术要点。

问卷设计者应充分意识到，填答者不会有充分的耐心仔细阅读每一个问题及每一处细节，也不会充分调动理性做出全面判断再决定选项，因此设计者不应假设不管怎么设计都能得到期望的回答，而应在设计时以填答者为中心，考虑如何设计才能尽量减少填答者回答时的心理阻力。

（一）问卷题目语句的表达

避免多意和歧义，减少回答时的脑力消耗。

例 1. 你在 ×× 大学的学习状况怎么样？

　　　1. 不错　2. 一般　3. 不好

分析：词语有歧义。"状况"可以理解为学习成绩、科目的难度、对科目的兴趣、本人努力的程度，或所有这些的综合。

例 2. 我不认为 ×× 乡不是一个不远的地方

　　　1. 是　2. 否

分析：多重否定。填答者如要确定 1 还是 2，需要消耗大量脑力。

例 3. 我当记者的原因是我追求见多识广

　　　1. 是　2. 否

分析：一题多问。当记者可能是事实，但可能不是这个原因，或追求见多识广，但不是当记者的。

（二）各种问题形式

在确定题型时需要考虑测量目标和统计方法。例如，是想了解被访者在已知各选项上的态度——封闭式单选或多选，还是想事先不了解被访者态度，进行探索性的调查——开放式，等等。封闭式题目的选项应做到完备和互斥。

1. 封闭式——多选

例1. 您至今没有上网的原因是 [①]：

　　1. 不懂电脑　2. 不懂网络　3. 不懂拼音　4. 年龄太大　5. 年龄太小

　　6. 没有电脑　7. 没有智能手机　8. 不感兴趣　9. 不需要用网

　　10. 没时间

例2. 您昨天上网的时段是（可多选）：

0	1	2	3	4	5	6	7	8	9	10	11	12	13	14	15	16	17	18	19	20	21	22	23	24

2. 封闭式——单选

例1. 以下媒体您最喜欢哪一家？ ＿＿＿

　　1. 环球时报　2. 南方周末……　14. 凤凰卫视　15. 新浪网

例2. 您昨天上网多长时间？ ＿＿＿

　　1. 没上网　2. 15分钟　3. 半小时　4. 45分钟　5. 1小时

　　6. 1.5小时　7. 2小时　8. 2.5小时　9. 3小时　10. 4小时

　　11. 5小时　12. 6小时　13. 6小时以上

3. 开放式

例1. 您至今不使用互联网的原因是： ＿＿＿＿＿＿＿

（三）问题形式对回答的影响

问题的措辞和形式，会影响人们对问题的回答。

---

① 参见《第50次〈中国互联网络发展状况统计报告〉》，中国互联网络信息中心网站，2022年8月31日，https://www.cnnic.cn/n4/2022/0914/c88-10226.html。

1. 选项排列顺序的影响

例 1. 在一次研究儿童阅读问题的问卷调查中，想要了解家长知道的儿童读物出版社有哪些。考虑到排列顺序可能的影响，研究者设计了两种不同排列顺序的选项（见图 8.3）。从表 8.3 可以看出，由于排列顺序变了，同一出版社被家长知道的占比发生较大变化。

A版			B版		
1.中国少年儿童71.7%	12.……	23.海南	1.甘肃少年儿童4.9%	12.……	23.海燕（河南）
2.中国和平	13.……	24.贵州人民	2.新疆青少年	13.……	24.湖北少年儿童
3.海豚	14.……	25.四川少年儿童	3.未来（陕西）	14.……	25.湖南少年儿童
4.北京少年儿童	15.……	26.宁夏少年儿童	4.西藏人民	15.……	26.浙江少年儿童
5.新蕾（天津）		27.甘肃少年儿童1.9%	5.江苏少年儿童7.2%	16.……	27.中国少年儿童47.9%
6.少年儿童（上海）36.3%	17.……	28.新疆青少年	6.晨光（云南）	17.……	28.中国和平
7.黑龙江少年儿童	18.……	29.未来（陕西）	7.安徽少年儿童	18.……	29.海豚
8.北方妇女儿童	19.……	30.西藏人民	8.福建少年儿童	19.……	30.北京少年儿童
9.辽宁少年儿童	20.……	31.江苏少年儿童4.0%	9.明天（山东）	20.……	31.新蕾（天津）
10.内蒙古少年儿童	21.……	32.晨光（云南）	10.21世纪	21.……	32.少年儿童（上海）46.1%
11.希望	22.……		11.接力（广西）	22.……	

图 8.3　两种不同排列顺序的选项

表 8.3　选项排列顺序改变导致的填答结果改变情况

出版社	占比 （易引起注意的位置）	占比 （不易引起注意的位置）	变化
中国少年儿童出版社	71.7%（A 版）	47.9%（B 版）	23.8 个百分点
少年儿童（上海）出版社	46.1%（B 版）	36.3%（A 版）	9.8 个百分点
甘肃少年儿童出版社	4.9%（B 版）	1.9%（A 版）	3.0 个百分点
江苏少年儿童出版社	7.2%（B 版）	4.0%（A 版）	3.2 个百分点

例 2. Schuman 和 Presser 的一项研究，比较了同一问题两种不同选项顺序在回答中的差异。[1]

问法一：你认为在这个国家里，离婚程序应该更容易、更难，还是维持现状？

问法二：你认为在这个国家里，离婚程序应该更容易、维持现状，还是更难？

---

[1]　H. Schuman, S. C. Presser, *Question and Answers in Attitude Surveys: Experiments on Question Form, Wording, and Context,* Orlando, F. L.: Academic Press, 1981. 转引自〔美〕斯科特·普劳斯:《决策与判断》，施俊琦、王星译，人民邮电出版社，2004，第 48 页。

从表 8.4 可以看出，仅改变了两个选项的顺序，就明显改变了应答的结果。

表 8.4　选项排列顺序改变导致的填答结果改变情况

	更容易	维持现状	更难
问法一	23%	41%	36%
问法二	26%	29%	46%

2. 不同表述的影响

例 1. 锚定效应

锚定效应的例子如表 8.5 所示。

表 8.5　锚定效应例

问题	平均答案
你经常头痛吗，如果是，多久一次？	2.2 次 / 周
你偶尔头痛吗，如果是，多久一次？	0.7 次 / 周
篮球运动员有多高？	78 英寸
篮球运动员有多矮？	49 英寸

资料来源：[美] 斯科特·普劳斯《决策与判断》，施俊琦、王星译，人民邮电出版社，2004，第 59 页，表 6.2 第一对问题和第四对问题。原注释为第一对问题摘自伊丽莎白·洛夫特斯的研究（1975），第四对问题摘自理查德·哈里斯的研究（1973）。所有差异都具有统计学上的显著性。

例 2. 同一问题不同问法导致的差异

一项民意测验使用了两种问法问同一问题，得到了不同结果。[1]

你认为美国是否应该允许公开发表反民主的演说？　62% 否定（不允许）

你认为美国是否应该禁止公开发表反民主的演说？　46% 肯定（禁止）

例 3. 同一事件不同问法导致的差异

在"实验与因果关系研究"一章提到，为了解在盖洛普和皮尤研究中心对斯诺登事件的调查中，公众支持政府监听计划的比例为什么差别那么大

---

[1]　D. Rugg, "Experiments in Wording Questions: Ⅱ ," *Public Opinion Quarterly* 5(1941): 91-92. 转引自 [美] 斯科特·普劳斯《决策与判断》，施俊琦、王星译，人民邮电出版社，2004，第 61 页。

（47% VS. 56%），皮尤研究中心设计了一个实验，以了解不同措辞对调查结果是否有影响。具体的问题是：

关于美国政府监听事件有一些争论，你赞成还是反对政府 (WHAT:A/B/C/D) (HOW:E/F) (WHY:G/H)

- WHAT：
  - ◆ A. 从几乎所有在美国拨打的电话中收集数据，如日期、时间和电话号码。
  - ◆ B. 从美国几乎所有电子邮件通信中收集数据，如日期、时间和电子邮件地址。
  - ◆ C. 收集美国境内几乎所有电话的录音。
  - ◆ D. 收集美国几乎所有电子邮件通信的文本。
- HOW：
  - ◆ E. 经法院批准　F. 空
- WHY：
  - ◆ G. 作为反恐努力的一部分　H. 空

这四个因素的各选项，共构成16种措辞方式。

调查发现，不同的措辞会影响调查结果。具体结果详见皮尤研究中心的研究报告。[①]

以上的例子提示我们，在问题措辞及形式的选择中，应充分意识到它们对结果可能产生的影响；在得到统计结果后，应充分意识到这些问题如果换一种表述结果可能会不同。

3. 开放式问题和封闭式问题的影响

问题是开放式表达还是封闭式表达，是影响回答的重要因素之一。皮尤研究中心在2008年美国总统选举后的民意调查中，对同一问题设计了开放式和封闭式两个版本，被调查者回答的结果差异很大。[②]

皮尤研究中心的问题是：哪一个议题在你决定总统选举投票中是最重

---

① "Government Surveillance: A Question Wording Experiment–Court Approval a Big Factor in Public Support," Pew Research Center, Ju. 26, 2013, http://www.people-press. org/2013/07/26/government-surveillance-a-question-wording-experiment/.

② "Open and Closed-ended Questions," Pew Research Center, http://www.people-press.org/ methodology/questionnaire-design/open-and-closed-ended-questions/.

要的？①

从表 8.6 中可以看到，在两种版本中，选择经济这个议题的占比相差 23 个百分点、选择其他的占比相差 35 个百分点。一般情况下，研究者会采用开放式问题进行探索研究，把在探索研究中收集到的应答作为封闭式问题的备选项。

表 8.6　自由填答与从备选答案中选择的占比情况

	开放式版本	封闭式版本
经济	35%	58%
伊拉克战争	5%	10%
医疗保险	4%	8%
恐怖主义	6%	8%
能源政策	*	6%
其他	43%	8%
不知道	7%	2%
合计	100%	100%

前文提到的，只是可能影响回答结果因素的几个例子。我们从中应得到的启示是：一是在问卷设计中，应认真对待顺序和措辞等看起来不那么实质的因素；二是如果是纵向调查，更需要考虑每次调查问题的顺序和措辞的一致性，以免无法区分是时间因素导致结果改变，还是问题顺序和措辞导致结果改变。

第三节　收集数据方法

有多种发送问卷、填答问卷、收集填答结果的方法：问卷可以是纸质的，用笔填答，也可以是电子版的，在计算机、手机上填答；可以由访问员提问——当面或通过电话填答，也可以由被访者根据问卷中的提示自己填答；问卷发送和回收可以当面完成，也可以通过电话、互联网、邮寄等方式完成。

综合以上各个因素，大致有以下几种比较定型的方法：面访、电话调查、在线调查、留置、拦截、邮寄、定点访问、集体填答等。每种方法在抽样的具体做法、针对的调查对象、研究的主题、成本等方面有不同的特征，

---

① 原文："What one issue mattered most to you in deciding how you voted for president?"

一项研究可能采用多种方法。

综合来看，研究最常用的三种方法是面访、电话调查、在线调查。本节重点介绍这三种方法。这三种方法在前述的各方面存在一些差别，其中最大的差别是抽样，抽样也是调查中最困难的部分，本节将在介绍中重点讨论抽样。

一 面访

由访问员直接访问抽取到的被访者，请被访者回答问卷中的问题并填写到问卷相应位置。面访的优点是，应答率高；纸笔方式调查（Pen And Paper Interviewing，PAPI）则成本高、周期长、环节多——需要问卷回收录入，才能形成统计用的数据文件。计算机辅助调查（Computer-Assisted Personal Interviewing，CAPI）指使用平板电脑或智能手机等手持数字设备收集调查数据，有利于大幅提高效率、减少错误，并有助于解决上述问题。

"中国社会状况综合调查"（Chinese Social Survey，CSS）是中国社会科学院社会学研究所发起的一项全国范围的大型连续性抽样调查，从 2006 年开始每两年做一次，到 2021 年已完成八次。调查采用面访方式。2017 年前，采用纸笔方式调查，2017 年开始引进 CAPI 系统（北京大学的 PAD 调查系统），2019 年在 CAPI 系统的基础上，研发了中国社会科学院计算机辅助面访（CASS-Computer Assisted Personal Interviewing，CASS-CAPI）系统，具有独立的质控功能。2019 年和 2021 年，均采用 CASS-CAPI 系统。[1]

应答率（Response Rate）指的是实际完成的访问数占设计样本数的比例。

根据美国舆论研究协会（AAPOR）的"标准定义"（Standard Definitions），有六种计算应答率的方法，在报告应答率时，需要具体指出是这六种中的哪一种。除应答率外，还有合作率、拒绝率和接触率等。[2]

需要说明的是，应答率仅适用于概率抽样的调查，根据 AAPOR 2016

---

[1] 邹宇春、崔岩主编《仗卷走天涯——全国大型社会调查之督导笔记》，社会科学文献出版社，2019; 邹宇春、崔岩、任莉颖主编《仗卷走天涯——全国大型社会调查之督导笔记》（第二辑），社会科学文献出版社，2020; 中国社会质量基础数据库（cass.cn）。

[2] 详见 AAPOR, *Standard Definitions*, Seventh Edition, 2011。

年公布的标准定义第九版[①]，对于采用非概率样本的调查，应报告参与率（Participation Rate）而不是应答率，以与概率抽样的调查相区别。本章中提到的应答率都默认为概率抽样的情况，此后就不再一一说明了。

二　电话调查

访问员（或电话自动应答系统）通过电话访问抽取被访者。

一个常见的做法是利用电脑辅助电话访问（Computer Assisted Telephone Interviews，CATI）系统向样本电话号码拨号，电话拨通后，由访问员按计算机屏幕显示的问卷题目提问被访者，并将被访者的回答输入到计算机中。

电话调查常同时包括移动电话和固定电话。例如 CNNIC 每年两次的中国互联网络发展状况调查，从 2007 年 7 月（第 20 次）开始，增加了移动电话子总体。

电话调查的优点是，成本低于面访、周期短、可在访问结束时形成统计用的数据文件；缺点是，应答率低，例如根据皮尤研究中心的研究，电话调查应答率（AAPOR RR3）从 1997 年的 36% 下降至 2018 年的 6%。[②] 据该项研究可知，应答率低的主要原因，一是营销电话激增，二是技术有时会将调查电话标记为"垃圾电话"。但皮尤研究中心在 1997 年、2003 年、2012 年和 2016 年的研究发现，应答率和准确性之间几乎没有关系，其他研究也有类似发现。不过该项研究也提到，低应答率出错的风险高于高应答率，另外低应答率产生更高的调查成本。

三　在线调查

在线调查，即在互联网上发布、填答问卷。如何获得对总体有代表性的在线样本，是在线调查需要解决的核心问题之一。与电话的使用不同，在人口中有一定比例的人不上网，根据 CNNIC 2022 年 8 月的调查结果，截至 2022 年 6 月，我国网民规模为 10.51 亿人，互联网普及率达 74.4%；我国非

[①]　APPOR，*Standard Definitions: Final Dispositions of Case Codes and Outcome Rates for Surveys*，Nineth Edition，2016.

[②]　引用 C. Kennedy, H. Hartig, "Response Rates in Telephone Surveys Have Resumed Their Decline," Pew Research Center, Feb. 27, 2019, https://pewrsr.ch/2XqxgTT。

网民规模为 3.62 亿人。[①]

在线调查的优势是，成本低、问卷设计形式多样化（图像、视频、音频）、多种方便的应答形式、数据采集周期短、直接得到电子数据、没有录入环节、调查过程中的人为误差较小等。

在线调查的优势非常明显，因此普及非常迅速。中国内地最早于 1995 年开始利用互联网进行问卷调查。[②] 2009 年，美国约 85% 的传统方法（面访或电话调查）被在线调查替代。[③]

在线调查样本大致分为两大类：拦截方式（Intercepts）和样本库（Panels）。

（一）拦截方式

拦截：截取来自积分墙、联盟网络、社交媒体或其他平台的网民，以推动调查。拦截是请潜在参与者在参与其他活动（如玩在线游戏、阅读新闻或其他在线活动）时参与调查，以获得奖励。

通过这些方式获得的样本称为河流样本（River Samples）或自我招募在线样本（Self-recruited Online Samples）。

例 1. CNNIC 2016 年 1 月（第 37 次）及以前几十次的调查，都是采用拦截方式，2016 年 1 月（第 37 次）的调查，是最后一次采用拦截方式。具体的表述是："网上调查重在了解典型互联网应用的使用情况。CNNIC 在 2015 年 12 月 1~31 日进行了网上调查，将问卷放置在 CNNIC 的网站上，同时在各类大型网站上设置问卷链接，由网民主动参与填写问卷。"[④]

例 2. CGTN 第三次网络民意调查也是采用拦截方式。"CGTN 智库用英、西、法、阿、俄 5 种语言在优兔、推特、脸书、接触网等平台上，就席卷全球的新冠肺炎疫情进行了第三轮网络民意调查，网络投票持续了 48 小时。"[⑤]

[①] 《第 50 次〈中国互联网络发展状况统计报告〉》，中国互联网络信息中心网站，2022 年 8 月 31 日，https://www.cnnic.cn/n4/2022/0914/c88-10226.html。

[②] 1995 年 9 月 30 日开通的瀛海威时空网站的系统功能之一是"瀛海威市场调查中心"，这可能是中国内地最早将互联网作为调查研究方法的例子。

[③] D. Murphy, "Moving Research Forward"（David Murphy talks to Didier Truchot, chairman and CEO of Ipsos）, The ESOMAR, Research-World(Issue 24 – October 2010).

[④] 《第 37 次中国互联网络发展状况统计报告》，中国互联网络信息中心网站，2016 年 1 月 22 日，https://www.cnnic.cn/n4/2022/0401/c85-5580.html。

[⑤] 《CGTN 发布第三次网络民调：八成以上全球网民认为美国政府抗疫不力！》，"央视新闻"百家号，2021 年 8 月 15 日，https://baijiahao.baidu.com/s?id=1708147519659397477&wfr=spider&for=pc。

（二）样本库

样本库：潜在参与者数据库，潜在参与者事先同意对未来的数据收集予以合作，通常换取奖励。样本库包括传统访问样本库（Traditional Access Panels）、联合品牌样本库（Co-branded Panels）或选择进入样本库（Opt-in Panels）

样本库分为非概率样本库和概率样本库。

1. 非概率样本库

非概率或志愿者在线样本库（Nonprobability or Volunteer Online Panels），有时也称为选择进入样本库。如称谓所显示的，这样的样本库是由自愿参与者构成的。样本库采用多种方式招募成员，例如在本公司网站、网媒/传统媒体投放招募广告，在执行过程中邀请，在微信朋友圈、微信群、QQ 群发布有奖招募的广告，欲参与者通过招募广告中的地址链接到样本库公司网站，通过邮箱、手机、Cookie 或网络 IP 进行身份认证，注册成为会员，注册信息通常包括身份证、手机号、职业、学历、收入、婚姻等。这些会员就成为样本库成员，与这些会员关联的信息，就构成非概率样本库。

目前来看，国内的样本库都是非概率样本库。

另外，市场上有不少能够完成在线问卷调查全部流程的工具。[①] 从问卷编辑到问卷发放和回收、数据统计和制作统计图表等操作，其中问卷发放可以通过微信小程序、文章、公众号菜单、关键词回复，QQ，微博，网站嵌入等方式完成。如果调查公司有样本库，也可以将问卷发给符合属性要求的样本库成员用户填答。因此，这种调查工具的样本，既包含拦截方式，也可能有非概率样本库方式。

2. 概率样本库

该样本库使用概率抽样方法选择和招募样本库参与者。利用邮政地址或电话概率抽样，邀请被抽中的人成为样本库成员。如果总体定义为全体居民，而被抽中的人不是互联网用户，则为其提供互联网接入设备，以确保对人口总体的代表性。

---

① 《私域运营之常见的问卷调查工具——问卷星、问卷网、腾讯问卷、金数据》，社群运营百科网站，2022 年 4 月 12 日，https://www.ishequn.net/article/246。

下面以皮尤研究中心的美国趋势样本库（American Trends Panel，ATP）为例，[①] 介绍概率样本库的特征。

美国趋势样本库由来自全美国的一万多名成年人组成，对全美国成年人具有统计上的代表性。该样本库自 2014 年开始招募成员，样本库成员是从几个大型的全国性固定电话和手机 RDD 调查中招募来的，每次调查结束时，都会邀请受访者加入样本库。2015 年和 2017 年采用同样方法招募了两次；2018 年从电话招募改为基于地址的招募。

2021 年，美国非互联网用户的比例估计为 7%，但在人口统计学上与上网者大不相同。为使调查能够覆盖美国成年人，ATP 早年通过纸质问卷对非互联网用户进行访谈，自 2016 年开始为抽中的非互联网家庭提供平板电脑，进行在线调查。

皮尤研究中心与益普索（Ipsos）合作招募并管理样本库，每年会对样本库进行更新（招募和辞退），因此需要不断进行加权调整，以保证对全美国成年人口的代表性。加权的指标包括加入的年份、人口特征（如年龄、教育、性别、种族、民族、地理）和非人口特征（如政党关系、宗教关系、登记选民身份、志愿服务），采用相应的基准进行加权。

样本库成员以自填方式参与调查。

ATP 是现在皮尤研究中心美国调查的主要工具。

下面是部分概率样本库列表：

SSRS Opinion Panel

SSRS Opinion Panel Methodology August 2022[②]

AmeriSpeak®

AmeriSpeak Technical Overview 2019 02 18.pdf（norc.org）[③]

Ipsos Knowledge Panel

https://www.ipsos.com/en-us/solutions/public-affairs/knowledgepanel[④]

---

① "American Trends Panel," Pew Research Center, https://ropercenter.cornell.edu/ipoll/study/31120688，last accessed Oct.13, 2022.

② 最后访问日期：2022 年 10 月 13 日。

③ Technical Overview Of the Amerispeak® Panel Norc's Probability-based Household Panel, Updated February 8, 2022，last accessed Oct.13,2022.

④ 最后访问日期：2022 年 10 月 13 日。

American Life Panel (ALP)

About the Panel | RAND[①]

The Gallup Panel

U.S. Social Research and the Gallup Panel | Gallup[②]

根据笔者截至 2022 年 10 月 13 日的观察，中国目前尚无概率样本库。

除上述拦截方式和样本库方式外，还有一种在线样本是基于具体人员名单的样本。

这是概率抽样的一种方式。假设目标人群（例如一所大学的全体学生）都有电子邮箱地址或微信号，并且可以得到这些地址，这些地址清单就成为目标人群的抽样框，研究者可以从中随机抽样形成概率样本。实际上，如果能获得目标人群总体的抽样框，也就可以进行普查。

（三）在线调查样本行业规范

例 1. 欧洲民意与市场调查协会（ESOMAR）从 2005 年开始发布名为"帮助用户了解在线样本特征的 25 个问题"（25 Questions to Help Buyers of Online Samples）的文件，这些问题是代表用户对在线样本提供者提出的。一方面，用户通过这些问题了解某公司所提供的在线样本是否符合自己的要求；另一方面，这些问题实际上为这个行业制定了一套统一的专业术语，作为了解在线样本特征的系统性的指标，便于使用者在不同的样本提供者之间做出比较。[③]

随着在线调查实践的发展，该文件分别在 2008 年、2012 年和 2021 年做了修订，目前的版本是 2021 年 3 月更新的，共有 37 个问题，包括目的和范围、公司简介、样本来源和招募等 8 个方面和 1 个词汇表。

各在线业务公司对各问题给出自己的回答，并做成文件供用户参考。下面以益普索公司的回答文件为例，[④]简要介绍其中 ESOMAR 第 4 个问题和说明及益普索的回答。

---

① 最后访问日期：2022 年 10 月 13 日。

② 最后访问日期：2022 年 10 月 13 日。

③ ESOMAR，https://esomar.org，最后访问日期：2021 年 9 月 23 日。

④ ESOMAR Ipsos Answers July 2022.

问题 4.您从哪些在线样本来源获得参与者？

说明：样本供应商可以从单一来源提供样本，例如他们自己的专有样本库或其他样本库，或者他们可以利用一系列技术和平台，从样本来源的组合中汇聚参与者。一些提供商可能会同时执行这两种操作。对所用来源的清楚了解将有助于您了解所提供的样本类型。

益普索的回答：益普索通过自有的全球管理的益普索 iSay 样本库和一些本地拥有的益普索样本库获得参与者。此外，益普索与许多不同类型的外部供应商合作，在需要时提供样本，以满足项目要求。这包括其他传统研究样本库、奖励 / 忠诚社区、拦截 / 积分墙提供商和样本交换。益普索还可以利用其直接调查频道，通过社交媒体平台直接访问受访者。

ESOMAR 的这种做法提示我们，在线调查的使用者的需求和对质量的判断水平，在一定程度上决定了在线调查者对质量的追求。没有美食家就没有好厨师，没有高标准严要求的用户就没有高质量的产品，没有问卷调查的使用者对方法的要求，也就不能指望在一个市场（泛指的市场，包括学术研究成果发布的空间）上问卷调查水平会不断提高。

例 2.《中国网络市场调研行业工作标准》【第 8 稿】2010 年 1 月 8 日第 8 次修订（2008 年 9 月 3 日第 1 稿）[①]，关于样本库招募共有 10 条，其中第 1 条和第 2 条如下。

第 1 条　样本库会员必须事先被告知并在自愿的基础上加入某一样本库。原则上他们只能加入一个样本库。并能在本规则规定的受访频率限度内积极参与调研。

第 2 条　特别是当受访者是通过互联网被招募的时候，样本招募过程应当是双向选择。在申请者明确了解作为样本库会员的权利与义务，并自愿提出加入样本库的基础上，样本库所有方必须按照既定流程检查并确认申请者提交的相关信息准确无误后，方可正式接纳并告知该申请者成为样本库会员。

（四）如何良好处理非概率样本

处理的目标是，使非概率样本与总体结构相同或接近。

采用不同方法处理的非概率样本，有些可用于估计总体（但不可做统计

---

① 《中国市场研究行业执行标准——在线调研项目》，中国信息协会市场研究会分会网站，2016 年 4 月 27 日，http://www.cmra.org.cn/newsshow.php?id=43。

推论），估计的水平有可能好于概率样本。"好于"是与已知基准数据对比的结果，误差依然不可知。有些则可以进行如概率样本那样的统计分析。

论文中常见的错误做法是，用样本的各变量频数与某总体的各对应变量的频数表对比，只要百分比看起来接近，就以此作为样本可以代表总体的证据。

正确处理方法

● **如果仅知总体的边际分布：采用耙选（Raking）或称迭代比例拟合处理**

各种统计报告、普查、年鉴、CNNIC 等，可提供边际分布。

● **如果知道总体的联合分布：采用加权（Weighting）处理**

普查、年鉴、CNNIC 等会提供部分变量的联合分布。

● **如果有总体原始数据：采用倾向值匹配（Propensity Score Matching, PSM）处理**

可以作为基准的数据如高质量的概率抽样调查。另外，对那些应答率低，或设计未能覆盖目标人群，或超比例或比例不足的概率抽样样本，也需要做调整。

下面简单介绍这三种方法。

1. 如果仅知总体的边际分布：采用耙选方法

通过反复调整各案例的各变量的权重，达到样本变量的边际分布与总体的边际分布相同。EXCEL 的插件 XLSTAT（基础版），有 Raking 功能。表8.7.1 至表 8.7.3 是一个虚拟的例子。

表 8.7.1　方便样本和基准

假定现有方便样本和作为基准的总体边际百分比

方便样本		年龄			样本量合计	样本量百分比合计	总体百分比合计
		1	2	3			
性别	1	16	76	20	112	56%	38%
	2	16	60	12	88	44%	62%
样本量合计		32	136	32	200		
样本量百分比合计		16%	68%	16%		100%	
总体百分比合计		20%	50%	30%			100%

表 8.7.2　权重值

利用 Raking 功能计算各单元的权重值

权值		年龄		
		1	2	3
性别	1	0.79	0.49	1.31
	2	1.71	1.049	2.82

表 8.7.3　加权后的结果

方便样本 Raking 后		年龄			样本量合计	样本量百分比合计	总体百分比合计
		1	2	3			
性别	1	13	37	26	76	38%	38%
	2	27	63	34	124	62%	62%
样本量合计		40	100	60	200		
样本量百分比合计		20%	50%	30%		100%	
总体百分比合计		20%	50%	30%			100%

2. 如果知道总体的联合分布：采用加权方法

Weighting 方法实例如表 8.8.1 至表 8.8.4 所示。

根据总体联合分布计算样本各单元的权重值，使样本各单元值乘以相应的权重值后，与总体联合分布的比例相同。

表 8.8.1　样本人数

单位：人

	男	女	合计
10~20 岁	50	40	90
21~30 岁	100	60	160
31~40 岁	150	100	250
>40 岁	300	200	500
合计	600	400	1000

表 8.8.2　样本比例

单位：%

	男	女	合计
10~20 岁	5	4	9
21~30 岁	10	6	16
31~40 岁	15	10	25
>40 岁	30	20	50
合计	60	40	100

表 8.8.3　权重

	男	女
10~20 岁	0.784314	0.735294
21~30 岁	0.588235	1.143791
31~40 岁	0.784314	1.470588
>40 岁	1.143791	0.980392

表 8.8.4　总体的联合分布

单位：%

	男	女	合计
10~20 岁	3.9	2.9	6.9
21~30 岁	5.9	6.9	12.7
31~40 岁	11.8	14.7	26.5
>40 岁	34.3	19.6	53.9
合计	55.9	44.1	100.0

3. 如果有总体原始数据：采用倾向值匹配方法

实验与因果关系研究一章已经简单介绍了倾向值匹配方法，在实验中，是控制组与实验组匹配，这里是样本数据与总体数据匹配。

已知总体原始数据或一个高质量的概率样本——基准数据

现有一个非概率样本（Opt-in 或方便样本）——用户样本

如果基准数据中的每一个案例，都能在用户样本中找出一个案例，两者在某些关键变量上的取值完全相等或高度接近，就从用户样本中形成了一个新的用户样本，其构成与基准样本相同。

下面用本教材作者所做的一个示例，简单介绍 PSM 的过程。

（1）准备数据

基准数据，本例采用社会学研究所 CSS 2015 年的数据。[①]

用户数据，本例采用 2015 年某大学某调查中心的非概率抽样调查数据。

首先需要考虑选取什么变量作为 PSM 的变量。原则上是选取对研究问题有影响的变量，而且是在基准数据和用户样本数据中都必须有的变量。

为说明 PSM 过程，本示例仅采用三个变量进行 PSM：性别、年龄、受教育程度。

（2）变量处理和执行

基准数据和用户样本数据的变量名称和取值范围大概率是不同的，因此

---

① "2015 年中国社会状况综合调查"是中国社会科学院重大项目。该调查由中国社会科学院社会学研究所执行，项目主持人为陈光金、李炜。感谢上述机构及其人员提供数据协助，本案例内容由本教材作者自行负责。

需要调整为同样的测量单位和取值范围。

从表 8.9 看，出生年份和受教育程度都需要调整。

基准样本量为 10243，随机抽取 966；用户样本量为 3825。

PSM 时，用户样本案例要多于基准数据，因为有些样本可能在基准数据中找不到匹配的案例。

表 8.9　基准数据与用户样本数据变量和取值

	变量名	A101c 性别	A101d 出生年份	A101g 受教育程度
基准 数据	取值	1. 男 2. 女	1945……1997(74~22)	1. 未上学、2. 小学、3. 初中、4. 高中、5. 中专、6. 职高技校、7. 大学专科、8. 大学本科、9. 研究生、10. 其他
用户 样本 数据	变量名	f1 性别	f2 年龄	f3 最高学历
	取值	1. 男 2. 女	15……59(1960~2004)	1. 小学或以下、2. 初中、3. 高中/中专/技校、4. 大学专科、5. 大学本科、6. 研究生及以上

①变量处理

性别：不用处理。

年龄：（同一年调查 2015）。

　　　　基准数据删除 <1956　用户样本数据删除 <18

　　　　统一年龄分段：15~19 岁、20~29 岁……50~59 岁

受教育程度：统一分段。

两数据库统一变量名，合并为一个数据文件。

②执行

利用带有 PSM 模块的统计软件对这个数据执行 PSM[1]。

PSM 处理前后的结果如表 8.10 到表 8.12 所示。由此可见，PSM 处理后的结构与基准数据非常接近[2]。

---

①　例如，EXCEL 的 XLSTAT 插件的 premium 版、SPSS 25 及以上版都有 PSM 模块。

②　在匹配的过程中，设定的精度越高，能成功匹配的样本越少，需要的样本量越大。

表 8.10　PSM 处理前后基准数据与用户样本数据的性别占比

		PSM 处理前 用户样本	基准	PSM 处理后 用户样本
男	计数	2022	411	374
	占比	52.9%	42.5%	43.8%
女	计数	1803	555	479
	占比	47.1%	57.5%	56.2%
总计	计数	3825	966	853
	占比	100.0%	100.0%	100.0%

表 8.11　PSM 处理前后基准数据与用户样本数据的年龄占比

		PSM 处理前 用户样本	基准	PSM 处理后 用户样本
18~19 岁	计数	311	18	18
	占比	8.1%	1.9%	2.1%
20~29 岁	计数	1019	153	154
	占比	26.6%	15.8%	18.1%
30~39 岁	计数	1044	204	186
	占比	27.3%	21.1%	21.8%
40~49 岁	计数	849	313	225
	占比	22.2%	32.4%	26.4%
50~59 岁	计数	602	278	270
	占比	15.7%	28.8%	31.7%
总计	计数	3825	966	853
	占比	100.0%	100.0%	100.0%

表 8.12　PSM 处理前后基准数据与用户样本数据的受教育程度占比

		PSM 处理前 用户样本	基准	PSM 处理后 用户样本
小学或以下	计数	142	279	126
	占比	3.7%	28.9%	14.8%
初中	计数	938	343	383
	占比	24.5%	35.5%	44.9%
高中 / 中专 / 技校	计数	1639	182	182
	占比	42.8%	18.8%	21.3%

续表

		PSM 处理前 用户样本	基准	PSM 处理后 用户样本
大学专科	计数	667	77	78
	占比	17.4%	8.0%	9.1%
大学本科	计数	418	71	72
	占比	10.9%	7.3%	8.4%
研究生及以上	计数	21	14	12
	占比	0.5%	1.4%	1.4%
总计	计数	3825	966	853
	占比	100.0%	100.0%	100.00%

PSM 是将用户样本数据与基准数据相匹配。以下是几个可以作为 PSM 基准数据的例子，美国的有美国全国选举研究（American National Election Survey，ANES）、美国人口普查局（The U.S. Census Bureau）的相关数据、芝加哥大学国家民意研究中心（NORC）的一般社会调查（GSS）、皮尤研究中心的宗教景观研究（RLS）、CDC 全国健康访谈调查，等等。

中国的基准数据，如 CSS[①]。

4. 非概率样本处理经验及效果

● 经过 Raking 和 Weighting 方法处理的样本，可用于估计总体（但不可做统计推论），PSM 处理的样本可以进行如概率样本那样的统计分析。

● 一些研究比较了概率抽样和经过处理后的非概率抽样调查的精度。例如《概率和非概率抽样调查研究的概念方法和经验证据综述》[②]，基本结论是：尽管应答率下降，但概率抽样调查的准确性通常高于非概率抽样调查。

● 一些研究探索了如何做在线非概率样本加权的经验，例如皮尤研究中心 2018 年的一项实证研究[③]，其基本结论是：

---

① 历年数据可在中国社会科学网站（http://cssn.cn）上获得。

② C. Cornesse et al., "A Review of Conceptual Approaches and Empirical Evidence on Probability and Nonprobability Sample Survey Research," *Journal of Survey Statistics and Methodology* 8(2020)：4 - 36.

③ "For Weighting Online Opt-in Samples, What Matters Most?" Pew Research Center, Jan. 2018.

- 最有效的调整过程都无法完全移除偏差；

- 选择合适的加权变量比选择正确的统计方法更重要，对某些调查来说，添加政治变量（选民登记、政党的归属、意识形态等）作为加权变量比仅使用人口变量加权，误差更小；

- 最基本的加权方法——Raking 的表现，与基于匹配的更精细的技术的表现几乎相同；

- 非常大的样本量不能解决在线 Opt-in 样本的缺点（研究中试验了 4 种样本量：500、1000、1500、2000）。

第四节　问卷调查报告的评价及发布

一　调查报告发布规范

根据调查行业规范，例如 AAPOR[①]、美国调查研究组织委员会（CASRO）[②]、美国广播公司新闻部（ABC News）[③] 和欧洲民意与市场调查协会（ESOMAR）[④] 等，研究者在向公众发布调查结果时，需要提供与调查方法有关的最低限度信息，或更好的是，提供与方法有关的全部信息，这些信息将保证其他研究者可以重复这个研究，使得研究得到的数据可用于独立检测，使得研究结果的使用者可以据此判断研究的信度和效度。

以 AAPOR 2021 年 4 月更新的 AAPOR 职业道德和操作规范第三节——披露标准为例[⑤]，披露标准分为 A 和 B 两部分，A 部分应与调查结果一起发布，B 部分是不能立即获得的材料，应在 30 天内公布。下面简述 A 部分内容，B

---

① "Disclosure Standards of the AAPOR Code of Professional Ethics & Practice (April 2021) Specifies," https://www.aapor.org/Standards-Ethics/AAPOR-Code-of-Ethics/Disclosure-Standards.aspx，last accessed Oct.12,2022.

② "Code of Standards and Ethics for Market, Opinion, and Social Research," https://douglassresults.com/wp-content/uploads/2020/10/casrocode.pdf.

③ "GARY LANGER, ABC New' Polling Methodology and Standards," ABC News' Polling Methodology and Standards, Sep. 16, 2020, http://abcnews.go.com.

④ ESOMAR-WAPOR-Guideline-on-Opinion-Polls-and-Published-Surveys-August-2014.doc.

⑤ "Disclosure Standards of the AAPOR Code of Professional Ethics & Practice (April 2021) Specifies," Aapor, https://www.aapor.org/Standards-Ethics/AAPOR-Code-of-Ethics/Disclosure-Standards.aspx，last accessed Oct. 12, 2022.

部分内容省略。

A、即时披露项目

1. 数据收集策略（例如调查、焦点小组、内容分析）。

2. 谁赞助了研究，谁进行了研究。

3. 测量工具／仪器。问卷、访谈脚本、导语、提示，内容分析和民族志的数据分类方案或指南。

4. 研究总体。目标人群，内容分析的对象和数据来源（如 Twitter、LexisNexis）。

5. 生成和招募样本的方法。

    a. 概率的、非概率的。

    b. 基于概率的样本，应包括抽样框、列表或方法的描述。

        i. 说明抽样框、列表供应商名称以及名单的性质（例如，2018 年得克萨斯州注册选民、预招募小组或人才库）。

        ii. 样本框、列表或样本库，说明人口覆盖范围及未覆盖部分。

    c. 对于调查、焦点小组或访谈，说明联系、选择、招募、拦截参与者的方法，以及任何资格要求或过度抽样。

6. 数据收集起止日期。内容分析所分析内容的起止日期。

7. 样本大小和结果精度讨论。

    a. 每种数据收集模式的样本量。

    b. 概率抽样调查，报告抽样误差的估计值，讨论报告的抽样误差或统计分析是否因加权、聚类或其他因素而针对设计效果进行了调整。

    c. 非概率抽样调查，只有在定义并附有详细描述基础模型是如何指定的、其假设是如何验证的，才能报告测量精度。

    d. 如果是人工编码，报告编码人员的数量及编码员间一致性估计值。

8. 如何加权。如何计算权重，使用的变量和权重参数的来源。

9. 如何处理数据以及确保数据质量的程序。

10. 关于研究设计和数据收集的限制的声明。

关于抽样误差的报告

以往非概率抽样，不报告也无法报告抽样误差，因为抽样误差是基于概率抽样的公式计算出来的。例如 2015 年台湾无线网络调查中，网民调查采用了非概率抽样，还特别声明了"由于网络调查得到的样本并不是直接由随机抽样所产生的，故不计算抽样误差"[1]。AAPOR 的规则长期以来不允许非概率抽样问卷调查结果报告抽样误差，但 AAPOR 于 2015 年改变了他们的原则，[2] 提出了四种报告方法及四种报告方法的实例和应报告的细节，并提示为了避免与概率抽样混淆，应避免使用"误差幅度"（Margin of Error）或"抽样误差范围"（Margin of Sampling Error）的字样。[3]

二 媒体判断一个调查报告能否报道的依据

学习研究方法的硕士和博士研究生，无论日后自己是否从事研究工作，作为新闻传播行业的专业人士，至少需要知道如何判断一个问卷调查的研究结果是否可以报道。下面两个文件可作为判断的参考。

（一）AAPOR 课程

前述的调查行业组织 AAPOR，在其开发的新闻业民意调查课程中，一项内容就是帮助新闻从业者通过问 12 个问题来了解一项民意调查的五个 W 加一个 H，以决定是否报道这一项民意调查结果。[4] 这些问题，是前述的最低限度披露标准的新闻版表达。

这些问题包括：1. 谁出的钱？为什么要做这个调查？2. 谁做的调查？3. 如何做的调查？4. 调查了多少人？抽样误差是多少？5. 这些人是如何选出来的（概率 / 非概率）？6. 这些人是从什么地域选出来的，即所代表的总体是什么人？7. 访问是何时做的？8. 访问是如何做的？9. 问了哪些问题？这些问题是否清晰、平衡、无偏见？10. 问题是用什么顺序提出的？先问的问题是否会影响后问的问题？对得出结论是否有重要影响？11. 结果是基于所有被访者

---

① 《〈2015 年台湾无线网路使用状况调查〉报告书》，台湾网路资讯中心，2015 年 11 月（第 11 页）。

② "AAPOR Guidance on Reporting Precision for Nonprobability Samples," Appor, Dec. 22, 2016, http://www.aapor.org/getattachment/Education-Resources/For-Researchers/AAPOR_Guidance_Nonprob_Precision_042216.pdf.aspx.

③ "The Code of Professional Ethics and Practices," Appor, Revised Nov. 30, 2015, http://www.aapor.org/Standards-Ethics/AAPOR-Code-of-Ethics/AAPOR_Code_Accepted_Version_11302015.aspx.

④ 参见 https://www-archive.aapor.org/Education-Resources/For-edia/Questions-to-Ask-When-Writing-About-Polls.aspx。

的回答还是基于其中一部分人，如果是一部分，是多少？12.数据加权了吗，如果加权了是以什么变量加权的？

（二）ABC News 的民意调查方法和标准

媒体作为问卷调查结果的用户，也有自己的判断标准，例如 ABC News 的"民意调查方法与标准"，[①] 对民意调查中的样本、抽样、面访、加权、抽样误差、应答率、选前民调等方面做出了相关规定。例如关于样本的规定包括："从方法上讲，在所有或几乎所有情况下，我们都需要一个基于概率的样本，具有高覆盖率的可靠的抽样框。非概率、自选或所谓的'便利'样本，包括互联网选择加入（opt-in）、电子邮件、'爆炸式传真'（blast fax）、呼入、街道拦截和非概率邮寄样本，不符合我们的有效性和可靠性标准，我们建议不要报告这些样本。"

三 媒体报道调查报告的要点

（一）准确

报道问卷调查结果的核心要求是准确。下面举两个例子说明。

例如，本章前面讲了问卷中的测题可以是单选题也可以是多选题，单选题各选项的选择占比合计为 100%，多选题的各选项选择占比不能简单相加。但报道中出现过将多选题各选项选择占比简单相加的情况。

例如，在一项针对电视广告中的女性形象的研究[②] 中，课题组设计了 6 项评价性别歧视广告的指标，从逻辑上说，一则广告可能存在 0~6 种指标描述的情况，统计结果如下所示。

指标 1 以女性做招徕（61.5%）

指标 2 女性是性对象（26.4%）

指标 3 歪曲女性工作上的贡献（21.1%）

指标 4 强调女性的从属角色（70.5%）

指标 5 广告两性的性格特征和行为模式（94.1%）

---

① Gary Langer, "ABC News' Polling Methodology and Standards", Sep. 16, 2020, http://abcnews.go.com.

② 见 2006 年"电视广告中的两性形象"课题组的"2005：电视广告中的女性形象"研究。

指标 6 误导儿童理解男女特质（24.6%）

但在某报纸对统计结果的报道中，错误地将指标 1 和指标 2 相加，报道为 88% 的广告把妇女当作性对象来推销产品。

在同一研究中，研究者在 10 个电视台设定时段的节目中录制了 4935 条电视广告作为总体，按电视台等距抽取了 931 条广告作为分析的样本。上述同一篇报道将这一总体和样本的关系错误地报道为，研究者分析了 4935 条电视广告，从中挑出了 931 条有性别问题的广告。

这两个例子表明，准确报道问卷调查结果，需要掌握关于问卷调查方法的最基本知识。

（二）对调查方法的说明

凡是向公众公开的报告，都应提供前述的最低限度应该披露的关于方法的信息，但可能由于报告是短版的、摘要的形式，或没有足够的版面，提供全部那些信息可能并不是适当的，但应该确保这些信息能够被任何想要知道的人查到。例如，提供网页链接。[①]

下面是几个披露或说明调查方法的例子。

例 1. 学术期刊发表的论文

学术论文一般有专门的说明方法的段落。例如罗文辉等的《网路色情与互动性活动对青少年性态度与性行为影响研究》中一小节是"抽样方法及问卷调查"，说明了抽样方法、样本量及具体过程，调查日期和数据收集方法，被访学生的学校特征、年级，等等。[②]

例 2. 专业调查机构发布的调查结果

盖洛普于 2012 年 12 月 4 日在网站上发布的一项关于美国人宗教信仰调查结果的报告中，用约占全文 20% 的篇幅说明了调查方法，包括数据收集方法、调查日期、抽样方法及具体抽样过程、样本量、目标总体的地理范围、置信区间和抽样误差、用于样本加权的变量、加权目标的依据，说明了除抽样误差外任何调查都可能存在的产生各种误差的因素等，并给出了可以了解

---

① "Disclosure FAQs", Aapor, http://www.aapor.org/Disclosure_FAQs1.htm, last accessed Doc. 23, 2012.

② 罗文辉等：《网路色情与互动性活动对青少年性态度与性行为影响研究》,《传播与社会学刊》（香港）2008 年第 5 期。

盖洛普民意调查方法详情的链接。[1]

例 3. 媒体发布的调查结果

《纽约时报》在一个关于美国总统大选前民意调查的报道正文中，提到了调查的范围、数据收集方法、调查执行的日期、样本量、调查对象，并给出了关于此次调查方法的链接。[2]

其中详述了固定电话抽样过程，提到了移动电话抽样方法，在构成样本时如何拼合两种电话不同使用习惯的应答者及加权的方法，接触无应答电话的次数、时间，用于加权的变量，通俗化地说明了置信区间和抽样误差，说明了除抽样误差外任何调查都可能存在的产生各种误差的因素等。[3]

（三）通俗和生动

问卷调查方法相关的一些术语如置信区间、抽样误差等，需要通俗化表达以便于读者理解。《纽约时报》在说明置信区间和抽样误差时的表述是，"从理论上说，在 20 个基于这样的样本所做调查中的 19 个，其调查结果与调查全美国成年人的结果比较，差别不会大于 3 个百分点。"[4] 这样的一种表述方式，一般读者都应该可以理解。

问卷调查结果通常是一些数据，用图形、图像、动画、交互动画等方式表达会更直观、更生动，而且更便于看清数据之间的关系。

第五节　问卷调查方法的伦理问题

采用问卷调查方法或任何以人为研究对象或参与者的方法，或新闻采访时，需要确立的观念是，研究对象、被访者或参与者没有义务配合调查、接

---

[1] Frank Newport, "Seven in 10 Americans Are Very or Moderately Religious: But Protestant Population is Shrinking as 'unbranded' Religion Grows," Gallup, Dec. 4, 2012, https://news.gallup.com/poll/159050/seven-americans-moderately-religious.aspx.

[2] J. Zeleny, T. B. Megan, "Poll Finds Obama Is Erasing Romney's Edge on Economy," Nytimes, Sep.14, 2012, http://www.nytimes.com/2012/09/15/us/politics/obama-erases-romneys-edge-on-economy-poll-finds.html?pagewanted=all.

[3] "How the Poll Was Conducted," Nytimes, Sep. 14, 2012, http://www.nytimes.com/2012/09/15/us/politics/how-the-poll-was-conducted.html?ref=politics.

[4] "How the Poll Was Conducted," Nytimes, Sep. 14, 2012, http://www.nytimes.com/2012/09/15/us/politics/how-the-poll-was-conducted.html?ref=politics.

受采访。研究者、新闻工作者与被访者，只是职业不同，从事某一种职业的人没有天然的权力去打搅他人。但社会科学研究和新闻工作的性质都决定了这种打搅常常是不可避免的。因此，在不得不去打搅的时候，应心存感激并予以补偿。

对于民意和市场调查行业应该遵守哪些伦理规范，各行业协会都有相关规定，下面简单介绍美国舆论研究协会伦理准则[①]，并举一实例说明这些准则在研究中是如何体现的。

在这个文件中首先说明了制定这个准则的目的，是支持民意和市场调查研究中合理的、合乎伦理道德的实践，并将这样的实践用于公共和私人事务中的政策和决策的确定，促进公众对调查研究方法的理解及对研究结果的恰当使用。

在执行、分析和报告的各环节，坚持在科学化水平、诚信和透明度方面的高标准，拒绝任何与此准则不符合的任务。

内容包括三个部分：第一部分，与相关人员交往的职业责任原则，相关人员指调查的应答者及潜在应答者、客户或赞助者、公众和同行；第二部分，工作中的专业性实践原则，包括在研究设计和研究设备开发过程、数据收集过程、调查执行过程、分析数据过程中如何注意采取合理步骤以确保研究结果的信度和效度；第三部分，信息披露标准。

例如，第一部分中针对应答者部分的第1条，主要强调应避免对应答者或潜在应答者的伤害、危及、羞辱或严重误导；第3条强调要充分告知被访者关于调查的信息，便于被访者决定是否参与；第5条强调除非被访者明确表示放弃或授权，应对参与者的具体应答内容及可造成指认出参与者的所有信息如姓名进行保密。

下面以一项针对艾滋病感染者的调查为例，[②]说明在实践中如何体现这些伦理准则。课题组在前期的小组访谈中发现，艾滋病感染者在谈话中回避使用"艾滋病"这个词语，而是用"这个病"代替。注意到这个情况，在正式

---

① 2010年5月修订版。

② 卜卫、刘晓红2010年发布的《社会性别与艾滋病政策研究报告》，是联合国妇女发展基金、联合国艾滋病规划署项目，由中国社会科学院新闻与传播研究所媒介传播与青少年发展研究中心社会性别与艾滋病政策研究课题组执行。

调查的问卷中，没有出现"艾滋病"这个词语，在访员培训中，也专门说明了在访谈艾滋病感染者时，尽量不用"艾滋病"这个词语，除非是与被访者本人无直接关系的问题，例如："你怎样看待男／女双性恋，或同性恋与艾滋病的关系？"使调查给艾滋病感染者带来的负面心理影响降到最低。（前述第1条）

在调查前向被访者说明调查的目的、调查中可以拒答和中途退出的原则、调查结果使用的方法及保密的承诺，如被访者同意参加，请被访者签知情同意书。（前述第3条）在问卷送去录入前，将签名部分逐份认真销毁，保证无一遗漏；在提交的报告中，所有地名、人名采用完全无关的字母、数字编码。（前述第5条）

另外，AAPOR 还联合研究产业联盟（Research Industry Coalition, IRC）和民意调查全国委员会（the National Council on Public Polls, NCPP），谴责以研究的名义所做的五种误导性调查，声明这些调查在任何情况下都是不可接受的。这五种误导性调查是：假借研究筹措资金；假称研究实则以推销为目的，以获得被访者个人信息；未经允许暴露调查参与者身份；用自愿参与性质的调查结果冒充正式研究结果；以影响投票人及选举结果为目的的政治性电话推销（push poll）冒充民意调查。[①]

---

① 引用 "Survey Practices that AAPOR Condemns," Aapor, http://www.aapor.org/Survey_Practices_that_AAPOR_Condemns1.htm, last accessed Nov.26,2012。

第九章 内容分析

内容提要

本章的主题是如何对文本以及其他对象做量化的分析。首先比较了量化的内容分析与人们通常的阅读、观看活动有什么不同，然后介绍了内容分析可以研究哪些问题及内容分析与其他方法的结合使用、举例介绍了内容分析的各步骤以及在各环节中计算机的辅助作用、简单介绍了 DiVoMiner®内容分析软件平台等。

第一节 什么是内容分析

一 什么是内容分析方法

阅读各种文字材料、听看各种音视频材料，是每个人都会从事的活动。内容分析，也是一种对材料的阅读或视听活动，但它作为一种量化的研究内容的方法，与我们日常生活中的视听有所不同。

例如，日本学者村田忠禧采用内容分析方法，对中共历次全国代表大会的政治报告进行分析，得出了以下结果。[①] 村田忠禧通过对中共十六大政治报告与改革开放以来，即 1982 年中共十二大以来的历次全国代表大会的政治报告进行比较分析，计算并列出了在中共十六大政治报告中出现次数最多的10 个词语、新出现的词语、没有出现的词语、有减少倾向的词语等。以中共十六大政治报告中没有出现的词语为例，具体如表 9.1 所示。

---

① ［日］村田忠禧:《从改革开放以来的党代会政治报告的词语变化来看中共十六大的特点》,《中共党史研究》2003 年第 1 期。

表 9.1　中共十六大政治报告中没有出现的词语

单位：个

词语	中共十二大	中共十三大	中共十四大	中共十五大
资本主义	7	14	11	5
"左"	16	5	11	1
价格	5	7	8	3
阶级斗争	13	4	4	1
革命的	9	4	2	3
侵略	12	1	3	2
"文化革命"	13	2	2	1
拨乱反正	7	1	4	1
自由化	2	7	2	1
资产阶级	3	5	2	1
革命和建设	5	1	1	3
世界人民	6	1	2	1
资产阶级自由化	2	5	2	1
集体所有制	3	2	1	1

这种阅读方式与日常的阅读方式主要存在三个方面的不同。

系统性的：事先确定分析计划，要发现分析对象的哪些方面的特征、这些特征之间的关系等，而不是随意的。

村田忠禧在论文开始部分提到，每 5 年一次的中共全国代表大会发布的政治报告，从写作角度看具有一定的模式，分析中共历次全国代表大会的政治报告词语的变化，如哪些词语继承了、哪些词语变化了、哪些词语是新提倡的，可以了解当时的时代特征与变化趋势。

可重复的：别的人按照同样的程序去做，应该得到相同的结果。村田忠禧的具体做法是，分别计算每次全国代表大会的政治报告中某一词语出现的次数，并比较历次全国代表大会的政治报告中某一词语次数的变化；其他人采用同样的做法，应该得到同样的结果。

定量的：不是文字描述，而是给出数量关系。研究结果表现为数量关系。

这三个方面是量化的内容分析作为一种研究方法的主要特征。下面是 Riffe, Lacy 和 Frederick 在 *Analyzing Media Messages: Using Quantitative*

Content Analysis in Research 一书中提出的定义："定量内容分析是，对传播符号系统地、可重复性地分析；根据有效的测量规则，对传播符号赋值；使用统计方法，分析这些数值间的关系；以描述传播内容，推论传播内容的意义，或推论传播内容的前因及后果。"[①]

分析媒介内容有多种方法，这里的"内容分析"特指量化的分析内容的方法。

下面我们具体分析这个定义中各词语的意思。

"传播符号"是内容分析的对象，它可以是通过各种媒介传播的内容。

从媒介看，可以是所有可能的媒介形式和符号载体：广播、电视、报纸、杂志、微博、微信、短视频、互联网页、电话、邮件、电子邮件、谈话录音……；文字、图像、视频、音频、触点；等等。从内容看，可以是任何体裁的符号组合：诗词、歌词、绘画、文学、历史文献、文件、信件、评论、广告、演讲、律师/法官的言论、照片等。事实上，"传播符号"的外延所及，全凭读者的想象力。

"根据有效的测量规则，对传播符号赋值；使用统计方法，分析这些数值间的关系。"内容分析需要事先制定一套测量规则，然后用这套测量规则去测量研究对象，得到一组数字化的结果，分析这些数字及其之间的关系，也就是分析变量及其之间的关系。

"以描述传播内容，推论传播内容的意义，或推论传播内容的前因及后果。"这是内容分析的功能。

从以上分析看，内容分析优势或特征可以概括为：非介入性；可以研究历史记录；可以分析海量资料，尤其是在计算机软件普及和发展的情况下；可广泛应用于许多领域。

二　对媒介内容的量化分析的早期探索

最早对媒介内容进行量化分析的探索，不晚于作为"大众传播效果研

---

① S. L. Riffe, S. Lacy, G. F. Frederick, *Analyzing Media Messages: Using Quantitative Content Analysis in Research*, (2nd ed.), Mahwah, N.J. : Lawrence Erlbaum Associates, 2005；UCLA Center for Communication Policy,The UCLA Television Violence Report 1997, 1998.

究的里程碑"之一的"佩恩基金会研究：电影对儿童的影响"[1] 项目中 Edgar Dale 所做的电影内容研究，这项研究详细记载于他在 1935 年发表的著作 *The Content of Motion Pictures*[2]（Literature of Cinema Series：Payne Fund Studies of Motion Pictures and Social Values）中。

这项研究有两个目的：一是持续探索分析电影内容的技术，二是用这些技术发现电影的内容。该研究对电影内容的分析按详细程度分为三个层次。

第一层：分析了 1500 部电影的主题，1920 年、1925 年、1930 年每年 500 部。这 1500 部电影几乎包括了这三年主要电影生产商生产的全部电影和独立制片人的重要电影。

做法包括以下几点。

第一，确定分析对象的操作性定义。当时没有现在这样可以方便定位、反复观看的视频文件，如果在电影院观看这 1500 部电影，花费太大。研究者决定利用提供对当前电影的评论服务的 Harrison's Reports[3]，通过阅读分析 Harrison's Reports 完成主题分析。

第二，确定主题的定义，什么样的电影是犯罪电影、性电影、战争电影等。在确定定义时追求共识和可操作性。

第三，主题类别探索。正式分类前，先阅读其中的 200 份资料，并进行试验性分类，经过反复修改形成用于分类的主题类别。

第四，共确定了 10 个主题类别：犯罪、性、爱情、神秘、战争、儿童、历史、探险/旅行/动物、喜剧、社会宣传。每一类下面是电影的特定类型，例如历史类包括：西进运动、南北战争后的重建和扩建、历史背景和人物。

第五，观察者阅读了 Harrison's Reports 中 1500 部电影评论中的每一条，确定了每部电影的主题类别和特定类型。

第六，可靠性检验：确定主题后，从每年 500 部电影中随机抽出 100 部，

① ［美］希伦·A. 洛厄里、梅尔文·L. 德弗勒:《大众传播效果研究的里程碑》（第三版），刘海龙等译，中国人民大学出版社，2009。

② E. Dale, *The Content of Motion Pictures*, New York: Macmillan, 1935. 正文以下介绍均出自该著作。

③ Harrison's Reports and Film Reviews 1919–1962: Harrison, P. S.: 9780913616109: Amazon.com: Books; Harrison's Reports (mediahistoryproject.org).

请另外两个人进行主题分析，即考察三人分析结果的一致程度，三年的主题一致占比分别是 87%（87/100）、86%（86/100）和 88%（88/100）。

第二层：为了进行更详细的分析，从 1929 年、1930 年、1931 年分别随机选出 45 部、46 部、24 部，共 115 部电影，由观察者去电影院观看。[①]

第一步：观察者先看报纸上的电影评论，获得电影内容的框架化梗概。

第二步：每名观察者携带了一份电影中的社会价值观一览表。

社会价值观一览表形成的方法

通过文献分析，确定评论电影的积极和消极社会价值观从哪几个方面体现。

一览表涉及九个方面：美国人生活和角色的特征；外国人生活和角色的特征；角色的动机；对观众的情感诉求及其制作方法——电影的"刺激"；犯罪、不法行为和暴力；性关系；军事形势；对弱势群体的描述；语气、语言、语调、对话类型和歌曲。

每一个方面又细分为多个子类，例如美国人生活和角色的特征方面设置了 A. 家、B. 教育……P. 美国儿童等 17 个子类。

每一个子类再细分为多个点，例如其中的 F. 工商，要求观察者特别注意以下几点：对工业和商业活动的描述的特征、从事工业活动的角色的目标、货物的分配方法、对业主和工人形象的描述的特征、工业管理的特征。

第三步：由三名观察者分析了 115 部电影中的 75 部。观察者观看电影时在社会价值观一览表上记录下影片中的针对上述各点的具体场景/镜头，记录要在当天或第二天完成。研究者特别注意到，记录的准确性和完整性会因记忆错误而降低。这一错误，可以通过三名观察者的一致程度部分弥补。

为了解每种情况发生的全部背景，该研究进行了第三层分析。

第三层：研究者从制片人那里获得了 115 部电影中剩余 40 部电影的对话剧本，剧本包含了所有的对话以及足够多的设置和动作，利用对话剧本对这 40 部电影进行分析。

这 40 部电影的观察者都是受过训练的速记员。观察者在观看电影之前，先熟悉对话剧本，在观看电影时，速记下对话剧本中未包含的所有材料，包括对场景、穿着、手势、语调和人物的面部表情、大致年龄、经济水平等的

---

① 这层分析，Dale 还参考了 G. M.Whipple, "The Obtaining of Information: Psychology of Observation and Report," *Psychological Bulletin* 7(1918): 217–248。

详细描述。然后根据对话剧本和速记笔记的组合，立即以连续叙事的形式形成完整记录。这些记录平均每份大约有 40 页双倍行距的打字版。

所有研究结果以频数表或交互表的方式及对数据的解说呈现，全书共有 53 个统计表。

例如，表 2 显示了前述的第一层分析确定的 10 个主题类别在 1920 年、1925 年、1930 年各自的占比，排在前三位的均为爱情、犯罪和性，这 3 个主题类别三年合计分别占 81.6%、79.2% 和 72.0%。

表 32 列出了第二层分析获得的 115 部电影中剩余 40 部电影中主角的婚姻状况（单身、结婚、丧偶、离婚、无法识别）与 1930 年人口普查显示的美国人口的婚姻状况的比较，其显著特征是，电影中无论男女主角，单身的占比远高于人口普查数据中单身的占比，结婚的占比远低于人口普查数据中单身的占比。

简评：本教材不惜篇幅展示这个早期的内容分析案例，既不是要讨论他们的结论，也不是要学习他们的方法，而是从他们的努力中看到，早期的研究者如何为开创这一领域奠定基础，他们在各种限制条件下努力追求客观真实地描述研究对象，这始终是研究者应该追求的目标。

第二节　内容分析可以研究的问题

内容分析可以从横向、纵向和事件这三个方向的时间维度展开。

一　横向研究，同一时点

可以考察某一时点各变量的取值及各变量间的关系。

例如，描述分析媒介内容中对某一主题的报道有什么特征。

● 覃诗翔，以 2006 年《北京青年报》少数民族新闻报道为研究对象，来回答少数民族被再现为什么样的他者、少数民族在何处被强调为中华民族的一部分，从而回答少数民族在何时被视为我群的一部分。[1]

---

[1]　覃诗翔:《中国少数民族的"他者"再现——对 2006 年〈北京青年报〉少数民族新闻的内容分析》,《传播与社会学刊》(香港) 2010 年第 14 期。

- 张祺，以 2004 年中国大陆公开出版发行的 24 种法制类报纸中关于强奸的报道为研究对象，分析了强奸报道的特点，进而探讨了法制类报纸中强奸报道的迷思和意识形态内涵。[1]

可以在各类媒体间就某些变量的特征进行比较。

- 郭中实等，通过对香港 14 份收费日报的内容分析，考察不同报纸对本地新闻的处理手法是否有别于其他地方的新闻，在新闻来源、对权力的倚重、对多元观点的表述以及责任归咎方面是否存在系统差异。[2]

可以依据某些标准，考察媒介内容。

- 美国加州大学洛杉矶分校的传播政策研究中心（UCLA Center for Communication Policy）在 1995 年、1996 年和 1997 年，连续三年进行了监测美国电视节目内容的研究。这项研究依据特定的标准，用三个级别对节目的暴力水平做出评价。[3]

- 卜卫、刘晓红，在一项针对 1995~2001 年《人民日报》、《健康报》和《北京青年报》的内容分析中，考察的问题之一是有关艾滋病报道的见报频度，是否达到《中国遏制与防治艾滋病行动计划（2001—2005年）》中提到的目标。[4]

二 纵向研究，不同时点

可以考察不同时点各变量取值的变化及各变量间关系的变化。

通过对学术刊物的内容分析，考察一个研究领域的发展过程，是纵向内容分析常见的主题。

- 刘晓红、朱巧燕，通过对 1979~2013 年的《新闻与传播研究》、《国际

---

[1] 张祺：《对法制类报纸中强奸报道的意识形态分析》，硕士学位论文，中国社会科学院研究生院，2006。

[2] 郭中实等：《距离的新闻涵意：香港报纸不同地域报道之比较》，《新闻学研究》（台湾）2010 年第 104 期。

[3] UCLA Center for Communication Policy, "The UCLA Television Violence Report" 1997, 1998.

[4] 2003 年，卜卫、刘晓红的"中国大众媒介中的艾滋病报道研究"，是联合国儿童基金会和中国卫生部委托项目。

新闻界》、《现代传播》和《新闻大学》用问卷调查方法完成的全部论文进行内容分析，观察中国传播学界采用问卷调查方法的研究现状及30多年来的发展变化。[①]

● 李美华，研究了 1988~1999 年中国台湾报纸国际新闻报道内容的转变，主要考察中国台湾报纸的国际新闻在报道数量、报道主题以及新闻类型上有何发展趋势，国际新闻来源是否仰赖国外新闻通讯社，所报道国家是否与政经势力、地理距离、事件之负面程度相关，等等。[②]

● 陈志贤、杨巧玲，考察了 1978~2008 年《联合报》中与亲职相关的报道，研究目的是透视当代台湾社会"实际与理想亲职"的论述变化，了解历年来成为父母者能从大众媒体获得的论述资源与限制。[③]

三　事件

除了横向和纵向研究外，还有对某事件报道的内容分析研究。

● 皮尤研究中心通过对弗林特水危机事件[④]的分析，探讨媒体对新闻中当前问题的报道如何与公众对该问题的兴趣及其自身生活相联系。该研究分析了 2014 年 1 月 5 日至 2016 年 7 月 2 日，媒体（全国性报纸、网络电视、地方报纸和一家覆盖密歇根州新闻的数字媒体）对密歇根州弗林特市水危机的报道数量变化，以及与谷歌搜索数据显示的公共兴趣趋势之间的关系。该研究还利用 Crimson Hexagon（CH）开发的自动编码软件分析了围绕弗林特水危机的 Twitter 讨论情况。[⑤]

---

① 刘晓红、朱巧燕：《中国传播学问卷调查研究的现状与发展》，《新闻与传播研究》2015 年第 11 期。

② 李美华：《从国际新闻流通理论探讨台湾报纸国际新闻报道内容之转变（1988~1999年）》，《新闻学研究》（台湾）2005 年第 85 期。

③ 陈志贤、杨巧玲：《为难父母、父母难为:〈联合报〉亲职报道内容分析（1978－2008 年）》，《新闻学研究》（台湾）2011 年第 106 期。

④ Flint water crisis - Wikipedia.

⑤ K. E. Matsa et al.，"Methodology"，Pew Research Center，Apr.27, 2017，https://www.pewresearch.org/journalism/2017/04/27/google-flint-methodology/.

四 其他领域举例

内容分析可以用于任何可量化的资料，例如，对教科书的研究[①]、对征婚启事的研究[②]、对《红楼梦》的研究[③]等。

五 内容分析结合其他方法

媒介内容是在各种因素的影响下形成的，Shoemaker 和 Reese 针对美国情况提出了五类影响因素，包括来自媒介工作者个人的影响、来自媒介常规的影响、来自媒介机构的影响、来自媒介机构以外因素的影响、来自意识形态和文化的影响。[④]这些影响因素不是简单的并列关系，而是笼罩的关系，即第5类因素——来自意识形态和文化的影响，笼罩前四类因素，第4类因素笼罩前三类因素，依此类推。同时，媒介内容会对其接触者产生影响。

在考察媒介内容的同时，分析媒介内容形成的影响因素，通常结合访谈、文献分析方法；分析媒介内容对接触者的影响，通常结合实验、问卷调查和访谈方法，例如著名的培养理论研究、议程设置研究，都是采用这种综合研究方法。另外，内容分析常结合话语分析或文本分析、符号学分析，以考察媒介内容在文化、意识形态等层面的特征。下面列出内容分析结合其他方法的类型，由于篇幅所限，具体例子见脚注。

结合框架分析（框架分析中的框架辨识常以内容分析为工具）。[⑤]

结合符号学方法。[⑥]

---

① 林欣宜：《国民小学社会领域教科书之客家族群内容分析——以南一版、康轩版与翰林版为例》，《网络社会学通讯期刊》2010年第91期。

② 乐国安、陈浩、张彦彦：《进化心理学择偶心理机制假设的跨文化检验——以天津、Boston 两地征婚启事的内容分析为例》，《心理学报》2005年第4期。

③ 李国强、李瑞芳：《基于计算机的词频统计研究——考证〈红楼梦〉作者是否唯一》，《沈阳化工大学学报》2006年第4期。

④ P. Shoemaker, S. D. Reese, *Mediating the Message: Theories of Influences on Mass media Content* (2nd ed.), New York, NY: Longman, 1996 .

⑤ 万小广：《王石捐款事件报道的媒介框架分析》，《传播与社会学刊》（香港）2010年第12期。

⑥ 张祺：《对法制类报纸中强奸报道的意识形态分析》，硕士学位论文，中国社会科学院研究生院，2006。

结合访谈。[①]

结合文献分析。[②]

结合社会机构记录和访谈。[③]

结合焦点组访谈。[④]

结合实验。[⑤]

结合调查。[⑥]

结合调查和访谈。[⑦]

第三节　内容分析的研究设计和过程

内容分析大致包含以下操作环节：

研究问题的提出，研究对象和研究总体，抽样，数据获取和清洗，分析单位，框架设计和编码表设计，编码，信度分析，统计分析，结论和解释。

下面介绍前几部分内容，统计分析、结论和解释部分不涉及。

一　研究问题的提出

"通过传播促进残障人群就业"是一个由多项相互联系的任务组成的项

---

① 陈韬文等：《国际新闻的"驯化"：香港回归报道比较研究》，《新闻学研究》（台湾）2002 年第 73 期。

② J. Cole, J. M. Hamilton, "A Natural History of Foreign Correspondence: A Study of the Chicago Daily News, 1900-1921," *Journalism and Mass Communication Quarterly* 84 （2007）: 151.

③ D. Pritchard, K. D. Hughes, "Patterns of Deviance in Crime News," *Journal of Communication* 47 (1997): 49-67.

④ 徐美苓：《新闻乎？广告乎？医疗风险信息的媒体再现与反思》，《新闻学研究》（台湾）2005 年第 83 期。

⑤ 张卿卿：《竞选新闻框架与广告诉求对选民政治效能与信赖感的影响》，《新闻学研究》（台湾）2002 年第 70 期。

⑥ W. Wanta, G. Golan and C. Lee, "Agenda Setting and International News: Media Influence On Public Perceptions of Foreign Nations," *Journalism and Mass Communication Quarterly* 81 (2004): 364-377.

⑦ 盛治仁：《电视谈话性节目研究——来宾、议题结构及阅听人特质分析》，《新闻学研究》（台湾）2005 年第 84 期。

目[①]，任务包括大众媒介残障议题报道的调研报告、有关报道残障议题的记者指南、2013 年残障十大新闻事件的评选、DPO 培训工作坊、记者培训和成果发布会等，其中第一个任务是采用内容分析方法完成的。

以往研究发现，残障人就业率低和就业质量不高的重要原因之一是权利视角的缺失增加了残障人群社会融入的困难。残障人 NGO "一加一（北京）残障人文化发展中心"[②]致力于通过传播建立一个适合残障人发展的多元社会，这个组织长期跟踪监测主流媒体的残障事务报道内容，发布年度或季度的媒介监测不完全报告。其采用的方法是案例解读、话语分析和数据分析。为系统性、结构化地了解大众媒介残障议题报道的现状，这个项目决定采用内容分析方法，研究结果将为整个项目提供数据依据。

具体研究问题包括：大众媒介残障议题报道的现状及其趋势、大众媒介再现残障人群的特征、大众媒介如何再现残障人群的就业或工作、大众媒介关于残障事务的报道是否具有权利意识。

指导这项研究的思想资源是联合国《国际残疾人权利公约》、《中华人民共和国残疾人保障法》、《国家人权行动计划（2012—2015 年）》等相关文件。而 "一加一" 长期监测媒体的经验，则成为设计具有人权视角的、符合社会和媒体实际的内容分析指标的重要保证。

采用内容分析方法研究社会发展问题常采用上面这种思路提出研究问题，即在质性观察和研究的基础上，在明确的价值观指导下，对媒体报道做能够反映全貌的量化分析。[③]

---

① 这个项目由国际劳工组织、中国社会科学院新闻与传播研究 "创新工程"、"传播与社会发展" 项目、残障人 NGO "一加一" 共同组建的课题组完成。

② "一加一" 成立于 2006 年，是中国民间本土残障人自助组织的、国内最活跃的残障人组织（Disabled Persons' Organization，DPO）之一。其机构在多年发展中曾用过的名称有一加一声音工作室、一加一（北京）残障人文化发展中心、一加一残障人公益集团等，在本报告中统称为 "一加一"。

③ 采用同样思路的研究例子有张祺：《对法制类报纸中强奸报道的意识形态分析》，硕士学位论文，中国社会科学院研究生院，2006；聂宽冕：《关于春晚 27 年农民及农民工形象再现的研究》，硕士学位论文，中国社会科学院研究生院，2010；覃诗翔：《中国少数民族的 "他者" 再现——对 2006 年〈北京青年报〉少数民族新闻的内容分析》，《传播与社会学刊》（香港）2010 年第 14 期。

二 研究对象和研究总体

研究目的和研究问题决定了什么样的研究对象是合适的，但不意味着先有研究问题，再去找研究对象，研究问题可能就是在观察研究对象的过程中提出的。

前述的"通过传播促进残障人群就业"的内容分析对象为中国报纸中关于残障人的报道，课题组选取了 12 份报纸和 1 份期刊作为内容分析的样本。12 份报纸分为两类：党政机关报和市场性报纸（都市报、早报、晚报等）。前者包括《人民日报》《中国青年报》《光明日报》《法制日报》《工人日报》和《中国劳动保障报》；后者包括《京华时报》《扬子晚报》《海峡都市报》、《潇湘晨报》《羊城晚报》和《三秦都市报》。另外还选择了《中国残疾人》期刊作为专业性媒体的代表。

时间段为 5 年，即 2008 年 1 月 1 日至 2012 年 12 月 31 日。

研究总体就是这三类纸质报刊分别代表的党政机关报、市场性报纸和专业性媒体。

三 抽样

内容分析的抽样类型也可以分为非概率抽样、普查和概率抽样。

（一）非概率抽样

1. 目的抽样

很多内容分析研究采用多种抽样方法，比较常见的是目的抽样加其他各种方法。几乎所有内容分析，都要先确定能回答研究问题的媒体或材料——选哪一家或哪几家报纸、选哪一个或哪几个社交媒体，这一步就要采用目的抽样。这一步看似简单，但也有研究完全选错了例子。

目的抽样，其实就是在确定研究对象的操作性定义。例如研究对象是主流媒体、社交媒体、短视频，就要先确定用哪些可操作、可测量的媒体去代表这些研究对象。

2. 方便抽样

伊恩·安为了解观众对《达拉斯》（Dallas）的看法，在荷兰女性杂志《万岁》上刊登广告，征集观众的看法，共收到了 42 封回信。回信者大多数是妇女或女孩，只有 3 封回信来自男性。这个样本由于是通过自愿参与获得的，是典型的方便样本，并不对《达拉斯》的观众具有统计上的代表性。但伊恩·安根据这些回信及后续的通信，就人们为什么喜欢美国电视情节剧做出了成果丰硕的研究，因此具有开创性的价值。①

（二）普查

聂宽冕的硕士学位论文的研究对象为，1984~2010 年这 27 年间，农民或农民工形象作为一个独立的角色出现在央视春晚的所有节目，共 50 个，研究者对这 50 个节目全部做了内容分析。②

（三）概率抽样

内容分析也可以采取简单随机或等距抽样等方法。③

1. 结构周抽样

报纸、电视等传统媒体的内容，通常具有周期性特征，例如报纸常以周为单位，每日内容不同，但每周模式大致相同。为防止这种周期性对样本代表性的影响，例如抽到的样本集中在一周的某几天，常采用结构周的做法，即由全年 52 个星期一中任意 1 个星期一、1 个星期二……组成一个人造的星期。④

与结构周相对应的另一种抽样方法是把自然周作为抽样单元来抽取样本。⑤

2. 整群抽样

实际上，无论随机抽样或结构周抽样，以报纸为例，抽取了某一天的报纸后，一般来说，研究者会把这一天报纸中所有符合要求的报道都作为样本。

---

① 转引自〔英〕J. Stokes《媒介与文化研究方法》，黄红宇、曾妮译，复旦大学出版社，2006，第 163~164 页。

② 聂宽冕：《关于春晚 27 年农民及农民工形象再现的研究》，硕士学位论文，中国社会科学院研究生院，2010。

③ 前者的例子如，马诗远、郑承军：《新信息环境下海外社交媒体中的北京形象研究》，《现代传播》（中国传媒大学学报）2021 年第 7 期；后者的例子如，"电视广告中的两性形象"课题组的"2005：电视广告中的女性形象"。

④ 实例详见覃诗翔《中国少数民族的"他者"再现——对 2006 年〈北京青年报〉少数民族新闻的内容分析》，《传播与社会学刊》（香港）2010 年第 14 期。

⑤ 关于自然周的讨论和实例详见柯惠新、黄可、谢婷婷《中文网络论坛的研究之抽样设计》，《数理统计与管理》2005 年第 3 期。

这在本质上属于整群抽样，不过研究者在统计时通常忽略整群因素对精度的影响。①

（四）各种抽样方法结合使用

如前文所述，很多内容分析研究都是首先进行目的抽样，然后再采用其他方法。前文所述的"通过传播促进残障人群就业"的内容分析，就是先利用目的抽样确定12份报纸和1份期刊，筛选出以残障人为主题的新闻报道后，采用随机抽样方法从中抽取1468篇报道作为分析样本。

下面是另外三个例子，由于篇幅所限，具体例子详见脚注。

目的抽样＋随机抽样的例子。②

目的抽样＋普查的例子。③

目的抽样＋结构周的例子。④

四 数据获取和清洗

在分析对象电子化的情况下，数据主要利用关键词及其逻辑组合通过检索获取，因此必然会有一些与研究主题无关的数据需要删除，数据清洗的依据就是研究对象的操作性定义，也就是研究者要事先确定符合什么样的标准才能作为研究对象。

例1.聂宽冕的《关于春晚27年农民及农民工形象再现的研究》，对"农民及农民工节目"的确定标准是，只要农民或者农民工形象作为一个独立的角色出现，都算作"农民和农民工节目"。⑤

例2.覃诗翔的中国少数民族的"他者"再现研究，对"少数民族新闻"

---

① 例如，郭中实等:《距离的新闻涵意：香港报纸不同地域报道之比较》,《新闻学研究》（台湾）2010年第104期。

② 罗小晰:《基于内容分析法的社会化阅读中的用户批注研究》，硕士学位论文，武汉大学，2021。

③ 陈韬等:《国际新闻的"驯化"：香港回归报道比较研究》,《新闻学研究》（台湾）2000年第73期。

④ J. Cole, J. M. Hamilton, "A Natural History of Foreign Correspondence: A Study of the Chicago Daily News, 1900-1921," *Journalism and Mass Communication Quarterly* 84 (2007): 151.

⑤ 聂宽冕:《关于春晚27年农民及农民工形象再现的研究》，硕士学位论文，中国社会科学院研究生院，2010。

的操作性定义是：凡明确说明事件发生地为少数民族自治区/县/州/乡，则视为少数民族新闻；凡出现具有少数族群身份的人物，并且对其的描述不少于一个词语，则视为少数民族新闻；如事件发生地并未指明为少数民族自治地区，又未涉及少数族群人物，但事件涉及少数民族事务（政策、经济发展、文化、民俗、社会生活等），且该事件占报道篇幅的 50% 以上，或有一个完整的段落进行描述，则视为少数民族新闻。该研究所涉少数民族新闻报道，仅排除报纸中的广告、明确标明的广告软文，其余各类文章只要符合上述 3 个条件的一条或多条即列入研究范围。①

例 3. 弗林特水危机报道研究，在搜索到的报道中判断，如果报道中具体提到弗林特水危机，则保留，否则排除。②

数据获取和清洗可以通过手工、计算机辅助和大数据技术挖掘等方式完成。

（一）手工

- "通过传播促进残障人群就业"项目样本中的《中国残疾人》期刊在 2008~2012 年还没有电子版，5 年共 60 期。样本量为每年 20 篇，共 100 篇。先计算每年各版面篇数总体，每年按版面篇数比例确定样本量比例，版面内按月和篇随机抽样，随机数利用 EXCEL 产生。
- 聂宽勉为了对 27 年春晚农民及农民工形象再现进行研究，把 27 年春晚光盘全部看了 3 遍，挑出符合定义的节目 50 个，全部作为样本。③
- 李斯颐对"晚清的官报"的研究。④ 作者在图书馆查找到晚清官报约有 111 种，按综合类的中央级、督署级、省级和专业类对其进行了分类，采用目的抽样从中选取了 7 种官报。

（二）计算机辅助

- "通过传播促进残障人群就业"12 份报纸的数据获取和清洗，根据 19

---

① 覃诗翔：《中国少数民族的"他者"再现——对 2006 年〈北京青年报〉少数民族新闻的内容分析》，《传播与社会学刊》（香港）2010 年第 14 期。

② K. E. Matsa et al., "Methodology," Pew Research Center, Apr. 27, 2017, https://www.pewresearch.org/journalism/2017/04/27/google-flint-methodology/.

③ 聂宽冕：《关于春晚 27 年农民及农民工形象再现的研究》，硕士学位论文，中国社会科学院研究生院，2010。

④ 李斯颐：《晚清的官报》，《百科知识》1995 年第 6 期。

个关键词（残疾、残障、瘫痪、智障、弱智、聋人、聋哑、听障、哑巴、自闭症、孤独症、盲人、瞎子、视障、精神病、精神障碍、无障碍、手语、瘸子），利用不同的电子版来源和相应的搜索程序，搜索出现关键词的文章，然后进行随机抽样和删除无关文本及查重等操作。

以《京华时报》为例，不同时段的电子版可分别在中华数字书苑和人民网报刊检索到，根据 19 个关键词共找到 5868 篇报道，采用随机抽样，遇到不符合要求的文章，用相邻的文章代替，共抽出 107 篇作为分析用的样本。

（三）大数据技术挖掘

以李书影、王宏俐的《〈道德经〉英译本的海外读者接受研究——基于 Python 数据分析技术》为例。[①]

首先，文本数据获取。

利用 Python 以"Tao Te Ching"和"Dao De Jing"为检索条件分别在亚马逊采集读者评论 2787 条，在好读平台采集相关读者评论 1500 条，对文本格式处理后进行合并，共获取 4287 条数据 276068 个字符。读者评论的时间范围为 1997 年 10 月 29 日至 2020 年 1 月 29 日。

然后，做文本清洗与降噪。

初步清洗。人工删除英语文字评论、重复文本、无文字评论、无关内容、纯表情符号等。

文本降噪。用 Python 设置自定义语言处理代码进行语料文本降噪：文本分词、字母大小写转换、词形还原、自定义设置停用词。

用 Python 工具进行降噪后将文本词频排序，人工标注非主题词或无意义词，进一步将其添加到自定义停用词列表再次进行降噪。

最后，基于清洗和降噪后的文本，使用 Python 中的 Word cloud 绘制词云图，利用 ROST News Analysis Tools 绘制语义网络图，对《道德经》英译本海外英美读者的评论文本进行可视化呈现。同时，对文本影响力进行排序，挑出 TOP 100 高影响力读者评论建立子文本库，以进行下一步质性文本分析研究。

---

① 李书影、王宏俐:《〈道德经〉英译本的海外读者接受研究——基于 Python 数据分析技术》,《外语电化教学》2020 年第 2 期。

五　分析单位

分析单位指一个独立的分析单元。内容分析的对象有多种，针对不同的对象有相应的分析单位，同一对象也可能有多种分析单位。

有的分析单位有明确的物理边界，例如针对报纸报道，常用的分析单位是具有独立标题的报道——篇，广告常以一则为分析单位，有的则根据内容的特征来区分。

例如在前述聂宽冕的研究中[①]，以1984~2010年央视春晚节目中，农民或农民工节目为研究对象。以农民或者农民工形象作为一个独立的角色出现为标准，研究者找出了50个这样的节目。在内容分析时，有两类分析单位：一类是以一个节目为分析单位，包括小品、歌曲、舞蹈、相声、诗朗诵等各种形式；另一类是以节目中的角色为分析单位。

又如林欣宜对台湾小学教科书中对客家族群描述的内容分析[②]，既不是以册也不是以篇为分析单位，而是以出现了客家族群的文字段落或图片为分析单位。

类似的例子还有，一项对约会真人秀电视节目及观众的感知的研究[③]，研究者对64小时的约会真人秀样本做了内容分析，分析单位是节目中的一段陈述。

皮尤研究中心的一项针对2012年美国总统大选的研究[④]，对社交媒体的内容分析是用计算机编码软件（Crimson Hexagon 开发）完成的，分析的单位是"声称"（Statement）或看法，而不是帖子或推（Tweet），一个帖子或推可能包含不止一个"声称"。

[①] 聂宽冕:《关于春晚27年农民及农民工形象再现的研究》，硕士学位论文，中国社会科学院研究生院，2010。

[②] 林欣宜:《国民小学社会领域教科书之客家族群内容分析——以南一版、康轩版与翰林版为例》，《网络社会学通讯期刊》2010年第91期。

[③] A. L. Ferris et al., "The Content of Reality Dating Shows and Viewer Perceptions of Dating," *Journal of Communication* 57（2007）: 490–510.

[④] "2012 Conventions Methodology," Pew Research Center, http://www.journalism.org/2012_conventions_methodology, last accessed Sept. 29, 2012.

六 框架设计和编码表设计

在问卷调查中，我们用问卷去测量被访者；在内容分析中，我们用编码表去测量媒介内容。前者需要设计问卷，后者需要设计编码表。问卷是测量被访者的工具，编码表是测量媒介内容的工具。

问卷设计，是一个研究问题分析→各概念的概念化→各概念的操作性定义→各概念的测题或量表→问卷的不断"拆分"的过程，内容分析的编码表设计也是这样，只不过"拆分"的最后结果是编码表。以下举例说明。

（一）框架设计和编码表设计

框架设计，即确定从哪几个方面来回答研究问题；编码表设计，则是将框架设计落实到具体的测量量表中。

例1.覃诗翔硕士学位论文 [①]

【框架设计】该论文题目是《中国少数民族的"他者"再现——对2006年〈北京青年报〉少数民族新闻的内容分析》，有三个研究问题，[②] 其中第一个是"中国的大众媒介将少数民族建构为什么样的他者"。研究者在文献分析和理论探讨的基础上，计划从七个方面来回答这个研究问题，其中前两个方面是：少数民族在报道中是存在还是缺席；在所报道的事件中，新闻主角是谁。

研究者将第一个方面操作化为在报道中，少数民族人物是否出现，出现在什么样的位置；将第二个方面操作化为新闻报道的事件中的主要行动者，在某次行动或场合中是核心角色。

【编码表设计】

族群存在量表（单选）[③]

1.核心角色、2.主要角色、3.次要角色、4.背景角色、0.未出现。

主角量表（多选）

[①] 覃诗翔：《中国少数民族的"他者"再现——对2006年〈北京青年报〉少数民族新闻的内容分析》，《传播与社会学刊》（香港）2010年第14期。

[②] 本小节内容改编自覃诗翔《中国少数民族的"他者"再现——对2006年〈北京青年报〉少数民族新闻的内容分析》，《传播社会学刊》2010年第14期。

[③] "核心角色""主要角色""次要角色""背景角色"在原文中都有定义，由于篇幅所限，此处省略。

1. 非少数族群自治地区政府和行政机构、2. 少数族群自治地区政府和行政机构、3. 非少数族群自治地区组织、4. 少数族群自治地区组织、5. 非少数族群官员、6. 少数族群官员、7. 非少数族群社会精英[①]、8. 少数族群社会精英、9. 非少数族群一般民众、10. 少数族群一般民众、11. 其他。

最后形成的结构化的编码表如表 9.2 所示。

表 9.2　该论文研究问题的编码设计（部分）

七个方面	操作化	量表
少数民族在报道中是存在还是缺席	在报道中，少数民族人物是否出现，出现在什么样的位置	1. 核心角色、2. 主要角色、3. 次要角色、4. 背景角色、0. 未出现
在所报道的事件中，新闻主角是谁	新闻报道的事件中的主要行动者，在某次行动或场合中是核心角色	1. 非少数族群自治地区政府和行政机构、2. 少数族群自治地区政府和行政机构、3. 非少数族群自治地区组织、4. 少数族群自治地区组织、5. 非少数族群官员、6. 少数族群官员、7. 非少数族群社会精英、8. 少数族群社会精英、9. 非少数族群一般民众、10. 少数族群一般民众、11. 其他
⋮	⋮	⋮

例 2. 郭中实、杜耀明、黄煜和陈芳怡的研究[②]

【框架设计】研究者首先分析了地域距离在新闻报道中的意义，然后分别讨论了在报道中经常出现的三个新闻要素（权力依附、冲突报道和责任归咎）与距离在概念化和操作化层面的联系，三个新闻要素在应用于本地与异地新闻时各自的独特之处，并分别提出了距离与每个新闻要素关系的假设。

【编码表设计】

然后将每一个概念操作化并确定变量的取值。

距离操作化为：新闻事件发生地，分为本地、国内、亚洲、国际，作为一个定序测量的变量，取值分别为 1= 中国香港、2= 中国大陆和中国台湾及澳门、3= 亚洲地区、4= 国际地区，数字越高代表新闻发生地与本地距离越远。

权力依附操作化为：报道中出现政府官员和政府机构人士言论的频率，

---

① "精英"在原文中有定义，由于篇幅所限，此处省略。

② 郭中实等：《距离的新闻涵意：香港报纸不同地域报道之比较》，《新闻学研究》（台湾）2010 年第 104 期。

将这个变量确定为一个指数，取值分别为 0= 没有引述任何权力人士的意见、1= 引述一次、2= 引述两次、3= 引述三次或以上。

冲突报道分为两个方面：冲突观点和多元观点。

冲突观点操作化为：新闻报道中是否出现不同意见 / 观点，将其确定为一个定类虚拟变量，取值分别为 0= 没有、1= 有。

多元观点操作化为：报道引用不同消息来源的频率，取值分别为 1= 普通市民、2= 公司企业、3= 学者专家、4= 政府官员或其他信息源。

责任归咎操作化为：在报道问题和冲突时，把责任归咎于谁，取值分别为 0= 个人、1= 团体（包括政府机构、公司企业、传媒、其他机构等）。

在确定每一变量的测量方法时，同样需要考虑选项之间的互斥性和周延性、采用什么测量尺度（定类、定序、定距、定比）、单选还是多选等。

（二）原始探索

1. 人工探索

与问卷设计相同，编码表设计也需要原始探索。例如聂宽冕在确定研究哪些变量及取值时，[①] 曾反复观看 27 年春晚的视频节目，对春晚中的节目以什么框架和细节表现农民和农民工形象有了最基本的了解。例如外表形象变量包括了是否拿包袱 / 铺盖、戴头巾 / 毡帽，穿什么鞋和服装，说话用什么口音，戴不戴眼镜，等等。其中服装的取值分别为 1= 棉袄 / 棉裤、2= 洋装 / 西装（打领带）、3= 工作服 / 安全帽、4= 时装及 5= 其他。

2. 借助词云图探索

如果是电子化的文本，也可以借助词云工具，帮助研究者直观发现文本所包含的词汇及频度。

七　编码

（一）显性变量和隐性变量

内容分析的变量基于可以"客观地"测量它们的程度分为显性和隐性两类，也可以说是相对客观或相对主观的两类。

比较典型的显性变量是那些可以根据物理特征判断的变量，例如一篇文

---

① 　聂宽冕：《关于春晚 27 年农民及农民工形象再现的研究》，硕士学位论文，中国社会
　　科学院研究生院，2010。

章所在的版面、一段广告时间的长短等。

比较典型的隐性变量是涉及价值观的变量。前述的"通过传播促进残障人群就业"的编码表有一个测题是"报道如何描述残障人群与非残障人群的关系",有 3 个选项：1. 对立描述、2. 平等描述（常态化描述）、3. 介于二者中间。

这是一个典型的主观性测题。

（二）变量和取值的操作性定义——测量规则

1. 变量，尤其是隐性变量和取值需要明确的测量规则，也就是操作性定义

下面以刘晓红、朱巧燕的《中国传播学问卷调查研究的现状与发展》[1] 为例，简单介绍隐性变量操作性定义的形成。这项研究是针对学界对中国传播学领域实证研究状况的评判展开的，核心是以问卷调查方法为例，通过实证观察，回应关于中国传播学领域实证研究缺乏理论关怀，但做得技术精致 / 不精致的论述。

2. 理论关怀的操作性定义——测量规则

学术界对实证研究的评价重点之一是缺乏理论关怀。

依据陈韬文对理论的解说 [2] 设计了以下三个指标作为理论关怀的最低限度标准。

第一，理论导向。

第二，研究问题和假设。

第三，关键概念到问卷题目的操作化过程。

其中，理论导向的定义是，研究是否在某一理论指引下进行。

四个备选项如下所示。

选项 1. 完全理论导向。研究 / 问卷设计是在某一理论指引下进行的，假设是根据某一理论或创造的理论提出的。事后根据数据结果对假设有讨论和回应，产生新理论或与已有理论的对话。

选项 2. 部分理论导向（没有选项 1 那么到位）。

---

[1] 刘晓红、朱巧燕：《中国传播学问卷调查研究的现状与发展》，《新闻与传播研究》2015 年第 11 期。

[2] 陈韬文：《论华人社会传播研究中全球化与本土化的张力处理》，《中国传媒报告》（香港）2002 年第 2 期。

选项3. 没有理论导向。从零开始讨论变量关系，没有任何理论准备，或事后根据数据随意"发明"理论。

选项4. 纯描述，不涉及理论。

从研究问题和假设及关键概念到问卷题目的操作化过程，略。

3. 技术的精致程度的操作性定义——测量规则

学者们提到的"精致""精炼""精细"的程度，例如李金铨所说的"精致研究"（Elaborate Study），[1] 难以在论文中直接做出可操作性判断，但技术使用的底线应该是正确地理解和使用，这一点通过观察论文可以确定。

抽样和统计是问卷调查中必然要用到的方法，因此将抽样方法使用的正确性和统计的复杂程度分别作为技术精致程度的两个可操作性指标。抽样方法使用的正确性是可以明确判断的；统计的复杂程度则采用基本统计和多元统计两个取值来确定，是可以直观判断的。

（三）编码前的培训和试编码

1. 培训

由于内容分析常需要多人参与编码，为保证多人编码的一致性，需要对编码员进行培训，帮助编码员了解研究的目的、各编码变量的确切含义及编码规则。显性或客观性变量只需要简单说明，隐性或主观变量即便有明确的编码规则，也需要研究者做出深入、充分的解释。

前述的"通过传播促进残障人群就业"项目的目的，就是要"更好地促进大众媒介发挥增强公众人权意识的作用"，观察媒体在残障事务的报道中是否具有权利意识，是内容分析的核心内容。参与这个项目的课题组成员，在项目开始前，由来自"一加一"的项目组成员为其他参与者进行了DPO残障人权培训，分析讲解什么是权利视角及几个识别原则。

例如前述的测题"报道如何描述残障人群与非残障人群的关系"[1. 对立描述、2. 平等描述（常态化描述）、3. 介于二者中间]，测量规则通过举例说明：对立描述的案例如"如果你看不见这个事实，你就是一个瞎子"，即将残障人群与非残障人群做"健康的"和"不健康的"、"有能力的"和"没有

---

① 李金铨：《传播研究的典范与认同》，《书城》2014年第2期，第63页。

能力的"、"正常的"和"不正常的"对立描述，通常用于比喻；平等描述指的是将残障人群做常态化描述，即与非残障人群一样的描述。

2. 试编码

在培训的同时，6 名编码员共同对几篇新闻报道进行编码，并与"一加一"的成员进行现场讨论，使编码员充分理解具有什么特征的针对残障人士的新闻报道是具有权利视角的报道。

（四）编码

编码大致有三种方法，人工编码、机器辅助人工编码和机器自动编码。

1. 人工编码

在计算机编码功能出现以前，所有的内容分析都是人工编码。通常的做法是在 EXCEL 中把编码表做好，编码员根据编码规则对编码对象的各个变量进行赋值。

例 1. 表 9.3 是表 9.2 中第二个变量在 EXCEL 中的录入表单。

表 9.3　EXCEL 录入表单举例

	A	B	C	D	E	F	G	H	I	J	K	L	M
1	样本编码	角色	1. 非少数族群自治地区政府和行政机构	2. 少数族群自治地区政府和行政机构	3. 非少数族群自治地区组织	4. 少数族群自治地区组织	5. 非少数族群官员	6. 少数族群官员	7. 非少数族群社会精英	8. 少数族群社会精英	9. 非少数族群一般民众	10. 少数族群一般民众	11. 其他
2	no	a	b1	b2	b3	b4	b5	b6	b7	b8	b9	b10	b11
3	1	1	0	0	0	0	0	0	0	8	0	10	0
4	2	4	0	2	0	0	5	6	0	0	0	0	0

例 2. 皮尤研究中心的一项研究[1]，分析了 YouTube 上至少 25 万名用户的频道在 2019 年第一周制作的英语视频，共 37079 个。由于 YouTube 数据 API 为视频和频道提供的主题标签过于笼统或过于具体并且没有经过准确性验证，另外还有视频或频道没有标签，研究者无法对视频内容进行广泛分析。为此，皮尤研究中心委托了亚马逊 Mechanical Turk 众包平台上的 3 名人类编码员观看这些视频[2]，对 4 个指标进行编码：这条视频是关于什么的？（A~K 共 11 个类别）该视频是否明显面向 13 岁以下的儿童？是否有 13 岁以下的儿童直接参与视频？视频是否提到美国时事、美国政客或美国政府？

---

[1]　"A Week in the Life of Popular YouTube Channels，" Pew Research Center, July 2019.

[2]　Amazon Mechanical Turk 是一个论坛，请求者可在其上将工作发布为人工智能任务 (HIT)，工作人员完成 HIT 以兑换奖励。

2. 机器辅助人工编码

在一篇论文中，相对客观的指标可以用机器自动编码，相对主观的指标需要用人工编码。

王丹、郭中实在《整合框架与解释水平：海内外报纸对"一带一路"报道的对比分析》[1]中，就采用了这两种方式。下面是这个论文中几个变量编码的方法。

变量【距离】——人工编码

（1）社会距离：新闻事件发生地

（1 = 中国境内、0 = 中国境外）

（2）心理距离：是不是中国盟友

（1 = 是、0 = 否 + 不确定）

变量【框架策略——编辑部资源投入】

（1）显著性：文本长度（字数 1~999）——机器自动编码

（2）频率：同一天报纸里类似新闻出现的频率（1~26）——机器自动编码

（3）图文并重：新闻配图或插图数量（1~3）——机器自动编码

（4）客观性：直接引语数量（0~37）——人工编码

变量【框架策略——权力话语】——人工编码

（1）普通群众（0，1）

（2）政府官员（0，1）

（3）商界精英（0，1）

（4）知识分子（0，1）

变量【框架策略——解释水平】——人工编码

（1）因果陈述抽象程度（1~3）

（2）整条新闻抽象程度（1~5）

3. 机器自动编码

程萧潇等的《抗疫背景下中医媒介形象之变化》的编码，[2]是机器自动完

[1]　王丹、郭中实:《整合框架与解释水平：海内外报纸对"一带一路"报道的对比分析》,《新闻与传播研究》2020 年第 3 期。

[2]　程萧潇等:《抗疫背景下中医媒介形象之变化》,《西安交通大学学报》（社会科学版）2020 年第 4 期。

成的，下面简单介绍这个研究的编码过程。

内容分析的变量为以下几个。报道时期，根据新闻报道的发布时间分为疫情发生前和后。媒体类型，分为"核心主流媒体"和"次级主流媒体"两大圈层。报道论调，通过 DiVoMiner® 平台进行自动化情绪判别，分为正面、中立和负面三类。新闻议题，划分为中医、中西医结合和西医三类。形象，被编码为科学、技术产品、文化、机构和职业形象五大类。

五个变量都有明确的操作性定义（详见论文），从操作性定义看，五个变量都是相对客观的变量，适于机器自动编码。

机器自动编码不等于研究者可以什么都不做，坐等机器出数据。在机器自动编码前、过程中和编码后，研究者做了以下工作：两名研究者先是阅读了大量新闻报道文本，对每一个类目的关键词进行归纳总结，并在多轮讨论的基础上修正关键词列表，形成一个初步编码簿；然后随机抽取 30 篇报道，由两名研究人员根据编码簿指示进行人工编码，计算编码员间信度，经过对各类目对应的关键词进行调整和修正，形成最终版本的编码簿，DiVoMiner® 平台开始自动编码；随机抽取约 1% 的新闻文本，进行人工编码并对比机器编码结果，计算准确率；两名已经通过信度测试的编码员对自动编码结果进行随机检查和校正。

八　信度分析

如前文所述，信度是衡量测量工具质量的一个指标，反映的是测量结果的一致性和稳定性程度。测量是根据一定的法则用数字或符号对事物加以确定的。

编码可以分为人工编码或机器自动编码：对人工编码来说，编码员是测量工具；对机器自动编码来说，机器是测量工具。

内容分析中的测量，就是编码员或机器依据编码表用数字或符号对分析对象的各分析单元加以确定。

编码员人工编码，信度指的是各编码员编码结果的一致性、稳定性。

机器自动编码，信度指的是机器编码结果与编码员编码结果的一致性、稳定性。

（一）人工编码的信度分析——以两名编码员为例 [①]

1. 计算相互同意率

计算公式为：$\dfrac{2M}{N_1+N_2}\times100\%$

其中，M 为两名编码员录入结果相同的次数，N_1 和 N_2 为两名编码员各自录入的总次数。

表 9.4 是一个虚拟的例子，张三和李四对这五篇文章编码的相互同意率为 $67\%\left(\dfrac{2\times10}{15+15}\times100\%\right)$。

表 9.4 编码举例

文章编号	指标 1		指标 2		指标 3	
	张三	李四	张三	李四	张三	李四
1	1	1	1	2	3	3
2	4	4	3	3	1	1
3	1	4	2	1	4	4
4	2	4	2	2	1	1
5	2	2	1	2	3	3

2. 计算信度系数

信度系数之一：Ir 信度系数

Ir 信度系数，是 Perrault 和 Leigh 为定类测量数据设计的信度指标。[②]

计算公式为：

$$Ir=\sqrt{\left(Pa-\dfrac{1}{k}\right)\left(\dfrac{k}{k-1}\right)}$$

当 $Pa\geqslant1/k$

$Ir=0$ 当 $Pa<1/k$

其中，Pa 为同意率，k 为变量的选项数。

① 据 DiVoMiner® 平台可知，大概有 39 种不同的同意度指标，传播学界常用的有 4 种，都为 DiVoMiner® 平台所支持，具体内容详见《【DiVoMiner】视频教程第五弹：信度篇》，知乎，2022 年 3 月 17 日，https://zhuanlan.zhihu.com/p1398175755。

② W. D. Perrault, L. E. Leigh, "Reliability of Nominal Data based on Qualitative Judgments," *Journal of Marketing Research* 26 (1989)：135−148.

（二）机器自动编码的信度分析

仍以程萧潇等的《抗疫背景下中医媒介形象之变化》[1]为例，在机器自动编码完成后，研究者随机抽取总体研究数据中约 1% 的新闻文本（107 篇），进行人工编码并对比机器自动编码结果。依据准确率（Accuracy）计算公式（$\frac{\text{所有分类正确的样本数}}{\text{总样本数}} \times 100\%$），各类目大数据自动编码的准确率均在 87% 以上，效果良好。

第四节　DiVoMiner® 简介

前面介绍的内容分析过程，有几个环节都提到了计算机辅助或计算机自动完成。DiVoMiner® 平台，则可以"串联内容分析的各步骤——从搜索或上传数据开始到出统计报告"。张荣显博士是 DiVoMiner® 平台的创始人。

DiVoMiner® 平台可利用线上或自行上传的定量与定性数据（文字、图片、音频、视频等）进行内容编码与统计分析，在线完成对文本内容的分类、语义判断、信度测试、编码（人工、NLP）及形成可量化及可视化的全部流程。

目前，已经产生了很多使用 DiVoMiner® 平台进行内容分析发表的论文，读者可以在 DiVoMiner® 平台上查阅到这些论文。

进一步了解可去 DiVoMiner® 平台的首页（https://me.divominer.cn/home），或参考王晓华、郭良文主编的《传播学研究方法》"第七章 内容分析法——不懂编程也可做大数据内容研究"，书中用实例详细讲解了利用 DiVoMiner® 平台做内容分析的全过程。[2]

第五节　内容分析的信息披露要求

AAPOR 在 2015 年 11 月发布的职业道德与实践准则第三节第 C 点，是

---

[1]　程萧潇等:《抗疫背景下中医媒介形象之变化》,《西安交通大学学报》（社会科学版）2020 年第 4 期。

[2]　张荣显、曹文鸳:"第七章 内容分析法——不懂编程也可做大数据内容研究"，载王晓华、郭良文主编《传播学研究方法》,高等教育出版社，2022。

内容分析应该披露的项目[1]，列在下面供读者参考。

1. 这项研究的赞助者、原始资金来源、执行者。

2. 所分析内容的来源、数量（例如文章、推文或博客帖子、新闻广播的数量和平均长度）、日期、语言，包含或排除内容元素的标准或决策规则。

3. 抽样方法。如果是普查，则需要明确说明。

4. 关于内容有效性或质量的任何威胁或担忧的讨论（例如，由机器人创建的在线评论、伪造的社交媒体档案、来源中缺失的内容）以及为解决这些问题而采取的措施。

5. 对如何进行分析的描述。由机器自动编码还是人工编码或两者相结合，定量或定性方法或两者相结合。如果是机器自动编码，所使用的软件和参数或决策规则。如果是人工编码，编码员的数量及相关培训和说明。如果有正式的编码方案，应提供该方案；如果没有正式的编码方案，应公开说明。

6. 编码员间的一致性、（用于计算一致性的）多名编码员编码的文本量、解决不一致性的过程及为提高一致性采取的任何步骤。如果仅有一名编码员，应公开说明。[2]

7. 分析单位（例如新闻文章、广播、推特或博客帖子）。

8. 如果权重用于制订编码方案或产生最终估计，应说明权重是如何计算的以及针对的变量。

9. 如果内容分析涉及定性数据收集（见第Ⅲ-B节）或调查数据收集（见第Ⅲ-A节），则可能需要披露其他信息。

---

[1] The AAPOR Code of Professional Ethics & Practice (November 2015), Section Ⅲ. Disclosure Items for Content Analysis.

[2] DiVoMiner® 提出信度分析报告需要提供 10 项内容，详见《【DiVoMiner】视频教程第五弹：信度篇》，知乎，2022 年 3 月 17 日，https://zhuanlan.zhihu.com/p1398175755。

第三部分
质化研究方法

第十章　理解质化研究

内容提要

这一章是对质化研究基本议题的介绍，包括：质化研究与量化研究的异同、质化研究与纯思辨研究的区别、质化研究与新闻报道的区别、质化研究的理论及其变迁，以及传播学研究领域中常见的质化研究类型等。这是理解实地调查和文本分析方法／技术的基础。

第一节　质化研究与量化研究

对质化研究和量化研究的定义、二者之间的关系以及其价值有很多学术上的讨论。在这里，我们只是尝试澄清一些最基本的问题，以使学生能克服一些障碍，灵活地使用量化或质化方法。

一　什么是质化研究

传播学量化研究的传统来自社会学和心理学，比如使用社会调查方法来了解受众对媒介的偏好或媒介对受众的影响等，或采用控制实验的方法来研究观众对媒介知识或信息的认知等。传播学质化研究则更多受到文化人类学、历史学、政治学和文学研究的影响，当然也包括社会学质化研究的影响，在这方面产生了个案、民族志、媒介人类学、文献分析、文学批评（文本解读）和文化批评等研究方法。如人类学研究传统强调在自然情境下的观察和访问，有时是参与式观察。大多数参与式观察采用个案研究的形式，即对一个事件、个人或社会集团的详细记录。政治学研究传统则强调文献分析方法，因为传统主义的政治学研究在很大程度上依赖各种文件——宪法、条约、法令、官方备忘录以及少量的统计数据和有关经济动向的资料。文学批评研究则为传播学研究带来了修辞批评、叙事分析、话语分析等手段。

在传播学研究中，我们将质化研究分为两大类：以人（包括组织、媒介机构、聚落、社区等）为对象的质化研究，通常使用参与式观察、深度访谈、民族志研究、行动研究、个案研究等方法或技术；以媒介文本为对象的质化研究，则常常使用叙事分析、符号学、话语分析、意识形态分析、类型学等方法或技术。运用观察、访谈、民族志、文献分析、文本分析等手段所做的研究为质化研究。

长期以来，很多学者致力于从不同角度明确质化研究与量化研究的界限，因此，我们比较容易在教科书上读到关于质化研究与量化研究的诸多区别，很可能用一张比较表格来标识①。在认识论和方法论层面上，也有学者会强调质化研究与量化研究的不可相容性，比如质化研究是建构主义的、量化研究是实证主义的等。但是，如果考虑反例，哪怕是个别的反例，大多数比较难以成立。比如，质化研究可以检验或发展理论，量化研究会有归纳分析，质化研究的概念可以是事先知道的，量化研究的概念可能是资料中发现的等。如果考虑历史上各种质化研究的实践，我们就不难发现质化研究也可以是实证主义的研究等。因此，就质化研究与量化研究的可辨识的区别，我们认同艾尔·巴比的观点，即看研究者所搜集的事实数据形式是不是"数字化的"（Numerical /Nonnumerical Data）②。如果事实数据以数字化为主，则是量化研究，否则是质化研究。无论是从事量化研究还是从事质化研究，学者面对的都是事实。如果是量化研究，研究者就需要将事实转化为数字进行统计，其

---

① 参见"定性与定量的社会研究""适合实验的研究问题"，载［美］劳伦斯·纽曼《社会研究方法：定性和定量的取向》（第五版），郝大海译，中国人民大学出版社，2007，第23页、第302页。Neuman 在这里引用了 Creswell (1994), Denzin and Lincoln (1994), Mostyn (1985) 和 Tashakkori and Teddlie (1998) 的比较，做出了量化研究与质化研究类型对照表。参见卜卫《传播学方法论引言》，《国际新闻界》1996 年第 4 期；卜卫《方法论的选择：定性还是定量》，《国际新闻界》1997 年第 5 期；等等。笔者虽然在 1996 年和 1997 年发表的文章中认同过诸多区别，但现在改变了看法。

② E. Babbie, *The Practice of Social Research*, 9th Edition, Thomson Learning, Inc., 2001, p.36.

结果呈现中会出现统计数字和图表；质化研究是搜集和分析事实，"而不是以数字和度量的形式来描述现实"[①]。

二　为什么要做质化研究

有些研究更适合做质化研究，而不适合做量化研究。比如，当我们去农村研究被拐卖妇女的媒介使用如何能帮助她们改善自身状况时，我们首先要了解她们有何种渠道能接近何种信息。我们不能向所有妇女发放一张标准化问卷，直接问她们"你们喜欢看什么电视片"之类的问题。因为在实地调查中，我们发现有些被拐卖妇女不能独立使用媒介，而是跟着自己的"丈夫"看电视，看什么电视由她们家里更有权力的人决定。如果你要问她们喜欢看什么电视片，她们大多回答是"功夫片"或"武打的"，而这些其实是她们"丈夫"的爱好。大多数妇女也不会理解我们所问的标准化问题。在这种情况下，问卷调查的结果就不能达到所要求的信度和效度。就这个案例而言，其更适合做质化研究，即通过实地观察、深入访谈和社区调查来了解被拐卖妇女使用的媒介及其对她们的意义等。

总的说来，研究问题决定了研究要用质化的或量化的方法。经验表明，如果我们的研究涉及个人经历、事件、人与人或群体之间的互动、情境、组织、群体、社区等议题时，实地调查是最好的方法。根据纽曼的研究，实地调查最适合以下议题，社会世界中的人们如何办到 Y 这件事情的，或 X 这个社会世界是什么样的，包括：小规模场景，如受暴妇女庇护所、社运组织、电视台、酒吧等；社区场景，如劳工阶级社区、小城镇等；儿童活动场景，如社区活动中心、儿童游戏场等；职业领域，如工厂劳工、出租车司机；越轨和犯罪行为，如文身者、裸体海滩、性工作者群体等。[②] 总之，研究者只有直接投身于田野，才能进行有效的研究，因此这类议题更适合做质化研究。

在以媒介文本为对象的研究中，其方法也因研究问题和作者的研究目的而定。媒介文本一旦生成，就成为一种事实数据。对这种事实数据，研究者

[①]　〔美〕丹尼尔·贝尔编著《当代西方社会科学》，范岱年等译，社会科学文献出版社，1988。

[②]　参见"适合实验的研究问题""适合实地研究的议题"，载〔美〕劳伦斯·纽曼《社会研究方法：定性和定量的取向》（第五版），郝大海译，中国人民大学出版社，2007，第 302 页、第 460 页。

如果想了解媒介文本中某种类型的出现频率或发展趋势等，通常使用量化的内容分析方法，但如果想揭示媒介文本中所隐含的意识形态意义，则采用质化方法。无论是量化的内容分析还是质化研究，仍然以媒介文本为基础，依据媒介文本得出结论，这是它们的共同点。不光是以媒介文本为对象的研究中，以人（组织或社区）为对象的研究中，量化和质化研究的共同点也是：研究者要面对的、处理的都是经验事实，是需要实证的事实，之后要以事实为基础得出研究的结论。

三　关于质化研究与量化研究的一些讨论

关于质化研究与量化研究的关系，目前存在值得讨论的四种说法。

说法 1：质化与量化相结合的研究是好的研究

我们在讲述自己的研究时，很可能有人会建议，"你的量化研究很好，要是加上质化研究就好了"，或"你的质化研究很好，要有量化研究能说明总体就更好了"。对此，我们应该质疑质化与量化的结合对所有研究都是必要的吗？或对目前自己的研究是有必要的吗？无论是质化研究还是量化研究，都已发展出一套独立的操作体系，在一定程度上可以保证各自研究结论的可靠性。当我们用质化研究较好地解释了某种社会现象或某类人群使用媒介的特征时，我们还有必要再做量化研究吗？或者相反，当我们用量化研究得出了相对可靠的结论（如收视率调查）时，我们还用再深入实地与"当事人"一起生活三个月或更长时间吗？并非所有的社会现象都能量化，也并非所有的社会现象都需要研究者到实地进行长期的体验。经验表明，处于一定范式中的研究有自己的核心问题，并能发现相对应的一种方法论，换句话说，每套方法或工具是相对于某类研究问题存在的。当我们使用这套最适合的工具解决这类问题时，一般少用另一套工具。所以，至少我们可以说，并不是所有的研究都需要二者的结合，虽然目前存在多种形式的量化和质化研究的结合样式。总之，用质化或用量化，以及二者结合使用，由解决研究问题的需要决定。

说法 2：质化不如量化科学

量化研究的结果常常表现为统计量表，容易给外行一种"客观"或"科学"的感觉。相反，质化研究的结果为"语文叙事"，容易使人产生"随意"和"不科学"的印象。但实际上，研究是否科学不在于使用量化还是质化方法，而在于研究者如何去做这个研究。所谓"科学"，指的是一项研究解释某种社会现象的可靠性。如果不遵守量化研究的规范，比如抽样规则以及减少社会调查中"社会称许性"影响等，其结果可能是不可靠的。而质化研究，如果遵循其规范并保持反省的态度，其结果则是可靠的。从20世纪开始，研究者们已逐渐发展了一套适用于质化研究的规范、方法和检验体系，为做出可靠的质化研究提供了诸多参照。这也正是我们要学习的东西。

说法3：质化比量化深刻

这种说法暗含着一种假设，即质化是关于事物的"质"的思辨，量化则是对现象的简单描述，所以质化比量化深刻。其实，质化研究同量化研究一样，都是从实际中搜集经验事实，并对经验事实做出分析。在传播学研究中，有相对简单的量化研究，比如收视率调查等，也有大量的验证假设或发展理论的解释性研究。而质化研究，也可能沦为对某一事件的简单描述。"深刻"取决于研究者的理论功底、创新性和想象力，而不是取决于他们选择的研究方法。

说法4：质化或量化研究已经过时了

一项研究采用什么研究方法，并不以"过时"或"流行"为标准，而应以研究问题的性质和特征为标准。社会科学面临的研究问题是复杂的，有的适合用量化研究方法，有的则适合用质化研究方法。比如，质化研究比较适合描述一个历史发展过程，适合在将要开拓的领域内发现理论或形成假设，适合在相关因素较多且较复杂的情况下，理解和解释现象过程的原因以及现象之间的相互作用，等等。只要这类研究问题存在，质化研究就不会过时。同样，只要适合用量化方法的研究问题存在，量化研究也不会过时。研究者面临一个研究问题时，首先要选择一个最为合适的研究方法（工具），以有效地解决这个研究问题，而不是考虑现在哪种研究方法在学术圈里最流行。

第二节　质化研究与纯思辨研究

在新闻与传播学界，质化研究常常与纯思辨研究相混淆，特别是在20世纪80年代和90年代。纯思辨研究，如本书第一章所指出的，是以符合逻辑的论述为主的研究，它不需要研究者搜集系的事实并从事实中得出结论。

20世纪80年代初期，随着中国的思想解放运动和经济的改革开放，在

50 年代被强令停止的社会学、心理学等学科迅速恢复发展，社会科学开始出现繁荣的局面。那时，为了满足广大研究人员的需求，大批西方有关社会科学研究的书被翻译介绍进入中国，其中包括社会科学研究方法的书，如美国社会学家艾尔·巴比所编著的 *Practice Social Research* 等。这些书带来了"科学"的和"客观"的研究的概念，"文化大革命"期间那种带有强烈意识形态特征的宣传作品逐渐被排斥在社会科学领域之外。

至少在传播学界，首先进入中国学者视野的科学研究方法是量化研究。从模仿西方的社会调查开始，中国传播学研究者开始了解和学习科学的研究方法。大多数研究者未经过研究方法的系统训练和对方法论的反省，导致产生了另一种偏向，即只有量化研究是科学的或主要的方法，对质化研究缺乏系统的认识。1999 年出版的国家级重点教材《传播学教程》中的研究方法只包括社会调查、内容分析和控制实验三种量化研究方法[1]，在另一本教材《传播学原理与应用》中，传播学研究方法也被全部概括为量化研究方法，除包括上述三种量化研究方法外，还将"个案研究"列在量化研究方法的标题下[2]，可见在 20 世纪 80 年代和 90 年代占有主流地位的传播学研究者还未能区分质化研究与量化研究。同时，有教材将"自然观察法"不加区分地与社会调查、内容分析和控制实验并列。[3]

"一些研究者对定性研究的理解过于宽泛，他们通常将所有非定量的研究归为定性研究，如思辨、个人的片段思考、感想、个人经验或印象的描述、对政策的简单诠释等均被纳入定性的范畴。一些研究者习惯将自己的所思所想称为定性研究的成果。"[4] 在这个基础上，研究者提出"定性是定量的基础，定量是定性的精确化"[5]。这种对质化（定性）研究的理解与真正的质化（定性）研究相去甚远。"大部分'定性研究'基本上没有系统收集和分析原始资料的要求，具有较大的随意性、习惯性和自发性，发挥的主要是一种议论和舆论的功能"[6]，因此，它难以被看作科学的方法。但这只是问题的一方面。

---

① 参见郭庆光《传播学教程》，中国人民大学出版社，1999，第 277~289 页。
② 戴元光等编著《传播学原理与应用》，兰州大学出版社，1988，第 381~405 页。
③ 张隆栋主编《大众传播学总论》，中国人民大学出版社，1993，第 384~392 页。
④ 卜卫：《方法论的选择：定性还是定量》，《国际新闻界》1997 年第 5 期。
⑤ 陈波等编著《社会科学方法论》，中国人民大学出版社，1989，第 55~59 页、第 122 页。
⑥ 陈向明：《质的研究方法与社会科学研究》，教育科学出版社，2000，第 23 页。

另一方面，对有些研究者（可能多数是不了解量化研究方法的人）来说，这种中国化的"定性研究"是他们习惯使用的方法，因而被他们认定为是"科学"的并可产生"深刻"的研究结果的方法。

质化与纯思辨的表现形式都是词语，容易使人产生质化等同于纯思辨的联想。在我国传播学研究领域中，被认为是质化方法的研究，不少是属于思辨范畴的。这类研究并没有运用系统的观察或访问技术，获得一定量的、有意义的事实，进而从事实中发现规则或理论，而是对概念及概念间的关系、命题及命题间的关系等进行论证，以得出结论。其间有些事实描述，但这些描述是作为某个概念或命题的例证出现的，而非像质化研究那样，需要系统地从事实中发现结论或形成理论。质化研究的对象是事实，纯思辨研究的对象则是概念、命题或推理，正是在这个意义上，我们说质化研究属于经验研究范畴，它与以论述分析为主的纯思辨研究有很大不同。

在学术界，有的学者会将不符合经验研究规范的"定性研究"归入"纯思辨研究"的行列。其实，纯思辨研究与经验研究有相同的规则，比如要严格遵守逻辑规则、要考虑足够多的相关因素及其复杂关系、要建立在一定学术积累的基础上进行研究、要考虑反面意见等。如果一个研究完全不遵守这些规则，可能做出来的东西既不是质化研究，也不是纯思辨研究，可能仅仅是片段感想、选择性观察、观察印象之类。在这里，经验研究和纯思辨研究的分类并不重要，更重要的是科学研究和非科学研究的分野。

第三节　质化研究与新闻报道

在新闻传播学界，我们大多接受了新闻采访的训练。在质化研究中，我们会发现，与新闻采访一样，研究者要经常使用访谈和观察作为搜集事实资料的工具，以描述和解释社会事实。因此，质化研究较容易与新闻采访相混淆，特别是口述史研究，似乎与深度采访或报道没多大区别。在这里，我们需要强调质化研究作为研究的一些特征。

第一，研究者会选择具有学术价值或社会价值的事实进行研究。新闻记者则以新闻价值为标准来选择事实进行采访。新闻记者通常不需要关注一个事实对学术积累有什么用，但是研究者在研究过程中一定要回答这一问题。

有时具有社会价值的事实同时具有新闻价值，其主要区别在于，研究者将在符合科学共同体标准的规范下进行研究以使其结果直接或间接服务于社会，而记者在更多的情况下是报道事实及其观点以告知公众。

第二，在质化研究中，研究者要在研究设计的基础上，根据其研究目的对所选择的社会事实进行系统的观察。记者在大多数情况下，不用做研究设计，但会做一个访谈提纲，这一提纲多是揭示事实的某些方面，较少做系统的观察。比如，记者可以描述一则歧视妇女的电视广告并提出批评，但研究者则需要统计一个时段的所有广告来分析是否有歧视妇女的倾向。即使针对一个广告，研究者也要在性别理论分析的基础上，采用话语分析或叙事分析来解释这一广告的意识形态含义，而非仅限于描述或直接批评。有时新闻报道会呈现很多专业知识，比如环保报道，但是这些专业知识不是记者本人研究的结果，而是对专业人士采访的结果。

第三，质化研究同所有研究一样，要建立在学术积累的基础上，要回应其研究范式的基本问题，对其所揭示的事实要有理论分析。记者在大多数情况下，不必在新闻中展示理论分析，不必与之前的研究建立联系，只是展示事实及其观点。

第四，新闻的对象是公众，因此新闻写作需要通俗易懂。研究成果的主要对象是学术共同体，因此要采用行内的专业术语和规范进行写作。

应该说明，这只是大致的区分。在新闻界内部，近年来逐渐增加了"研究型记者"；在学术界，针对一些研究盲点或空白，研究者常常首先要澄清事实，将事实展现出来，这时二者会有一些混搭。但是，作为研究，质化研究一定要建立在学术基础上，具有系统的观察、理论分析等特征。

第四节　质化研究的理论及其变迁

"质化研究并不是建立在一个统一的理论和方法的基础之上。"[①] 根据诺曼·K. 邓津（Noman K. Denzin）和伊冯娜·S. 林肯（Yvonna S. Lincoln）的研

---

① 〔德〕弗里克:《质性研究导引》，孙进译，重庆大学出版社，2011，第13页。

究，北美地区的质化研究经历了五个时期^①。

（一）传统时期（1900~1950 年）

这一时期始于 1900 年早期，持续到第二次世界大战。其标志是 Malinowski 的民族志研究和社会学中的芝加哥学派。这一时期的主导范式是实证主义的民族志，研究者到陌生的地方去撰写"客观的"、有关实地经验的陈述。研究对象被看作"他者"，大多是异族的、外国的和陌生的人群，在社会学领域中，是本社会的边缘者。

（二）现代主义时期（1950~1970 年）

这一时期的特征是研究者尝试将质化研究规范化，而不限于殖民的描述或写作。在社会学中，它始于质化研究规范文本《穿白大褂的男孩》（*Boys in White*, Becker et al., 1961），结束于《扎根理论的发现》（*Discovery of Grounded Theory*, Glaser & Strauss, 1967）。在这个时期，研究者致力于发展质化研究的客观规范和技术，使质化研究能像量化研究一样严格。这些技术包括参与式观察、半结构访谈、对语言频率的准统计等，使资料搜集和分析开始"标准化"。在这个时期，新出现的解释性理论如后实证主义、民族方法学、女性主义、现象学和批判理论等被引入质化研究实践中，使研究者关注和表达社会下层阶级的状况。"发声"的研究也产生于这个时期。

（三）领域模糊期（1970~1986 年）

到了 20 世纪 70 年代，研究者们已拥有多种范式、方法和技术或策略来从事质化研究。理论范式有符号互动主义、建构主义、自然主义研究、实证主义和后实证主义、现象学、批判理论、新马克思主义理论、符号语言学、结构主义、女性主义及种族学等。其方法或研究策略包括扎根理论、个案研究、历史研究、传记研究、民族志、行动研究和临床研究等。同时，计算机逐渐成为质化资料分析的助手。

根据诺曼·K.邓津和伊冯娜·S.林肯的研究，这一时期开始于格尔茨（Geertz）的《文化的解释》（*The Interpretation of Culture*,1973），结束于他

---

① 以上五个时期的叙述参考［美］诺曼·K.邓津、伊冯娜·S.林肯主编《定性研究（第 1 卷）：方法论基础》，风笑天等译，重庆大学出版社，2007，第 15~23 页；［德］弗里克《质性研究导引》，孙进译，重庆大学出版社，2011，第 16~17 页等。

的《地方知识》(*Local Knowledge*, 1983)。[①] 格尔茨主张一个更为多元的、解释性的、开放的研究视野，强调对特定事件、仪式和习俗做更为本土的"深描"，而这类描述容易模糊社会科学与人文科学的界限。所谓人类学的写作，其实是对当地人的解释的再解释，研究者不仅对当地人的日常生活进行描述，还对他们的象征符号进行解释。在这种情况下，社会科学转向人文学科寻求模型、理论和分析方法，如符号语言学、解释学、文本分析、叙事学等进入了质化研究领域。

（四）再现（Representation）危机期（1986~1990 年）

再现危机指的是质化研究者不可能直接获得和展示"客观"的经验事实。被展示在研究结果中的经验事实其实是研究者在社会文本的写作中创造的，是一种再现。因此，写作（研究）过程也是研究结果的一个重要组成部分。质化研究成为一个持续性的、对不同版本的现实进行建构的过程：一个人在访谈中讲述的版本，不一定符合他在事发当时所讲述的那个版本，而且对同一访谈对象不同阶段的访谈可能有不同的结果，这些结果也不一定与他人对同一事件的叙述相同。分析访谈的研究者在写作过程中可能成就了又一个版本。在再现的过程中，"研究"和"著作书写"本身受到性别、社会阶层、种族等因素的影响。结果，传统的质化标准开始受到质疑，研究者必须对写作过程和其所处阶层等有所警觉和保持反省。

（五）后现代期（1990~1995 年）

受到后现代主义思潮的影响，同时对上述再现危机做出反应，这一时期的质化研究呈现更加多元的状况，且更关注边缘群体。其研究的特征是：理论可能被写成田野故事来展现；作者尝试用不同的方式来表达"他人"；研究者可能不是旁观者，开始进行"行动研究"或运动取向（Activist-oriented）的研究；宏大叙事理论逐渐为更为本土的、适合特定问题和特定情境的小规模理论所取代；等等。这些探索仍在进行之中。

诺曼·K. 邓津和伊冯娜·S. 林肯在 2022 年新版本中，将 1990 年以后的分期澄清为：后现代阶段即实验的和新民族志阶段（1990~1995 年）、后

---

① ［美］诺曼·K. 邓津、伊冯娜·S. 林肯主编《定性研究（第 1 卷）：方法论基础》，风笑天等译，重庆大学出版社，2007，第 19 页。

实验研究阶段（1995~2000 年）、现阶段的方法论论争阶段（2000~2010 年），以及未来阶段（2010 年以来）。总共八个历史阶段。"第八个历史阶段要求社会科学和人文学科成为批判性对话的重要场域，使人们能够自由讨论民主、种族、性别、阶级、民族—国家、全球化、自由和共同体等主题。"①

根据诺曼·K. 邓津和伊冯娜·S. 林肯的研究，"这八个历史阶段相互重叠，并且目前在同时起作用"②。早期的研究传统仍然影响我们今天的研究。而今天，从来没有这么多的研究范式、研究策略、分析方法和技术可供我们来选择。质化研究不再是唯一的实证主义的产物，阶级、种族、性别以及民族性等可能会深刻地影响我们的质化研究过程。

从上述质化研究发展历史中可以看到，质化研究常常与某种理论范式或流派相联系，比如女性主义研究与质化研究、批判研究与质化研究、文化研究与质化研究、酷儿理论研究与质化研究等，这些不断涌现的理论范式或流派的确启发了学术界对质化研究及其方法论的探讨，并形成了新的方法范式及其理论解释。但这并不意味着如果我们做一个女性主义研究或批判研究，就一定要采用质化研究策略或方法，而没有采用量化研究方法或纯思辨研究方法的可能性。质化研究的发展经历了从一元到多元的过程，恰恰为我们提供了采用更多方法的可能性。质化研究各种方法和策略在发展过程中汲取了各种理论范式的营养之后，可以逐渐独立地存在于社会科学研究领域之中，供我们根据研究问题进行选择。在这里，理论范式或流派并不必然地与某种方法如量化或质化研究相联系，相反，我们需要做的是打破这种分类。质化研究与量化研究也可能是相互补充的，而不一定是相互竞争的关系。两类研究可能获得不同的信息，这对认识一个社会现象是有益的，可以从不同角度增进我们对这一现象的理解。"人们不能用他自己的范式或偏好来论证对特定方法的使用，而必须从所研究问题的特性出发。"③

---

① ［美］诺曼·K. 邓津、伊冯娜·S. 林肯：《定性研究手册：方法论基础》，朱志勇、王熙、阮琳燕等译，重庆大学出版社，2022，第 5 页。

② ［美］诺曼·K. 邓津、伊冯娜·S. 林肯：《定性研究手册：方法论基础》，朱志勇、王熙、阮琳燕等译，重庆大学出版社，2022，第 4 页。

③ 转引自［德］弗里克《质性研究导引》，孙进译，重庆大学出版社，2011，第 28 页。

比如，在女性主义研究中，曾有学者介绍过对量化研究的批评。这种批评认为，"统计数据被视作父权制文化中对'硬性事实'（Hard Facts）所下定义的一部分"①，量化方法可能会掩盖女性被压迫的事实。因此，有的学者会反对在女性主义研究中采用量化方法。又因为"口述"等质化研究方法更能发掘以往被忽略的妇女及其他边缘群体的生活经验，所以也有学者倡导质化的女性主义研究。上述所言即是将理论范式与质化研究或量化研究机械地联系起来的例子。其实，女性主义研究的基本要求，并不取决于采用量化研究或质化研究，而取决于研究视角和立场。比如，针对中国高出生性别比问题的研究，从男性中心主义立场出发，一些研究者去研究这个问题对男性婚配的影响，并提出了"进口新娘"的政策建议。而女性主义研究则提出了女童出生权利及其对妇女发展的不利影响的研究问题，在此基础上提出了"农村女孩能养家"以及中国社会如何促进性别平等的政策建议。两类研究均既采用量化研究，也采用质化研究。Sandra Harding 曾指出，女性主义研究的特征应该是：第一，注重发掘各阶层妇女的经验，并使这些经验成为理论和经验研究的来源；第二，研究的目的是使女性受益；第三，在研究中将研究者和研究问题同样置于分析反思的位置，在研究过程中反省和处理研究者的身份认同（种族、性别、阶级等）对研究的影响。② 这才是对女性主义研究的基本要求，而不是因为采用了量化研究或质化研究。

第五节　传播学质化研究的常见方法

根据诺曼·K.邓津和伊冯娜·S.林肯的研究，质化研究包含不同的研究策略与搜集资料和分析资料的方法。③

就研究策略来说，我们有个案研究、民族志、参与式观察、表演民族志、现象学、民族方法学、扎根理论、生活史、证据学、历史方法、行动研

---

① S. Reinharz:《女性主义调查法及其他统计研究的模式》，载孙中欣、张莉莉主编《女性主义研究方法》，复旦大学出版社，2007，第142页。

② S. Harding:《概述：有没有一种女性主义研究方法？》，载孙中欣、张莉莉主编《女性主义研究方法》，复旦大学出版社，2007，第25~26页。

③ [美]诺曼·K.邓津、伊冯娜·S.林肯主编《定性研究（第1卷）：方法论基础》，风笑天等译，重庆大学出版社，2007，第25页。

究、临床研究等可供选择。

就搜集资料和分析资料的方法来说，我们有访谈、焦点组访谈、观察、人文物品与文献、视觉方法、自我民族志、文本分析、应用民族志、计算机辅助分析等可供选择。

在本书中，第十一章和第十二章将集中介绍搜集资料和分析资料的方法。

第十一章集中介绍以人及环境为对象的研究，如受众研究、文化产业或媒介机构研究等，这类研究主要需要采用田野调查方法，如访谈和观察等。

第十二章则介绍以文本为对象的研究。其中包括：媒介文本（视觉、影像或文字等）分析，主要采用叙事学、符号学、话语分析等方法；传播政策/历史研究，主要采用文献分析方法；等等。

第十三章则集中探讨质化研究和量化研究的策略选择。

小　结

如果要从事实数据中得出结论，无论是量化研究还是质化研究，均可称为"经验研究"。

总的来说，研究问题决定了研究要用质化的或量化的方法。

经验表明，如果我们的研究涉及个人经历、事件、人与人或群体之间的互动、情境、组织、群体、社区等议题时，实地调查是最好的方法。在以媒介文本为对象的研究中，其方法也因研究问题和作者的研究目的而定。媒介文本一旦生成，就成为一种事实数据。对这种事实数据，研究者如果想了解媒介文本中某种类型的出现频率或发展趋势等，通常使用量化的内容分析方法，但如果想揭示媒介文本中所隐含的意识形态意义，则采用质化方法。采用质化或量化，以及二者结合使用，由解决研究问题的需要决定。无论是质化研究还是量化研究，"科学"或"深刻"不取决于采用了质化或量化方法，而取决于研究者如何去做这个研究，取决于研究者的理论功底、创新性和想象力。

质化研究的发展历史和范式变迁使我们看到，质化研究常常与某种理论范式或流派相联系，比如女性主义研究或批判研究与质化研究，但这并不意味着如果我们做一个女性主义研究或批判研究，就一定要采用质化研究策略或方法，而没有采用量化研究方法或纯思辨研究方法的可能性。质化研究的发展经历了从一元到多元的过程，恰恰为我们提供了采用更多方法的可能性。此外，根据研究问题进行方法的选择并不是一种实用主义的选择，而是在理解其理论背景的基础上的灵活应用。

第十一章　以人及环境为对象的质化研究

内容提要

我们将质化研究分为两大类，一类是以人及环境为对象的质化研究，另一类是以媒介文本为对象的质化研究。本章将重点讨论第一类。在这类质化研究中，我们将学习如何研究人的语言、行为以及人与人之间的互动，研究各种各样的人群在其日常生活中或促进社会变革中如何使用媒介和进行传播，研究人际网络或社会网络，研究一个或数个媒体机构或一个编辑部如何运作新闻，以及研究文化产业，等等。

在以人及环境为对象的质化研究中，其核心技术为观察和访谈。通常观察和访谈会在实地进行，因此，我们也将这类研究称为"田野调查"（Fieldwork）或实地调查。在本章中，我们首先介绍实地调查的过程和适合实地调查的研究议题，之后分别介绍观察和访谈，观察和访谈是搜集质化数据资料的主要技术手段。最后，本章将讨论如何对质化数据进行分析和诠释。

第一节　实地调查概述

一　研究过程

同属于经验研究，实地调查过程与量化研究过程大致相同，都需要从实践、理论或文献中发现研究问题，形成初步假设，做大致的研究设计，然后到实地中去搜集数据资料，最后呈现主要发现并做出自己的解释。唯一不同的是：实地调查的研究问题、研究假设以及研究设计有可能需要多次反复才能完成。在田野工作阶段，随着研究者对实践的进一步了解，重新审视研究问题、研究假设和研究设计，甚至理论解释，就有可能做出相应的改变以更有效地达到研究目的。对研究者来说，"实地调查一个固有的优点就是资料搜集和分析的交互作用造成了其他研究方法所不及的弹性"[①]。

二　适合实地调查的研究议题

总的来说，实地调查适合在自然的社会情境下研究人的态度和行为，对跨时间和跨空间的社会过程进行研究，如群体性事件等，现场的实地调查比事后的建构能提供更为准确、详尽的信息。

约翰·洛夫兰德（J.Lofland）等曾在《分析社会情境：质性观察与分析方法》一书中详尽列出了适合实地调查的研究议题，实践（Practices）、事件（Episodes）、相聚（Encounters）、角色（Roles）、关系（Relationships）、社会群体/派系（Social Groups）、组织（Organizations）、聚落（Settlements），以及生活形态或亚文化（Lifestyles or Subcultures）。[②] 分述如下。

实践：主要指日常生活中经常发生的各种各样的行为。通常人们会忽略这些日常的行为，认为不值得注意。但这些日常的行为，如果与特定的社会情境、文化认同或集体身份认同等联系起来，就构成了实地研究者的研究议题。比如，在云南的流动青少年经常使用手机和QQ，这已经成为他们日常生活中的一部分。我们通过观察和访谈去了解，为什么他们不使用互联网或较少使用大众媒介？他们在何时何地使用QQ？他们从QQ中获得了什么？为什么使用QQ成为他们生活中的一部分？这种使用与他们的经济状况、社会地位以及流动身份有何关系？至少从目前的研究中，我们可以从其经济状况中探讨出数字鸿沟的主题，从其流动身份中发现QQ具有重建社会网络等功能。

事件：相对于实践，事件则不会经常地、有规律地发生，如灾难、越轨行为、离婚、社会抗议、庆典、犯罪或疾病等。事件有可能发生在个人身上，但却具有深刻的社会根源，如2003年孙志刚事件等，事件也有可能是群体遭遇或是有目的的集体行动。比如，现在有的研究者在研究自然灾害中的微博/

---

① 〔美〕艾尔·巴比:《社会研究方法》（第八版），邱泽奇译，华夏出版社，2000，第379页。

② 〔美〕约翰·洛夫兰德等:《分析社会情境：质性观察与分析方法》，林小英译，重庆大学出版社，2009，第139~152页。

微信的作用，或工厂罢工中手机的作用等。

相聚：包含两人以上的会面及其互动，诸如学术会议、工会会议、求职面试、与公共休息室出现的人一起聊天、街头反对人口拐卖的宣传活动、街头演出、通过卖唱募捐、酒会、饭聚、家庭访问等。相聚可能只有几分钟，也可能有几个小时或几天，是临时形成的微小社会体系。

角色：实地调查同样适合于分析人在某个人群中所处的地位，以及在此地位上所表现的行为及其互动。如工作场所中的职业角色、私人领域中的家庭角色、罢工活动中的领导者与跟从者的角色、种族群体或社区群体中的各种角色等。在一段时间和一个地点内，观察对象的角色可能相对固定，也可能随着时间或地点的变化发生转换。我们会研究在一个事件中或在日常生活中，这些角色在推动或阻碍某些事情中的作用。

关系：每个人在社会中会形成一定的关系。这种关系的形成和维系取决于情感的需要、资源相互依赖的程度、信任的多寡、权力的相对大小、工作的需要和工作场所的位置、彼此熟识的程度、社区生活等多种因素。有的关系是纯公共领域或私人领域的关系，如同事关系或母子关系及朋友关系等，但也有大量在准公共场所中建立的关系。各种各样的关系会帮助形成个人的社会网络。研究社会网络或关系及其关系网中的人群之间的互动，常常是实地调查的议题。

社会群体／派系：在社会中，有一些人在较长一段时间内与他人进行频繁的活动，彼此之间相互认同和理解，并对成员资格持有共同的标准。这就形成了一个社会群体，如朋党、左翼学者、儿童游戏场所、癌症病人团体、运动团队等。派系基本上根植于非正式的朋友或同事所组成的圈子或网络，成员持有较为共同的价值观，对其他派系形成一种集体力量。

组织：相对于社会群体／派系这样的非正式团体，组织指的是正式的机构，如企业和学校等。在社会中，如果上学或上班，几乎每个人都生活在一定的组织中。对组织的研究主要包括组织形成的环境、组织的管理者通过何种手段发展成员和制定规则以控制组织、成员如何通过组织适应来发挥作用或通过抵抗这种控制来发展或保持自我等。对企业的研究通常聚焦于管理控制和成员适应。在中国传播学领域，研究公民社会组织中如何通过内部交流传播达成共识以建设一个民主透明的组织已经成为一个新的议题。当然，研究某个媒介机构或编辑部如何建构新闻，是新闻学最常见的实地调查的议题。

聚落：实践、相聚、角色、社会群体/派系和组织等彼此相连，组成一个社会划定的领域，这个领域被称为聚落。实地调查常对小型的聚落进行研究，如研究村落、贫民窟、邻里、街头、劳工阶级社区等。

生活形态或亚文化：研究者有时会将焦点放在生活方式相似的人身上，例如"管理阶级"或"都市下层阶级"的群体。

上述议题的研究只有研究者投身田野才能获得可靠的数据资料。

此外，在研究者对打算要研究的人群非常陌生的情况下，实地调查是必须要采用的研究策略。我们曾遇到一个案例，高校教师要研究流动劳工的文化设施的使用情况，但对劳工的工作情况和业余生活完全不了解。实际上，当地劳工组织利用村图书馆成立了工人夜校（社区学堂），有的劳工下班后会到这里来听讲座，但不是借书看书。高校教师的经验是公共图书馆就是借书看书的场所，其发放给劳工的调查问卷题目是：你一周去几次图书馆。有的劳工填写1次或没有，劳工的意思是他们或去图书馆里听讲座1次或者没有听过，这与借书看书无关，其数据统计出来没有任何意义。所以，如果要了解研究者不熟悉的群体，第一步应该是到现场去看、去听、去学习，然后再考虑采用何种方法来做研究。

三 实地调查的准备工作

实地调查的准备工作包括两大方面：第一是学术上的准备，第二是关于现场实践的准备。

学术上的准备主要包括：通过阅读以往相关研究文献、媒体报道和历史记录、地方志等聚焦研究问题；通过学习相关理论进一步澄清研究问题并尝试发展相应的研究假设等。

关于现场实践的准备主要包括：调查场地的选择、获准进入该场地进行研究、确定研究者的角色、发展与当地人的关系、选择观察策略以及处理可能出现的伦理问题。调查场地的选择标准主要根据这个场地是否能有效地回答研究者的研究问题，以及研究者是否能够进入这个场地等。上述各项准备并不一定有固定的次序。实际上，在确定观察地点之后，以下各个环节可能是交错进行的。

（一）了解现场

通过阅读相关文献和当地走访了解调查场地的环境、历史和发展现状，了解当地人的日常生活以及相关团体内部的关系。

（二）获准进入现场

研究者首先要获得许可才能进入现场做研究。我们通常称有许可决定权的人为"守门人"。所有的关系都是协商出来的。一旦确认某个场地有利于发现研究问题的答案，研究者就要去与"守门人"协商，希望他（她、他们）允许我们进入并且对研究不会设置过多的限制。因为过多的限制会影响研究的可靠性。这就需要研究者为自己画一条底线，以维护研究的真实、完整。如果突破了底线，研究者需要与"守门人"再协商或放弃这个场地。研究者也要意识到，即使获准进入场地，并得到"守门人"和内部成员的慷慨帮助，这也仍然是对研究的另外一种需要反省的"影响"。

（三）确定研究者的角色

进入实地不仅是"身在实地"，而且是一个研究者进行自我定位和被他人定位的复杂过程。[①] 在实地调查中，投身田野的研究者通常被称为"局外人"，而在一定情境内部的成员，我们称为"当地人"或"局内人"。"局外人"要从"当地人"的情境、视角和经验中来理解他们对行为的解释，这面临很大挑战。其中，研究者可以根据具体情境来选择扮演何种角色。"田野角色可以以连续体的形式加以排列。根据研究者与当地人之间的分离或涉入的程度而定。在某个极端，田野角色是置身事外的局外人；在另一个极端，田野角色则是一个亲身涉入的局内人。"[②] 作为一种研究策略，研究者可以选择做一个非参与观察者（完全局外人）或参与观察者（部分或完全的局内人），二者之间没有一个绝对的界限。

根据 Junker 的研究，研究者大致可以扮演三种角色：完全的局外观察者（Complete Observer）、作为研究者的参与者（Researcher Participant）和完全涉入的参与者（Complete Participant）。Adler 等则从另外的角度定义了三种角色。边际成员，指研究者与内部成员之间有较大距离，也可能对内部活动不

---

① ［德］弗里克:《质性研究导引》，孙进译，重庆大学出版社，2011，第 94 页。
② ［美］劳伦斯·纽曼:《社会研究方法：定性和定量的取向》（第五版），郝大海译，中国人民大学出版社，2007，第 471 页。

适应。积极成员，指研究者扮演成员的角色，并且与成员有相同的感觉、情感或意见，有时像成员一样参与活动。研究者维持高水平的信任，同时能定期退出田野。完全的成员，研究者"皈依"田野并且"本土化"。作为一个完全的忠实的成员（当地人），研究者与其他人拥有共同的情感，到必须离开田野时才能重归研究者的角色。[①]

研究者的涉入程度取决于研究的需要、与成员的交流、田野场景的特性、研究者的个人感受等。许多研究中随着在田野工作时间的延续，研究者从连续体"局外人"一端逐渐过渡到"局内人"这一端。每种"涉入"的层次应该说有利有弊。较少的"涉入"可能由于了解不够会对成员的行为做出错误的解释，但有利于较好地保持研究者观察批评的角色。较多的"涉入"可以有效地帮助研究者从当地人的视角和经验来解释他们的行为及其意义，但同时可能受到情感过多卷入的影响，完全认同内部成员的观点，减少了批评的敏感性和研究的客观性。田野工作最大的挑战也在于此。当研究者本人成为研究工具，但又不能成为像尺子那样的测量工具时，结果就需要研究者在被"悬置"的理论与深度"涉入"之间不断"穿越"，以达到研究目的。

在传播学实地研究中，研究者们采用不同方法去回应这种"穿越"。比如，在其团体内部设置一个新角色，由研究者本人来扮演，诸如扮演协作者角色在当地发展媒介兴趣小组，或者做团体内部的培训师或教师等。有大量的年轻学者在研究某个公民社会组织时选择做志愿者、在研究某个媒体机构时选择做实习生……这样的好处是，容易被团体接受，在共同工作中更能体会和理解当地人行为的意义，同时没有"完全混同"于当地人，保持相对独立性。此外，有的研究者也会定期离开田野，在处理数据资料中重新澄清研究问题，根据田野数据重新梳理和建构理论。总之，研究者的田野工作一定要深入，但在其中还要学会"穿越"回来，将"悬置"的理论与田野数据进行联系，以产生新的发现和解释。

（四）发展与当地人的关系

与当地人形成睦邻友好合作的关系是所有实地调查者的追求。这是获得

---

① ［美］劳伦斯·纽曼：《社会研究方法：定性和定量的取向》（第五版），郝大海译，中国人民大学出版社，2007，第471页。

对成员的理解，进而超越一般的理解达到共情所需迈出的第一步。有多种方法可帮助形成理想的关系，如做一个当地文化的学习者，也有学者称为"可接受的不胜任者"[①]；向成员讲述自己的经历和研究的背景以及研究对他们的用处；让成员了解你对成员的活动非常感兴趣，认为他们的活动很有意义；尊重所有成员并在可能的情况下帮助成员解决困难；等等。

（五）研究伦理

在实地研究中，与当地人密切接触，很可能会给当地人带来影响。这种影响可能是正面的影响，如行动研究大多可以改善社区或个人状况等也可能是负面的影响，使他们暴露于危险、歧视之中。比如，访问一个感染者小组，如果没有好的保密措施，将使感染者因暴露而被迫离开工作岗位或退学等；不加保护的对暴力受害者的访问，有可能让他们重新置于暴力恐惧之中；描述一个民族的习惯有可能被主流社会斥为"愚昧"等。如果是对一个贫穷村庄的研究或边缘群体的研究，要特别注意"场地退出"环节。例如，在最边远的、最穷困的、最缺少资源的地区，当研究者进入场地时，会给当地儿童带来亲情、知识和其他资源，儿童自然会欢天喜地，以为永远过上了快乐的日子，但当研究者猝然离场时，儿童可能会受到严重的心理伤害。因此，如何不与当地人或儿童形成一种依赖与被依赖的关系、如何通过逐渐退出场地来减少对当地人的伤害等方法，应该在研究开始阶段就纳入考虑之中。关于研究伦理的论述请详见第十四章。

第二节　实地调查：观察

一　什么是科学的观察

首先，我们需要区别日常的观察与科学的观察。

日常的观察通常是自发的、随意的、以兴趣为转移的、缺乏对先入之见和偏见进行反省的活动。科学的观察则至少具有如下特征。

第一，科学的观察是有一定研究目的的、有一定计划的观察。研究者将在一定研究领域中提出研究问题，根据回答这一问题的需要做出相应的观察

---

① 〔美〕劳伦斯·纽曼：《社会研究方法：定性和定量的取向》（第五版），郝大海译，中国人民大学出版社，2007，第481页。

计划以进行有目的的观察。

第二，科学的观察是系统的观察。与日常的观察不同，科学的观察不仅是对人物活动、事件情境或环境、事件进展或频率及其相关因素进行谨慎的、完整的观察，也要紧紧围绕研究问题，将各种影响因素联系起来进行观察。

第三，科学的观察是建立在对先入之见或偏见进行反省的基础上的观察。在进入实地观察之前和在实地观察之中，我们要思考这样的问题：什么是我们头脑中已经存在的知识、事实、经验或印象，这些知识、事实、经验或印象是可靠的吗？它们从哪里来的？为什么会有这样的知识、事实、经验或印象？哪些东西应该质疑以及为什么？在现场观察中，我们也要注意反例，以避免选择性观察。

第四，科学的观察也是不断反省知识生产及其可靠性的过程。在实地观察中，研究者要自觉地反省自己的观察方法是否可靠，以追求观察的准确性。

二　观察的准备工作

（一）澄清研究问题并制订计划

对于任何一项研究，研究者的首要任务都是澄清研究问题。否则，漫无目的地观察不但不会聚焦问题和有利于深入了解问题，还会浪费研究资源，使研究成为无效的活动。研究者要以回答研究问题为中心来计划观察活动。

观察计划的主要内容如下。

第一，确定观察的内容，包括人、现象、具体活动/事件和范围。观察内容依据回答研究问题的需要来确定，即观察这些内容要能够回答研究者所提出的研究问题。研究者要问自己，为什么这些事情值得观察？观察所得出的结论是否能达到研究目的？

第二，确定观察的地点和时间。研究者考虑不同观察地点、观察时间的特征，选择最有利于回答研究问题的地点和时间来进行观察，同时要考虑观察地点和时间对观察结果的影响。观察时间包括：观察的时间点或时间段、每次观察所持续的时间以及观察的次数。

第三，选择观察的方式并考虑其效度：隐蔽还是公开观察？采用参与者身份还是非参与者身份？使用录音、录像还是笔录的记录方法？选择的依据不仅要有利于客观记录当时事件的情形，还要考虑现场被观察者的情形，比如录音、录像是否能获得"把关人"或所有观察对象的同意？采用参与者身份是否影响了事件的发展？公开观察是否造成观察对象的"隐瞒"等？事先要做好准备处理可能影响观察效度的问题。比如，观察对象不允许录音、录像和笔录，那么研究者只能依靠纯粹的记忆或写关键词等方法记录，事后要迅速地回忆当时的情形，在可能的情况下还要与当事人核对等。

第四，研究者要对处理实地调查中的伦理道德问题有所准备。一个最重要的原则是，不能以研究为由给研究对象带来伤害。在有些情况下，这种伤害的可能性需要第三方评估。

（二）将研究问题转化为可观察的具体现象

当研究者决定采用观察作为搜集资料的工具时，要在澄清研究问题的基础上，将研究问题转化为观察的具体现象。

比如，当一个流动工人乐队声称要为工人歌唱、要唱工人喜欢听的歌曲的时候，我们需要研究的是，工人听众是否能理解、喜欢工人乐队的歌曲？是否能与工人乐队产生共鸣？为什么能理解和产生共鸣或相反？观众理解这些歌曲的背景／情境／环境是什么？研究方法之一是去观察演出现场。在观察中，理解、喜欢、共鸣这些抽象的概念可以转化为具体的、可观察的现象，如人群的自愿聚集规模、各类观众的表情和动作、各类观众现场发出的声音、乐队是否被要求返场、观众是否愿意上舞台、观众是否愿意参加现场合唱、以往是否参加过工人组织的活动以及参加活动对他们共鸣的影响等。

一般的情况下，所需观察的现象包括：有谁在场？发生了什么事情？什么时候在何种地点发生的？事情是如何发生的以及有无明显的规则？为什么会发生这个事情？回答这些问题不仅要用眼睛观察还要用耳朵仔细倾听。有经验的观察者还会很快地熟悉现场的"暗语"，以便更透彻地理解这一事件。

Goetz 和 LeCompte 曾建议观察至少要回答如下六个问题[1]。

第一，谁？（有谁在场？他们是什么人？他们的角色、地位和身份是什么？有多少人在场？这是一个什么样的群体？在场的这些人在群体中各自扮演什么角色？谁是群体负责人？谁是追随者？）

第二，什么？（发生了什么事情？在场的人有什么行为表现？他们说／做

---

[1]　转引自陈向明《质的研究方法与社会科学研究》，教育科学出版社，2000，第238页。

了什么？他们说话 / 做事时使用了什么样的语调和身体动作？他们相互之间的互动是怎么开始的？哪些行为是日常生活中的常规？哪些是特殊表现？不同参与者在行为上为什么有差异？他们行动的类型、性质、细节、产生与发展的过程是什么？在观察期间他们的行为是否有所变化？）

第三，何时？（有关的行为或事情是在何时发生的，这段时间有什么特色？其他时间段是否也发生过类似的行为或事情？这个行为或事情持续了多久？行为或事情出现的频率是多少？）

第四，何地？（这个行为或事情是在哪里发生的，这个地点有什么特色？其他地方是否也发生过类似的行为或事情？这个行为或事情与其他地方发生的行为或事情有什么不同？）

第五，如何？（这个事情是如何发生的？这个事情的各个方面相互之间存在什么样的关系，有什么明显的规范或规则？这个事情是否与其他事情有所不同？）

第六，为什么？（为什么这些事情会发生？促使这些事情发生的原因是什么？对于发生的事情，人们有什么不同的看法？人们行为的目的、动机和态度是什么？）

在实地观察中，研究者也要时刻提醒自己，自己所专注观察的人物、事情是否对回答研究问题有实质意义。

三 观察实施：如何记录观察

大部分田野数据是以田野笔记的形式出现的。田野笔记一般包括地图、图表、照片、访问记录、录像带、田野中带回来的物品和详尽的田野笔记。研究者通常花在整理田野笔记的时间比花在田野工作的时间还要多。没有这些笔记，等于我们没有搜集到能够回答研究问题的数据。好的笔记是实地研究的基础。

很多质化研究教科书已经介绍了多种记录田野笔记的方法。[1]在这本书里，我们建议做六格田野笔记，如表 11.1 所示，这是一个盲道被占用的六格田野笔记。

---

[1] 转引自〔美〕劳伦斯·纽曼《社会研究方法：定性和定量的取向》（第五版），郝大海译，中国人民大学出版社，2007，第 384 页。

表 11.1　盲道被占用的六格田野笔记

时间/地点笔记	直接观察笔记	个人感受笔记	方法笔记	个人推论（推测）笔记	理论笔记
2013年5月9日12：00~12：29/西坝河19号楼前街道	一辆草绿色吉普（丰田越野）	愤怒	在吉普车的左后侧，大约距离4米	占用者不懂或不重视盲道	歧视、环境无障碍、残疾定义
12：30~……	……	……	……	……	……
……	……	……	……	……	……
……	……	……	……	……	……

第一格为时间 / 地点笔记，详细记述研究者观察的时间和地点。

第二格为直接观察笔记（Direct Observation Notes）。在直接观察笔记中，研究者要详尽地记录所观察到的现象，包括人物、环境或事件及其有关细节等。撰写此笔记时，恪守的原则是客观记录，这也是直接观察中"直接"的意思，不能有任何猜测、过度概括或想象的成分。猜测或想象会在推论以及理论笔记中出现。记录六格田野笔记的目的就是要将主观想象和客观观察尽量分开，并在客观观察的基础上进行研究。

第三格为个人感受笔记。在实地观察时，研究者本人是测量工具。与量化研究中的将问卷作为测量工具不同的是，研究者本身会有喜怒哀乐，并且会受到被观察现象不同程度的影响。比如在表 11.1 中，观察者看到不少车辆占用盲道会感到愤怒。有时研究者观察到不幸的事件会感到悲伤……在很多情况下，研究者如果发现被观察者与自己持同样一种价值观或信仰时，会感到愉悦，否则会反感。记录个人感受笔记的目的是，将直接观察到的现象与自己的主观感受分开，并反省自己的主观感受对研究的影响。

第四格为方法笔记。方法笔记是对观察方法的记录以及对方法的评论。在表 11.1 中，研究者记录了自己观察时所处的方位和距离。在方位和距离记录之后，最好也写上这种方位和距离对观察准确性的影响，比如是否清楚看到，或在某个角度观察有一定限制等。方法笔记不仅用于评估观察的信度，也用于评估观察的效度，即所观察的现象是否能有效地回答研究问题，以及是否能将有关研究问题的细节包括其中等。记录方法笔记的目的是帮助研究者不断地反思自己观察的信度和效度。

第五格是个人推论（推测）笔记。这格笔记用于记录研究者对被观察事件的意义、背景或影响因素的推论。在表 11.1 中，观察者记录了对占用盲道现象的推测，可能是占用者不知道这是不可占用的盲道，也可能是占用者知道这是盲道，但认为闲置就可以占用，或不重视盲道等。其记录的目的：一是将观察到的现象与个人的推论分开，即推论是需要再证明的；二是为进一步的观察提供线索。

第六格是理论笔记，也有的教科书称为分析性备忘录（Analytic Memos），即在观察现象的同时，将想到的概念及理论及时记录下来。其作用是将观察材料与相应的概念或理论联系起来，以从观察中发展和阐释概念或理论。大多数研究的目的不仅是描述一种现象，也是用理论来分析这个现象，或是发展理论。概念是理论的必要组成元素，将第六格的概念及其理论笔记积累起来，就会清晰地看到所观察的现象与理论的联系。但是，要记录理论笔记，需要大量的理论准备。比如，在表 11.1 中，当我们了解了关于"歧视"、"环境无障碍"①以及"残疾"②等概念术语时，我们才会从此现象中想到这些概念及其"全面参与、机会均等"的社会理论。

除了六格田野笔记，时间地图、社会交往地图、空间地图等也是用来帮助搜集和整理田野数据的有效手段。

---

① 环境无障碍源自英文 barrier-free-environment，指没有障碍的环境，可及、可使用的环境，即在全面参与、机会均等的条件下，任何人可以无障碍地充分地使用各种建筑、设备和信息等，使每一个生活的需求者都能获得普遍合理的尊重，让"公共生活空间"及"日常生活用品"均能尽可能予人便利，在民众形成共识下寻求更合理、更公平、更独立、更自由的生活空间。

② 根据《国际残疾人权利公约》："……残疾是伤残者和阻碍他们在与其他人平等基础上充分和切实地参与社会的各种态度和环境障碍相互作用所产生的结果。"所以"残疾"的概念不仅指伤残者，也指导致所有人社会参与的环境障碍，是伤残者与环境障碍相互作用的结果。例如提供盲文阅读的图书馆、提供盲道或轮椅通道的建筑物、提供朗读功能的 iPad 等产品，都在减少环境障碍。"残疾"的概念也与发展相关。根据《国际残疾人权利公约》："确认残疾人对其社区的全面福祉和多样性作出的和可能作出的宝贵贡献，并确认促进残疾人充分享有其人权和基本自由以及促进残疾人充分参与，将增强其归属感，大大推进整个社会的人的发展和社会经济发展以及除贫工作。"

田野笔记记录到一定规模或数量（通常称为"饱和"）时，我们就可以停止观察，开始对田野数据进行分析。"饱和"的重要标志是，当我们再进行观察时，我们所做的记录会简单地重复，在现场，我们不会再发现所观察到的现象提供新的信息。但当我们进行数据分析时，会非常有可能遇到观察不足或观察不可信的情景，所观察到的现象不足以解释某个重要问题，这时候就需要我们返场，针对特定的问题做聚焦式观察。

除了田野笔记，研究者有时也采用画地图的方式来记录实地情况，比如展示人们活动的空间地图、展示人的关系的社会交往地图，或者时间地图等。

第三节　实地调查：访谈

一　访谈概述

访谈是针对某一特定研究目的的谈话，是一种通过研究者与研究对象的口头谈话来搜集数据资料的方法。其目的是使研究者能够理解／解释研究对象的有关行为和看法。

如果我们有了明确的研究问题，对研究问题的背景也有了深入的了解，并认为回答这个研究问题最好的方法是"访谈"，那么我们就可以进入"访谈"的过程。

过程1：选择谈话结构和访谈类型。

谈话结构一般分为三种：结构型、半结构型和无结构型（开放型）。"结构"的程度与研究者用标准化问题控制访谈的程度密切相关。

在结构型访谈中，研究者一般采用一个具有固定结构的统一问卷或封闭性的访谈提纲进行访谈，类似于量化研究的问卷调查，但其问答可能比量化问卷有更多的选择。研究者与被访者之间或被访者之间没有更多地交流。只要得到标准化问题的"标准"答案，研究者就可结束数据搜集过程。

无结构型访谈正好相反。研究者有一个研究问题，但没有根据这个研究问题预设一个回答问题的结构、标准化程序和提问，只是邀请被访者按照自己的思路来讲述，研究者在这里是一个谈话的辅助者。采用无结构型访谈，研究者更容易发现被访者自己认为重要的问题是什么、他们看待问题的角度、他们为什么会有这些行动或活动、他们对这些行动或活动意义的解释，以及他们用何种概念和表述方式来讲述他们的故事。

半结构型访谈居于结构型与无结构型之间。研究者会预先准备一个大致的访谈提纲，然后根据这个提纲的线索来激发被访者谈话。

除了考虑谈话结构，也有很多访谈类型可供我们选择，主要包括以下几种。

深度访谈（In-depth Interview）。一般是针对个人的、无结构的以及多次进行的访谈。访谈本身是一种探索活动，双方通过充分互动，对研究问题的背景、历史、活动进程、影响因素、结果及其对未来的推测等进行深入交流。

焦点组访谈（Focus Group Interviews）。不是针对个人而是同时针对一个小组进行访谈，即由研究者根据研究问题挑选并召集一组人，引导他们从个体经历来讨论和评论研究问题的方法。通常采用半结构型访谈方法。访谈中，不仅访者与被访者有交流，被访者之间也会有充分地交流。

答辩访谈（Respondent Interviews）。由研究者根据理论框架设计一系列问题，被访者被邀请回答这些问题，其间无论是访者和被访者还是被访者之间，都没有更多地交流。一般采用结构型访谈方法，适用于大样本实地调查。

叙事访谈（Narrative Interviews）。在访者与被访者建立了彼此信任的关系之后，研究者邀请被访者讲述自己的经历或故事，一般采用无结构型访谈方法。

民族志访谈（Ethnographic Interviews）。访者一般生活在田野中，在参与观察情境中进行对话，大多是非正式、自发的对话。研究者通过这些对话来搜集数据资料，一般采用无结构型访谈方法。

过程 2：发展与被访者的关系，同时要做好访问的准备。

访谈是访者与被访者互动的过程，其实质是参与双方共同建构一段历史或社会事件。因此，研究者首先要考虑如何与被访者建立友好平等、相互尊重和信任的关系，这样不仅能使被访者积极参与谈话，也能使双方都从谈话中获益。研究者可以从谈话中获得经验数据，被访者获益则包括：从谈话中重新整理自己的历史或经历的事件；从提问中获得新的灵感对自己的经历有新的认识；从谈话中获得新的有益的信息、知识和经验；有时，被访者会对接受访谈充满兴趣和期待，之后有一吐为快的愉悦感受；通过谈话获得对自我的新的肯定和认识；访谈可以作为边缘群体的一种表达方式，以及访谈过程也可能是一个赋权过程等。

基于以上认识，研究者要努力做好如下准备。

尊重被访者，将被访者看作研究的参与者而不是简单的研究对象。在访问之前，最好认真地、尽可能地了解 / 理解被访者的生活背景、被访者的主要活动及想法。这种准备有两个好处。第一，访问之中，如果能针对被访者的经历提出问题，将会使被访者感到你是认真地对他（她）感兴趣。在与被访者交流的过程中，要让被访者感到你是对他（她）的经历或从事的活动以及他（她）这个人感兴趣，而不只是对你所需要的信息感兴趣。在这种情况下，被访者才愿意与访者交流。第二，避免过多询问被访者不了解的事实。如对老年农村被访者，过多地询问关于报纸、杂志或互联网的接触状况会引起对方的"挫败感"，进而使对方产生不耐烦的情绪。几乎没有被访者愿意"配合"研究者的兴趣，提供对他们来说无意义的"情报"。经验表明，如果被访者在勉为其难、不胜其烦的情况下接受访谈，将严重地影响双方的交流，对双方都是一种损害。

在正式访问之前，要以通俗的语言向被访者介绍自己的研究项目，主要包括研究问题、研究目的以及研究与被访者经历的联系，即为什么被访者对这个研究如此重要。要获得被访者的知情同意，让被访者了解访谈结果如何使用并可能会给被访者带来何种影响。承诺在一定范围内保密和进行匿名处理，也是访者要向被访者交代清楚的事项。访者有义务先提供下列问题的答案：访谈中要询问什么？这些资讯是为谁收集的？这些资讯包括保密的资讯将如何处理，收集这些资讯的目的是什么？它将被如何使用？

当与被访者协商访谈时间和地点时，要考虑在被访者方便的时间和感到舒服的地点进行访谈。

过程 3：进入访谈。

第一，如何开始访谈。

在访谈开始时，视情况采用"破冰"方法。我们有时会遇到比较喜欢沉默的人，有时会遇到自卑或紧张的人，有时也会遇到怀有"敌"意（不耐烦等）的人，特别是在焦点组访谈时，受到团体压力的影响大家有时可能一起沉默。无论是个人访谈还是小组访谈，从被访者的兴趣、爱好或特长开始都是一种有效的"破冰"方法，即好的交流起点最好是你对被访者的兴趣感兴趣。其他"破冰"方法，如在被访者家里看到摆放的照片，就照片提出问题；请被访者画社会交往地图或个人空间地图，然后就地图进行讨论；请被访者说说最近最开心的事情；等等。

第二，访谈的内容：询问什么问题。

几乎所有访谈都需要询问以下六类问题。[1]

A. 经验/行为（Experience/Behavior）问题——询问被访者已经做了什么的问题，以汇集有关经历、行为或活动进行描述。

B. 意见/价值（Opinion/Values）问题——询问被访者"你有何看法或意见"之类的问题，以了解人们的目标、意图、期望和价值观等。

C. 感受（Feelings）问题——通过询问是否感到焦虑、快乐、害怕或有信心等来了解人们对其经验和想法的情绪反应。

D. 知识（Knowledge）问题——发现被访者所拥有的事实资讯。

E. 感官（Sensory）问题——这类问题是被访者关于看到、听到、触摸到、品尝到和闻到了什么的问题。这类问题的目的是使访者能进入被访者的感官之中

F. 背景/人口统计学（Background/ Demographic）问题——这类问题是年龄、性别、教育、职业、居住地等人口统计资料的问题。

不少没有经验的访者采用"答辩访谈"来做焦点组访谈或深度访谈。比如想了解 20 世纪 70 年代的媒介环境，有可能问："那个年代你看报纸吗？""你喜欢那时候的报纸吗？"结果被访者回答"看"或"不看"、"喜欢"或"不喜欢"，然后访谈就僵住了。

什么是好的问题？好的问题是开放性的问题，且能得到被访者充分叙述的问题。比如，研究者问下列问题会得到更丰富的资料：

"在你年轻的时候，你和你的朋友都是怎样读报和利用报纸的"（经验问题）；

"你们当时都是怎样讨论报纸的，现在你们还这么看吗"（意见问题）；

"你们当时最喜欢什么报纸，为什么"（感受问题）；

---

① 转引自［美］巴顿《质的评鉴与研究》，吴芝仪、李奉儒译，台湾桂冠图书股份有限公司，1995，第 234~237 页。

"关于报纸如何生产和发行你们知道多少""你觉得新闻是真实的吗，新闻真实的标准是什么，那时新闻和现在的新闻哪个更真实，为什么"（知识问题）；等等。

这样就可能得到更多的 20 世纪 70 年代关于读报的信息。如果整个访谈都是封闭式问题（如是 / 否问题），其实是将质化研究做成了量化研究，结果不能得到充分的数据资料进行分析。

在被访者回答问题后进行"追问"非常重要。追问可以帮助访者澄清被访者经历的事实和秉持的观点，以获得对这一事物更深入的理解。比如，当一个社会组织的被访者说："我们的目标不仅是推动家庭暴力立法，也是建设一个民主透明的 NGO。"这时访者会问："你说的民主透明是什么意思？你们如何定义民主透明的 NGO，其与以往的组织有什么不同，可以举些例子说明吗？"在访谈中，被访者提到的任何一个观点、概念、事件或行为，如果与研究问题密切相关，访者都需要进行追问。比如，学生在访谈前辈关于媒体接触的印象时，前辈说："20 世纪 70 年代的媒体上都是国家大事，没有这么多乱七八糟的。"那么，这个学生就应该追问："什么是乱七八糟的？你的意思是什么呢？能给我举个例子说明什么是乱七八糟吗？"

"追问"在有的方法教科书里被称作"探查"。有研究者已总结六种探查类型。[①]

加工（Elaboration）探查——询问更多的细节：

"关于那件事情你可以告诉我更多的信息吗？"

"他对你说了什么？"

连续（Continuation）探查——鼓励被访者保持谈话状态：

"请继续。"

澄清（Clarification）探查——澄清含混的意义或细节：

"我不确定我是否理解你的意思，你的意思是……？"

"你的意思是他看到那件事了吗？"

关注（Attention）探查——显示访者正在集中注意力倾听：

---

① ［澳］普拉尼·利亚姆帕特唐、道格拉斯·艾子：《质性研究方法：健康及相关专业研究指南》，郑显兰等译，重庆大学出版社，2009，第 51~52 页。

"非常有意思。"

"我明白。"

完成（Completion）探查——鼓励被访者去完成特定主题的思考：

"你说你已经与他谈过，然后发生了什么？"

"你有没有提出一些原因呢？"

证据（Evidence）探查——鉴别被访者谈话的信度：

"那件事情以那样的顺序发生的可能性有多大？"

这些语言句式能帮助初学者进行有效的追问，以获得有价值的数据资料。

第三，如何倾听。

在访谈中，访者的作用除了提问还有倾听，并对谈话做出适当的回应，以使谈话能够顺利进行下去。"倾听"要求访者积极关注地去"听"，从访者积极关注的态度，被访者可以感受到自己所谈论的事情很重要；倾听还表现在对被访者故事的理解，在积极关注"听"的基础上，通过"重复被访者的观点""总结被访者经历的事件""为被访者提供类似的经验和信息"等增强对被访者谈话的理解。除此之外，"倾听"还包括与被访者"共情"，即表现出自己对被访者的情绪表示理解。访者要及时向被访者传达这样的信息：他们的知识、经验、态度和感受都是重要的。访者不会以被访者所说的内容来评判被访者。被访者只有在被尊重、被关注和被理解的情况下，才能与访者有更好的合作。

过程 4：如何结束访谈。

在访谈结束时，访者要总结被访者的谈话要点并邀请被访者进行确认，也要提醒被访者还有什么补充。访谈结束时，访者要向被访者真诚致谢，感谢他们提供了宝贵的信息和对研究者的信任，并赠送适当的礼物或提供误工费（补助）。适当的礼物指的是适合被访者日常生活需求的物品，如为打工的女青年提供洗发水可能是好的选择，为建筑工地的工人提供创可贴，为老人提供营养品，对贫困山区的儿童来说，玩具、书本、头饰等都是他们喜欢的礼物，也可提供适合他们生活的具有纪念意义的物品。对耽误工作的被访者来说，在提供符合当地标准的误工费的同时，提供礼物。礼物需要提前准备，致谢、提供礼物和误工费都是尊重被访者劳动的体现。

二　访谈类型

如前文所示，根据研究目的，我们可选择深度访谈、焦点组访谈、答辩访谈、叙事访谈或民族志访谈等作为研究手段。虽然都是访谈，但各有不同的特征，现分述如下。

（一）深度访谈（In-depth interview）

深度访谈的目的是发现和探讨有关研究问题的更为复杂和深刻的个人数据资料。为达到这一目的，访者会挑选能够为研究问题提供更多信息的一个或多个被访者来进行访谈。深度访谈一般是一对一的无结构型访谈，需进行多次，每次大约 1 个小时。

其访谈过程大致如下。

第一次访谈，访者与被访者建立友好关系，并开始探讨研究中较一般的问题，包括行为、活动或态度等。

第二次访谈，则开始探讨较深入的问题，即有关研究问题的背景、历史、动因、活动的不同进程、影响因素、原因和结果、与相似事件的比较分析，以及对未来发展的推测等。

第三次访谈，访者将陈述自己对访谈的回顾及根据访谈得出来的结论，邀请被访者做出回应，并提出需要补充讨论的问题。

第四次访谈，访者分析访谈资料并写研究报告，之后向被访者验证和探讨其主要事实和观点，可能还会提出新的问题进行讨论……

可能还有第五次或更多次访谈，这取决于访者是否认为资料已经"饱和"以及自己是否已经不会再发现尚未澄清的事实和观点等。

（二）焦点组访谈（Focus Group Interviews）

1. 什么是焦点组访谈

焦点组访谈是由研究者挑选一组人，将他们聚集起来一起讨论"关注的焦点问题"[1]。其目的是了解一个群体的经验、经历、态度、情感、信仰及其对焦点问题的反应，通常采用半结构型访谈方法。

---

[1] 〔澳〕普拉尼·利亚姆帕特唐、道格拉斯·艾子:《质性研究方法：健康及相关专业研究指南》，郑显兰等译，重庆大学出版社，2009，第 65 页。

　　焦点组访谈似乎与中国的座谈会相同，但其实二者有明显的区别。座谈会是一个人对一组人的访谈，强调的是研究者（或主持人）与参与者的一问一答，以研究者事先准备好的提纲为线索获得所需信息。焦点组访谈则是要依靠组内参与者的互动来发展对焦点问题的经验和看法。其最关键的区别是研究者所需要的实证资料是经参与者互动而产生出来的。这就需要保证研究者所挑选的被访者对研究焦点有特殊的经历和意见，参与者的主体经历与研究者预先提出的研究问题应该有紧密的联系。

　　与其他质化方法相比，焦点组访谈具有小组成员之间的互动的特征。参与者之间的互动使他们集中思考他们的世界中的意见、他们使用的语言、他们的价值观和信仰。互动使参与者相互问问题，也使他们重新评估和思考他们对自己特殊经历的认识和理解。在小组内，研究者扮演协作人（讨论推动者和协调者）的角色，其所搜集的数据资料，将以团体间互动讨论的言辞内容为核心。焦点组访谈对参与者的益处不可低估。焦点访谈为他们提供了一个集体讨论问题的机会，特别是对边缘群体，这可能使他们获得表达、提高对自己面临问题的认识、参与社会事务等机会，也可能会成为一个赋权的过程。

　　下列情境比较适合采用焦点组访谈：

- 研究者与被访者群体有较大差异；
- 研究者需要了解特殊群体的经历、语言使用与文化；
- 研究者要探讨群体对一个研究焦点的意见一致程度；
- 需要利用群体成员的互动关系，对研究问题进行集体性探讨。

　　焦点组访谈可以作为独立的研究手段发挥作用。一些大型实地研究通过若干个焦点组访谈即可得出可靠结论。此外，焦点组访谈还可用于：

- 探索性研究；
- 一项研究的初始阶段，包括定量研究，如焦点组访谈可帮助探索问卷调查或访谈的一般性假设或发展研究问题和概念，但要考虑到它不能推论人口总体的局限；
- 项目的基线调查和项目评估；
- 作为其他方法的一部分；
- 作为研究效度检验。

2. 焦点组访谈样本选择

研究者要挑选一组人来做研究，那么这一组人具有何种特征才能成为一个组的成员呢？

信息丰富的个案。焦点组访谈采用目的抽样（Purposeful Sampling），其目的是选择资讯丰富的个案（Information-rich Cases）做深度的研究，而不是统计推论。选择的个案能够具有研究所需要的信息，就可作为访谈对象。对访谈样本的唯一要求是不要遗漏重要的类别。

人口统计学的同质性。被选择的成员应具有人口统计学方面的同质性（不是指看法或态度的同质性），比如相同年龄段等。具有同质性的成员通常有比较多的共同语言，相互之间比较容易沟通。如果在社会地位、教育背景、职业、性别、种族、年龄等方面异质性太强，成员可能会产生戒备心理，不愿意主动发言，这种情况特别容易对社会地位较低的人造成压力。除非一些人共同的难忘经历使这些人能够忽略人口统计学的异质性进行充分地交流，在一般情况下，我们都要选择相同年龄段、相同性别、相同种族、相同教育背景、相同干部级别等成员做焦点组访谈。

相识或不相识。所选择的成员之间可以互不相识，也可以互相都认识，无论如何他们都分别具有同一社会历史经历的某个方面的经验。切忌将一部分相互认识的成员和若干个不认识的成员分在一个组，相互认识的成员在组内很容易形成互相支持，不认识的成员容易感到被孤立。

成员的兴趣。研究者要考虑成员对研究的问题是否感兴趣、是否有话可说、是否愿意在一个群体环境里说话、是否对同一问题有不同的看法（获得问题看法的多样性是焦点组访谈的目的）等问题。一般而言，感兴趣的成员、在群体环境中习惯说话的成员、对问题有自己独立看法的成员更容易参与小组讨论和提供有价值的信息，同时成员自己更容易从中获益。

除了选择成员，研究者同时要决定一个组的成员数目（团体大小）和一共要做多少个组的访谈（团体数目）。

确定团体大小。为了便于交流，所有的成员都应该可以面对面地看到对方，也都应该有充分的发言机会，所以团体的样本不宜过大，一般为 6~12人，但也不能过小，影响资料的广度和变异性，因此研究者通过在充分参与、广度和深度之间做平衡来确定数目。选择根据：

如果研究的目的是对有关问题进行初步探索，希望在短时间内得到较多人的看法，可以选择较多的人参加，通常是 12 人左右；

如果想充分互动以得到较深入的研究资料，需要较少的人参加，比较典型的是 6~8 人；

如果团体成员在个人背景和看问题角度方面的同质性较大，则需要的人数就较少，3~4 人即可，如果增加团体成员不会增加新的内容，那么现有的数量就是合理的。

确定团体数目。研究者决定需要做多少个组就可以得到充分的资料。例如，不同地区、不同性别、不同职位的人应该分开做，这样就需要若干个组才能满足研究需要。增加一个新的访谈组，应该会增加新的意见类别，否则没有必要增加团体数目。一般而言，如果主持人介入度较高、访谈结构性较强，一般需要 6~8 个团体。团体数目可能是在研究过程中逐渐确定的。当发现增加一个组的访谈并未能增加新的资料时，说明调查可以停止了。

3. 焦点组访谈的过程

焦点组访谈大多是半结构型访谈，需要 1~2 个小时。研究者需要根据研究问题拟订一个大致的提纲，如表 11.2 所示。研究者通常在访谈中会发现一些有益的问题。这就需要研究者在文献研究、澄清概念和理解访谈者背景方面做充分的准备。

表 11.2　访谈提纲案例

研究问题
农村进城打工年轻女性获取健康信息的渠道有哪些？如何利用这些渠道获得健康信息？

焦点组访谈提纲

个人打工经历和兴趣爱好等。
个人媒介环境：广播、电视、街头小报、非法出版的杂志、手机、话吧、QQ、互联网、报栏宣传栏、录像片等。
如何使用上述媒介，包括使用频率、时间、偏好等。
个人生活环境：与家庭的联系、朋友关系、同事关系、社区邻里关系、对关系的评价等。
如何获得健康信息？（你觉得你是个健康的人吗？如何知道？你记得任何一个关于健康的节目或一个杂志故事吗？）
你常去诊所或医院吗？对它们有多少了解？

焦点组访谈通常需要两名研究者，必备的工具是录音笔和笔记本。一名研究者负责访谈，另一名研究者负责笔录。虽然有了录音，但还是要记录谈话情境和对研究的重要启发，以帮助研究者返回当时情境更深入地理解录音资料，特别是成员的非语言反映，他们的互动和表情，这些是不能用录音笔记录下来的，有些可能是非常有价值的。

通常焦点组访谈会安排在一个公共地点，比如茶馆、咖啡厅、办公室等。大家围坐一圈，没有主次之分。两名研究者最好坐在一起，防止形成多中心。访谈中偶发事件比较多，坐在一起的研究者遇到问题也好商量。当研究者邀请大家自由就座时就可以开始观察。参与者选择坐在什么地方、与什么人坐在一起，这能够为研究者提供有用的信息。如果避免与研究者坐在一起，说明此人比较害怕权威、对研究者反感、平时就对做研究的人敬而远之。又如，女性选择与女性坐在一起，说明她性别认同比较强烈，对男性有"偏见"，感觉与同性坐在一起比较安全，等等。有时参与者将座位拉到后排，也许说明他希望与众不同，或感觉在人群中不安全等。研究者可以观察，通过他们对空间的选择了解他们的现场反应。

研究者交代或与参与者一起制定访谈规则，如一次只允许一个人说话、尊重发言的人、不开"小会"等；所有的人应该有发言机会；参与者可以自己讨论，不必等研究者介入，发言的人要面向大家，不要只朝着研究者一个人；所有在场的人的经历和看法都同样重要，欢迎发表不同意见等。

开始访谈时，最重要的问题是如何克服"从众"、"同伴压力"、"领导效应"、"自我形象整饰"以及"人际争斗"。所以在正式开始前，建议每个参与者轮流开口说话，开口说话后访谈就会比较顺利。开口说话可以采用游戏、幽默故事、自我介绍等方式。请成员在发言前花几分钟将要说的话写下来，然后再当众说出来，是一种非常有效的方法。成员将要说的话写下后，发言的自信心和条理性大大提高，发言的愿望就会更强烈，说话的能力也随之增强。在访谈开始后，被访者应该可以自由插话、互相补充，并不断被他人的经验激发，使研究者所搜集的资料更完整、更细致，对其理解也更深入。

研究者在访谈开始后，其角色不仅是一个提问者，还是一个谈话的协调者，其主要职责是促使参与者积极参加讨论，鼓励他们互相对话。研究者要有意识保持低调，不要轻易发表自己的意见，也不要随便打断群体的讨论。

如果参与者出于平时的习惯，只对研究者一人说话，研究者应该提醒他要对大家说话。研究者要想办法保证每个人都有发言的机会。如果有领导欲的人总要说话，不要简单地阻止他，而请他鼓励别人发言。研究者要明确告诉参与者，不要害怕发表自己的看法，如果自己不同意其他参与者的看法，应该提出来。研究者使用开放性问题帮助参与者不断讲述细节、讲述自己内心的感受。

访谈结束时，一般情况下，研究者请每个参与者简单总结一下自己的想法，或者补充说明自己想说而没有机会说的话。这样可以进一步理清思路，也给没有机会发言的人提供机会。切忌由研究者做总结。

研究者也可采用更为积极的方法做总结。比如，请参与者说明这个访谈改变了他们什么看法、通过访谈他们认为什么状况应该改变、他们的最大收获是什么、访谈中最让他们高兴的事情是什么等。

焦点组访谈方法的优势是能促进参与者的互动产生数据资料，但与个人访谈或量化研究相比，研究者对数据搜集过程的控制较弱。在焦点组访谈过程中，研究者要处理"互动"带来的"从众""遵从权威""团体压力"等问题。由于组内无法匿名，焦点组访谈很难保护隐私。在资料分析阶段，由于各组资料不一，弹性很大，研究者很难进行严谨的比较分析。

（三）答辩访谈（Respondent Interviews）

答辩访谈适用于大样本调查。每个访谈大约需要 20 分钟。研究者根据研究目的和理论框架设计一系列问题，请事先选定的被研究者回答。被研究者几乎没有机会拓展自己的思维，只能较为被动地回答问题。答辩访谈法需要抽样。在受众研究领域，接收分析较多地使用答辩访谈法来研究个体如何解读流行文化文本中的意识形态、阶级、社会性别和种族等。在一项大型的研究中，答辩访谈可能与深度访谈或焦点组访谈结合使用。

（四）叙事访谈（Narrative Interviews）

叙事访谈是一种邀请被访者自己讲故事的方法，是无结构型访谈。与其他带有详尽或粗略的访谈提纲的访谈相比，叙事访谈将系统展现被访者的故事结构、线索和观点。叙事访谈主要用于口述历史（Oral History）、个案研究（Case Study）、深度生命史访谈（In-depth Life History Interviews）、传记访谈（Biographical Interviews）等研究中。在访谈中，研究者扮演一个推进者

（Facilitator）的角色，鼓励被访者说出故事。叙事访谈法在很大程度上依赖研究者和被访者长期相互信任的关系。

叙事访谈需要 1~2 个小时或更长时间，有的访谈还需要进行多次。

叙事访谈，特别是口述历史，常常用于研究少数或边缘群体，如农村妇女、艾滋病感染者、少数民族等。以往的历史建构以社会中的主流人群为中心，口述历史则寻找社会中缺少资源和权力的人群，用他们的经历来重新建构历史和社会面貌。诸如受暴妇女口述史、性工作者口述史等揭露了隐藏在发展繁荣之下的社会压迫和性别压迫，以及社会在公平正义方面的制度缺陷。在有些研究中，口述历史还可成为一种促进社会正义的发声工具。

（五）民族志访谈（Ethnographic Interviews）

研究者一般生活在田野中，在参与观察情境中进行自发的、自然的或非正式的对话，属于无结构型访谈。研究者期望通过这种自然对话，鼓励对话伙伴将有关研究主题的特定经验系统地表达出来。与其他需要事先约定访谈时间和地点的访谈类型相比，民族志访谈不会对空间和时间有所框定，一切取决于自然发生的情境。因为研究者会定期在田野工作，访谈的机会就会自动出现，抓住这些机会进行不断的询问和学习，研究者就会获得有价值的数据资料。在大多数情况下，在田野工作的研究者将结合参与式观察进行民族志访谈。在参与观察的情境中，民族志访谈可能成为一种主要的研究手段，但也可能是参与式观察的辅助手段。

上述五种访谈类型有时会独立使用，有时会交叉使用，比如在调查前期，采用答辩访谈迅速汇集相关资料，通过分析资料聚焦问题，之后会有深度访谈跟进等。在大型实地调查中，可能同时需要多种访谈手段才能汇集到有价值的、充分的数据资料。例如，在 2009~2010 年对艾滋病感染者进行的调查中，研究者首先使用个人访谈和焦点组访谈汇集了基础资料，在此基础上使用答辩访谈在 13 个省（市）调查了 800 多位感染者，同时利用深度访谈与其中 100 多位感染者进行了更深入地交流。研究者将汇集的大量数据资料写成了报告，又重新对其中 5 位感染者做了个人访谈，共同讨论调查结果和相应的政策建议。在另一项有关民间妇女组织的研究中，两名研究者使用答辩访谈做了 500 多位妇女活动家的调查，同时采用深度访谈对 6 位民间妇女组织发起者进行了探讨。之后写了报告，将 12 位发起者和妇女活动家聚集在一起，做了两天的焦点组访谈，来讨论这些结果。交叉使用相应的访谈类型，可以帮助我们汇集更可靠、更充分的数据资料。应该认识到，各种访谈类型各有利弊，要根据回答研究问题的需要进行谨慎选择。

第四节　实地调查的资料分析

这一节将集中介绍如何分析和解释实地数据资料。

当完成搜集资料的实地工作后，研究者的任务是：

批判性地阅读资料和比较资料，去伪存真、去粗取精，甄别出对回答研究问题最有价值的资料；

从资料中总结出对回答研究问题具有重大意义的类别或模式；

为发现资料所解释的实质内容建立结构和关系，即理论分析。

实地调查的分析其实在资料搜集和整理归类的时候就开始了。比如我们所记录的观察笔记中会有理论笔记，就是在尝试寻找合适的概念或理论进行分析。对实地调查者而言，经验事实的观察、理论命题的形成、理论的评估大多是同一个过程的不同部分。[①] 资料分析是一个带有理论洞见的研究者与资料充分互动的过程。

与量化研究相比，质化研究分析方法的标准化程度相对较低。但在长期经验积累的过程中，研究者先后提出了不同的有助于分析资料的原则、策略建议、方法或技术，这些策略建议或方法各有优势和局限。

一　实地调查的资料整理

资料整理是分析过程的第一步，主要包括：资料录入、完善田野日记或笔记及建立档案。

一般而言，实地调查需要汇集大量的资料，如手写访谈资料可能是速记或只列出了关键词，也可能有几十页或几百页的记录，声音文件或影像资料也可能有数十个小时。对于这些资料，要将速记或关键词的记录尽量根据记

---

① 〔美〕艾尔·巴比:《社会研究方法》(第八版),邱泽奇译,华夏出版社,2000,第378 页。

忆还原成带有日期、地点等标识的原始谈话资料，将录音资料整理成文字资料，将录像资料的场景、对话等也整理成文字或其他便于记录的资料。这些资料均放入电脑中，才方便进行分析，特别是要采用扎根理论等方法或利用计算机软件进行分析，分析的条件是要有系统、有序的资料。

在实地调查中，研究者一般会记田野日记或笔记，这些田野日记或笔记是在当时情境下被激发出来的研究想法或研究记录，以及个人的感受。离开那个情景，这些重要的信息就会被遗忘或淡化，等于我们失去了一些珍贵的研究线索。完善田野日记或笔记，并将其根据日期或主题进行整理，将有助于研究者的资料分析。

资料整理的任务集中于建立分类档案，如当地背景档案、当地人物传记档案、参考书目档案，并结合田野日记或笔记、访谈记录等建立分析档案。其主要的方法是阅读资料及进行分类、建档和编号。一些研究者利用普通的计算机技术来完成这一任务，也有研究者喜欢利用专门质化分析软件来进行资料整理。这些软件如 Ethno、TAP（Text Analysis Package）、QualPro、The Ethnogrph、Hyper Qual 等。

整理资料要确信完整地保留原始文档，并进行备份。

二 分析过程是一个问问题的过程

分析过程是一个问问题的过程。首先，通过阅读和熟悉原始记录来回应研究问题，即我们提出了什么研究问题？这些资料能否以及在何种层面上可以回答我们的研究问题。同时要注意，不要用研究问题来限制我们的分析思路。其次，要问具体的问题：是谁？何时？哪里？发生了什么？怎么发生的？到什么程度？为什么？在你观察或访谈中，什么是有意义的？同时对所搜集的资料进行持续的比较。

问问题的目的是寻找资料中的模式，即反复出现的行为或知识体系。一旦一种模式被辨认出来，我们就会以某种社会理论或它出现时的情境来加以解释。"质化研究者从描述一个社会事件或情境出发，进而对这个事件或情境的意义提出更具通则性的解释。"[1]

---

[1] 〔美〕劳伦斯·纽曼：《社会研究方法：定性和定量的取向》（第五版），郝大海译，中国人民大学出版社，2007，第569~570页。

（一）辨认主题的类型

研究过程通常是一个分类过程，即通过寻找资料的相似性和差异性来对资料进行分类。比如研究流动女性预防人口拐卖的策略，可能分为不选择去高收入的行业、与妈妈或姐妹结伴去劳务市场找工作等。又如，打工者的生存策略，包括雇佣劳动、地下劳动、散工等类型。有时我们会遇到只有一种类型的情形，如限制人身自由的强迫劳动只有一种"欺骗拐卖"的类型，也会遇到多重类型，彼此之间有交叉，违背了分类的各种类型应互斥的原则，这就需要采用"类型化"（Typologizing）的方法对其系统性关联进行分析。

在一项有关中国互联网研究文献的综述分析中，作者亦采用了类型化的方法，对研究文献进行了比较和分类（见表 11.3）。

表 11.3　对中国互联网研究文献的分类研究

分析水平	行动主体	技术卷入	行动内容	评估结果
宏观	国家服务商、立法机构	国家基础设施建设	立法过程及国家政策执行	国家公共政策评估
中观	地方 ISP 等	各相关利益集团、组织	集体行动机制及组织战略	评估地方性互联网发展
微观	用户人口特征	采用	使用模式	评估对个人生活的影响

资料来源：引自 J. L. Qiu, J. M. Chan, "China Internet Studies: A Review of the Field," in H. Nissenbaum, M. Price (eds.), *The Academy & the Internet*, New York: Peter Lang Publishing, 2004, pp. 275-307。

应该注意的是，类型化是一种思考工具，其结果不一定会产生理想的类型，也不一定要展现在论文中。但类型化可以帮助我们阐明主题类型的维度，厘清各种类型的特征，帮助我们对资料进行有条理的建构。

（二）寻找资料的模式

举例说明，如表 11.4 所示。

表 11.4 寻找资料模式的两个案例

	社会学研究案例	传播学研究案例
研究问题	某个社区儿童暴力的情况如何	某个残障 NGO 如何制作广播节目
频率	多长时间发生一次儿童暴力事件	多长时间制作一次广播节目，在一定时间段内共制作了多少广播节目
程度	暴力的程度如何	多少人卷入这个活动，且卷入程度有多深，每次制作节目需要多长时间，多少人参与制作节目
结构	有哪些形式的暴力，如身体暴力、心理暴力、性侵犯或忽略；又如家庭暴力、学校暴力、社区暴力或同伴暴力	制作节目的结构，如选题提出和讨论、确定选题、采访、录音、剪辑和播出等，这个结构与其他节目的制作结构有何不同，NGO 在制作节目时内部分工与正式的媒介组织有何不同，如何通过公共广播电台进行播出
过程	结构中的成分是否存在一定顺序；虐待者是否从心理虐待开始，再转移到身体暴力及性侵犯，或是顺序有所不同	制作节目的过程，包括每个阶段 / 步骤做什么，顺序是怎样的，有无螺旋顺序等，是否有稳定的周期性，有无转折点
原因	对儿童暴力的原因是什么，经济、政治、文化、传统	残障 NGO 为什么要制作自己的广播节目
结果	对受害者造成了什么样的长期或短期的影响，对施虐者又造成了什么样的改变，暴力对社区的影响	这些节目对残障团体、公共广播电台以及公众有什么影响

除了辨别类型和寻找模式，研究者还要问的问题是：

施为者（行动者）是谁、他们在哪里、他们想做的事情是什么、他们如何去做他们想做的事情、其策略是什么、不同的施为者的作用是什么，以及什么人在何种位置上如何推动事情完成等。

将辨别类型、寻找模式和施为者研究结合起来，就是一个问问题的过程。在资料相对充实的基础上，有效地回答这些问题，并将对问题的回答有序地展示出来，这就是资料分析的过程，有时依靠回答这一系列问题就可完成资料描述部分。

三 选择质化资料的分析策略和技术

如前文所述，问问题和尝试用资料回答问题是质化资料分析的基本方法。在质化研究方法探索中，研究者们也发展了一些有用的分析策略和技术，主要是类别分析、叙述分析和扎根理论。

（一）类别分析

类别分析也称内容分析（注意：与定量的内容分析不同）策略，即将访谈或观察资料根据不同标准进行归类，"……是对资料内部的主要类别进行确认、编号和分类的过程"[1]。

有两种方式可以形成类别[2]，一种是固有的类型，另一种是研究者建构的类型。

固有的类型（Indigenous Typologies），即已经存在于被研究者之中的类型，在资料搜集和处理过程中被研究者发现并确立的类别或范畴，以用于整理自己对特别主题的陈述。

研究者建构的类型（Analyst-constructed Typologies），指研究者在资料分析中建构的类别。

类别分析的步骤如下：

试看或听一两个访谈资料；

提出假设和分类架构；

按照假设或分类架构进行登录。

对全部资料进行归类后，进行重读，判断分类是否合适。之后，可以选取合适的引用句表达内容，预备放入研究报告中。

分类要求研究者具有理论洞察力和想象力，以迅速在不同概念和事物之间建立联系。

形成类别的主要技术是编码和画图。

编码主要用于形成研究者建构的类型，特别适用于大型研究或多人参与的研究。其主要过程包括以下四步。

第一，阅读所有资料。在阅读时，研究者会在资料旁边的空白处写下札记（如六格田野笔记中的个人推论笔记和理论笔记等）。

第二，将札记编号并做上分类标签，将不同的评语归类到相应的主题之下。分类标签如缩写 Sub-G，意为次级团体的形成（Subgroup Formations），

---

① ［美］巴顿：《质的评鉴与研究》，吴芝仪、李奉儒译，台湾桂冠图书股份有限公司，1995，第 314 页。

② ［美］巴顿：《质的评鉴与研究》，吴芝仪、李奉儒译，台湾桂冠图书股份有限公司，1995，第 325~331 页。

凡是有关次级团体形成的资料便归于此范畴之下。这一步工作将不同的资料按照标签进行了分类，并建立了资料索引。

例如，在一项关于"促进农村校外青少年健康教育的传播战略"的大型研究中，研究者在云南、辽宁和宁夏通过焦点组访谈汇集了几万字的资料，并在阅读资料中，形成了不同的主题，如下所示：

主题1 辍学原因

101 家庭贫困

102 家庭重男轻女

103 本人学习困难

104 需留在家里照料病人

105 因突然灾害而致贫

106 语言和文化适应困难

⋮

主题2 日常生活中的传播与交流

201 电视使用及其影响

202 青年剧团

203 MP3 的使用与农村辍学生活

204 录像厅生活

⋮

主题3……

⋮

然后将所有资料归入相应的主题及其标签之下，并建立各个主题之间的关系。

第三，在做好分类标签之后，重读资料，以确认研究者的概括或分类标签确实是资料中的本意。

第四，使用计算机或特殊的软件进行数据处理，建立详细的分类档案。

在这个基础上，研究者就可以进行写作了。

另外一个有用的分类技术是画图，如典型的家族树（Genealogical Family

Tree）等。在社会科学中，图解是研究者思考的工具。已有研究者提供了以下四种图解方法。①

图解方法1：分类法（Taxonomies）——大纲图、树状/网络图、方框图等。

以方框图为例。表11.5是《促进农村校外青少年健康教育的传播战略研究》中的农村青少年的辍学原因与其需求的关系。需求分析的框架来自儿童权利的框架，即儿童的生存权、发展权、受保护权和参与权。

表 11.5　农村青少年的辍学原因与其需求的关系

辍学原因	生存需求	发展需求	受保护需求	参与需求
贫困或天灾人祸致贫	—足够的食物 —求生的技能培训 —劳务输出的机会 —取得低保 —争取小额贷款 —医疗救助	—继续上学 —需要信息 —需要人际交流 —集体归属感	—不被歧视	—参加社区活动 —参与同龄群体活动 —发现自己的价值
家里需要劳动力	—需要休息 —足够的食物	—继续教育 —娱乐 —劳动技能培训	—不被孤立	—团体交流的机会 —集体活动
学习困难	—求生技能培训，如学习修车、裁剪		—普遍的自卑感，期望得到尊重和平等对待	—集体或社区接纳
教材不适用	—如何适应以汉语为中心的主流社会，并掌握相应的生活、社会技能	—有用的教育 —学习技能，以赚钱开业	—保护少数民族原住地与文化	—在公共事务中发挥作用
歧视女孩，集中资源供家里男孩上学	—减少家庭贫困	—继续上学 —学习外出打工的技能 —丰富精神生活 —娱乐活动	—反对歧视女孩，要求尊重女孩，给予男孩、女孩同样的机会	—团体交流 —在社区中发挥作用
上学路远，集中住宿使教育成本增加	—足够的生活费用和教育费用	—继续受教育 —在交通便利的地方上学	—安全	—团体接纳与交流

资料来源：卜卫、刘晓红主编《促进农村校外青少年健康教育的传播战略研究》，北京大学医学出版社，2006，第223~224页。

---

① ［美］约翰·洛夫兰德：《分析社会情境：质性观察与分析方法》，林小英译，重庆大学出版社，2009，第242~248页。

图解方法 2：矩阵和类型学（Matrices and Typologies）。

矩阵和类型学与上述"辨认主题的类型"相同，不再赘述。

图解方法 3：概念图表（Concept Charts）。

概念图表是用图表来说明关键概念之间的相互联系的方式。

图解方法 4：流程图（Flow Charts）。

研究者以一些重要概念或术语，通过时间或过程而非静态的实体，显示要素的秩序。

值得推荐的是，当这些一目了然的图表被制作出来之后，研究者可以将这些图表展示给先前访问过的研究参与者，请他们对这些图表发表意见、补充信息甚至重要概念或过程，以修订图表和进行更为深入的研究。

（二）叙述分析

叙述分析，也称为个案分析策略，即将资料放置于自然情境中，依据特殊的个案来组织资料，之后采用一定的顺序进行叙述。个案可以是个人、机构或团体，常用于生命史研究、传记研究、行动研究或评估研究等。

一般个案研究的建构过程是：

第一步，组合原始个案资料，剔除多余的资讯，确认哪些资料将被写入该个案研究报告之中；

第二步，建构个案记录，将原始个案资料加以组织、分类、编辑成可管理的、可查询的资料库；

第三步，撰写个案研究，使资讯的各部分相互连接，按照时间顺序或主题顺序进行分类叙述。

如果一项研究包含几个个案，可先做各个个案的分析，然后通过比较这些个案的相同性和相似性，对个案进行总结。

对于个案分析或叙述分析，巴顿曾提出分析访谈和观察的不同策略。[①]

1. 访谈资料的分析策略

面对大量的访谈资料，研究者首先需要决定的是做单一个案分析还是跨个案分析（Cross-case Analysis）。单一个案分析要写出每一个个案或研究单位（如关键事件等）的个案报告；跨个案分析，则要将不同的人对同一问题

---

① ［美］巴顿：《质的评鉴与研究》，吴芝仪、李奉儒译，台湾桂冠图书股份有限公司，1995，第 309~310 页。

的回答综合到一起，对每个中心问题的意义展开分析。经验表明，如果采用标准化的结构访谈，那么对在访谈中提出的每个问题做跨个案分析最容易；如果运用引导方法进行访谈（不是完全开放的访谈或半结构型访谈），不同人的回答也可被组合在所引导的主题之下。访谈的引导，实际上为分析建立了一个描述性的构架。但是，如果是完全的开放式访谈，特别是当个人的变异性成为研究的重点时，将个别化的个案分析作为开始，是比较适当的。这个策略要求研究者在进行跨个案分析之前先写有关每个个案的分析报告。上述分析策略并不相互排斥。

2. 观察资料的分析策略

研究者在面对观察资料时，要以"如何清晰地呈现自己的研究发现"为主要思路，来选择分析策略。实际上，要解决以什么为线索来组合资料的问题。这些重要线索包括以下内容。

（1）年月顺序。按照年月顺序描述观察所发现的结果，不断地做描述性记录，从头到尾完整地陈述整个故事。

（2）关键事件。描述关键的情节或重大的事件，不按照事件发生的前后顺序来记录，而是按照事件的重要程度来记录。

（3）不同的场景。在做跨个案分析之前，对不同的地方、场所、背景或位置有所描述（对每个个案进行研究），以场景来组织资料。

（4）人物。将个人或团体作为重要的分析单元，以此组织资料进行描述。

（5）过程。以事件发生的过程为线索来组织资料进行描述。

（6）主题。以主题为线索来组织资料。

上述各种线索并非相互排斥。

类别分析可与叙述分析结合使用，即分类叙述。

（三）扎根理论[①]

扎根理论（Grounded Theories）是一种从质化资料中产生理论的方法。这种方法的特征是自下而上的，即在系统搜集资料的基础上，从资料中寻找反映该现象的核心概念，然后通过在这些概念之间建立联系而形成理论。

理论分为形式理论和实质理论。形式理论指的是系统的观念体系和逻辑

---

① 对于扎根理论的描述，参照 A. Strauss, J. Corbin, *Basics of Qualitative Research: Techniques and Procedures for Developing Grounded Theory*, Sage Publications, Inc.,1998。

架构，可以用来说明、论证并推测有关社会现象的规律；实质理论则是在原始资料的基础上建立起来的，适用于在特定情境中解释特定社会现象的理论。质化研究的理论（或扎根理论方法所产生的理论）大多是实质理论。扎根理论的基本操作步骤是：不做任何假设进入阅读和分析资料阶段；对资料所展示的事实进行描述；在此基础上形成基于观察的解释，即从搜集的资料中产生理论或模式。

扎根理论的操作程序的核心步骤是编码或资料登录（Coding）。登录是资料分析中最基本的一项工作，是一个将搜集的资料打散，赋予概念和意义，然后再以新的方式重新组合在一起的操作化过程。

这一过程由以下三个部分组成。

1. 开放式编码（Open Coding）

在质化资料中，所有现象均由词语、句子或段落来描述。开放式编码，即将所有资料（或部分重要资料）以每个词语、句子或段落等形式打散，将资料划分成词语、句子或段落等，尝试给每个词语、句子或段落所描述的现象一个概念化的标签（或命名）。这个标签或命名可能从资料中来，也可能是研究者独创的。有两种方式可以形成概念或命名[①]：一种是采用固有的概念（Indigenous Concepts），即研究者常使用的概念，汇集这些概念或专门用语是进行归纳性分析的好的起点；另一种是感知的概念（Sensitizing Concepts），即研究者带入资料研究之中的概念，这些感知的概念出自社会科学理论、已发表的研究文献或研究者的临时发明等。

表 11.6 是关于在农村艾滋病高流行地区的访谈分析。

表 11.6 关于艾滋病报道的访谈分析案例

关于艾滋病报道的访谈案例	开放性编码
"艾滋病知识在外面什么也没有。根本就不知道。在外面根本没有这个宣传项目。在外面根本就没人知道。"	零信息接近（Access）
"如果说艾滋病马上就可以把你赶走。"	歧视行为
"打工的城市没有这个，在外边看不到。"	打工地区的零信息接近

① ［美］巴顿:《质的评鉴与研究》，吴芝仪、李奉儒译，台湾桂冠图书股份有限公司，1995，第 323 页。

续表

关于艾滋病报道的访谈案例	开放性编码
"新闻报道得不好，不报道怎么防治，多报道这里抢劫了，那里怎么了"，"一提这个艾滋病就色变"……	报道内容偏见
"一提某某地的，人家不要（指打工）。"你像《×××》报道的某某地的吧，我在温州打工，一提到某某地，我们老板就问我，你是哪里的，我说我是某某地的，他说你们那里不是有个某某村吗，我说对，他说，你们那里是不是艾滋病很多，我说是，艾滋病很多。（但）并不代表我就是艾滋病。当时他就好像看起来很不高兴的样子，他就不懂吗？你不懂干吗要报道让他知道？你报道了就应该让他懂。"	报道伦理 知识传播的有效性
"去年，我们在广州待了一个多月，我们在一个饭馆吃饭，电视上放艾滋病的事，他们就让我们不要在一起吃饭。" 问："也就是说他们认为吃饭也可传染？" 答："是。吃饭还好听一点，有的说出气也传染，有时候就可无奈了。"	无知导致恐惧和歧视

2. 成轴编码（Axial Coding）

当我们汇集了数十个或上百个命名或概念时，我们需要一个线索将这些概念重新组织起来，这个线索称为"轴"。通过成轴编码，我们将产生新的类别或范畴。图 11.1 展示了成轴编码的案例。比如，在开放式编码中，我们得到了事件的干预条件、策略、结果、行动 / 互动、影响因素等概念或命名，现在将他们以"行动 / 互动"为中心组合起来。根据表 11.6 的信息，我们可以将"现象"命名为"歧视行为"，将"打工地区的零信息接近"、"报道内容偏见"和"报道伦理"归为"歧视行为"的"影响因素"。这个成轴编码还使用了本书未列出的谈话信息，如研究者提出的"情境"为"农村艾滋病高流行地区"，其"行动 / 互动"为"媒体培训"，其"干预条件"是"政府或非政府组织投资且媒体有探索艾滋病报道的意愿"等，"策略"为"高流行地区的公众与媒体对话"等，"结果"为"媒体是否改变了报道偏见"等。

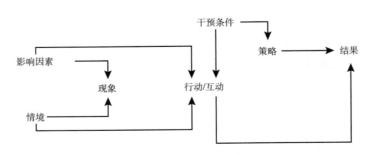

图 11.1　成轴编码的案例

成轴的目的是重新联结已被打散了的各种现象，形成新的范畴。除了"条件—现象—后果"关系，还有"目的—手段"关系、"原因—后果"关系、"时间或空间"关系等可作为线索将各种命名联结起来。

3. 选择性编码（Selective Coding）

成轴编码是为了整合资料，选择性编码则是要在一个更高的抽象水平上继续进行成轴编码。这一步骤的目的是从成轴编码中找出一个核心类别（Core Category），其他成轴编码的结果可以围绕核心类别进行归类和融合。通过系统地说明及检验主要类别和其他类别的关系，以及填满需要补充或发展的类别，最终建构了概念之间的关系及其命题，在此基础上形成了适合一定情境的实质理论，其表述形式大多为"在……条件下，会发生什么事情"等。

选择性编码的案例如图 11.2 所示。

不难看出，编码的过程是一个与资料互动的过程。它之所以看起来比较客观，是因为分析必须维持一定程度的严谨性，且扎根于资料之中。研究者有能力将类别命名、询问能激发思考的问题，并进行比较，且从一堆毫无组织的资料中抽取出创新的、整合的、符合现实的架构，这需要研究者的创造性。实际上，这类研究要求研究者在科学性和创造性之间保持一种平衡。

Anselm Strauss 和 Juliet Corbin 在介绍扎根理论的同时，提出了关于评价扎根理论的标准。[①]

● 研究历程的充分性（Adequacy）

原始样本如何选取？理由是什么？

有哪些主要类别显现出来？有哪些事件、事例或行动（指标）指出这些主要类别？

理论抽样是依据哪些类别进行的？在完成理论抽样后，就验证这些类别而言，资料的代表性如何？

有关概念之间的关系的假设有哪些？这些假设是如何验证的？

资料中是否存在假设无法解释的事例？是如何说明的？

---

① A. Strauss，J. Corbin, *Basics of Qualitative Research: Techniques and Procedures for Developing Grounded Theory*, Sage Publications, Inc., 1998, pp. 268–274.

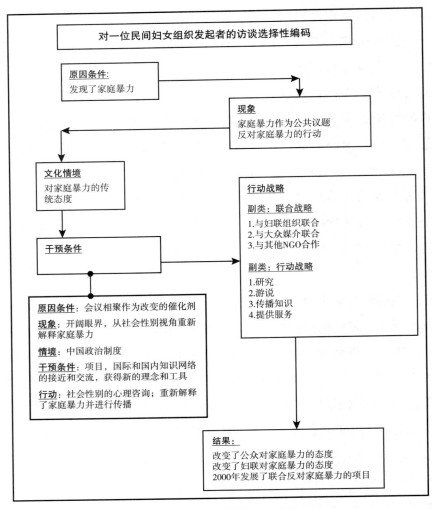

图 11.2 选择性编码的案例

核心类别是如何被选取出来的？为何选取这一类别？

● 研究发现的扎根性（Grounding）

概念是从资料中衍生出来的吗？

这些概念是否有系统性的关联？

是否有许多概念上的联结？类别是否被充分发展？类别是否具备理论密度（Theoretical Density）？

变异性是否纳入理论？变异性所处的情况条件是否被纳入理论并加以解释？

研究者或研究过程是否对扎根性有影响？什么影响？

● 研究的理论意义

理论发现是否具有显著意义，其程度如何？

理论是否经得起时间的考验，能成为学术界用于交流的内容？

以上三种分析策略均使用了归纳分析。归纳分析的实质是分析的类别、主题和范畴必须来自资料、由资料形成，而不是在资料的汇集和分析之前强加上去的。

三种分析策略中，扎根理论策略的目标明确为要发展实质理论。类别分析和叙述分析可用于产生理论，也可用于应用研究或政策研究，其产出不仅要有事实描述和原因条件分析，还要有政策或行动方法建议。

小　结

本章重点介绍了实地调查的资料搜集和分析方法。

在很大程度上，质化资料搜集和分析的质量取决于研究者的洞察力、训练、逻辑能力和经验。在实地调查前，研究者通过阅读以往文献和学习理论已经有了一定的学术积累，但到了实地，这些积累将被"悬置"起来，尽可能接近被研究者，试图从他们所处的情境、从他们的视角来看问题或观察世界，了解他们对事物的解释。之后，研究者还要重新"取回"其学术积累，将理论与其所观察的事实建立联系。这对研究者提出了诸多挑战。当研究者本人成为研究工具或测量工具时，如何克服人为因素的干扰就成为研究者必须要解决的问题。因此，我们建议研究者要对所汇集的资料以及自己的分析做出持续不断的反省。

首先，作者要批判地阅读材料。在阅读时：

对事实层面，要反省事实的描述是否确凿，个人经验、视角、主观动机、价值观以及调查环境对建构事实有何影响，所描述的事实的代表性如何；

对意见和解释层面，要反省被访者表达的意见/解释与其生活环境（包括团体环境）的关系是什么，以及意见/解释的代表性如何。

在缺少反省的研究中，研究者比较容易将被访者的话当作结论。在引用被访者的话作为结论时，一定要慎重地反省事实层面和意见层面的问题。同时要观照其话语的意义，包括被引用的话语的历史联系、与理论的联系、与实践的联系等。在这个基础上的引用才是有实质意义的，否则有可能成为

"偏见"。

有很多具体的技术可以帮助研究者进行有效地反省，如下。

（1）在一定时候与研究对象适当保持距离。

（2）访问各种群体的代表，与被访者一起对资料的假设进行检验。

（3）遵循研究程序与规范，比如认真做低层观察的观察笔记等。

（4）在定性观察中加入定量技术。

（5）检验对立的解释。其目的不是要反驳对方，而是要寻找和分析支持对立解释的资料，并做出评述。如果对立解释不能得到有效支持，则增加了自己假设成立的可能性；如果对立解释能得到有效支持，要继续发现可替代的解释是什么。

（6）寻找反面案例或类别（Negative Cases）。当类别已经显现出来的时候，研究者要去寻找不适合这个类别的案例。可能它是个例外，但它的出现可能帮助我们改变规则或分类的标准。理想的状况是，研究者一直保持这种探索，直到无法找到反面案例为止。但在大多数研究中，由于各种因素可能难以做到。这就要在报告中坦率地承认这一点。

（7）自我反省，考虑研究者与研究对象的关系对研究结果的影响。

（8）对已被建构的事实尝试采用三角测定（Triangulation）进行检验，包括以下几种。

- 方法的三角测定：采用不同的资料搜集方法以检验发现的一致性。
- 资料来源的三角测定：在同一方法中检验不同的资料来源的一致性。
- 研究者的三角测定：使用多个研究者重新审查研究发现。
- 理论视角的三角测定：使用多种观点和理论去解释资料。

第十二章　以文本为对象的质化研究

内容提要

第十一章介绍了以人及环境为对象的质化研究，其基本技术是访谈和观察，研究策略包括民族志、个案研究等。第十二章介绍以文本为对象的质化研究。这里的文本不仅是媒介文本，如新闻文本、影视文本，也可扩展到图片、展览、传统表演、公共空间建筑等所有文化文本。文本分析的对象不是人／人群，而是文本。研究者要从文本及文本实践中获取研究资料，分析这些资料并形成结论。因此，文本分析大致也属于质化研究。

与文本"对话"不仅需要分析技术，也需要分析理论，这一点与第十一章的访谈和观察技术非常不同。比如符号学分析、叙事分析、话语分析、马克思主义分析，既是一种分析技术，也是一种理论分析框架。文本分析有诸多分析方法，这一章主要介绍四种分析方法，同时是四种理论分析框架，包括符号学分析、叙事分析、话语分析／批判的话语分析、马克思主义分析／意识形态分析等。

第一节　文本分析概述

一　关于文本和文本分析

什么是文本（Text）？文本是指那种具有自身的物质形态、倚赖其发送者或接收者，由再现性符码（Representational Codes）组成的一则讯息。书籍、录音带、书信、照片都是文本，一场电视秀的录像或一篇讲话的记录同样是

文本。^①媒介文本可以有多种形式，包括书面的和非书面的，也可以是跨媒体的。^②

媒介文本是我们这个世界不可或缺的一部分，可以说它们就是社会现象。想象一下，商场、咖啡店的背景音乐，电视新闻，街头广告或海报，电视剧电影和歌舞表演，网帖，微信朋友圈，等等，不断变动的各种媒介文本充斥着我们的生活，我们对此早已习以为常，习以为常到不加分析。但它们就这样潜入了我们的生活并影响我们的生活和对生活的看法。研究文本可以提高我们对文化、社会的理解。

这就是为什么会有文本分析（Textual Analysis），因为我们关心文本的社会性或社会意义及其对我们的影响。"当我们提及文本的社会性，其实也是留意到在文本之中，意识形态的生产、流动及其效应，其中所牵涉的社会（权力关系）意涵……"^③

文本分析本来不是传播学研究的传统。传播学研究的传统主要来自社会学、社会心理学和新闻学。文本分析主要来自语言学研究、文学 / 文化研究和结构主义思潮。就文学 / 文化研究领域而言，以往的文本分析大多是传统文学研究的评论，缺少系统化的方法分析路径。"过去的文学作品是自足的，但文本分析或诠释研究要关注其社会性。如 Fiske 所说：最新的符号学理论和结构语言学理论告诉我们，意义总是一直在制造和再制造之中，通常总不会是一完成的事实。发现什么样的意义被产制出来，什么样的意义是文本和受社会情境所制约的读者优先期待的，永远是最重要的工作。"于是，"传播所研究的，是在社会中流转的意义。文本分析是其核心"^④。如果文本被看作社会性，就一定与社会某种现象、条件或理论相联系。"Morley 曾强调，文本不能被孤立看待，文本自有其生产与消费的历史条件。所以说，我们必须明

---

① ［美］约翰·费斯克编撰《传播与文化研究辞典：关键概念》（第二版），李彬译注，新华出版社，2004，第 291 页。

② ［英］格雷姆·伯顿（Graeme Burton）:《媒体与社会：批判的视角》，史安斌主译，清华大学出版社，2007，第 44~45 页。

③ 游美惠（Mei-Hui You）:《内容分析、文本分析与论述分析在社会研究的运用》,《调查研究》2000 年第 8 期，第 19 页。

④ 游美惠（Mei-Hui You）:《内容分析、文本分析与论述分析在社会研究的运用》,《调查研究》2000 年第 8 期，第 18 页。

白，文本的意义必须放置在特定的环境中考察，然后想一想，它接触了哪些其他论述，并再评量，这个接触又会如何重新解构该文本的意义，以及那些论述的意义。"①

文本承载意义，且文本是被建构出来的，那么文本分析就是一种解构的过程。②在文本分析中，我们可能要追问，谁建构了这些文本？目的是什么？文本及其表面意义是出于谁的利益而存在的？③其背后的意识形态是什么？也就是说，文本分析已经超越了传统的文学评论，不再将文本看作一个自足的体系，而是要通过文本分析发掘文本的社会性。"传统文学研究所作的文本分析，是将文本视为自足的体系（Self-contained Systems），但是文化研究者与女性主义者则会在被标示特定的意识形态历史背景之中检视文本的定位。"④文本分析的力量在于使用某种系统化的分析路径揭示隐藏的内容。文本分析不是将文本独立出来进行分析，而是将文本与其社会历史条件重新联系起来，分析文本对我们或社会的意义。

这个"意义"依然是指文本究竟说了什么、如何说的，这些言辞的背后、文本结构或组织的背后究竟是什么样的社会意义或表现了何种意识形态等，特别要注意，"意义"不等于"影响"，即文本的影响。如果要研究文本的影响，就需要做专门的受众接收研究才能得出结论。尽管文本分析具有高度阐释性的特征，但这不等于可以主观推测出结论，文本分析的结论要建立在对文本细读解释的基础上。

但是，如果没有系统化的方法或分析路径，文本分析就无法取信于社会科学研究者，等于自说自话。我们也知道，文学评论通常被看作主观的，或一面之词。现在，符号学分析、叙事分析、话语分析等为我们提供了系统化的分析路径。我们会在这一章逐一展开介绍。

---

① 游美惠（Mei-Hui You）:《内容分析、文本分析与论述分析在社会研究的运用》,《调查研究》2000 年第 8 期, 第 22 页。

② ［英］格雷姆·伯顿（Graeme Burton）,《媒介与社会：批判的视角》, 史安斌主译, 清华大学出版社, 2007 年, 第 48 页。

③ ［英］格雷姆·伯顿（Graeme Burton）,《媒介与社会：批判的视角》, 史安斌主译, 清华大学出版社, 2007 年, 第 45 页。

④ 游美惠（Mei-Hui You）:《内容分析、文本分析与论述分析在社会研究的运用》,《调查研究》2000 年第 8 期, 第 19 页。

二 文本分析的对象与方法／分析框架

我们经常遇到的文本包括媒介文本、文化文本、历史文本或法律政策文本等。表 12.1 显示了文本分析的具体对象与其基本方法／分析框架的大致关系，如符号学分析比较适合分析图片或视觉形象、叙事分析适合分析有故事情节的文本、修辞学分析比较多地用于分析演讲词等。但这也不是一种固定的选择，而是要根据研究者具体的研究问题选择一种最合适的分析框架或方法。

表 12.1　文本分析的具体对象与其基本方法／分析框架的大致关系

具体对象	符号学分析	叙事分析	意识形态分析	类型学分析	文献分析	话语分析	修辞学分析
媒介文本（文字、影像、视觉作品等）	√	√	√	√		√	
文化文本（舞蹈、音乐节、服装、建筑等）	√	√		√			
历史文本（史料、实物、演讲词等）					√	√	√
法律政策文本（法律条文、政策文件等）					√	√	√

如果对一组属于相同种类或流派的文本进行分析，则称为流派分析；如果对同意作者的一组文本进行文本分析，则称为作者风格分析（或导演风格分析）；如果针对同一表演者主演的一组文本，我们可进行明星分析。[①]总之，文本分析的方法有多种选择。

三 文本分析的理论

如前文所示，文本分析的特殊性在于，研究者选择不同的方法也代表选择了不同的理论。因为文本分析包含了"分析"和"诠释"。"诠释"的背后是理论。"文学理论家将对文本的分析与诠释作一区分：就本质而言，文本分

---

① ［英］J. Stokes:《媒介与文化研究方法》，黄红宇、曾妮译，复旦大学出版社，2006，第 20 页。

析是将一文学作品拆解，观察其部分之间是如何组合在一起（seeing how the parts fit together），而诠释则是将与某些知识传统相连的价值，如心理分析思想、符号学理论、马克思主义、社会学和人类学理论或女性思想等，应用到文本之中。各种不同的理论思想可以从不同的角度对文本有不同的诠释，提出不同的解读结果。"①

基本上，媒介文本的分析采用了批判理论，常用的批判理论如图 12.1 所示。② 因此，当使用文本分析方法时，实际上也在使用一种理论进行分析。

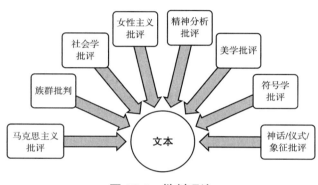

图 12.1　批判理论

第二节　符号学分析

符号学（Semiotics）被广泛定义为研究符号或记号（Signs）的科学。瑞士语言学家索绪尔（Ferdinand de Saussure）和美国哲学家皮尔斯（Charles Sanders Peirce）的研究奠定了符号学的基础。我们会在介绍符号学时频繁地引用他们的论述。

符号对我们来说并不陌生。比如，红玫瑰象征爱情。这个象征就是一种符号。每个符号都有一个具体形式，如红玫瑰同时有一个被普遍理解的概念，

---

① 游美惠（Mei-Hui You）:《内容分析、文本分析与论述分析在社会研究的运用》,《调查研究》2000 年第 8 期，第 17 页。

② A. A. Berger, *Cultural Criticism*, Thousand Oaks, Ca.: Sage, 1995, p.19, 转引自游美惠（Mei-Hui You）《内容分析、文本分析与论述分析在社会研究的运用》,《调查研究》2000 年第 8 期，第 17 页。

即爱情。又如，一名穿着围裙的妇女在厨房里，其具体形式是妇女、围裙、厨房或劳动，人们会普遍将其理解为贤淑的家庭主妇。当然，女性主义学者会指出符号背后的意义，即父权的社会刻板印象等。

对传播学研究来说，符号学基本上是一种分析人或媒体如何运用媒介文本制造意义的方法。这种方法帮助理解图像的制作者如何使图像产生意义（Mean Something）、读者如何解读意义（Get Something）。

符号学特别适用于视觉媒介的分析，如相片、广告、时装等。符号学有自己的分析规则，但其目的与批判理论类似，即要揭示符号背后的意识形态霸权。

做符号学研究，有两个最基本的条件：一是对文本非常感兴趣且相当熟悉；二是要具备相关的、深厚的社会历史知识，才能对其蕴含的意义相当敏感。

索绪尔认为符号由两种元素构成：能指（Signifier）和所指（Signified）。能指也称符号具，其实就是符号的具体形式，一个具体的事物或现象，如红玫瑰或穿着围裙在厨房劳动的妇女。所指是符号的意义（符号意）或概念，如红玫瑰让人联想到的浪漫爱情，浪漫爱情即符号意。前者是具体的事物，有声音和形象，后者是心理的概念。根据索绪尔的观点，两者的联系是任意的（Arbitrary）、人为的、武断的，如白鸽是符号具，和平是符号意，两者之间并无必然的或自然的联系。符号的意义或价值从社会背景或文化情境中孕育，由社会价值或文化传统决定，不是个人所能控制或变更的。生活在某个社会的个人，经过学习和潜移默化，学习了符号的意义，熟悉了符号的价值。符号是社会事实，它的意义或价值是社会赋予的，是社会群体同意并认定的。[①]

索绪尔特别说明，符号的重点是符号具与符号意之间的关系来自人们的管理，是任意或约定俗成的。[②] 能指与所指的联系完全由传统规则建构。我们看到电视画面似乎是真实的，但符号学让我们看到所有的媒介文本都被介质化了（Mediated）。它们运用了传播符号系统中的代码和成规，因此媒介绝

---

① 黄新生:《媒介批评》，台湾五南图书出版公司，1995，第62~63页。
② ［美］亚瑟·A.博格（Arthur A. Berger）:《媒介与传播研究方法：质化与量化研究途径》，黄光玉、刘念夏、陈清文译，风云论坛有限公司，2004，第43页。

不可能简单地被认为是获取真相的介质。[①] 语言、符号及其意义是被历史地、文化地创造的，如酷儿（queer）一词所经历的历史变化。以前，这个词被用来轻蔑地形容男、女同性恋。在 20 世纪 90 年代，一些同性恋群体改变了这个词的意义并重新进行利用，酷儿和骄傲成为其口号，抵抗那些存在于主流文化中的对非异性恋关系的压迫。[②]

对红玫瑰、穿着围裙的妇女或酷儿等符号来说，成功解读需要拥有特定文化价值和信仰的知识。由于文化意义如此深入地渗透于引申义之中，巴尔特认为引申义总是有意识形态意味的，是他所说的社会的"神话"（Myth）。由此，符号的引申义常常试图通过文化的方式建构社会权力关系，比如阶级和性别等，但它们看上去如此自然、普遍和不可避免。因此，分析媒介直接展示的形象，是可以通过引申义的分析来看这类符号传播了何种意识形态。[③]

除了能指和所指，符号学还常用下列概念：

隐喻（Metaphor），隐喻是将相似的事物或人画上等号；

明喻（Simile），比隐喻的效果弱一些，用"好像""似乎"来比喻；

转喻（Metonymy），传达联想的意义，如芭蕾舞或歌剧联想到品位和高雅文化等；

提喻（Synecdoche），属于转喻的一种，用局部代表全体或以全体喻指局部，如白宫代表美国总统府等。

上述属于修辞格（Figures of Speech）。在文学作品、诗词以及广告任何媒体中都可能遇到，它们在我们的生活中扮演了重要角色。[④]

除此之外，互文性（Intertextuality）也是一个重要概念。互文性指的是有意识或无意识地借用其他文本而生成的意义。[⑤]

---

① ［英］利萨·泰勒、安德鲁·威利斯：《媒介研究：文本、机构与受众》，吴靖等译，北京大学出版社，2005，第 20 页。

② ［英］利萨·泰勒、安德鲁·威利斯：《媒介研究：文本、机构与受众》，吴靖等译，北京大学出版社，2005，第 18~19 页。

③ ［英］利萨·泰勒、安德鲁·威利斯：《媒介研究：文本、机构与受众》，吴靖等译，北京大学出版社，2005，第 21 页。

④ 参考［美］亚瑟·A. 博格（Arthur A. Berger）《媒介与传播研究方法：质化与量化研究途径》，黄光玉、刘念夏、陈清文译，风云论坛有限公司，2004，第 45~48 页。

⑤ ［美］亚瑟·A. 博格（Arthur A. Berger）：《媒介与传播研究方法：质化与量化研究途径》，黄光玉、刘念夏、陈清文译，风云论坛有限公司，2004，第 47 页。

从传统的社会科学来看，符号学是一种阐释的或主观的分析方法。但符号学分析在长期的发展中，已经产生了一些规则或步骤，以确保其分析结果能得到其他人的认同。

符号学分析的步骤[①]如下。

——假设（或潜在的假设）。

——界定分析目标。

——收集文本。

——描述文本。

——阐释文本。

——拟定文化符码：需要哪些文化知识才可以理解这个文本，然后看图像是如何诉诸我们的文化知识来帮助我们产生特定类型的含义的。

——归纳：文本的意义是什么。

——结论：文本研究的发现与假设有什么关系。

让我们以一个平面广告为例，来说明符号学的分析方法。

——假设（或潜在的假设）：男性科技霸权。

——界定分析目标：时间段（可根据具体情况抽样）、印刷媒体（可根据一定标准选择若干或更多媒体）、有关科技产品的平面广告。

——收集文本：汇集一定时间段所选定的在媒体上发表的所有有关科技产品的广告。

——描述文本：描述这些文本的具体形式和特征。比如，研究者可描述一位表情坚毅的男子，西方面孔，西装革履，手拎着便携式电脑，穿着滚轴鞋，正"猫腰"一往无前地向前冲，旁边是三个不同款式的电脑，广告语是"给成功的男人点睛"……

——阐释文本：社会成功人士的特征在这里展现，即西方人，穿着体面，中年男子，使用高科技，滚轴代表时尚和勇敢，奔向更多的新科技；他的手并没有捧着电脑做出惊喜状，而是拎着便携式电脑，眼睛看着前方，可

---

① ［英］J. Stokes:《媒介与文化研究方法》，黄红宇、曾妮译，复旦大学出版社，2006，第84~86页。

能是事业，也可能是更多的新科技，一副对新科技使用理所当然到不在乎的样子，仿佛早已与高科技融为一体；广告语是点睛之笔，表达出高科技帮助男人成功的含义……可先针对一个广告逐一分析各种符号的意义，然后将所有广告汇集起来讨论它们的意义，做出综合分析。

——拟定文化符码：现在我们要看读者需要哪些文化知识才可以理解这个文本，然后看图像是如何诉诸我们的文化知识来帮助我们产生特定类型的含义的。所谓的文化知识主要包括：男性要想在现代社会成功需要新科技，成功的男性更像体面的西方人，成功的男性特别是使用科技的男性会更时尚、前卫、勇敢、创新（想想穿滚轴鞋的意义）。所以，其基本的文化符码是：成功＝科技＋男性。试想会不会有这样一个广告：女性穿着滚轴鞋奋勇向前，手拎着便携式电脑，然后广告语是"给成功女人点睛"？

根据索绪尔的观点，符号的意义主要由该符号与其他符号之间的关系决定。一个符号可能与其他符号有两种关系：一种是系谱轴（Paradigms），来自一个谱系中的一组符号；另一种是毗邻轴（Syntagmatic），由各个谱系中被选用的符号组成的讯息。① 这则广告至少采用了时尚前卫、使用科技和勇敢、创新两个谱系的价值观，利用既定的"男人要在社会上成功"的文化知识，将成功等同于"男性＋电脑"，其实质不仅是男性科技霸权，也是一种性别刻板印象，表现了父权的意识形态。

——归纳：文本的意义在于肯定使用高科技的男性更容易获得成功，在事业上获得成功以及使用高科技是男性的特权。

——结论：文本研究的发现证实了假设。

第三节　叙事分析

叙事被定义为"一种能把不同角色、场所和事件同理在一起的方式"②，叙事分析是将叙事看成经选择的不同种类的角色、场所和事件的集合，开始

---

① ［美］约翰·费斯克（John Fiske）:《传播符号学理论》，张锦华等译，台湾远流出版公司，2008，第81~84页。

② ［英］利萨·泰勒、安德鲁·威利斯:《媒介研究：文本、机构与受众》，吴靖等译，北京大学出版社，2005，第63页。

探讨和描述叙事组织背后的选择推动力。

叙事分析源自文学作品分析，现在被引进传播学研究，用于分析具有故事性的媒介文本，如电视剧、电视小品、电影、戏剧、小说、芭蕾舞剧、电视脱口秀、新闻故事等，通过对这些故事及其结构的诠释来解释世界。应该指出，叙事也传达着一种文化的意识形态，是文化上复制价值和理想的方式之一。[①] 叙事分析以故事或者叙事的结构为分析重点[②]，通过解析文化产品的内在结构，指出故事及其结构背后的意识形态。

叙事分析有很多工具，功能分析是其中之一。

Vladimir Propp 在其具有影响力的著作《民俗传说中的构语学》（*Morphology of the Folk Tale*, 1968）中说明，他的研究发现民俗传说在结构上存在惊人的相似性，探讨民俗传说中的基本要素，并命名为"功能"（Function）。叙事中每个人物都行使一种功能，并根据其功能加以定义，如英雄（Hero）是赋予完成艰巨任务的角色、贵人（Donor）是向主人公施以援手的角色、小丑则是娱乐别人的角色等。[③]Vladimir Propp 将叙事中人物的每一个动作（an act of a character）称为"功能"，并视它为叙事的基本或最小单位，他认为叙事的分析要从人物的一举一动着手……就此，他曾提出一些重要的发现：人物的功能是一篇故事中稳定、持续的基本元素，是故事的基础，谁诠释结果可能都一样；民俗传说中的功能是有限的；一个角色的连串"功能"通常是相似的；所有民俗传说从结构来看都只有一种形式。作者一共统计了 31 种功能以及一种开场方式，每一种功能还有子功能。[④] 在童话故事里，文本所蕴含的意义通常是邪不压正（good overcomes evil）、男女邂逅（boy meets girl）、小人物成就大事业（the little guy triumphs over big business）等。即使在现代偶像剧里，也有延续下来的固定"套路"，如麻雀变凤凰等。

---

① ［英］J. Stokes：《媒介与文化研究方法》，黄红宇、曾妮译，复旦大学出版社，2006，第 76 页。

② ［英］J. Stokes：《媒介与文化研究方法》，黄红宇、曾妮译，复旦大学出版社，2006，第 75 页。

③ ［英］J. Stokes：《媒介与文化研究方法》，黄红宇、曾妮译，复旦大学出版社，2006，第 77 页。

④ ［美］亚瑟·A. 博格（Arthur A. Berger）：《媒介与传播研究方法：质化与量化研究途径》，黄光玉、刘念夏、陈清文译，风云论坛有限公司，2004，第 50~51 页。

功能分析可用于分析一系列文本所共同拥有的特性。

叙事分析的基本步骤如下。[①]

选定文本和熟悉文本：这个文本讲了什么故事，思考文本中显而易见的主题。

界定假设：在研究者反复阅读的基础上，从直觉中发展假设；假设一旦写出来，就要准备通过叙事分析证明或反驳这个假设。

写出情节梗概：分析人物在事件发生中的先后顺序。

运用情节大纲：写出按时间顺序发生的故事。

人物分析：根据人物在情节中的功能来界定他们，谁是英雄、谁是恶棍、谁是贵人、谁需要被拯救等，功能可能是变化的。

确认文本开头和结尾是否"均衡"：检视旧的秩序被打破还是被恢复，如果均衡被打破，列出有哪些均衡被打破了，促成变化的动因是什么？

将文本分析的发现与假设联系起来，说明故事的价值观和结构中蕴含的文化意识形态等。

第四节　话语分析／批判的话语分析

英国批判语言学家诺曼·费尔克拉夫（Norman Fairclough）用"话语"指称口头语言或书面语言的使用[②]，其实质是"一种社会行动的形式"，或者可以说"是人如何作用于世界和再现世界的一种形式"。在话语分析前面加上"批判"（Critical）就意味着要揭示话语背后隐藏的联系和原因，意味着干预社会（Intervention），比如为脆弱群体提供资源以促进社会变化等[③]。与非批判性的话语分析如谈话分析不同，批判性的话语分析聚焦社会问题，不仅要描绘话语实践，也要揭示话语如何由权力关系、意识形态以及历史所构成，揭示话语与社会的密切互动关系及其建构性。诺曼·费尔克拉夫说明，话语

---

① ［英］J. Stokes：《媒介与文化研究方法》，黄红宇、曾妮译，复旦大学出版社，2006，第79~80页。

② ［英］诺曼·费尔克拉夫（Norman Fairclough）：《话语与社会变迁》，殷晓蓉译，华夏出版社，2003，第58页。

③ ［英］诺曼·费尔克拉夫（Norman Fairclough），《话语与社会变迁》，殷晓蓉译，华夏出版社，2003，第58页。

作为社会实践的一种形式，会对世界产生重要作用，它有助于再造社会本身，包括社会身份、社会关系、知识体系和信仰体系等，也有助于改变社会，即"话语不仅是表现世界的实践，而且在意义方面说明世界、组成世界、建构世界"①。根据诺曼·费尔克拉夫的观点，在社会意义上，话语是建构性的。"话语作为一种政治实践，建立、维持和改变权力关系，并且在其中获得集合性实体（阶级、集团、共同体、团体）。"②

例如，笔者曾采用批判的话语分析来探讨大众媒介中关于"自杀"事件的不同话语，即它们基于何种社会立场建构了怎样的"自杀故事"，如心理健康故事、工厂管理的故事等以及关于这个"故事"的解释——电子工业的中国青年工人的"问题"，抑或是中国发展模式的"问题"，其背后代表谁的利益（社会关系）及其相关的意识形态冲突。同时，笔者分析 5·12 声援富士康工人的纪念演出，以此来探讨中国劳工组织是如何参与这个事件的建构的，他们采用何种"话语"建构了何种社会关系以抵抗资本主义，并影响了社会。通过大众媒介与中国劳工组织建构的"自杀事件"话语的比较分析，笔者试图使话语与权力、意识形态之间的隐形关系明朗化。

在方法上，本书以诺曼·费尔克拉夫的三重维度的话语概念系统③为基本思路来分析各种"声音"。这种概念系统强调的是话语本身与社会实践的不可分割性。本书采用这种系统更集中于如下焦点问题。

第一，文本。文本本身采用了何种词语，以何种主题讲述了何种故事，其潜在的假设（原因）是什么？

第二，话语实践（话语生产、分配和消费）。谁（或代表谁）生产和建构了这个故事，在其过程中，谁参与了这种生产、分配和消费？

第三，社会实践（意识形态 / 霸权）。这类话语再现、建构或维系了何种社会身份、社会关系和关于发展的意识形态（中国发展道路）？

从文化政治的观点看，社会真实从来不是一种中立或客观的现象，而

---

① ［英］诺曼·费尔克拉夫（Norman Fairclough），《话语与社会变迁》，殷晓蓉译，华夏出版社，2003，第 60 页。

② ［英］诺曼·费尔克拉夫（Norman Fairclough），《话语与社会变迁》，殷晓蓉译，华夏出版社，2003，第 62 页。

③ ［英］诺曼·费尔克拉夫（Norman Fairclough），《话语与社会变迁》，殷晓蓉译，华夏出版社，2003，第 68 页。

是一种位置性 / 发言位置（Positionality）。站在何种位置上为谁发言，谁有权力发言、谁有权力命名、谁有权力再现常识、谁有权力创造或建构"官方说法"，以及谁有权力指明何谓正当合法的再现，构成了文化政治的基本议题。[①]文化政治一方面关注主流文化如何定位"劳工阶级、妇女和有色人种"，另一方面关注边缘群体如何依据自身利益，试图转变主流文化，其实质是揭示社会不平等如何透过文化被正当化，同时，这种不平等如何可以经由文化创造和批评被揭露与缓和。[②]

第五节 马克思主义分析 / 意识形态分析

意识形态是一个复杂的术语。意识形态著述中最具影响力的、对媒介分析最为有用的论述，是那些被宽泛地称为马克思主义视角的观点。最基本的观点是：意识形态分析试图理解主导的社会群体如何能够再造它的社会和经济权力，方法是将重点同时放在再造过程的物质层面和精神表现层面。大量的意识形态分析旨在说明：一个社会的统治阶级如何在任何时刻明确地形成其主导意识并使其稳固延续，由此保障自身能够实施控制。马克思说："统治阶级的思想在每一个时代中都是占统治地位的思想。"[③]对媒介研究来说，意识形态分析就是要揭示媒介如何协助观点和信仰的维系，从而再造现存的社会秩序和统治阶级的主导地位。一般来说，有两种媒介分析：第一种是媒介内容如何进行意识形态的运作，强化主导观念和信仰；第二种是将焦点放在对媒介工业的经济结构的分析上，研究它们在更广大的资本主义系统中的地位。后一种方式认为媒介运作有再造这种秩序的作用。[④]

一般而言，意识形态是一整套思想或者信仰。所有的媒介产品都是意识形态的产物。产品所呈现的意识形态有时是可见的，有时是不可见的

[①] ［英］克里斯·巴克（Chris Barker）:《文化研究——理论与实践》，罗世宏译，五南出版公司，2004，第 434 页。

[②] P. Brooker, *A Glossary of Cultural Theory*, Arnold, London, 2003, pp. 57-58.

[③] 《德意志意识形态（节选）》,《马克思恩格斯选集》（第一卷），人民出版社，1995，第 178 页。

[④] ［英］利萨·泰勒、安德鲁·威利斯:《媒介研究：文本、机构与受众》，吴靖等译，北京大学出版社，2005，第 27~28 页。

（Implicit），如果要了解意识形态，必须进行深入分析。发现一条信息里隐含的"意识形态"或"信仰体系"，是大多数类型文本分析的根本目的所在。通常，文本分析的目的是找出初次阅读可能看不出来的隐含意义与价值。其实，并没有一种"意识形态分析"的方法，任何方法都可以用来分析意识形态。[①] 换句话说，将文本背后深藏不露的，并可能被普遍接受的意义阐述出来，可被命名为"意识形态研究法"。"如何将因曾在媒体与各种传播形式中的意识形态讯息公之于世，是马克思主义批判者的任务。"[②]

马克思主义批判的基本概念概述如下。[③]

第一，在所有国家，基础或经济关系形成上层建筑（Superstructure），透过艺术、宗教、教育制度塑造个人意识。

第二，布尔乔亚社会存在各种阶级，布尔乔亚是统治阶级，蓝领工人是无产阶级，而另外还有一种小资产阶级（Petty-bourgeoisie），其是专门为资产阶级服务的，他们经营服务业或制作电视节目。马克思主义认为历史暴力的起点来自阶级冲突。

第三，布尔乔亚散布虚假意识，借以巩固统治无产阶级的实力。例如让人以为社会的各种关系是自然形成的，成功者靠个人意志力走上成功之路（他们得到他们应得的），而失败的人要怪只能怪自己。

第四，布尔乔亚社会制造异化（疏离感），人们必须透过消费与恋物来舒缓痛苦，但那只是暂时性的舒缓。布尔乔亚社会的所有阶级都感到疏离，也就是人与人之间没有关联。

第五，消费文化重视隐私，造成社区与社会阶级都不重要的错觉。

第六，全球化与媒体、金融机构帮助统治阶级散布布尔乔亚的意识形态，并将可能会面临的难题转移到第三世界国家，马克思主义者称此现象为"文化帝国主义"。

在上述基础上，运用马克思主义批判理论的媒介分析点如下。

---

① ［英］J. Stokes:《媒介与文化研究方法》，黄红宇、曾妮译，复旦大学出版社，2006，第 89 页。

② ［美］亚瑟·A. 博格（Arthur A. Berger）:《媒介与传播研究方法：质化与量化研究途径》，黄光玉、刘念夏、陈清文译，风云论坛有限公司，2004，第 80 页。

③ ［美］亚瑟·A. 博格（Arthur A. Berger）:《媒介与传播研究方法：质化与量化研究途径》，黄光玉、刘念夏、陈清文译，风云论坛有限公司，2004，第 84~85 页。

第一，唯物主义、经济基础与上层建筑。马克思在《〈政治经济学批判〉导言》中指出："物质生活的生产方式制约着整个社会生活、政治生活和精神生活的过程。不是人们的意识决定人们的存在，相反，是人们的社会存在决定人们的意识。"① 社会经济制度会影响人们的观念。"因而每一时代的社会经济结构形成现实基础，每一个历史时期的由法的设施和政治设施以及宗教的、哲学的和其他的观念形式所构成的全部上层建筑，归根到底都应由这个基础来说明。"② 我们的研究问题会分析：a. 作为上层建筑的大众媒介，如何受到社会、政治和经济的影响？b. 谁拥有和运行大众媒介，大众媒介传播什么思想或价值观，与社会、政治、经济的关系是什么？c. 媒介本身作为一种经济体系，它是如何影响其员工及其所制作的产品的。

第二，虚假意识与意识形态。"统治阶级的思想在每一时代都是占统治地位的思想。这就是说，一个阶级是社会上占统治地位的物质力量，同时也是社会上占统治地位的精神力量。支配着物质生产资料的阶级，同时也支配着精神生产的资料，因此，那些没有精神生产资料的人的思想，一般的是受统治阶级支配的。"③

第三，阶级冲突：一直存在两大阶级，无产阶级和资产阶级。资产阶级通过对无产阶级灌输统治阶级的思想而避开阶级斗争，维护现存秩序，如"白手起家"，被看作自然形成的而不是历史的观念，这似乎就不容易改变了。法国马克思主义者亨利·列斐伏尔（Henri Lefebvre）采用阶级斗争的观点，提出人们生活在资本主义社会中就是生活在"恐怖"（Terror）的状态之中。他指出：任何存在极端阶级分化的社会都有一个由少数人组成的特权阶级和一个由大多数穷人组成的阶级，这种分化通过强制（Compulsion）与劝服（Persuasion）得以维持；这种阶级分层的社会必然演变成公开的压迫，必须发展出各种复杂的掩饰压迫的方式，让毫不怀疑的社会个体成为压迫自

---

① 《〈政治经济学批判〉序言》，载《马克思恩格斯选集》（第二卷），人民出版社，1972，第 82 页。

② 《社会主义从空想到科学的发展》，载《马克思恩格斯选集》（第三卷），人民出版社，1995，第 739 页。

③ 《德意志意识形态》，载《马克思恩格斯全集》（第三卷），人民出版社，1960，第 52 页。

己或他人的工具。① 虽然我们在日常生活中可能没有意识到或不能将自己的感觉表达清楚，但我们一直都处于一种被"攻击"（被报纸广告、无线电和电视广告以及大众媒介的节目）的状态中。这些攻击所产生的恐慌可能包括在崇尚年轻文化中产生了变老的恐慌、在崇尚消瘦的文化中有了长胖的恐慌、在尊崇财富的文化中产生了对贫穷的恐慌等，这些恐慌总是向我们宣告或指出我们正在遭受贫困，或相对的或绝对的贫困，诸如此类，永无止境。②

第四，路易斯·阿尔都塞的思想。作为马克思主义者，他试图扩展马克思主义理论来理解各种社会如何再造他们的社会结构，对马克思主义经济基础对上层建筑有决定作用的观点提出了挑战。他认为，在发达国家，如西欧国家，理论上上层建筑相对经济基础有一定的独立性，并不简单地依赖于经济基础。根据他的观点，如何理解现存的社会结构是如何再造自身的，对社会各个方面进行更为详细地考察后，他发现"意识形态不是一种虚假的意识，它实际上建构人们的日常生活经验"。在传播学界，对媒介进行意识形态的分析，试图揭示某些观点和信仰是如何通过媒介在线被合法化的，被"制造成真实的"。很多文本，无论是新闻还是虚构故事的主角，都是围绕个人展开的。根据阿尔都塞的观点，个人主义的中心地位协助再造了现存的社会结构，"它阻碍了人们把自己看成或是考虑为集体——比如说一个社会阶级的一员。如果个人一旦认识到这点，可能会导致他们拒绝'被赋予'的角色，并且寻求对压迫他们的资本主义价值观的挑战"③。阿尔都塞认为，由离散的、有自由思考能力的个人构成的个人主义和我们对世界的体验，是一种意识形态化的现象，而非自然现象。根据这个观点，媒介对个人行动的关注重点可以被看成意识形态化。文本分析可以揭示新闻报道、虚构故事如何围绕这种"常识性的"个人主义的中心地位，构建由个人组成的社会试图在特定的历史时刻掩盖正在运行的权力关系。对主体赋予个性就是让他们忽视阶级、种族

---

① 转引自［美］阿瑟·阿萨·伯杰（Arthur Asa Berger）《媒介分析技巧》（第2版），李德刚、何玉译，中国人民大学出版社，2005，第65~66页。

② ［美］阿瑟·阿萨·伯杰（Arthur Asa Berger）：《媒介分析技巧》（第2版），李德刚、何玉译，中国人民大学出版社，2005，第67页。

③ ［美］阿瑟·阿萨·伯杰（Arthur Asa Berger）：《媒介分析技巧》（第2版），李德刚、何玉译，中国人民大学出版社，2005，第29页。

和性别关系，这些关系支配着个人能够获得的社会权力。赋予个性也意味着让个人最终对他自身的行为负责，这样就减少了阶级、种族和性别的差异。这些差异会影响个人对机遇的实际利用。①

　　唤询（Interpellation）。阿尔都塞认为意识形态国家机器给个人定位的主要方式之一是对其进行唤询或召唤（Hailing）。媒介和其他文本"召唤"读者，在这个过程中将读者的定位与他们消费的东西联系起来，结果是使个人认为自己是意识形态的主体，也就使个人容易成为意识形态的积极行动者（Agents）。例如，"个人受到广告的召唤，并被引导进行观看，把广告堪称是对自己兴趣和欲望的再现。消费个体只是得到了统治阶级类自身利益范围内给予的一个选择"。"正是对与消费资本主义紧密相关的特定利益、信仰和欲望进行的自然化过程的研究，人们认识到广告在推销消费品的时候，也在推销着主导意识形态。"②

　　第五，意大利马克思主义者安东尼奥·葛兰西的霸权理论。有些人批评阿尔都塞将从属的社会群体当作资本主义意识形态的被动接受者，葛兰西则提供了另外一种解释，认为主导性的产生并不是由统治阶级强加的，而是通过展示自身是最好的、能够满足其他阶级——甚至暗含整合社会——的利益和愿望的组织来实现的。从这个角度来看，统治阶级是通过"赞同"而不是"强迫"来实现统治。根据葛兰西的观点，赞同并不是简单、毫无疑问地达成的，而是必须经过不断地协商和重建，因为无论统治阶级在多大程度上呈现自身利益能够容纳从属阶级的利益，他们之间的利益还是对立的，要想使统治有效的话，就要接受各种挑战。为回应挑战，主导意识形态范畴内会不断地、从不同程度吸收各种对立因素，从而平息和安抚他们。③这样我们也可能会去研究，无产阶级文化被收编了过少，或者被清洗过的版本到底是什么样的。在这里，其研究焦点是：意识形态的再造力量是如何通过一系列的协商方式得以成功的。霸权理论的主要观点是：媒介文本都是不断变化的历史

---

① 〔英〕利萨·泰勒、安德鲁·威利斯：《媒介研究：文本、机构与受众》，吴靖等译，北京大学出版社，2005，第28~30页。

② 〔英〕利萨·泰勒、安德鲁·威利斯：《媒介研究：文本、机构与受众》，吴靖等译，北京大学出版社，2005，第30页。

③ 〔英〕利萨·泰勒、安德鲁·威利斯：《媒介研究：文本、机构与受众》，吴靖等译，北京大学出版社，2005，第31页。

过程的一部分。维系统治阶级利益的价值观和信仰并不是固定的，霸权不是普遍的，是需要争取、再造和维系的。①

我们以一位硕士生的学位论文《关于春晚 27 年农民及农民工形象再现的研究》来说明如何进行意识形态分析。在这篇论文中，作者汇集了 27 年央视春晚的 50 个节目，经过叙事分析，描述了农民及农民工形象的特征在节目中被表现为"勤劳的""善良的""敦厚的"，在与城市人的关系中被表现为"被帮助的"，在城市环境中被看作"傻的"。这可以说是我们看到的表面意涵。

每一组特征都可再进一步深入分析，例如第一组特征："勤劳的""善良的""憨厚的"。我们可以思考，在现代社会中，什么是最有价值的特征？想象一下精英人物的特征，如决断力、创造力、高度智慧、运筹帷幄、有才能、高智商、艺术等，那么我们接触的农民及农民工中是否有人具备这种特征，但没有表现出来。农民及农民工的形象被谁赋予，这种形象再现对谁有利，或符合谁的期望？

再如，第三组特征"傻的"。我们要思考，在什么情境中是"傻的"？在城市情境中，因为不懂城市规则而显得"傻"，如同"刘姥姥进大观园"，表面上一片"和谐"欢笑，但其实暗含一种等级。在相反的情境中，比如城市人到农村，是否显得"傻"？人们对这种"傻"的反应通常是"豌豆公主"式的反应。这样的反应是将谁的情境合法化或主流化？不难看出节目表现出一种城市中心定位的价值观。那么，我们还看到，农民及农民工形象特征的"傻"在文本中的功能是娱乐，即起着娱乐他人的作用。这种分析逐渐地将隐藏在文本故事中的意识形态揭示出来。

但我们也要注意，采用马克思主义分析或意识形态分析要避免教条化。"一般的马克思主义，尤其是马克思主义媒介分析，通常具有很强的吸引力，对于那些具有强烈社会正义感或渴望更加平等、更人性化的世界的人来说更是如此。""马克思主义的最佳形式就是其人道主义的思想体系，寻求一切可能让所有人都过上富裕而有意义的生活。然而，马克思主义同时也是一种意

---

① 〔英〕利萨·泰勒、安德鲁·威利斯：《媒介研究：文本、机构与受众》，吴靖等译，北京大学出版社，2005，第 31 页。

识形态，它对于世界上任何事物的解释都基于某种真理或信仰。教条地应用马克思主义媒介分析的局限之一在于他们在提出问题之前就已经知道答案。他们对于媒介传播的大众艺术作品所提出的问题相当有限。就像弗洛伊德门派在万事万物中都看到性一样，他们在所有的大众艺术作品中都看到了异化、操纵和意识形态剥削。从意识形态角度看待各种艺术作品，不能平等地对待大多数作品。""因此，对于马克思主义分析而言，生搬硬套地运用马克思主义概念和观点来看待大众艺术作品，本身就存在着很大的教条主义危险。这并不是说我们分析媒介的大多数资料时没有注意到意识形态的层面——我们注意到了这个层面，而且必须注意到，但是我们也不能忽略作品的其他方面——比如心理学层面、道德层面、美学层面等，我们不应该削足适履，用大众媒介的资料去吻合马克思主义的观点。"①

　　总之，作为质化分析的对象，文本成为我们要研究的经验材料。文本分析有多种分析框架或分析方法，主要包括符号学分析、叙事分析、话语分析/批判的话语分析，以及马克思主义分析/意识形态分析等。除此之外，我们应该了解，分析框架还有女性主义批评、精神分析批评等。大多数分析框架的背景是批判理论，以揭示其背后的意识形态为目的。

---

① ［美］阿瑟·阿萨·伯杰（Arthur Asa Berger）:《媒介分析技巧》（第 2 版），李德刚、何玉译，中国人民大学出版社，2005，第 79~80 页。

第四部分
质化和量化方法的混合应用

第十三章 混合方法及其应用

内容提要

在本书中，量化和质化研究方法同属经验研究。针对不同的研究问题，我们可以选择相对有效的能解决研究问题的量化或质化方法，也可以选择二者混合方法。本章第一节阐述了传播学的三个传统研究领域——机构 / 媒介组织、文本和受众使用混合方法的可能性。第二节则重点介绍了在传播与社会发展研究领域，特别是针对发展传播项目的行动研究、项目评估研究和政策研究中的混合方法应用。第三节分享了批判的社会科学研究实践，说明这样的另类实践也常应用混合研究方法。但无论何种研究，都需要先澄清研究问题，根据研究问题收集有效的经验数据，并在一定的理论框架下进行分析，从而得出可靠且有意义的研究结论。

第一节 传统的传播学研究：机构 / 媒介组织、
文本和受众

"传统"在这里并不是一个贬义词，而是标识其主要研究框架来自 20 世纪的大众媒介传播时代。随着新传播技术发展，机构 / 媒介组织研究、文本研究和受众研究也在扩展和深化。这一节分别介绍机构 / 媒介组织、文本和受众的混合研究方法。

一 机构 / 媒介组织研究

机构 / 媒介组织研究是传播学研究的基本问题之一。

大众媒介及新传播技术普及以来，已发展出不同的理论视角来观照机

构/媒介组织研究。

我们可以研究这些机构/媒介组织如何维系了社会秩序，并在其中发挥了怎样的作用。同时，可用批判的理论视角来挑战机构/媒介组织的这种作用。

这些批判的理论视角包括但不限于以下几点。

第一，法兰克福学派以及他们对文化工业的批判。他们将文化工业看作资本主义的操控工具，曾为媒体效果的"皮下注射"理论铺平了道路。但一些研究者批评"操控"简单粗暴，且低估了受众和从业者的能动性。[①]

第二，所有权和控制的视角。这个视角来自格雷汉姆·默多克的文章《大公司和对传播工业的控制》（"Large Corporations and the Control of the Communication Industries"），该文章提出了两种分析公司控制能力的视角。一种是"结构/决定"，关注经济和文化环境在多大程度上为媒体所有者增加或减少机会；另一种是"行动/权力"，关注谁控制媒体的问题，即检验某些人在多大程度上能够说服其他人认同其所在的媒体。[②]

第三，媒介政治经济学与文化工业。媒介政治经济学认为，作为大规模经济实体的文化工业必须被置于资本主义经济的大框架下进行分析。这一派学者们认为，文化工业与资本主义工业有相似之处，诸如高投入、技术化的生产和销售工具。文化工人在等级森严、有高度劳动分工的"职业"管理组织中工作。[③] 这一视角其实是在挑战传播学"孤立"的文本分析，鼓励人们重视媒体文本生产的工业和经济环境。

除了批判的理论视角，传播与社会发展研究更多地采用"另类媒介"（Alternative Media）的视角。

国内外学者们已对"另类媒介"进行了诸多探讨。"另类媒介"不是对一类媒介的统称。我们发现，在不同的时期和地点，另类媒介有不同的名称，诸如公民媒介（Citizen Media）、激进媒介（Radical Media）、独立

① ［英］利萨·泰勒、安德鲁·威利斯：《媒介研究：文本、机构与受众》，吴靖、黄佩译，北京大学出版社，2005，第89页。

② ［英］利萨·泰勒、安德鲁·威利斯：《媒介研究：文本、机构与受众》，吴靖、黄佩译，北京大学出版社，2005，第90页。

③ ［英］利萨·泰勒、安德鲁·威利斯：《媒介研究：文本、机构与受众》，吴靖、黄佩译，北京大学出版社，2005，第92~95页。

媒介（Independent Media）、草根媒介（Grassroots Media）以及社区媒介（Community Media）等，其所强调的重点亦有所差别。实际上，为另类媒介下一个大家都能接受的定义有颇多困难。

联合国教科文组织在 1989 年的《世界交流报告》中，将另类媒介定义为"主流媒介之外的选择"[1]，其特征为："作为主流传播传统的补充而建立的传播结构和传统。它之所以出现，是因为主流媒介未能完全满足某些群体的传播需要。"[2] 这一定义解释了另类媒介存在的意义，同时将另类媒介与主流媒介对立起来，在主流媒介的参照下来理解另类媒介。

事实上，当我们探讨另类媒介的概念时，也常常将主流媒介作为参照，即另类媒介是相对于主流媒介而言的媒介。比如，在《另类媒介何以成为另类性媒介》的论文中，作者比较道："主流媒介追求最大商业利益，它的目标受众是广告消费者，是社会的精英阶层……；相反，替代性媒介不追求商业利益，其目标受众不是广告消费者，而是非精英受众或底层民众……"[3]

当然，新传播技术也带来了一系列问题，学者 Chris Atton 曾质疑在 CMC（Computer-Mediated Communication）以后是否还存在以往意义上的另类媒介[4]，如广泛参与的 CMC 使用者在网上发表的信息并不具有另类媒介内容的特征了。Chris Atton 认为，作为一种另类媒介，最重要的是内容，特别是与社会实践密切联系的原创内容，这些内容可以维持另类媒介的概念。

研究发现，这种对立分析模式可能会忽略另类媒介和主流媒介在内容方面有重合之处，它们也有可能共享一些内容。这一比较仅强调了二者的区别，未重视二者的联系与互动。实际上，将另类媒介纳入大众媒介传播模式比较的危险还在于，只将另类媒介看作一个信息传播过程，而不是一个社会行动的过程。正如 Michael Albert 所指出的那样，另类媒介不仅在信息内容和传播

---

[1]　联合国教科文组织：《世界交流报告》，新华社新闻研究所外国新闻研究室译，中国华侨出版社，1992，第 393 页。

[2]　联合国教科文组织：《世界交流报告》，新华社新闻研究所外国新闻研究室译，中国华侨出版社，1992，第 394 页。

[3]　M. Albert, "What Makes Alternative Media Alternative?" ZNetwork, Oct.16, 2002, http://www.zmag.org/whatmakesalti.htm, http://www.zmag.org/altmediawatch.htm.

[4]　C. Atton, "Are There Alternative Media after CMC?" The University of Queensland, Apr.12, 2002, http://www.uq.edu.au/mc/reviews/politics/altmedia.html.

介质上与大众媒介有差异，而且是一个旨在促进改变的社会行动过程。因此，要"将另类媒介当作社会网络中传播实践的反思工具，优先考虑媒介的改革潜能，侧重点就在于过程和关系"[1]。作为一种制度，另类媒介的目标是要颠覆社会中不平等的等级关系，尽可能地独立于商业化。它将自身视为开创性的社会新型组织形态的一部分，致力于整个事业的推进，而不是一己之存亡。另类媒介内部成员之间是一种相互平等、共同参与、权利共享的工作关系，其作用在于"为那些通常情况下被排除在大众媒介生产之外的人，提供民主交流的工具"[2]。总之，另类媒介以对外推动变革、对内发展民主关系和赋权为鲜明特征。

不难看出，机构/媒介组织的中心研究问题是它们的运作结构和方式及其影响因素，包括但不限于：机构/媒介组织的运作、收入和利润来源及其分配，报道的政治、商业和社会环境等，媒介组织内部的权力架构及其如何影响内容生产等。

机构/媒介组织的研究方法包括量化和质化方法，如问卷调查、访谈、历史文献研究等，也可采用混合方法（见表 13.1）。

表 13.1　机构/媒介组织的研究方法

分析目标	可能适用的方法
特定机构的历史、媒介技术历史	文献分析、历史人物访谈等
政策/立法历史	文献分析、重要决策者或利益相关者访谈等
从业者研究（意见和态度、职业角色等）	问卷调查、焦点组访谈、历史文献研究等
新闻组织中的女性研究 （职业角色/地位/影响等）	问卷调查、焦点组访谈、重要人物访谈等
媒介机构/组织的工作实践	参与式观察、访谈、民族志研究等
媒介规范的建立与运行	文献分析、访谈、参与式观察等
媒介经济	统计分析、访谈和文献分析等
媒介产业/文化工业研究	统计分析、访谈和文献分析等
媒介制度及其政治经济因素的影响	统计分析、访谈和文献分析等

---

[1]　C. Atton, "Approaching Alternative Media: Iheory and Methodology", May 24, 2001, http://faculty.menlo.edu/~jhiggins/ourmedia/ica2001/chris%20attontx.pdf.

[2]　C. Atton, "Approaching Alternative Media: Theory and Methodology", May 24, 2001, http://faculty.menlo.edu/~jhiggins/ourmedia/ica2001/chris%20attontx.pdf.

续表

分析目标	可能适用的方法
国际新闻流动	统计分析、文献分析、量化内容分析、话语分析等
跨国媒介的所有权和控制	统计分析、文献分析、话语分析等
跨国媒介的文化及其影响	统计分析、文献分析、量化内容分析、话语分析等
新闻产制（生产和制作）研究	参与式观察、民族志研究、访谈等
另类媒介研究	参与式观察、民族志研究、访谈、量化内容分析、话语分析等

二　文本研究

如第十二章以文本为对象的质化研究所介绍的，文本分析包括"分析"与"诠释"。分析是一种解构的过程[①]，诠释则是将文本与某个理论框架或知识/价值体系联系起来，得出相应的解读结果[②]。文本诠释的理论框架包括但不限于：社会学批评、女性主义批评、美学批评、精神分析批评、符号学批评、族群批判、马克思主义批评、神话/仪式/象征批评等。其主要的分析方法包括但不限于：符号学分析、叙事分析、马克思主义分析/意识形态分析、类型学分析、文献分析、话语分析/批判的话语分析、修辞学分析等。

如第九章所述，文本研究中的内容分析多采用量化方法。

如果做文本研究，要根据具体的研究问题选择量化方法或质化方法，或者二者混合使用。

在性别、文化与媒介研究领域，量化的内容分析经常用来探讨媒介中有关两性呈现的数量、角色和其他种种数据；媒介效果问题，如媒介色情和暴力研究常常借用心理研究的实验设计；量化方法可以用来评估媒介的涵化作用及议程设定的效果；等等。对女性从事文化工业的经验与地位的研究可以

[①] ［英］格雷姆·伯顿：《媒体与社会：批判的视角》，史安斌主译，清华大学出版社，2007，第48页。

[②] 游美惠（Mei-Hui You）：《内容分析、文本分析与论述分析在社会研究的运用》，《调查研究》2000年第8期。

用深度访谈的方法，也可以用问卷调查的方法；符号学和结构学的分析常用来评估单一文本和类型节目的视觉和叙事特质；民族志则影响了强调媒介和文本诠释的受众研究；等等。[①]

大体上，对媒介（文本）内容的分析方法如表 13.2 所示。[②]

表 13.2　不同媒介（文本）内容的分析方法比较

信息内容分析	文本结构分析
量化	质化
片段	全景
系统性	选择性的
概括的、延伸的	举例性的、特殊的
明显的意义	隐含的意义
客观的	与读者相关的

需要说明的是，"客观的"不是绝对客观的，而是与"读者相关性"比较，强调用经验数据说话。应该注意到，这个经验数据中存在大量主观指标，这些指标被量化后似乎是客观的，但其中蕴含作者的价值观或理论偏向。

在一项对媒介内容的研究中，采用量化和质化混合方法是可能的，应根据研究问题选择最为有效的方法或混合方法。

量化和质化混合方法的使用可参见附录 2 架构分析。

三　受众研究

受众的概念来自大众传播时代效果研究的接收者（audience），被视为被动的可被媒介支配的人群。我国台湾学者为强调受众不那么被动，将 audience 翻译成了"阅听人"。

20 世纪 70 年代，卫星电视为受众提供了更大的选择空间。随后，新的录制录像、储存和修复方法以及录像机和播放机的使用，使受众掌握了更多的控制权。到了 90 年代，电脑和互联网科技的发展，使传播的单向系统逐渐

---

① ［荷］凡·祖农（Liesbet van Zoonen）：《女性主义媒介研究》，张锦华、刘容玫译，台湾远流出版公司，2001，第 175 页。

② ［英］丹尼斯·麦奎尔（Dennis McQuail）：《麦奎尔大众传播理论》，崔保国、李琨译，清华大学出版社，2006，第 279 页。

转向双向系统，受众开始参与信息的传播及其对信息传播的制作和控制等。其最大的变化来自自媒体、另类媒介和以用户生产内容为主要特征的平台媒介的迅猛增长，以至颠覆了科层制媒介组织把关人控制的媒介生态。这时候的"受众"更多地被称为"用户"。

早期的媒介效果"传—送"模式在发展过程中备受批评。"传—送"模式将媒介结构和文本看作一种决定性的力量，受众则是被动的或易受控制的群体。受众被当作一个整体，而忽略了其所属的阶级、族群、代际、性取向和地区差异等。如凡·祖农所说："媒介生产不是简单的反映论，而是一个复杂的协商、再结构化的过程；媒介受众不是简单地拒绝或采用媒介信息，而是根据他们自己社会文化情境重新解释信息；媒介不是被指派来反映现实的，而是要再现我们集体的希望、恐惧和幻想并具有生产社会迷思和仪式的功能。最后，真实不是现实中的客观集合，而是在一定的权力关系中社会建构的结果。"[①]

文化研究产生了受众接收与意义协商的观点体系，即理解新闻的框架在很大程度上取决于接收者的生活环境、社会地位和世界观，接收者不仅能够而且强烈地倾向于将媒介报道的"事实"纳入当地的或个人的解释和关系框架中来处理，新闻的受众总是热衷于在与自己对世界的认识一致的前提下，来建构和发展自己对于"真实"事件的认知和评价。[②]

文化研究也不断发现，传播技术的发展并不能指定受众只是技术的产物。他们当然也是社会生活的产物。受众的形成一直受到各种社会因素的影响。至于是否能有一个互动的乌托邦（Interactive Utopia），既取决于技术提供的可能性，也取决于社会因素的影响。

受众研究主要是研究人们如何接近和使用不同媒介，以及他们对媒体文本的理解和反应，从而更好地理解人们接受和使用媒体及其信息的方式和原因。研究的手段包括问卷调查、实验研究、焦点组访谈等量化或质化方法（见图 13.1）。

---

① ［荷］凡·祖农（Liesbet van Zoonen）:《女性主义媒介研究》，张锦华、刘容玫译，台湾远流出版公司，2001，第57页。

② ［英］丹尼斯·麦奎尔（Dennis McQuail）:《受众分析》，刘燕南、李颖、杨振荣译，中国人民大学出版社，2005，第126页。

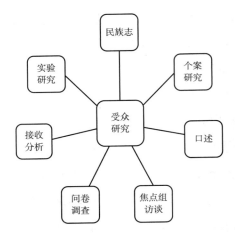

图 13.1 受众研究的方法

在第一章，我们已经介绍了受众研究的五种传统，即 1990 年，瑞典学者 Jensen 和 Rosengren 提出的在媒介与受众的关系的研究中，有效果研究（Effect Research）、使用与满足（Uses and Gratification）、文学批评（Literature Criticism）、文化研究（Cultural Studies）和接收分析（Reception Analysis）等五种传统。

麦奎尔提出了更为经济的类型学，将受众研究传统概括为三种，即"结构性"（Structural）、"行为性"（Behavioral）以及"社会文化性"（Sociocultural）。[①]

结构性受众研究：以满足市场需求为目的的受众构成 / 划分以及媒介使用量的研究。

行为性受众研究：受众的媒介使用行为及其效果的研究（包括被动的受众研究和能动的受众研究）。

社会文化性的受众研究：否定了刺激—反应模式以及文本万能的观点，强调人们的媒介使用是特定社会文化环境的一种反应，也是赋予文化产品和文化经验以意义的过程。其研究力图说明：不同社会结构的人群对信息的解读和解码是不同的，与传播者原来的含义也不同。文本被看作多义的，并需要被受众解读。

麦奎尔三种受众研究传统及其方法的比较如表 13.3 所示。

---

① ［英］丹尼斯·麦奎尔（Dennis McQuail）:《麦奎尔大众传播理论》，崔保国、李琨译，清华大学出版社，2006，第 311 页。

表 13.3 三种受众研究传统的比较

	结构性	行为性	社会文化性
主要目标	描述受众构成、统计数据、社会关系	解释并预测受众的选择、反应和效果	理解所接收内容的意义及其在语境中的应用
主要数据	社会人口统计数据、媒介及时间使用数据	动机、选择行为和反应	理解意义，关于社会和文化的语境
主要方法	调查和统计分析	调查、实验、心理测试	民族志、质化方法

资料来源：[英] 丹尼斯·麦奎尔（Dennis McQuail）:《麦奎尔大众传播理论》，崔保国、李琨译，清华大学出版社，2006，第 312 页。

经验表明，针对不同的研究问题选择最适合解决此问题的研究方法或混合方法，可以大大提高研究的信度和效度。

目前，一般的受众研究议题及主要的研究方法大致如表 13.4 所示。

表 13.4 受众研究议题及主要的研究方法

研究议题	主要的研究方法及收集资料的技术
受众的人口特征构成	量化调查
受众的社会学特征	量化调查；田野观察等质化方法
受众媒介接触（包括时间、地点、种类等）	量化调查
受众媒介使用偏好	量化调查；田野调查；访谈
受众内容偏好或品位	量化调查；访谈；田野观察等
受众媒介需求	量化调查（如采用需求量表）；访谈
受众对媒介或平台的看法	量化调查；焦点组访谈等质化方法
受众对媒介知识的理解	量化调查；访谈等质化方法
受众闲暇时间和媒介使用习惯	量化调查；访谈或焦点组访谈；田野观察等质化方法
受众如何解读和解码媒介文本	接收分析
受众媒介参与	量化调查；访谈或焦点组访谈等质化方法
媒介迷研究	田野观察；访谈；焦点组访谈；口述；民族志研究等方法
亚文化与受众媒介使用	田野观察；访谈；焦点组访谈；口述；民族志等方法
性别化的受众	田野观察；访谈；口述；民族志等方法
民族与媒介使用	田野观察；访谈；口述；民族志等方法
媒介的社会使用	田野观察；访谈；口述；民族志等方法

研究议题	主要的研究方法及收集资料的技术
社交媒介（Social Media）的社会使用	田野观察；访谈；口述；民族志等方法
流行文化研究	量化调查；田野观察；访谈；口述；民族志等方法
游戏研究	量化调查；田野观察；访谈；口述；民族志等方法
媒介成瘾研究	田野观察；访谈；口述；民族志等方法
受众的媒介素养研究	量化调查；田野观察；访谈；口述；民族志等方法

表 13.4 只是列出了一般情况下的研究议题，以及这些研究议题可能选择的方法。具体选择何种方法或混合方法，要根据具体的研究问题而不是这种宽泛的议题来决定。

关于研究问题请参阅本书第二章"研究问题的提出"。

在这一节我们分别讨论了机构/媒介组织、文本和受众研究的混合方法和技术。但在媒介实践中，机构的性质和媒介信息是有联系的，媒介信息与受众接收也是有联系的。传播学接收分析涵盖了信息分析与受众如何解读和使用信息的两个方面。早期的传播学文化指数研究则涵盖了媒介制度分析、讯息系统分析、受众涵化分析三个方面，其路径是推论或建构一个自上而下的对受众的控制过程。[1] 我们可以不同意这种观点，但在研究中，要看到三者之间的联系，也可能是其他学说建构的联系，最好避免绝对割裂的研究。

第二节　传播与社会发展研究：行动研究、
项目评估研究和政策研究

一　行动研究

行动研究起源于社会心理学等学科。心理学家 Kurt Lewin 在 1944 年提出了行动研究（Action Research）的概念，并于 1946 年发表了《行动研究与少数群体问题》的论文。他将行动研究看作一种比较研究，即比较各种形式的

---

[1]　J. 马洛里·沃伯：《关于文化指数研究范式的欧洲反思》，载〔英〕罗杰·迪金森、拉马斯瓦米·哈里德拉纳斯、奥尔加·林耐编《受众研究读本》，单波译，华夏出版社，2006，第 62~73 页。

社会行动的条件与结果，其目的是更好地推动社会改变。[①] 行动研究在社会科学界被看作一种"理性的社会管理"或"技术理性"，是一种以社会实验来回应主要社会问题的过程，并在其过程中通过反思不断产生新的知识和有效的行动方法。

行动研究的四大领域是教育的行动研究、组织的行动研究、社区发展的行动研究以及护理的行动研究。组织的行动研究，也称参与式行动研究——指让组织内的人们主动参与整个研究的过程，从最初的设计、行动意涵的讨论到结果的最后呈现。参与者不是被动地接受行动计划中的角色和研究结果。[②]

最适合发展传播项目的为社区发展的行动研究。自20世纪90年代以来，我们已经执行了大量的社区发展的行动研究，集中于反对人口拐卖、消除针对妇女的家庭暴力、反对针对儿童的暴力、推动学校机制建设消除校园暴力、抗击艾滋病、通过艺术活动促进性别平等。社区发展的行动研究"类似于社会实验，将资源集中于重点地区或重点问题，探讨社会问题的成因，实验新的处理方法并监测结果，同时将结果汇报给政府或地方发起人，共同决定政策上的运用，即应用社会科学的知识及研究技术以实现解决社会问题的目标"[③]。

女性主义研究常常采用行动研究，因为女性主义学术在本质上是与行动连在一起的，如我国媒介与性别领域中的关于媒介刻板印象的量化报告，一直作为政策游说的依据，其实也是为游说而去做研究。媒介监测研究也是如此。也有来自新闻传播学的女性主义学者介入了预防人口拐卖、抗击艾滋病的政策研究。"女性主义研究的目的必须是创造新的关系、更好的法律及改善制度，其终极目的是改变现状。"[④] "女性主义的学术研究不应只是机械观察，而应包括政治介入和道德想象"，必须以社会和个体的改变为取向，因为女

---

① "Action Research"，Wikipedia, http://en.wikipedia.org/wiki/Action_research，2012年7月24日下载。

② 胡幼慧主编《质性研究——理论、方法及本土女性研究实例》，台湾巨流图书公司，2014，第198~200页。

③ 胡幼慧主编《质性研究——理论、方法及本土女性研究实例》，台湾巨流图书公司，2014，第199页。

④ S. Reinharz, "Feminist Action Research"，载孙中欣、张莉莉主编《女性主义研究方法》，复旦大学出版社，2007，第393页。

性主义本身就代表了对不平等的现状的否定。[①]同时，不少研究工作其实是在"救命"，比如如何消除家庭暴力、如何拯救被拐卖人口等。在这个基础上，已有研究者声称，"只有当研究工作必须和行动关联时，才可以说研究是女性主义的"[②]。

行动研究过程通常被概括为一种循环过程[③]：问题陈述与界定（需求评估或需求研究）；寻求和发展合作伙伴关系；拟定计划和可能的行动策略；采取行动；对行动进行评估；根据评估改善计划和行动策略；继续采取行动（见图 13.2）。与非行动研究相比，行动研究最显著的特征是它的应用性。行动研究将集中力量通过解决实际问题以促进社会改变，并在此基础上发展有关行动的知识和理论。

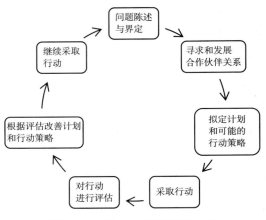

图 13.2　行动研究的循环过程

这类为促进社会改变所做的行动研究，我们也称为 Action-oriented Research Initiative。如果以行动为中心做研究，那么这类研究大多需要研究对象不同程度的参与，因为改变最终是研究对象行动的结果。所以，行动研究的学者非常重视研究对象的参与。

参与研究起源于不发达国家的社区发展实践。"参与研究的三个典型特

---

①　S. Reinharz,"Feminist Action Research"，载孙中欣、张莉莉主编《女性主义研究方法》，复旦大学出版社，2007，第 393 页。

②　S. Reinharz,"Feminist Action Research"，载孙中欣、张莉莉主编《女性主义研究方法》，复旦大学出版社，2007，第 393 页。

③　范明林、吴军编著《质性研究》，格致出版社，2009，第 70 页。

征使之与一般研究区别开来：共享研究计划的所有权，对社会问题进行基于社群的分析和具有社群行动的倾向"①，其背景是对资源和权力分配不平等现象的关注②。在发展中国家，从事参与研究的人员主要来自城市中的贫民窟、偏远且资源匮乏的乡村、萧条的产业、失业人群或流浪者③，他们试图通过参与研究，重审自己的知识和生活经验，并获得新知识、信息和技术以增进对现状的深入理解，并确认自己所拥有知识的价值，建立自信和发展主体性，以有效地控制自己的生活和改变生活现状。在参与研究过程中，边缘群体为改变自身的处境提出研究问题，就研究问题实施社区调查，根据调查结果发展行动，对行动效果进行评估……其研究结果会直接推动社区问题的解决。可以看出，这类研究虽然被冠名为"参与"，其实不是指边缘群体参与他人主导的研究，而是直接作为行动研究者进行研究。对这种边缘群体作为行动研究者的研究，有学者概括为由当地人为当地人所做的研究（Research in PAR is ideally by the local people and for the local people）④。

参与式行动研究可看作参与研究与行动研究的集合。⑤但我们认为，这种集合不是，也不可能是参与研究与行动研究的简单相加。根据以上定义，参与研究的研究者来自边缘群体，而行动研究的研究者则是经过研究训练的有一定专业背景的学者，那么，参与式行动研究究竟是学者来做还是边缘群体自己来做？应该说明，"参与式行动研究的优势在于不仅会产生对人们直接有用的知识和行动，还可通过建构边缘群体的知识和行动经验而使之赋权"⑥。其实，参与式行动研究的关键不在于谁来做研究，而在于是否能通过

---

① ［美］斯蒂芬·凯米斯、罗宾·麦克塔格特：《参与行动研究》，载［美］诺曼·K.邓津、伊冯娜·S.林肯主编《定性研究（第2卷）：策略与艺术》，重庆大学出版社，2007，第606页。

② ［澳］普拉尼·利亚姆帕特唐、道格拉斯·艾子：《质性研究方法：健康及相关专业研究指南》，郑显兰等译，重庆大学出版社，2009，第152~153页。

③ ［美］斯蒂芬·凯米斯、罗宾·麦克塔格特：《参与行动研究》，载［美］诺曼·K.邓津、伊冯娜·S.林肯主编《定性研究（第2卷）：策略与艺术》，重庆大学出版社，2007，第606页。

④ Wikipedia, http://en.wikipedia.org/wiki/Participatory_action_research，2012年7月24日下载。

⑤ ［澳］普拉尼·利亚姆帕特唐、道格拉斯·艾子：《质性研究方法：健康及相关专业研究指南》，郑显兰等译，重庆大学出版社，2009，第152页。

⑥ ［澳］普拉尼·利亚姆帕特唐、道格拉斯·艾子：《质性研究方法：健康及相关专业研究指南》，郑显兰等译，重庆大学出版社，2009，第150~152页。

研究产生有效的行动和赋权边缘群体。在由学者进行的参与式行动研究中，边缘群体的代表可参与需求调查、确认问题、发展行动和行动评估等重要研究过程，扮演了咨询者、顾问、调查者或调查协作者、合作伙伴等多种角色。

所以，判断参与式行动研究的关键标准，不是看研究者是否来自边缘群体，而是要面对如下问题：研究问题是当地人提出和界定的，即当地人是否需要这个研究？在研究中当地人的视角、观点、经验和地方知识是否受到重视和考虑？在研究过程中，当地人是否能有效地介入并作为研究伙伴或咨询角色参与讨论？研究结果是否能服务于当地人或社区改变，是否能够发现改变的途径和行动方法？比较理想的参与式行动研究是，学者与边缘群体／民间社会组织能够分享其不同背景的知识和行动经验：边缘群体／民间社会组织可提供在社区行动中已拥有大量的地方知识和经验，学者则可带来超越地方知识的理论和行动经验，双方可以一起分析行动的可能性，提出并实施和评估新的行动。

如果我们要改变社会，就需要研究——发现、汇总和分析各种知识来源，也需要在一定情境下对当地人的行动进行分析和新的行动试验，更需要当地人在研究和行动中的参与。这样才能使研究最终对改造社会（社区）有效，并推动当地人群的赋权。没有参与和参与式行动研究，只有研究和在"专家"设定好的框架内的行动，当地人只能"克隆"被外部专家认定的行动模式，而不是真正的"当家作主"。传统的质化或量化研究也可致力于从当地人的观点获取信息或知识，但参与式行动研究的核心集中在知识的生产过程且在许多方面使参与研究的人获益。[①]

在参与式行动研究中，需要不断反思权力关系。这种权力关系首先表现在研究者内部，比如老师与学生之间的关系，学生需要通过确认自己的社会位置，获得自主性和赋权；其次表现在研究者和研究参与者（研究对象）之间，研究者比研究参与者具有更多的知识、信息和物质资源，因此，要反思这种资源利用的影响，即对研究参与者来说，这种资源利用是控制还是赋权；最后，权力关系还表现在研究参与者与社会的关系，行动研究的对象正处于

---

① ［澳］普拉尼·利亚姆帕特唐、道格拉斯·艾子：《质性研究方法：健康及相关专业研究指南》，郑显兰等译，重庆大学出版社，2009，第151页。

社会不平等结构中的边缘位置，研究者要思考如何通过研究和行动改变这种结构。

以社区发展的行动研究为例，根据行动研究的循环过程，社区发展的行动研究循环过程及收集资料的方法和技术如表 13.5 所示。

表 13.5　行动研究循环过程及收集资料的方法和技术

行动研究循环过程	收集资料的方法和技术
问题陈述与界定	基线调研（量化）、社区或家庭访问、焦点组访谈、需求评估参与式工作坊、PLA 技术、社区文献分析等
寻求和发展合作伙伴关系	访谈、社区访问、合作伙伴培训
拟定计划和可能的行动策略	座谈会、访谈、PLA 技术等
采取行动 / 对行动进行评估	参与式评估工作坊、PLA 技术、访谈、焦点组访谈、与基线数据对比的数据分析等
根据评估改善计划和行动策略	参与式工作坊、PLA 技术、小型研讨会、访谈等
继续采取行动	参与式工作坊、PLA 技术、小型研讨会、访谈等

二　项目评估研究

（一）什么是项目评估

在发展传播领域，经常会遇到项目评估研究。

项目评估是运用社会科学方法，系统地调查旨在提高改善社会环境和条件的社会干预项目的效率的过程。[①]

社会干预是指在一定的社会环境下，为了获得某些具体的结果而采取的行动。评估研究（项目评估）是确定预期结果是否出现的研究过程。[②]

（二）项目评估与工作总结的区别

在实践中，项目评估研究容易与中国式工作总结相混淆。其区别要点如下。

● 目的不同

工作总结的目的是得到上级领导或他人的评价或奖励。

---

① ［美］彼得·罗希、马克·李普希、霍华德·弗里曼:《项目评估：方法与技术》，邱泽奇、王旭辉、刘月译，重庆大学出版社，2007。

② ［美］艾尔·巴比:《社会研究方法》（第八版），邱泽奇译，重庆出版社，2000，第428 页。

项目评估则要得出有关社会干预项目的效率的结论，是对如何发展项目的探讨。项目评估不以获得领导或他人简单的评价为目的，基本上不存在表扬先进和批评后进的问题。

● 对象不同

工作总结的对象是个人或组织的日常工作。

项目评估的对象则是社会干预项目。

● 内容不同

一般的工作总结很少探讨，但项目评估必须探讨如下问题。

项目进展是否符合或偏离项目目标。

采用何种方法能使项目目标人群的反馈和需求得到更好的满足？

项目创造了哪些主要经验？到目前为止，项目进展有哪些教训，其原因是什么？项目的影响或效果如何？

分析在项目过程中，谁拥有何种资源、谁有更多的机会做决定以及如何做决定、谁更有权力分配新的资源、项目的结果是谁得益和谁损失等。

财务评估或项目的投入与产出评估。

在上述基础上提出未来项目发展的计划。

● 方法不同

工作总结大体上是个人的主观认识过程；项目评估则要运用社会科学的研究方法，对社会干预项目的效率进行系统的调查。

● 评估主体不同

工作总结大多是个人对自己或对自己组织的主观记录。评估研究大多需要第三方评估，以彰显公正和客观。这就是为什么在发展传播项目结束时要聘用评估专家。

（三）项目评估的主要内容

项目评估通常包括四项主要内容：项目设计（目标和计划）、项目实施（资源输入和输出）、项目结果及其影响（短期结果和长期影响）、未来计划与建议。[1]

---

[1] D. Webb, L. Elliott, "Learning to Live: Monitoring and Evaluating HIV/AIDS Programmes for Young People", Abbreviated Version, 2002, With support from UNAIDs and DFID, https://resourcecentre.savethechildren.net/pdf/3300.pdf.

下列问题通常构成项目评估的主要内容。

1. 项目设计

项目的需求是什么？根据谁的需求和什么样的需求设计项目？

什么是项目目标？采用什么方法设计目标及实现目标的活动？

项目是否达到了预期目标？哪些达到了？哪些没达到？哪些超出了原有的目标？为什么？

不同的利益相关者可能有不同的需求，在确定或修改项目目标时，项目执行者如何处理这个问题？

2. 项目实施

根据项目目标，项目的主要活动（结果）是什么？如何进行的？其有效性如何？评价有效性的方法是什么？

项目活动主要使用了哪些资源？从哪里获得这些资源？这些资源的可利用性分析等。

项目是否按期完成？在项目实施过程中，有无监测？这种监测是如何进行的？监测结果如何？

3. 项目结果及其影响

这个项目的结果（成就）是什么？（可推广的经验是什么？）在项目执行过程中，是否有超出目标之外的新的创造性的发展？如何评价？

项目的可持续性如何？

项目是否增强了受益者的权利？主要表现在哪些方面？项目是否增强了参与者的能力？主要表现在哪些方面？

这个项目的主要问题是什么？如何解决？还需要什么支持？

在评估结果时，我们需要区分短期结果（outcomes）和长期影响（impacts）。短期结果是可以观察到目标群体在知识、态度和行为方面的变化的。[①] 长期影响则涉及整个社区是否形成了一个健康安全的和平等的环境。

4. 未来计划与建议

对项目持续性的建议。

---

① 参考 D. Webb, L. Elliott, "Learning to Live: Monitoring and Evaluating HIV/AIDS Programmes for Young People", Abbreviated Version, 2002, With support from UNAIDs and DFID, https://resourcecentre.savethechildren.net/pdf/3300.pdf/。

对未来新开发的相关项目的建议。

如果要评估发展传播项目的目标群体的参与情况，还要考虑以下问题。

项目人员如何确定目标人群和利益相关者，为什么？如何接近这些人群？

如何获得目标人群的需求以及如何评价他们的需求？

谁参与了项目设计和实施？每一个参与者或受益者（特别是妇女或边缘群体）在项目设计中的参与程度、决策程度如何？他们能得到多少相应的技术培训和组织支持以增强他们的参与能力？

项目计划怎样实施才能促进项目参与者、受益者掌握更多的技术、知识、资金、经济等资源？

项目设计是否考虑了受益者和参与者反馈和调节的可能性？何种渠道、效果如何？

不难看出，这些内容不会包括在一般的工作总结中。项目评估研究需要研究，也就是要运用社会科学的方法来进行评估。

（四）项目评估研究的主要方法

如前文所述，项目评估是运用社会科学方法，系统地调查社会干预项目的效率的过程。项目评估一般涉及项目的五项内容：项目需求，项目设计，项目实施和服务发展，项目的结果或影响以及项目的效率（成本—收益）。

项目评估的重点是要看项目结果及其影响。因此，我们也称之为以结果为导向的项目评估，或者专门做影响评估。影响评估要特别说明项目所促成的与其具体目标相对应的持久、显著的变化。这些变化可能在期望之中（如项目目标的设定），也可能在期望之外。[①] 实际上，影响评估包括一般的项目评估内容，但要更进一步指出是否有长远影响。

项目评估主要包括量化和质化两类方法，但也可混合使用。

1. 基于实验基础的评估研究

这类方法的基础是自然科学的随机实验研究模型。随机实验是建立因果关系的研究设计。实验模型依赖一个或一个以上的实验（干预）组与一个或

---

① D. Webb，L. Elliott，"Learning to Live: Monitoring and Evaluating HIV/AIDS Programmes for Young People"，Abbreviated Version，2002，With support from UNAIDs and DFID，https://resourcecentre.savethechildren.net/pdf/3300.pdf.

一个以上的对照（未干预）组的比较。尽管许多项目评估研究不可能采用严格的实验技术，但所有影响评估设计的都是将干预结果与某些没有干预存在下的估计值进行比较。其评估研究包括如下过程：

- 对项目目标的明确定义；
- 对评估的研究方案以及项目内容的详尽描述，用以支持评估过程的可重复性；
- 个体被随机分配到不同小组（包括干预组或对照组）；
- 各组参与者（群体）数量；
- 各组在干预前的相关数据；
- 各组在干预后的相关数据；
- 各组参与者减损情况；
- 在研究的目标中提及的每项成效的度量结果。

这一模型基于随机对照实验的概念，但使用这种方法有如下问题。

第一，伦理。随机对照实验意味着有意不给一个群体提供一些已知有效的服务。

第二，资源。随机对照实验的成本过高。

第三，项目的重叠与对照组的确定。由于人群流动和信息交流，获得真正的对照组是几乎不可能的。

2. 其他研究策略

除了实验基础的评估研究，其他主要研究策略和技术如下。

文献研究。

访谈：专家访谈、焦点组访谈、现象学式访谈、民族志访谈等。

调查问卷。

心理测试。

参与者观察。

生活史或口述。

电影、录像或照片。

参与式学习和行动（Participatory Learning and Action，PLA）：问题排序、问题树、社会资源分布图、社区大事记等。

除了纯假设—演绎评估方法（实验设计、量化资料和统计分析）、纯质化的研究方法（自然观察、质的访谈及其资料分析），还可采用量化质化混合方法，如实验设计、质的访谈及其资料分析、自然观察、质的访谈和统计分析等。

鉴于对实验设计伦理、资源等方面的考虑，研究者也开始使用半实验设计/准实验设计，或非实验设计。以影响评估为例，其设计的类型如表 13.6 所示。

表 13.6　影响评估设计的类型

类型	"归因"水平	所需资源
随机对照实验（RCT）/实验方法	报告的变化确实由干预引起的概率很高（用 P 值来显示）	高，相当可观而且技术上相当困难
半实验性（使用对照组）：同组干预前后调查、干预组与对照组调查	很好地显示了变化是由干预引起的，PLA 技术能显示其他干预的影响	中等，技术性较高，需要研究人员
非实验性（除其他调查以外没有对照组）	提供行为改变的证据和干预的影响	低，依靠定性的信息来做判断

资料来源：D. Webb, L. Elliott, "Learning to Live: Monitoring and Evaluating HIV/AIDS Programmes for Young People", Abbreviated Version, 2002, With support from UNAIDs and DFID, https://resourcecentre.savethechildren.net/pdf/3300.pdf/。

对项目评估研究而言，最具挑战性的是没有"通用"的方法。好的项目评估设计既能适应评估环境又能找到解决问题相对可信和有效的方法，最终达到改进项目的目的。

（五）以结果为导向的项目评估指标体系

项目评估研究常常需要指标来衡量项目带来的变化。

指标是一个"指示器"，来帮助衡量实现目标的进展情况。发展一系列用于衡量目标实现情况的相关指标为"评估指标体系"。

目前在项目评估中，通常会采用"发放多少材料""开展了多少培训"，或"有多少人参加了活动"等指标。这类指标是过程或投入指标，即为了改变现状，项目投入了多少、有多少人可能获益等，但这类指标不能说明项目或活动的结果。经验表明，采用以结果为导向的项目评估指标体系，能更有效地衡量实现目标的情况。

以反对针对妇女的家庭暴力的项目为例，以结果为导向的指标设计如图 13.3 所示。

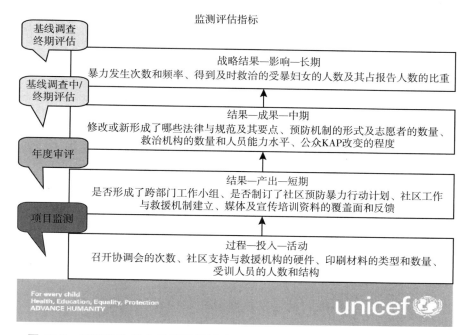

图 13.3　以结果为导向的指标设计（以反对针对妇女的家庭暴力项目为例）

指标的选择条件：

效度——指标是否可以准确地衡量结果；

信度——指标数据是否稳定；

代表性——是否可以分析性别、年龄、地区、民族、常驻 / 流动等差异；

简单性——是否容易收集；

可负担性——是否可以负担数据收集。

例如，就影响评估指标来说，"到 2010 年，将家庭暴力发生率降低到三分之一，80% 以上的报告的受暴妇女可以得到及时救助"，就比"降低暴力发生率，使受暴妇女得到及时救助"要好得多。

（六）参与式评估

在以往的指标发展中，通常是以一方（外来专家）为主导的活动，项目执行者以及参与者仅仅期待得到一个好的评价，在不公开、不透明的评估活动中自然地忽略了自己权力的增长。目标人群也没有机会就评估指标发表自己的意见。评估也被看作一个与能力建设无关的活动。它构成了一种"等级制"，即评估者与项目执行者之间、项目执行者与目标人群之间形成了一种主动与被动、主导与被训导的关系。目标人群很难就项目实施过程、经费分配等重要问题表达意见。

为改变这种状况，项目人员已尝试采用参与式方法来动员目标人群一起发展评估指标或参与评估。其所使用的技术主要来源于质化方法或技术，如评估工作坊、焦点组访谈、问题树、社区地图等。

目前，评估本身也被看作一个能力建设以及参与决策的过程，即通过评估赋权项目受益者、项目参与者等。评估过程不仅要产生评估信息、结论及其他结果，也要提高项目参与者和受益者参与政治、经济和社会活动的能力，增强其主体性。

三　政策研究

传播政策研究在传播与社会发展研究领域中具有非常重要的地位。因为传播与社会发展研究领域是以促进社会变革为目的的，其中，改善政策是社会变革的保障之一。改善政策要提出新的政策建议，但政策建议一定要建立在研究的基础上。

不难发现，政策建议可能出现以下问题。

——缺乏研究过程的"声称"。不做任何研究，也不做任何研究的回顾分析，想当然地认为应该做政策方面的改变，集中表现为跨行提政策建议。

——缺少特定领域研究积累的"研究"。了解一些相关的现象，不做分析，在显然不足的研究积累的基础上提出改变的政策或对策。例如，从媒体上了解到有的儿童看了某个电视剧后暴力犯罪，就认为是媒介暴力直接影响儿童，提出封杀这个节目，不会问为什么那么多儿童看了同样的节目都没有犯罪，也没有研究上千份相关研究文献如何解释媒介暴力的问题。目前，一些治理青少年手机瘾、游戏瘾的政策建议也表现出缺少媒介影响等专业领域的研究。

——先入为主的和简单推论的"研究"。不考虑其复杂过程及其多种影响因素，通过简单推论提出政策建议。

传播政策研究，是要研究新闻传播领域、通信和新媒体领域的政策法规的产生过程和运作方式及其政治、经济和社会影响因素。研究这些政策法规运行后的结果——对传播业和互联网企业、不同的利益群体、社会和经济发展的影响及其意义。比如，提倡包容性政策的学者会发现，某些政策或暂行规定使得处境不利的群体（如老人、视障者、不能上网买票的农民工等）因传播技术的新政策而遭到社会排斥，更加边缘化。

传播政策研究的内容包括但不限于：

政策法规产生过程及其背景，受到何种政治、经济、社会因素的影响；

政策法规的运作方式及其政治、经济和社会因素的影响；

政策法规对传播业、新闻业、互联网企业发展的影响；

政策法规对不同利益群体的影响；

政策法规对经济发展的影响；

政策法规对社会发展的意义。

在传播政策分析中，非常重要的一步是要进行政策法规梳理，这一过程要求我们考虑在特定的环境下，不同的力量对政策的决定过程产生何种作用；考虑到在大多数情况下政策是在不断累加的，它们并不适用于所有的部门，因此可能出现冲突、政策之间是对立的[①]等各种复杂情况。

同样，政策研究可采用量化和质化的混合研究方法，具体如图13.4所示。

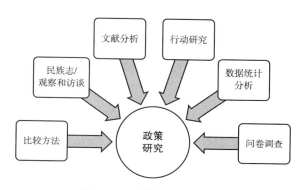

图 13.4　政策研究的方法

文献分析可以作为一种独立的政策研究方法。

文献分析的首要工作是根据研究问题收集有关某项政策的资料。政策的制定受到多种复杂力量的影响，所以不应只在单一的文件中（如领导讲话、

---

① ［英］安德斯·汉森等：《大众传播研究方法》，崔保国、金兼斌、童菲译，新华出版社，2004，第100页。

部门报告等）寻找有关该项政策的内容。要从不同的部门或线索广泛地收集有关资料。

文献分析的主要过程是系统阅读及批判性评估文献，尝试回答如下问题。

谁（或哪个部门）做了这些文献？为什么会有这些文献？文献产生的背景是什么？文献是在什么样的制度和组织形式下准备的？

当事人使用什么方法来获得文献中的信息？文献涉及的个人、事件等的样本是如何计算和代表的？文献中有无偏见？

文献的作者使用哪些主要的范畴或概念来组织想传达的信息？这些范畴有怎样的选择性或根本没有选择性？

这些文献帮助回答了什么样的问题？人们从这些文献提供的信息中可以进行什么样的有效推论？人们根据这些文献提供的信息，可以对社会事实做哪种概化？

这些文献提出了什么样的理论议题和辩论议题？

在大多数情况下，研究者会组合不同的方法来做政策研究。比如：

在文献分析中加入话语分析；

如果要研究政策的来源和历史背景，不仅需要文献分析，也需要对当事人进行访谈；

如果要研究公众对政策的态度，可能同时需要采用文献分析和问卷调查等方法。

如前文所述，政策分析需要明确一个研究问题，并采用一定的理论框架对收集的资料进行分析。

例如2007年，在一项关于反对针对儿童暴力的法律政策的梳理中，作者采用的是2005年联合国儿童基金会提出的理论分析框架：有效地消除针对儿童暴力需要预防教育、制定惩罚施暴者的法律，以及对受害儿童提供康复和重新融入家庭与社会的服务。作者提出的研究问题是：我们的法律是否能涵盖这三个方面？在保护儿童免受暴力的法律保护和政策倡导方面，我们应该提出和传播哪些法律政策建议？

关于反对针对儿童暴力的法律政策梳理如表13.7所示。

表 13.7　关于反对针对儿童暴力的法律政策梳理

相关法律法规	预防针对儿童的暴力	针对施暴者的惩罚	对受害儿童的补救、恢复与融入
《中华人民共和国未成年人保护法》（2013）	10，21，34，41	49，53，61，62，63，64，70，71	－
《中华人民共和国义务教育法》（2018）	29	－	－
《中华人民共和国教师法》（1994）	－	37	－
《中国儿童发展纲要（2001—2010年）》	三	－	－
《中华人民共和国婚姻法》（1981）	3，21	43，44，45	－
《中华人民共和国刑法》（1997）	－	261，262，260 236，237	－
《禁止使用童工规定》（2002）	2	11	－
《中华人民共和国妇女权益保障法》（2018）	2，37，38，39，40，46	－	46

结果发现：大多数法律以"禁止"的形式提供了有关预防暴力侵害儿童的法律支持；针对施暴者的处罚和量刑集中于身体暴力和性暴力，较少提到精神暴力；国家层面上的法律关注重点是预防和惩罚，而在对受害人的保护、康复、重新融入社会及矫正问题的关注，以及有关如何建立社会救助制度和社会服务系统等方面的内容几乎是空白，缺乏投诉和应诉机制、紧急救助机制，以及儿童表达声音的渠道等。

结论：需要传播关注儿童受害人的救助康复服务及重新融入社会（学校或家庭）的信息，并就此提出相关政策或法律建议。

第三节　批判的社会科学研究实践

如前文所述，传播与社会发展研究采用的是批判的社会科学研究取向。

批判的社会科学研究设计通常包括四个相互联系的部分："图绘"（Mapping）研究、行动研究（Action Research）、能力建设（Capacity Building），以及传播交流（Dissemination and Communication）。如图13.5所示，不难看出，在这样一个研究架构中，行动研究和能力建设都是研究的重要组成部分。进一步，完成一个研究之后研究者还要继续行动，进行传播交流，持续与社会产生互动。

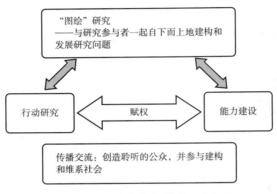

图 13.5　批判的社会科学研究架构

我们以一项关于流动工人文化研究的课题"流动人口、传播与赋权"[1]为例。

"图绘"研究的目的是了解和分析流动工人的媒介使用、信息交流和文化实践，以及影响他们媒介实践的相关政治、经济和社会影响因素。"图绘"大众媒介如何建构有关流动的议题及意识形态、流动工人对此的接收状态和反应；"图绘"不同流动人口群体（性别、族群、宗教等）的媒介使用及其文化实践，其目的是发掘他们已存在的使用模型和其内在的传播系统 / 传统，通过在社区重构其传播传统，发展集体主体性，这是赋权的基础也是赋权的过程；"图绘"当地流动社会组织如何进行参与式传播倡导，总结其经验教训，以发展基于在地实践和有利于社会改变的理论，使其成为社会公共知识的一个重要组成部分；进行文化与传播政策研究，发现对不同群体"增权"或"减权"的部分，通过增强边缘群体对话政策的能力，提出新的文化与传播政策，以保证实现增权。经验表明，"图绘"研究需要采用混合研究方法及

---

[1]　项目英文名称为"Marginal Groups and Media Empowerment: A Study on Chinese Migrants"，简称"流动人口、传播与赋权"。项目发起人之一为中国社会科学院新闻与传播研究所教授卜卫。项目组由香港中文大学、中国社会科学院新闻与传播研究所以及其他大学的师生和流动工人约 20 人组成，共 20 多个分项目，项目周期为 2007~2012 年。

其技术，如问卷调查、内容分析、文本分析、访谈、焦点组访谈、个人口述、实地调查、民族志研究、社会史研究等。

"图绘"研究最重要的部分工作是与当地人一起自下而上地建构和发展研究问题，即研究问题不是来自书斋和研究者的想象，而是来自当地人的实践需求。

行动研究通过参与或发起传播行动，来探讨发展流动人口文化的条件、动力以及有效传播渠道，探讨建立工人阶级文化主体性的行动方法以及相应的理论。

与其他研究不同，这项课题研究包括能力建设。能力建设在这里被定义为"促进边缘群体文化传播的行动能力"和"参与社会能力"的过程。其活动的基本形式是举办传播倡导工作坊。与基层政府机构和各类社会组织合作，我们在多个项目点举办了60多个工作坊，包括工人影像培训、工人读报兴趣小组、留守儿童或流动儿童记者媒介参与工作坊、反对以劳动剥削为目的的人口拐卖音乐创作工作坊等。我们也参与了流动人口社会组织举办的劳动文化论坛、新工人文化艺术节、打工春晚等重要活动，在这些活动中我们相互交流知识和经验。能力建设的重要性不仅在于提供了一个平台交流经验和提高传播能力，还在于这是一个集体建构知识和生产知识的过程。

通常一项研究到成果出版的阶段就完成了，但批判的社会科学研究还要包含关于研究成果的传播交流过程。经验表明，至少有四种途径可用来传播交流研究理论与行动模式。

针对学术界，通过参加国际和国内研讨会并出版论著或论文来增加传播与社会发展领域的知识，并促进其议题在学术界"可见"和讨论，以改变现有的传播学知识结构。

针对研究参与者（研究对象），采用"论文工作坊"的形式，即将我们的研究结果以通俗易懂的形式向研究参与者进行宣读、汇报并展开讨论。一方面，可以重新检验研究理论和行动模式以及激发新的研究想法；另一方面，促进这些经过检验的理论和行动模式成为一种可接受的方式，在推动社会变革中发挥作用。

针对政策制定者或大众媒介，我们在政策研究的基础上，采用倡导或游说的方式，发展支持流动人口文化和媒介的政策和行动指南。

针对社会公众，我们通过大众媒介、流动工人社会组织的另类媒介以及其他渠道，传播其研究成果，以促进公共领域的文化讨论。如2012年5月31日，我们联合十家公益机构举办了"关注困境儿童"的倡导发布会，就帮助困境儿童的"赋权"和"慈善"模式等公共议题进行了公开讨论。

以上四种途径中，第二种"论文工作坊"、第三种"政策倡导"和第四种"社会传播"，被我们看作改造社会的重要组成部分。通过这三种途径，我们与流动人口组织、相关政府部门和社会公众建立了联系以便能够就流动与传播议题进行对话和发展新的行动。"我们可以将我们自己也建构为一个在政治场域中行动的公众。"[①] 由于提供了改造社会的动力和力量，包括理性、公共辩论、知识和行动方法，这三种途径比一般的采纳某种建议或行动的"改造"更具有社会意义。

目前，随着新传播技术的普及，文化、媒介等议题广泛地渗透于人们的社会生活。我们认为，作为促进改造社会的一个组成部分，公共传播学的功能特别值得注意。正如布洛维所说："社会学家必须锻造他们自身与社会的联结，也就是说，去发展公共社会学。我们不能仅仅消极地去服务社会，而应当去保存及建构社会。"[②]

以上能力建设和传播交流部分也可看作新的行动，以进行持续或循环的研究。同样，除了"图绘"研究，能力建设和传播交流这类研究仍然需要混合研究方法。比如，在能力建设工作坊中，不少研究者采用了前测、后测以及访谈或问卷调查来考察能力建设的效果。

另一个典型例子来自我们研究者与"一加一"[③]的合作研究实践。

其"图绘"研究通过对中国印刷媒介残障议题报道的量化内容分析，描述了残障议题报道的现状、辨别了媒体报道的主要问题，并针对问题提出了应如何改进残障议题报道的建议。但研究没有停止在这里，而是逐渐发展出

---

① ［美］麦克·布洛维:《公共社会学》，沈原等译，社会科学文献出版社，2007，第10~14页。

② ［美］麦克·布洛维:《公共社会学》，沈原等译，社会科学文献出版社，2007，第72页。

③ 2013年起，中国社会科学院新闻与传播研究所"中国特色传播与社会发展研究"课题组与"一加一"合作，在国际劳工组织支持下，开展利用传播媒介促进残障权利的研究。

参与式行动研究，即"一加一"开展了 10 多年的量化媒介监测和质化的媒介观察活动，形成报告予以发布。同时通过内部的能力建设，在政府机构和联合国教科文组织的支持下，开展了大量记者培训工作坊，研讨如何从残障权利视角报道残障议题。在此基础上，"一加一"于 2021 年完成了《媒体报道促进中国残障平等指南》（以下简称《指南》)[①]。《指南》不仅提供了报道残障议题的重要知识框架，也提供了如何从残障权利视角报道残障议题的宝贵经验及具体方法。他们不仅认识到残障人及其组织的参与能促进媒体了解残障，还意识到残障议题和视角的意义和价值能改善残障人参与媒体传播的环境。[②]"一加一"研究实践架构如图 13.6 所示。

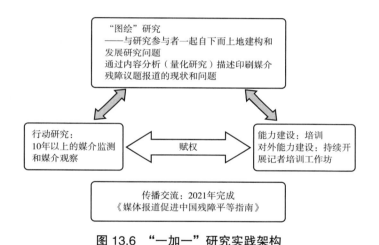

图 13.6 "一加一"研究实践架构

在传播学研究实践中，特别是在传播与社会发展研究领域，我们极有可能会选择混合方法和技术。阿巴斯·塔沙克里等学者介绍了混合方法的五个目的：三角测量，即寻求研究结果之聚合；补充，即检验某一现象的相同方面和不同方面；创造，即发现一些悖谬、矛盾或新视角；推进，即依次使用不同的方法，在第一种方法得出结果后，据此接着使用第二种方法；扩展，

---

① 蔡聪、熊颖：《媒体报道促进中国残障平等指南》，联合国教科文组织项目，2021 年 12 月。

② 《媒体传播与残障人参与促进残障平等案例》，载蔡聪、熊颖《媒体报道促进中国残障平等指南》，联合国教科文组织项目，2021 年 12 月。

即采用混合方法，扩大某项研究的广度和范围。[①]

混合方法可用于研究的不同阶段。比如，在做儿童使用互联网调查时，其研究问题为当代城市儿童使用互联网的行为模式和偏好是什么。根据这个研究问题，我们先在几个城市做了儿童焦点组访谈，在分析访谈资料的基础上拟定问卷，然后进行随机抽样调查。如果不做事先的访谈，我们几乎不能理解儿童的语言，也就会使调查无效。

在另一项有关性别与艾滋病政策的研究中，我们通过北京和柳州的参与式工作坊和个人访谈及焦点组访谈，获得了大量资料，根据这些资料拟定了一个快速访问问卷，依次调查了 13 个省的 900 多位感染者。然后继续进行个人访谈和焦点组访谈，以更好地解释定量统计结果。

在反对针对妇女暴力的研究中，我们以质化的个人深度和焦点组访谈为主，了解了 6 个民间妇女组织为何介入以及如何开展预防和干预针对妇女的家庭暴力活动，以及反暴力的理论和工作方法论。在此基础上，我们向超过 6 个组织的成员发放了 500 多份问卷，用量化研究扩大质化研究的结果。

这样的混合研究都可能不同程度地达到上述五个目的。

需要提示的是：无论何种研究，包括行动研究、政策研究等，都首先要澄清研究问题，根据研究问题运用社会科学的方法收集有效的经验数据，并在一定的理论框架下进行分析，这样才能得出可靠且有意义的研究结论。

---

① [美]阿巴斯·塔沙克里、查尔斯·特德莱:《混合方法论：定性方法和定量方法的结合》，重庆大学出版社，2010，第 41 页。

第五部分
研究道德、伦理与政治

第十四章　研究道德、伦理与政治

内容提要

　　这一章将描述和分析研究者的道德与研究的伦理和政治议题。在研究过程中，严肃的、对社会负责任的学者都会首先考虑研究的伦理问题，即如何能诚实地做研究，以及如何能克服困难遵守学术规范和公认的研究伦理，以获得在一定条件限制下的最具客观性的结果，并保护被研究者不受任何伤害。在第三章"文献回顾"中，我们已经讨论了文献引用的道德及相关的伦理问题，定义了"剽窃"并说明了引用的规则；在量化和质化研究部分，我们提到了关于实验、问卷调查等伦理问题。在前述具体情境中的伦理问题讨论的基础上，我们将系统阐述"研究道德与伦理"。第十四章包括三个小节。第一节叙述了研究者的道德，第二节讨论了涉及研究对象的伦理问题，第三节则进一步讨论了研究政治与权力。

第一节　研究者的道德

　　研究者的道德指的是研究者个人对于学术活动抱有诚实的态度，并将其体现在行为上。研究者应该有机会反省自己的研究行为，考量自己的研究良知。

　　但是，对科学研究抱有诚实的态度，并不容易做到。其主要原因之一是职业压力。进入学术研究领域，马上就面临发表论文、取得社会声望、职业晋升、保有工作及其相关的报酬、竞争研究经费等方面的压力。我们知道，"合乎伦理的研究需要更长时间，花费更多，更加复杂，可能还没完

397

成就终止了"①。而同时，学术界并没有对伦理原则提出具体的要求，这是一个非常模糊的地带，这就为违反伦理道德的行为提供了一定的空间。研究者们都知道，一旦研究作假被逮住一定会得到制裁和惩罚，但被逮住的机会极小，特别是在伦理道德原则模糊的地带。相反，"做合乎伦理的研究不会得到赞扬"②，因为是应该的。这样，在"压力"与"违反伦理道德的空间"双重驱动下，如果研究者不恪守研究道德和伦理，或缺少对研究道德、伦理的敏感性，就很有可能出现违反研究道德或伦理的不当科学行为（Scientific Misconduct）③，如伪造、歪曲资料或搜集资料的方法，甚至抄袭别人的作品等。

如纽曼所说，"伦理行为来自在接受专业训练的过程中对伦理原则的内容而产生的敏感度，来自专业角色，以及与其他研究者的私人接触"④。遗憾的是，我们新闻传播学术界缺少有关伦理原则和行为的专业训练，因而缺少其相应的敏感性。更为糟糕的是，在研究者内部交流中，似乎也不大重视有关道德和伦理的问题。多年以前，一名研究者抄袭了另外一名研究者的几段话，抄袭者直接打电话过去解释了几句，事情就这样过去了。另外，在调查流动人口、少数民族、艾滋病感染者或其他脆弱群体时，几乎没有相应的伦理审查程序，但大家都接受这样的研究结果。其中，数据作假也几乎不会有人去追究。因此，在学术界普遍浮躁和盲目追求发表的风气下，提出研究道德和伦理的议题就更具有必要性。

研究者的道德表现在三个方面。

第一，所展示的研究内容完全为自己劳动所得，不可有任何抄袭/剽窃内容。所有的研究应该建立在对前人研究的积累的基础上，要诚实地面对前人的研究成果，尊重并采用正式、规范的方式引用或阐述前人的研究成果。如第三章所述，直接引用不注明出处、将编辑原文文字当作自己的作品，或

---

① ［美］劳伦斯·纽曼：《社会科学研究方法：定性和定量的取向》（第五版），郝大海译，中国人民大学出版社，2007，第153页。

② ［美］劳伦斯·纽曼：《社会科学研究方法：定性和定量的取向》（第五版），郝大海译，中国人民大学出版社，2007，第153页。

③ ［美］劳伦斯·纽曼：《社会科学研究方法：定性和定量的取向》（第五版），郝大海译，中国人民大学出版社，2007，第150页。

④ ［美］劳伦斯·纽曼：《社会科学研究方法：定性和定量的取向》（第五版），郝大海译，中国人民大学出版社，2007，第153页。

将别人的观点说成是自己的观点，均为抄袭或剽窃。所有引用，无论是正式发表的论文还是非正式发表的演讲，如教师讲课、辅导、网络言论等，都需要注明出处来源。引用注明原作者和出处来源是一名研究者需要具备的最基本的学术道德，是道德底线。

第二，研究过程不能作弊。从研究一开始，研究者就应当严格遵守研究方法规范。要诚实报告自己在研究中扮演的角色、使用的研究方法设计及其理由、研究实施过程及其缺陷。有个别研究者为使自己的研究"不一般"或引人注目，轻易将其冠名为"行动研究"或其他看起来很"新鲜"的研究。也有个别研究者在做问卷调查时，对调查访谈员的培训甚为潦草，以致最后不敢做严格的质量控制的检查，比如电话询问被访者，将被访者的访问与其实际调查的结果做比较，但却在报告中笼统地说明对调查员做了培训，并进行了调查的质量控制。另外一个例子是，多年以前一家媒体机构做了一个随机样本的调查，由于某种原因，他们感到样本量不足，于是就到附近的学校进行访问以增加样本量，并不顾专家的劝说，将其不加注明就发表出来，让公众误以为是随机样本的结果。我们知道，这些随意增加的样本的非概率特征已经破坏了随机样本的概率要求，如果不加说明，就是作弊行为。此外，在输入数据和清理数据时，都需要有诚实和严格的态度。在与定量和定性数据打交道的过程中，研究者有很多机会可以使研究偏向自己喜欢的结果，而学术界或公众很难接触这些数据，这就更需要研究者自觉地恪守职业道德和伦理要求。

第三，如实报告研究结果。不能不报告与研究者期望不一致的结果，要正视反面的，或充满矛盾的数据或案例，并对此进行解释。

不可否认，面对各种诱惑、困扰和遍布各个期刊的"投机取巧"及隐晦的抄袭，诚实地进行科学研究对一名研究者来说是一个挑战。但身为一名研究者，必须持有诚实的和严格的科学态度进行研究，以此来维护学术尊严和获得一名学者应有的尊严。否则，科学研究领域就会沦为充满欺骗的名利场，变得一文不值。

第二节　涉及研究对象的伦理问题

如前文所述，经验研究有时涉及文本，有时涉及人。对涉及人的这部分我们称为涉及人类的研究，如定量研究中的问卷调查、实验研究，质化研究中的访谈、民族志观察，等等，都需要将人作为研究对象。这样，研究者与被研究者就建立了一种关系，虽然这种关系有强有弱，但是是一种具有权力的关系。研究者通常掌握更多权力，包括相应的知识、资源、社会地位等，因此，如何对待研究对象，就形成了伦理问题。这一节主要介绍涉及研究对象的一般性伦理原则，以及如何对伦理问题进行监察的一般性做法。

一　一般性伦理原则

作为研究对象，有时我们也称为研究参与者，一个最基本的重要原则就是尊重其作为一个权利主体。

尊重研究对象的权利包含如下重要内容。

第一，知情同意。邀请研究对象参与研究，要让他们知情，知情至少包括：研究项目的名称、研究项目的目的、研究对象的参与内容、研究结果对研究对象的影响、研究对象的权利等。要让研究对象知道，他们有选择参加研究和不参加研究的权利，也有进入研究后选择退出的权利。知情同意，并且是意识到在自己权利框架内同意，才是遵守了伦理原则。有时我们遇到处于社会脆弱地位的研究对象，对研究者有不同的需求，为此愿意参与研究以获得一些可交换的资源。在这种情况下，特别注意不能乘人之危或利用其脆弱地位进行研究，这样不仅是对研究对象的伤害，也会影响研究的客观性。

第二，不伤害原则。不伤害原则指的是研究不能对研究对象造成伤害。研究者在研究开始就要评估研究可能对研究对象造成的伤害，比如研究是否暴露了研究对象，使之处于危险境地之中，或是否造成对研究对象的心理不适等，并在研究设计中提出避免伤害的方法。如果在评估时发现，研究过程必然对研究对象造成伤害，就要放弃研究。但有些情况需要研究者在研究的社会效益与研究对象的伤害情况之间进行弥补性平衡。

如果研究只是伤害个别人，那么就应放弃对这个人的研究，研究还可继续进行。但如果这个可能被伤害的人是重要样本，就要通过其他渠道如访问他（她）周边的人等进行，并在研究报告中如实说明这一点。

如果这个研究对改善当地一个群体的状况特别有效，但调研可能会带来某种风险，如暴露被调查者的情况之后，被调查者会面临社会排斥。这种风险应该通过选择适当的时间、地点或其他方法来避免。

有的研究非常重要，但对某些人可能会造成伤害，如欺凌调查中的青少年所产生的心理不适等。研究者就要做出努力以避免青少年心理不适的情况出现。实际上，大多数暴力、欺凌事件发生在儿童时期或青少年时期，但调查方法通常使用成人回顾性调查，这就是对儿童青少年的一种保护。如果要对青少年做调查，一定要事先通过严格的伦理评估，并做好突发伤害事件的弥补准备。

有时候调查对象出现心理不适是突发状况。例如，1992年笔者在做一次儿童媒介使用的问卷调查时，一名孩子突然痛哭，原来在填写爸爸妈妈情况时，想到爸爸妈妈刚刚离婚。于是，工作人员就带着儿童离开现场，通过做游戏和心理抚慰来弥补这种伤害。研究者有责任采用特别的方法来处理这种不适，同时要考虑在事后如何能更好地帮助对方。

弥补性平衡指的是弥补研究的缺陷，更重要的是研究者要对被伤害者提供帮助，并将其放进研究计划和研究预算中。

第三，关于隐私保护。保护参与者的隐私是研究者必须恪守的原则，这也是基于不伤害的道德底线。在知情同意的基础上，参与者提供了自己的生活细节供研究者参考，研究者没有权利公开这些可能给参与者带来不适，甚至危险的隐私情况。在撰写报告时，为了保护参与者的隐私，研究者要做匿名、隐匿调查具体地点等方面的处理，以确保参与者不被熟悉情况的人认出来。

二　研究项目的伦理审查

在美国，根据联邦法律，只要研究涉及人类，就必须要评估这种研究对参与者的生理和心理的影响，包括潜在的影响。所以，所有有关将人作为研究对象的研究，无论是问卷调查等定量研究，还是访谈和口述史等定性研究等都应该在实施以前经过伦理审查委员会（Institutional Research Board，IRB）的评估和批准。设在大学里的IRB成员通常包括研究者、学校行政领导和一些相关的心理学家、精神病学家和医生等。IRB设在学校内，负责审查本校的研究计划。

在中国，伦理审查委员会主要设在医疗卫生研究部门，因为医学研究采用人体作为试验对象牵涉显而易见的伦理问题。除了中国疾病预防控制中心（CDC）和地方 CDC，不少医院的研究机构和医学院也建立了伦理审查委员会。在医学领域，可以发现为数不多的论文对此进行了探讨，如《AIDS 项目伦理审查工作中遇到的主要问题及建议》[①] 等。

中国一些具有伦理敏感的记者已经关注到医学研究的伦理问题。如：2005 年，沈阳一家医院在患者全身麻醉的情况下，取走其一些骨髓做研究；2003 年中美研究者在中国进行了人类干细胞研究等。[②] 伦理问题中的"知情同意"也成为争论的焦点。如一项涉及安徽农村成千上万人的基因研究项目，在开始之前，没有事先接受伦理机构的评议和审查；未充分让参与者知情，并且不能确定他们是否在充分知情的条件下完全自愿地提供血样；有些项目的知情同意书采用了他们难以理解的复杂语言；有些知情同意书没有列出一些测试项目可能引起的危险和不适；还有一些知情同意书，书写日期的笔迹与参与者签名的笔迹不符，日期书写的笔迹似乎出自一个人之手，有事后补签之嫌；参加项目的群众从这些项目的成果中受益的可能性很小；实际情况与项目授权的出入较大，比如，对"哮喘病的分子遗传流行病学"的研究，"批准招募的受试者为 2000 人，但实际招募的达 16686 人"。[③] 也就是说，即使有了伦理审查，也可能由不是名副其实的"知情同意"，造成对研究参与者的权利损害。

中国疾病预防控制中心在 2002 年 4 月成立 IRB，并向国际相关机构（美国卫生部人类研究保护办公室（Office of Human Research Protection, OHRP, http://www.hhs.gov/ohrp/ ）申请注册及保险登记，已得到认可。IRB 现有 12 名委员，分别来自伦理学、卫生法学、社会医学、公共卫生、基础医学、医生、非政府组织、健康教育、妇幼保健、政治学及人类学等机构。IRB 成立不到一年，已召开 3 次项目评审会议，主要审查国内及国际项目 9 项，包括 AIDS 流行病学、生物基础性研究等。2003 年 3 月 10~14 日，中国疾病预防控制中心性病艾滋病预防控制中心组织了"研究伦理学及伦理审查委

---

① 刘春雨等：《AIDS 项目伦理审查工作中遇到的主要问题及建议》，《中国艾滋病性病》2003 年第 4 期。

② 详见熊蕾的博客，http://blog.daqi.com/xionglei/。

③ 详见熊蕾的博客，http://blog.daqi.com/xionglei/。

员会讲习班"。来自部分省（市）有关单位的艾滋病研究伦理委员会及社区工作的代表与美国的专家一起进行了伦理学及伦理审查的相关政策、法律法规等方面的研讨，并成立了艾滋病研究伦理审查委员会工作网络，其目的是：建立 IRB 及社区顾问委员会（CAB）标准工作程序、信息共享、交流工作中的经验教训、合作进行艾滋病研究伦理学方面的研究并开拓国际交流的渠道。与会者认为：艾滋病研究伦理审查工作在我国刚刚起步，依照现行的国际伦理审查的要求，我们还有大量的工作要做。中国疾病预防控制中心的 IRB 文件详见其网站。

值得注意的是，在社会科学和人文科学研究中，没有查到任何有关对研究项目进行伦理审查的报告。至少在中国社会科学院以及大多数学校的社会科学研究中，几乎没有 IRB 对其涉及人类的研究项目进行审查。这并不是说，涉及人类的社会科学研究项目不需要伦理审查，而是研究机构管理人员缺少必要的伦理敏感性和相应的有效的管理方法。此外，大多数社会科学的研究机构没有 IRB。可以说，在社会科学研究领域，对研究项目的伦理审查还是一个空白。

三　联合国儿童基金会的伦理审查

2016 年 6 月，中国政府与联合国儿童基金会签署了新的五年合作协议，同时颁布了《联合国儿童基金会研究、评估、数据收集和分析工作中伦理标准的实施程序》[①]，简称"伦理标准实施程序"或"ESP"。作为一个国际机构，联合国儿童基金会中国办事处强调"所有涉及人类受试者或敏感二手数据分析的研究、评估、数据收集和分析"，都必须遵循伦理原则，进行伦理审查。

根据 ESP，涉及人类受试者的原始数据收集包括：使用标准数据收集方法获得的人口数据、案例研究、故事中提及的人群、电子游戏或实验、物理或生物医学程序、饮食和营养研究、教育有效性研究、使用电话或其他技术收集数据以及对某个群体或个人的观察。当儿童作为研究受试者或参与数据收集和分析时更要格外注意。

敏感二手数据分析指，分析限制使用的数据或数据中涉及未匿名的个人

[①]　《中国政府—联合国儿童基金会合作方案项目执行手册》，中国商务部国际经贸关系司、联合国儿童基金会驻华办事处，2016 年 6 月，第 61~63 页。

记录；将社会经济属性与现存的个人调查数据相关联，或针对发现分析可能给脆弱群体利益相关方和社区带来的负面影响。

如果研究涉及上述方面，必须进行伦理审查。审查的主要内容有以下几个方面。

- 个体研究参与者和他们的家庭或更广泛的社区群体所面临的伤害和惠益，尤其需要注意儿童、年轻人和其他弱势群体的保护协议，涉及包括或排除某些人群的理由，将压力最小化以及安全和保护等问题。如果研究发现会对群体或个人造成负面影响，应重新考虑公开发布或向特定利益相关方进行发布。

- 所有参与者的知情同意，尤其需要注意确保根据其资质和能力，从家长、监护人、照料人或负责人处获得儿童（无论是作为参与者、研究员还是作为数据收集者）的知情同意。参与必须是自愿的，参与者表示同意必须符合法律规定。应采取措施确保边缘化群体和个人不被排除在外。

- 参与者的隐私和保密。必须采取相关措施，在数据收集过程中和收集后确保参与者的隐私，尤其是当参与者处于敏感环境中时。可采取的关键措施包括移除数据中的个人信息，在所有时间点必须保证安全处理数据，明确指出哪些人员有权获知私密数据，并对保密措施局限性进行明确说明。

- 证据生成活动中给予参与者的报酬和补贴。报酬不能用来影响参加研究或作答，包括要避免逼迫、强迫或贿赂。报酬或其他补贴应适当，不要引起不切实际的期望或导致失望。报酬或补贴的发放形式、时间和金额应适当，以免影响对问题的回答。

- 利益冲突和资金。在相关表述、计划书和出版物中必须公开研究类活动资金、资助方和所属机构的信息。

对涉及人类受试者或敏感二手数据分析的研究类活动提出的整体文件要求如下。

- 研究类活动计划书（伦理章节）明确任何利益冲突。
- 解释为什么要开展此项活动，以及为什么包括或排除某些人群。
- 注意任何潜在的伤害和惠益。

- 注意将采取哪些方法和措施来确保不造成伤害，并将压力最小化。

- 强调保护预案的准备情况，及任何相关细节。

- 注意与研究发布相关的伦理问题及采取的解决问题或降低影响的机制或措施。

- 明确知情同意可能呈现的形式。

- 明确为保护参与者隐私可能采取的机制。

- 明确保证数据储存安全的方法。

- 明确提供报酬和补贴可能的形式，并说明理由。

在数据收集和分析中，研究者必须为参与者提供知情同意表格，且确保表格呈现的形式与参与者所具备的能力（包括读写能力）相适应。知情同意表格必须提供以下方面的信息。

- 活动的性质和目的，包括联系方式以便获得进一步信息。

- 告知整个过程是自愿参与的并可以进行协商，说明参与是否有报酬或补贴。

- 数据收集和存储的隐私保护。

- 任何方案或项目的后续进展。

- 相关发布流程。

- 是否允许未来对数据做匿名使用。

最终报告和数据发布，如果需要的话，要设立相关章节阐明本研究的伦理问题，主要包括：任何利益冲突；任何将来可能发生或实际存在的伤害和惠益；所使用的保护预案及任何相关问题；为解决研究发布所引起的伦理问题或减小其影响所采取的机制或措施，以及任何相关问题；获得知情同意的方式及任何相关问题；保护参与者隐私的方法及任何相关问题；数据存储的形式；提供报酬和补贴，相应的理由说明及任何相关问题；任何由项目所引起的，涉及员工、合同承接方或出资方的潜在利益冲突；等等。

ESP 规定：所有研究类活动计划书（和任务界定书）以及报告（初稿和终稿）必须用一个小节来明确项目开展过程中所预计或实际存在的伦理问题，以及用于解决这些问题的措施或方法。

针对伦理问题，所有任务界定书必须由符合资质条件的工作人员对其进行内部评审。任务界定书必须考虑可能产生的伦理问题以及未来潜在的顾问人员应具备的能力。合同计划书必须解决伦理问题，也必须针对此进行评价；收集所有参与人类受试者原始数据的工作人员必须参加基本的伦理培训。

如果证据生成涉及以下任何方面，研究类活动计划书需经过外部伦理审查：

a）自主性受限的弱势群体；

b）存在对受试者心理或身体造成直接伤害的风险；

c）可能影响受试者隐私和数据保密；

d）可能影响个人安全和福祉；

e）干预措施涉及向人群分配非普遍物品或服务。

我们注意到，伦理审查在大多数情况下会增加研究类活动的成本，包括时间、管理和预算方面的成本。伦理审查本身也需要一定的预算。但是，研究者要充分理解"通过符合伦理的方式生成证据的重要性"，在此基础上履行职责，使研究成为增进社会或个人福祉而不是直接损害社会或个人福祉的过程。

第三节　研究政治与权力

研究的政治（The Politics of Research）指的是我们的研究工作不可避免地受到资助方（经济）、专业领域发展、政治集团及其意识形态和行业内竞争等方面的影响。作为结果，研究有可能成为一种对大企业／公司、政治集团、专业发展，或研究者本人发展更有用的职业。[①] 这里面渗透着各种权力关系，直接或间接地影响我们的研究设计、研究进程和研究结果。在这一节，我们主要讨论三种权力关系：研究者与资助方的权力关系、研究者与研究对象的权力关系，以及研究小组内部的权力关系。

一　研究者与资助方的权力关系

权力主要表现在等级制度和资源等方面。

任何资助方都会代表一定的政治集团或经济集团的利益，都有一定针对

---

① B. Martin, "The Politics of Research," in B. Martin, *Information Liberation*, London: Freedom Press, 1998, p.123.

社会问题的立场及其相应的意识形态，也代表一种等级。当一名研究者申请一笔资助的时候，就会不自觉地从资助方的视角来审视需要研究的问题。但为了进行客观的研究，研究者需要进一步发展和建构资助方提出的问题，使之能成为学术意义上的研究问题。在这里，研究伦理问题就出现了。研究者可能需要面对的选择是：进行一个学术意义上的研究，还是放弃学术追求，只是单纯满足资助方的需要。因此，研究者要理解资助方的利益所在，并对其权力的"控制"进行足够地反思，以保证研究的独立性。

我们也要注意到，因为权力和资源的关系，并不是每个社会群体都会得到研究者的关注，通过研究改善其状况，有些社会问题是不可见的。有能力提供资助的机构或个人一般处于社会主流地位，鼓励研究者去研究他们生活世界中的问题。那些被看作"他者"的人群一般没有能力为研究者提供资助和其他资源去研究他们遇到的问题。研究者要意识到，资助本身也是在设置一种社会议程。具有强烈社会责任感的研究者会自觉地在建构研究问题时，审慎地对待这种议程设置，并在可能的条件下找出社会发展的真问题进行研究。

二　研究者与研究对象的权力关系

研究者与研究对象由于阶层地位不同、所掌握的资源不同等，同样处于一种权力关系中。在大多数情况下，研究者面对的是阶层地位较自己低的群体。研究者不仅掌握一定的知识资源，也掌握在研究中可以分配给研究对象的若干资源（包括再现谁、如何再现的资源，也包括资金等资源），再加上在社会等级制度中，研究者大多"从上面来"等因素，研究者就不可避免地与研究对象处于一种权力关系中。研究者必须对这种权力关系保持敏感性，不只是因为这种权力关系会影响研究，更重要的是，这种权力关系可能会对研究对象造成直接的或潜在的伤害。

这种权力关系突出地表现在对易受伤害人群的研究中，特别值得我们关注。

Pranee Liamputtong[①] 曾针对健康传播研究汇总了对易受伤害人群的定义

---

① 　P. Liamputtong, D. Ezzy, *Qualitative Research Methods*, 2005；［澳］普拉尼·利亚姆帕特唐、道格拉斯·艾子:《质性研究方法：健康及相关专业研究指南》，郑显兰等译，重庆大学出版社，2009，第 166~167 页。

并做出了分析。这些定义包括：Silva 的"因生理／心理因素或不平等状况而致自主权受限制"的个体；Moon 和 Mchailer 的"缺乏对个人生活做出选择的能力、缺乏自我决策及缺少独立自主意识的人"，他们"经历真实的或潜在的伤害，要求特殊保护来确保他们的福利和权利"。但这些定义没有包括隐蔽人群（Hidden Population）。Wiebel 说明隐蔽人群是不易被现有知识和能力识别和列举的人群，比如吸毒者等。如果从"易受伤害"角度来考虑，Pranee Liamputton 分析说，流浪者、小孩和青少年、疾病患者、违禁药品使用者、艾滋病感染者等，他们是难以接近的、隐蔽的、反常的，因此是社会中无形的群体。其无形的原因包括被边缘化、缺少表达心声的机会、害怕暴露而受到歧视，因此对参与研究会保持怀疑态度。另一部分人群则是社会经济地位较低的脆弱群体，如少数民族或妇女等，他们也对参与研究抱有疑虑。[①]

Pranee Liamputtong 的这些分析不仅适用于健康传播领域，也适用于整个传播学研究领域。基本上，"易受研究伤害的人群"指的是社会经济地位较低的脆弱群体，包括隐蔽群体。其中，大多数人受长期不平等状况的影响，自主性受限。结果，研究者与研究对象的权力关系就变得特别敏感。

面对易受研究伤害的人群，研究者首先要做到尊重和平等，恪守研究伦理原则和"不伤害"的道德底线，不利用权力关系来获取研究资料。比如，我们在调查服刑少年的时候，申明他们有决定是否参加的选择权利，并且不会因为不参加而受到任何惩罚；即使参加了，也可选择中途退出。研究肯定会涉及参与者隐私，因此也要使用强制性保护措施，保护参与者的人身安全和日常生活劳动安全，确保其不因为参与研究而生活状况变得更为恶劣和危险。

对易受研究伤害的人群做调研，我们会常常遇到下列伦理情况。

第一，特别需要倾诉。有的研究对象被边缘化很久了，突然有人来听他（她）说话，于是就开始"讲故事"，很久都停不下来。研究者不可以说，"这和我研究无关，你不要再说了"，或者"我资料已经够了，你不用再说了"。如果有条件的话（如不是要赶火车或飞机等），要耐心听完。尽管这不是研究者要的故事，但是研究者一旦打开了研究对象的"话匣子"，就有责任帮

---

① P. Liamputtong, D. Ezzy, *Qualitative Research Methods*, 2005；[澳] 普拉尼·利亚姆帕特唐·道格拉斯·艾子:《质性研究方法：健康及相关专业研究指南》，郑显兰等译，重庆大学出版社，2009，第 167 页。

助他（她）宣泄情感。在这里，要以研究对象为中心考虑整个研究的进程，避免对研究对象产生情感伤害。倾听研究对象更多的故事，也是对研究对象奉献研究的一种回报。

第二，情感依恋。长久被边缘化的群体，特别是儿童青少年，看到关心爱护他们的，并且给他们带来新鲜经验的研究者，很容易产生情感依恋。一些研究者会真情投入，也有一些研究者会"假扮友谊"。但无论如何，一旦研究者撤出场地，这类人群会受到明显的情感伤害，认为又一次"被抛弃了"。当一些研究者得意于自己获得了当地人的信任、情感，甚至眼泪时，也正是伤害当地人之时。在这种情况下，研究者进入时就要考虑撤出时如何"不伤害"。研究者要向当地人说明工作的时段，有节制地表达自己的感情。如果在当地工作时间较长，要不断提醒自己撤出的时间，而且要反复地撤出、回访，其间隔可越来越长，逐渐让当地人适应。在短时间调研后，如果研究对象产生一定程度的"依赖"，要保持与研究对象的联络（通过书信、短信和微信等）一段时间。在大多数情况下，半年后这种联络会自动停止。最重要的是：研究者要尽可能为这些群体提供实际的帮助（比如在可能的情况下捐赠所需要的图书，或说服当地政府改变一些政策等），这种帮助不仅是我们对他们奉献研究的一种回报、一种社会责任，也是让他们知道他们一直处于研究者的关注中。

第三，寄予更多期望。因为对研究工作的不了解，有时脆弱群体对研究者抱有诸多不切实际的期望。研究者要如实说明研究的目的及其能力所限，不能欺骗，也不能利用这些"期望"获取研究数据或资料。

第四，关于报酬。研究者应该付给研究对象相应的报酬。其原因如下：出于对研究对象和他们付出劳动的尊重；对研究对象的误工、交通等进行补偿。最好的办法是：付给现金但不需要签字（或不需要签真名）。经济上的脆弱群体可能需要一笔钱作为日常开支，通常他们会积极参加调研，以获得这一小笔资助。在这时，研究者要特别劝告研究参与者，要认真参加调研，因为他们的意见对于改善他们的状况是非常重要的，他们的劳动值得被尊重。

第五，伤害。尽管经过知情同意，进入研究现场的参与者可能还会遇到一些自己没有预料到以及研究者没有预料到的伤害，如参与者讨论一个问题时突然情绪崩溃等，或参与者感觉不适突然拒绝回答问题，特别是有些回忆，将人重新置身于充满压力、尴尬、焦虑或令人不快甚至痛苦的情境当中。这时，研究者应迅速评估一下情境，继续下去对参与者是否有利？如果会造成对参与者的持续伤害，研究者应果断中断研究，并对参与者进行可能的弥补，如心理抚慰等，或重新提出知情同意的选择，请他（她）考虑是否要退出研究等。

第六，资助和互惠。对于易受研究伤害的人群，研究者一般充满悲悯之心，愿意自己出钱来帮助当地人。这没有什么错误，但要考虑：其一，当你面对不少研究对象时，你为什么只帮助这个人，这样做对其他没有机会接受帮助的人有什么影响；其二，你在帮助这个人时，也是对他的亲属或当地相关机构未能尽责的一种"批评"，特别是当他们都在场的时候。理想原则上，研究本身应该是一种在平等关系中的研究者与研究对象的互惠。这种互惠不仅可以通过资助，也可通过以下其他形式表现出来。

- 鼓励研究对象之间对他们面临的问题进行讨论。他们的组织化、对问题的澄清和改变的方法有可能通过研究经历获得。
- 为脆弱群体提供他们目前最需要的知识资源、教育资料和物质材料，比如健康手册、避孕知识和避孕套、电商扶贫的培训信息等。
- 通过义务培训为当地相关机构提供新的理念和工作模式。比如，在当地反对儿童暴力的基线调研中，我们分别为当地机构进行了"儿童权利""儿童暴力的预防与干预""如何进行反对儿童暴力的媒介倡导"等方面的培训。
- 可送给当地组织一些急需的物品，如开展六一活动所需要的儿童头花、一些体育用品等。

我们需谨记：研究对象正在向我们让渡他们的个人信息，也就是个人的私有财产，"我们并不'拥有'关于我们研究对象的那些实地记录，我们并不具有毫无争议的正当理由去研究某个人、某件事。研究的主体现在开始挑战他们是如何被描述的……"[1]。

---

[1] ［美］诺曼·K.邓津、伊冯娜·S.林肯主编《定性研究（第1卷）：方法论基础》，风笑天等译，重庆大学出版社，2007，第Ⅵ页。

三 研究小组内部的权力关系

研究小组内部也存在一定的权力关系。比如导师和学生的关系，导师掌握科研资源的同时，在等级秩序上占有优势地位。如果不讲教师伦理的话，自然会建立或强化一种不平等的关系，损害学生的利益，如限制学生的学术研究自由、强迫学生为导师打工且不付酬等。在课题组内，课题研究信息、进程、资金来源以及财务状况都应该公开透明，培养学生团队精神的同时要保障学生的署名等权益。邀请学生做科研助理要有符合规定的且公开的付酬标准并付酬。导师也要评估研究所涉及的安全和健康风险并提出保障措施，如要为经常出差的学生购买意外险等，在发现田野或调查场地存在一定的人身危险或政治敏感风险时，要及时将学生撤出田野或调查场地等。

研究者必须具有研究政治和伦理敏感性。这就意味着，研究者要意识到，他们对研究对象、助手（学生）拥有某种权力。这种权力由证照、专业才能、在当代社会中所扮演的角色合法授予，某些伦理议题是这些权力的滥用。[①] 通过研究，这个社会可能变得平等一些，但研究本身也可以巩固已有的不平等关系或制造新的不平等关系，这就是研究政治的基本议题之一。因此，保护并尊重研究参与者、诚实地进行研究、消除资助方的不合理干预等都是研究者要付出的努力。

小 结

这一章重点讨论了研究者的道德与伦理。研究者的道德表现在以下三个方面。第一，所展示的研究内容完全为自己劳动所得，不可有任何抄袭/剽窃内容。第二，研究过程不能作弊。从研究一开始，研究者就应当严格遵守研究方法规范。要诚实报告自己在研究中扮演的角色、使用的研究方法设计及其理由、研究实施过程及其缺陷。第三，研究者要如实报告研究结果。不能不报告与研究者期望不一致的结果，要正视反面的，或充满矛盾的数据或案例，并对此进行解释。身为一名研究者，必须持有诚实的和严格的科学态

---

① 〔美〕劳伦斯·纽曼:《社会科学研究方法：定性和定量的取向》（第五版），郝大海译，中国人民大学出版社，2007，第 154 页。

度进行研究，以此来维护学术尊严和获得一个学者应有的尊严。总之，要诚实地进行研究。

第二节则重点介绍了涉及研究对象的伦理。一般的伦理原则包括：知情同意、不伤害原则、关于隐私保护。尽管我们还没有建立社会科学研究领域的伦理审查的制度，但我们认为伦理审查，包括自我审查都至关重要。因此，在这一节特别介绍了国际上的 IRB 体系及其运作，以及联合国儿童基金会与中国政府在新的合作周期（2016~2020 年）内的研究伦理审查程序，为我们的伦理审查提供了有益借鉴。

在这里我们需要特别说明，要想认真考虑伦理问题，就要留出一定时间用于伦理审查，留出预算用于支付伦理审查委员会以及伦理专家随访等方面。如果没有时间保障、没有预算保障，伦理就容易沦为一纸空文。

在最后一节中，我们提示：研究者必须对这种权力关系保持敏感，不只是因为这种权力关系会影响研究，更重要的是，这种权力关系可能会对研究对象造成直接的或潜在的伤害。这一节我们特别讨论了研究者与资助方的权力关系、研究者与研究对象的权力关系，以及研究小组内部的权力关系。我们深信，一个符合伦理的社会科学研究，可以起到改善社会的作用，一个不符合伦理的研究，会强化社会不平等关系或制造出新的不平等关系。因此，建设一个公平公正的社会、一个健康的学术专业领域，都要求每一名研究者具有研究政治的敏感性，主动反思自己的研究伦理及其相应的行为。

附录 1　民族志研究

第一节　民族志的特色

民族志（Ethnography），有时也译作"民俗志"、"人种志"或"人类学田野调查"，是"以人及环境为对象的质化研究"中的一种主要方法。一般认为，民族志作为一种系统的研究方法是以英国人类学家马林诺夫斯基于1922年出版的《西太平洋的航海者》为标志的。马林诺夫斯基奠定的民族志方法标准主要包括：研究特定社区（Community）；至少开展一年的现场调查；观察者使用当地语言；观察者先从本土的观点参与体验，最终达成对研究对象的客观认识。从马林诺夫斯基的定义来看，民族志的独到之处是研究者通过长期参与式观察与研究对象互动，发展关于研究对象的理论认识。[①] 民族志方法一经确立便很快超出人类学范畴，成为不同学科共同采用和发展的经验研究方法。通常认为，当代民族志的主要学术起源包括以马林诺夫斯基为代表的英国社会人类学派、以博厄斯（Boas）为代表的美国文化人类学派和芝加哥学派的社会学质化研究。[②]

民族志的定义包含3个基本要素：以参与式观察为核心的经验数据采集方法[③]；独特的经验研究写作文体[④]；研究过程与研究所采用的实质理论、研究范式、研究取向结合紧密[⑤]。Madden 概括了前述不同观点，将民族志定义为

---

① 高丙中：《民族志的科学范式的奠定及其反思》，《思想战线》2005年第1期。

② R. Madden, *Being Ethnographic: A Guide to the Theory and Practice of Ethnography*, Sage Publications, 2010, p.15；陈向明：《质的研究方法与社会科学研究》，教育科学出版社，2000，第27~31页。

③ M. Burawoy, "The Extended Case Method," *Sociological Theory* 16 (1998):6.

④ J. Clifford, G. E. Marcus, *Writing Culture: The Poetics and Politics of Ethnography*, University of California Press, 1986.

⑤ 潘忠党：《代序：作为深描的民族志》，载郭建斌主编《文化适应与传播》，云南大学出版社，2007，第1~15页；[美] 马茨·艾尔维森、卡伊·舍尔德贝里：《质性研究的理论视角：一种反身性的方法论》，陈仁仁译，重庆大学出版社，2009，第45页。

"一种直接的、质化社会科学研究实践。研究者通过直接体验参与群体的日常生活，在田野作业中与所研究人群、社会、文化互动。民族志也是基于研究者在田野作业中系统搜集的数据和其他二手资料进行的非虚构写作形式。通过对研究和写作的整合，研究者对人类生活进行理论化"[1]。民族志方法的特点是，研究者通过直接参与研究群体日常生活的方式，搜集经验数据，对研究群体的经验进行理论化的过程。

民族志适用于"所有聚焦于意义系统、有争议的传统或文化造物的研究"[2]。社会生活的很多方面，尤其是对文化意义系统的研究是难以凭借直观可见的外部测量来获得的，当研究者与研究对象之间存在较大的文化差异时，以研究者自身为测量工具，几乎是唯一可行的方式。在探索人群的主体经验研究中，研究者对研究对象的理解只能通过他们的主体表述、行为和语境之间的关系来把握，这类探索过程只能通过研究者自身的直接体验来接近研究对象的意义体系。民族志方法也是在日常生活状态中探索现象的原因和过程的有效方法。

民族志方法能够帮助研究者更好地理解人类行为、了解社会的复杂性、发展理论、发现人们生活中的实际需要。[3] 在以往的研究中，民族志方法在边缘群体和文化研究领域中扮演了重要角色。社会学、人类学和传播学领域通常使用民族志探讨移民、工人阶级、性别、种族、族群、青少年亚文化和城市化、文化变迁、社会融合等议题。例如人类学家玛格丽特·米德探讨文化与性别角色建构的《三个原始部落的性格与气质》（1935）、社会学家保罗·威利斯关于英国工人阶级青少年亚文化的研究——《学做工——工人阶级子弟为何继承父业》（*Learning to Labour: How Working Class Kids Get Working Class Jobs*）、传播学者马杰伟对农民工群体和城市文化的研究《酒吧工厂：南中国城市文化研究》（2006）等。在健康、教育等领域也通常使用民族志方法发现边缘群体的需要。

---

[1] R. Madden, *Being Ethnographic: A Guide to the Theory and Practice of Ethnography*, Sage Publications, 2010, p. 34.

[2] J. Clifford, "Introduction: Partial Truths," in J. Clifford, G. E. Marcus, eds., *Writing Culture: The Poetics and Politics of Ethnography*, University of California Press, 1986, p. 3.

[3] ［澳］普拉尼·利亚姆帕特唐、道格拉斯·艾子:《质性研究方法：健康及相关专业研究指南》，郑显兰等译，重庆大学出版社，2009，第 134~135 页。

1980 年，英国受众研究和大众文化研究率先使用民族志方法研究传播，民族志在传播领域的实践为传播学研究引人了人类学的"整体性"视角，使经验地理解和研究社会生活中的传播活动成为可能。[①] 传播民族志的研究对象不再只是特定媒介文本和样式的受众，而是将传播活动放回到人的日常生活经验中进行理解。[②]1990 年后出现了多学科融合的研究领域——媒介人类学。媒介人类学将媒介视作人类生活实践和文化实践，强调在社会、文化场域中理解特定群体的传播活动，并以此关注"权力的运作和社会运动的潜力、不平等的强化和想象力的来源、科技对于个体和集体身份认同的影响"[③]。同时，传播领域的民族志更倾向于直接参与和干预社会现实。发展传播学和科技新媒体研究中的民族志行动主义直接强调民族志工作者的在场和民族志工作者作为研究者与行动者的双重身份，如 Hearn 等人在参与式行动研究基础上发展的民族志参与式行动研究（Ethnographic Action Research，EAR）[④]。从民族志在传播研究中的应用趋势来看，民族志的批判意识和激进色彩在逐渐加强。[⑤]

第二节　民族志的技术特色

在研究实践中，民族志方法是在不同研究取向、范式、问题和理论指引下的一系列技术组合。Madden 认为民族志通常使用的技术包括参与式观察、

---

① ［英］戴维·莫利:《电视、受众与文化研究》，史安斌译，新华出版社，2005，第199~230 页。

② ［英］戴维·莫利:《传媒、现代性和科技——"新"的地理学》，郭大为等译，中国传媒大学出版社，2010；J. Radway, "Reception Study: Ethnography and the Problems of Dispersed Audiences and Nomadic Subjects," *Cultural Studies* 2(1988): 359‒376；M. Schlecker, E. Hirsch, "Incomplete Knowledge: Ethnography and the Crisis of Context in Studies of Media Science and Technology," *History of the Human Sciences* 14(2001): 69-87。

③ ［美］费·金斯伯格等主编《媒体世界——人类学的新领域》，编译馆主译，杨雅婷等译，台湾巨流出版公司，2008，第 5 页。

④ "Ethnographic Action Research (Chapter 5)," in G. Hearn et al. eds., *Action Research and New Media: Concepts, Methods, and Cases*, N.J.: Hampton Press, 2009, pp. 87-101.

⑤ M. K. Ljungberg, G. Thomas, "Strategic Turns Labeled 'Ethnography' from Description to Openly Ideological Production of Cultures," *Qualitative Research* 5(2005): 285-306.

访谈和记录、分析和阐释、民族志写作等[①]；Falzon 所列举的民族志"田野技术"包括了记笔记、视频音频记录、访谈、检验本地文献、观察等[②]。和其他社会科学研究方法一样，民族志方法所使用的研究技术可以分为数据采集和数据分析两大类。根据对研究问题和研究条件的评估，民族志工作者在研究过程中，可以使用任何数据采集和数据分析技术，并不限于某些固定的技术种类，包括以定量特色著称的问卷调查和内容分析等。参与式观察是民族志方法的显著行为特征，因而民族志方法在技术层面可以定义为以参与式观察为核心的数据采集和数据分析技术组合。

民族志方法的局限性包括：对研究者的挑战，包括个人视角和价值观内部冲突、时间经济花费大、对研究者情感和身体健康的考验；不一定能够获得被研究群体的研究许可；概化中的困难；等等。[③]核心的问题是如何处理民族志方法的反身性（Reflexivity，也译作自反性、反思性[④]）特点。

民族志的研究过程依靠研究者的亲身体验（Whole-body Experience[⑤]）进行，研究者既是技术的使用者又是研究的工具，这种操作形式要求民族志工作者必须具备反身性能力，才能获得具有洞察力或想象力的民族志研究成果。反身性"表示参与者的思想和它们所参与的事态都不具有完全的独立性，二者之间不但相互作用，而且相互决定，不存在任何对称或对应。在人们活动的政治、经济、历史等领域中普遍地存在着这样一种反身性的关联"[⑥]。民族志研究的反身性特征是指研究者对人类认识活动的"反身性"的反思，即研

---

① R. Madden, *Being Ethnographic: A Guide to the Theory and Practice of Ethnography*, Sage Publications, 2010, pp. 5-6.

② M. A. Falzon, *Multi-sited Ethnography: Theory, Praxis and Locality in Contemporary Research*, Ashgate Publishing Limited, 2009, p. 1.

③ ［澳］普拉尼·利亚姆帕特唐、道格拉斯·艾子:《质性研究方法：健康及相关专业研究指南》，郑显兰等译，重庆大学出版社，2009，第 147 页。

④ 这个词与本书所提及的反思（Reflexive）民族志是同一词根，但由于反思民族志几乎成为固定译法，且在中文中更容易理解，因此本书在使用上没有统一。在第一现代性和第二现代性的理论中，反思性和自反性/反身性不是同一含义，由于本书不涉及这方面的讨论，因此引用时尽量保留与译著的一致性，未做统一修正。

⑤ R. Madden, *Being Ethnographic: A Guide to the Theory and Practice of Ethnography*, Sage Publications, 2010, p. 34.

⑥ ［英］尼古拉斯·加汉姆:《解放·传媒·现代性：关于传媒和社会理论的讨论》，李岚译，新华出版社，2005，第 23 页。

究者充分意识到人类认识过程的反身性，能够始终有意识地自我清理总是处于运动中的认识过程。

研究者的反身性能力被视作民族志研究效度的关键。马库斯（Marcus）把反身性分为 4 个层面：基本的或原假设的形式；布迪厄所界定的"社会学反身性"；人类学反身性；女性主义反身性。[①] 第一种所指是民族志工作者在个人认知和情感层面的自我反思；第二种指向知识论意义上的反思。在 Madden 看来，马库斯所说的"人类学的"和"女性主义的"反身性所解决的是民族志研究中的"位置"（Positionality）问题。既然民族志只能提供部分的事实，提供哪一部分事实取决于民族志工作者所在的"位置"或者说"个人政治立场反身性"（Personal-political Reflexivity）。[②] 民族志的操作特点使得反身性问题渗透到民族志工作的各个层面：田野作业的伦理基础、数据采集的信度与理论阐释的效度等。它要求研究者必须明确意识到对人类行为和意义系统的经验研究只能提供部分的事实，而现场能够提供哪一部分事实取决于研究者在现场中的"位置"与行动。

民族志工作者无法回避通常作为研究方法"内置假设"的方法论困境。Reinharz 提出的女性主义民族志所面临的角色、距离和立场的困境，[③] 不是女性主义民族志或女性主义者面临的特殊难题，而是民族志方法对民族志工作者的挑战。郑庆杰认为，所有的质性研究的研究者都面临主体间性、表述政治和参与行动三种困境。"主体间性所关涉到研究者如何认识、理解研究对象的行动意义；表述政治关涉到研究者自身的研究叙事和研究成果能否真实有效地表述研究对象的意义；参与行动则与能否通过一种联动与研究对象一起建构共同的行动场域的实践去改变现实有关。这三种类型的困境，并不是围绕着研究而出现的平行多维面相，而是相互之间层层递进，

---

① "The 'basic' or 'null' form; 'sociological reflexivity'; 'anthropological reflexivity'; 'feminist reflexivity'", "On Ideologies of Reflexivity in Contemporary Ethnography", in G. E. Marcus, *Ethnography through Thick and Thin*, Princeton: Princeton University Press, 1998, pp. 181–202.

② R. Madden, *Being Ethnographic: A Guide to the Theory and Practice of Ethnography*, Sage Publications, 2010, pp. 20–23.

③ S. Reinharz, "Feminist Action Research", 载孙中欣、张莉莉主编《女性主义研究方法》，复旦大学出版社，2007，第 393 页。

步步深入的关系。"他将这三种困境建构为"主体间性—干预行动"框架的反思连续统。①

　　研究者对反身性问题的处理是从研究准备阶段开始的。进入现场之前，研究者需要对以下问题有刻意的追问和清晰的认识，例如"我是谁？我将如何解释我是谁？我为什么要到这里来？我将如何说明这一点？我怎么能够被一个陌生的文化群体接受？他们为什么要接受我？这个研究对他们可能有何种程度的影响，是好是坏，到什么程度？我能否最大限度地避免伤害，无论是对他们还是对我自己？这个研究在什么程度和情况下对他们有用？我怎么能让他们理解到这一点？对我有什么用？我以什么样的角色和身份与大家相处？作为一个外来者和城市人，我和他们之间存在何种程度上的权力关系？这种权力关系在何种程度上有可能导致大家疏远、取悦还是利用我？这种权力关系将在何种程度上影响他们对我表述的'事实'？我能如何及采用何种方式理解或区分？我怎么能够消除权力关系的影响与大家平等相处？我和他们之间在何种程度下可以达成互相理解？我怎么能做到这一点……"

　　将问题简化一步，可以归纳为：作为两个不同文化群体的成员，如何能够达成以及达成何种程度的理解？研究者看到的、听到的、感受到的跟他们是一样的吗？研究者表达出来的意义与所知所见有多大的区别？研究者所做的事情对研究对象而言是有意义和有价值的吗？对研究者意味着什么？研究者应该怎么做才能建立一种"互惠"的关系？也就是说，民族志工作者，至少需要解决如何认识、自身位置、表述政治和研究伦理4个方面基本行动准则，这些方面相互"咬合"彼此关联，直接指向"是否及如何谓'真'？"这样的本体论问题，"如何与研究对象达成理解？"的认识论问题，作为知识论核心命题的表述政治以及在思考研究者与研究对象之间关系中产生的社会科学研究价值观问题。也就是说，民族志实践的反身性特征要求民族志研究和民族志工作者必须清晰地说明研究取向，来帮助研究者建立田野作业的行动基础，帮助读者判断此项民族志研究的效度和研究成果的局限性。

---

① 郑庆杰：《"主体间性—干预行动"框架：质性研究的反思谱系》，《社会》2011年第3期，第224~241页。

第三节　民族志与研究取向

在实证主义、诠释主义和批判的社会科学三大研究取向[①]下，民族志方法有大量的研究成果。以马林诺夫斯基为代表的民族志方法也被称作"民族志的科学范式"，遵循实证主义取向；以格尔茨为代表的阐释（Interpretive）民族志方法遵循诠释主义取向；20 世纪 90 年代后，采取批判的社会科学取向的民族志研究成果丰富，代表人物和成果包括布洛维的反思（Reflexive）民族志，以及在价值观上更为激进的民族志教学（Ethnographic Pedagogy）和民族志行动主义（Ethnographic Activism）等。[②]"科学"、"阐释"和"反思"的民族志大体是这三种研究取向在民族志方法中的投射。

目前，学界对"批判民族志"（Critical Ethnography）的使用缺少统一定义，例如，在方法学家纽曼眼中，布洛维的方法是"批判的社会科学取向"的经典案例；[③]在 Stanton 眼中，布洛维的反思民族志则是批判民族志的一个过渡形式；[④]布洛维更愿意称自己的研究方法为"拓展个案法"。但我们认为，一些学者不加分析地将批判理论（Critical Theories）[⑤]与民族志方法进行简单叠加[⑥]的方式是错误的，将批判理论等同于批判的研究取向混淆了批判理论和批判的社会科学方法论作为实质理论与形式理论的差别。例如，在提

---

① 关于三大研究取向的定义和理解，参见本书第一章第三节"研究取向、方法论与研究的客观性"。

② L. E. Lassiter, E. Campbell, "What Will We Have Ethnography Do?" *Qualitative Inquiry* 16(2010): 757–767; S. Chari, H. Donner, "Ethnographies of Activism: A Critical Introduction," *Cultural Dynamics* 22(2010): 75–85.

③ ［美］劳伦斯·纽曼：《社会科学研究方法：定性和定量的取向》（第五版），郝大海译，中国人民大学出版社，2007，第 111~112 页。

④ J. M. Stanton, "Book Review: Critical Ethnography: Method, Ethics, and Performance," *Organizational Research Methods* 9(2006): 404–407.

⑤ 批判理论通常指 19 世纪以来在科学发展和工业化进程背景中产生的一系列社会批判理论。参见［美］汉诺·哈特《传播学批判研究：美国的传播、历史和理论》，何道宽译，北京大学出版社，2008，第 2 页。

⑥ P. Ulichny, "When Critical Ethnography and Action Collide," *Qualitative Inquiry* 2(1997): 39–168; 柯晓玲：《批判民族志：教育公平研究的新视角》，《华南师范大学学报》（社会科学版）2011 年第 5 期。

及批判民族志时，研究者艾尔维森和舍尔德贝里根据批判理论和经验数据在具体研究中的比重区分了三种"批判民族志"：经验描述加上带有批判解放特征的解释；对经验数据的集中批判性解释或精读；批判理论层面加上"一点儿"经验研究。① 作者将批判理论转换为批判方法论并将其简化为诠释（Hermeneutic）② 的维度是对批判理论和批判的社会科学的双重误解。

本书中所指的"批判民族志"是指以批判的社会科学为研究取向的民族志研究。需要特别强调的是，不同于批判理论，批判的社会科学研究是基于批判理论研究而产生的形式理论。纽曼认为，"批判研究者可能使用任何一种研究技术……批判研究者与其他取向的研究者的区别不在于研究技术上，而在于他们如何切入一个研究问题、他们所追问问题的类型，以及他们进行研究的目的"③。布洛维在建构拓展个案法时，使用科学模式、研究方法、经验调查技术（Techniques of Empirical Investigation）三个层面的概念对社会调查（Survey）方法和民族志方法进行了比较。④ 他所使用的科学模式（实证主义科学和反思性科学）实际上是对不同研究取向中知识论层面的讨论。夏林清提出，批判民族志中汇聚了新马克思主义的批判民族志、弗莱雷的参与赋权研究、女性主义研究三股相互影响的学术传统。⑤

方法论意义上，批判民族志是指在批判的社会科学方法论指引下，以参与式观察为特色的一系列研究技术组合。批判的社会科学承认并公开表明

① ［美］马茨·艾尔维森、卡伊·舍尔德贝里：《质性研究的理论视角：一种反身性的方法论》，陈仁仁译，重庆大学出版社，2009，第160~164页。
② 中文译者将原文中 Hermeneutic 全部翻译为"解释"，这种译法是不准确的。在社会科学研究中，解释和阐释是两个常用的概念，但内涵差别很大。解释（Explain）在社会科学研究中强调的是说明的过程。Hermeneutic，通常译作阐释或诠释，它的原义是对基督教和古典人文主义经典文本的注释和重新阐释。在现代社会科学研究中阐释学作为一个独立的学派，强调的是基于某种先验起点、命题或经典理论展开的论证过程。作者在书中对他们使用的 Hermeneutic 含义有详细的说明，详见［美］马茨·艾尔维森、卡伊·舍尔德贝里《质性研究的理论视角：一种反身性的方法论》，陈仁仁译，重庆大学出版社，2009，第61~127页。
③ ［美］劳伦斯·纽曼：《社会科学研究方法：定性和定量的取向》（第五版），郝大海译，中国人民大学出版社，2007，第112页。
④ M.Burawoy, "The Extended Case Method," *Sociological Theory* 16(1998): 6.
⑤ 夏林清："第五章实践取向的研究方法"，载胡幼慧主编《质性研究：理论、方法及本土女性研究实例》，台湾巨流出版公司，1996，第108页。

研究者的价值取向，着眼于社会权力关系的现实存在，否则存在"价值无涉"的绝对"客观"研究，力求通过知识的生产改善现有社会结构——这些共同的价值观成为批判民族志工作者的伦理基点。批判的本体论是历史现实主义的，也就是说，批判本体论的基本观点是，承认存在独立于主观宣称（Claim）的社会现实（Real）作为人们的认识对象，但否认现实具有固定不变的模式与秩序，真理宣称的有效性条件是历史的、变化的、有主体介入的①；就社会科学总体性研究对象而言，它是指社会现实中"潜在的结构性机制"；不同的深层结构对社会现实有不同程度的解释能力。② 在认识论层面，它认为人类对现实的认识只有通过主体之间的"对话关系"③ 才能够形成。这种认识论上的"关系"定义表明它的知识论和阐释主义一样，同属于建构主义。但有别于阐释主义知识论中的相对主义倾向，批判的知识论承认相对于同一"社会现实"所产生的理论有优劣之分，实践是检验理论优劣的唯一标准。

讨论方法论当然不是为了描述研究者的哲学立场，在具体的研究过程中它意味着研究者在何种原则上使用研究技术来认识社会和建构理论。民族志的操作特点使得方法论问题渗透到民族志工作的各个层面：田野作业的伦理基础、数据采集的信度与理论阐释的效度都有赖于方法论的指引。马库斯强调，只有在方法论意义上操作的民族志才具有价值。④

第四节　批判民族志在田野作业中的应用

民族志的研究过程如本书第十二章所述，是一个开放的过程，研究者需要在理论和实地之间不断循环，研究者自身需要时时保持"自我分裂"的张

---

① ［美］卡斯皮肯:《教育研究的批判民俗志——理论与实务指南》，郑同僚审订，华东师范大学出版社，2005，第 75~78 页
② ［英］迪姆·梅:《社会研究：问题、方法与过程》（第 3 版），李祖德译，北京大学出版社，2009，第 11~12 页。
③ ［巴西］保罗·弗莱雷:《被压迫者教育学》，顾建新、赵友华、何曙荣译，华东师范大学出版社，2001。
④ "On Ideologies of Reflexivity in Contemporary Ethnography", in G. E. Marcus, *Ethnography through Thick and Thin*, Princeton: Princeton University Press, 1998, p. 194.

力，在实践的指引下，不断回到理论和文献，层次清晰地处理"主体间性"、"表述政治"和"参与行动"三个层面的问题。

在操作层面，批判民族志需要回答的核心问题是，如何将研究问题引出的社会结构性分析融入田野作业过程。社会生活和文化是多层次和多维度的，研究者不存在"全观式"的视角，批判民族志方法认为，正是基于社会结构性分析，研究者和研究对象之间才有可能建立基本的理解或共识，才能建立小群体与社会结构之间的联系。这是微观社区研究 / 个案研究得以概化的基础，参与技术和行动发展才有了立足点。

（一）群体识别和场地评估

批判民族志的结构性分析首先直接体现在群体识别和场地评估过程中。以《草根媒介：社会转型中的抗拒性身份建构——对贵州西部方言苗语影像的案例研究》（以下简称"草根媒介"研究）为例，这项研究的初始研究问题是"少数民族农民工群体的传播活动与文化实践是什么"。本研究通过对流动农民工、少数民族研究的文献分析，形成对农民工群体的操作界定（职业身份、社会阶层、流动行为）；相对于农民工群体，少数民族农民工群体是否及有哪些特殊性？（农民工群体高度异质性，农民工群体内部存在族际差异，就业、居住形式、迁移形式等方面差异明显，少数民族流动过程逐级迁移等）；族群内部受性别、代际等结构性因素的影响；省内流动和跨省流动的人群在人口特征上的差异；职业 / 工种对流动群体生活方式有直接影响，尤其是职业 / 工种对他们的时间控制直接影响了他们的日常生活和传播行为。因而在群体识别和场地评估中，研究者需要考虑在民族地区内的省会城市寻找主要场地，并需要同时考虑省内流动和跨省流动的差异，加上对流出地的考虑，最终界定了流出地（农村）、省内流动、省外流动三个田野场地。在田野作业中，研究者按照前述的阶级、族群、性别、代际的结构性因素，作为中间变量的人口指标，以及流动的范围等因素的指引进行样本设计、数据采集。需要说明的是，田野作业中的方法设计需要保持适度的弹性，以便根据实际情况做出调整，但调整必须有足够的理论依据和现实证据。

（二）处理理论与实地的关系

民族志研究靠理论引领并以发展理论为目的。一些研究者过分强调民族志方法所使用的归纳逻辑，在技术上似乎认为长期参与式观察会自然使理论和事实浮现，这种想法过于天真。如果不能处理好理论与实地的关系，民族志研究在很大程度上已经失败了。如柯克·约翰逊在《电视与乡村社会变迁：对印度两村庄的民族志调查》中错误地将不带有任何理论预设进入现场理解为采纳"局内人视角"，并希望以此发现"其他研究未能认识到的因素和过程"。[①] 任何研究者都不可能不带有理论预设进入现场，不带有理论预设进入现场的研究者更不可能发现其他研究未能认识的东西。批判民族志强调从对社会结构分析入手，从方法的角度看，实际上是对研究者实际携带的理论预设进行认真清理的过程。对于理论与实地的关系、外部与内部的关系未经认真思考，对于研究者实际所带有的理论预设未能进行清理，贸然进入现场，这是导致一些民族志研究无法深入的直接原因。

　　民族志研究中强调的"反身性"原则要求理论与经验数据的互动过程贯穿整个研究。因而民族志研究需要研究者在工作过程中不断回到理论，并积极寻找理论资源，将理论视作反思前一段工作和指导下一阶段的有力工具，这些理论包括宏观、中层和微观各个层面以及与研究问题、研究现象相关的各种角度。理论准备不足将直接导致研究者在使用方法和技术时缺乏敏感性，难以捕捉和深入探查有价值的现象，难以产生具有理论张力的民族志阐释，影响数据采集工作的效度，甚至导致误差和偏见。仍以约翰逊为例，在理论建构部分[②]，他提出需要从社会/结构和个人/心理两个层面理解大众传播与社会变迁的关系。社会/结构层面，作者强调马克思主义意识形态理论对研究是有用的，但"如果研究以关注阶级—意识形态开始，那么就有可能忽略其他的关键变量"[③]。既然要从社会/结构的角度去分析大众传播与社会变迁的关系，不使用结构性因素分析，又从何处开始呢？这些自相矛盾之处表明了作者对于文化研究、意识形态分析理论在理解和认识方面的不足，最终导致了田野作业和数据阐释中的失误。例如，尽管作者已经在田野经验中注意到，电视一方面打破了乡村传统上的信息垄断，同时打造出一群信息弱势群体，

① ［美］柯克·约翰逊:《电视与乡村社会变迁：对印度两村庄的民族志调查》，展明辉、张金玺译，中国人民大学出版社，2005，第 36~37 页。

② ［美］柯克·约翰逊:《电视与乡村社会变迁：对印度两村庄的民族志调查》，展明辉、张金玺译，中国人民大学出版社，2005，第 15~47 页。

③ ［美］柯克·约翰逊:《电视与乡村社会变迁：对印度两村庄的民族志调查》，展明辉、张金玺译，中国人民大学出版社，2005，第 29~30 页。

并且使他们进一步边缘化。被再次边缘化的群体是什么人？哪些因素及其如何完成再度边缘化的过程？这些原本非常有理论价值的议题未被作者捕捉到。因而，尽管作者在研究问题中强调了结构性因素的重要性，但主要结论完全回到了个人／心理层面。

（三）抽样策略和数据采集技术

在何种情况下，如何以及使用何种技术，是依据研究目的、具体的研究问题、理论思考和现场情况进行权衡的结果，绝非按照某种操作指引就必然得到有效的数据，更不能原样照搬定量研究中的技术标准。如约翰逊强调他的 30 个访谈对象"具有代表性"，却无法报告访谈对象代表了什么。[①] 质化研究的抽样策略不适用"代表性"原则，代表性意味着存在一个有限总体，而在质性研究中一般不存在一个明确的抽样框。质性研究抽样策略强调样本信息富含性（Richness），即相对于研究目的、研究问题而言，访问对象的生活背景所能承载的信息复杂程度。

参与式观察和访谈是民族志方法中主要的数据采集技术。但是在田野作业中，如何及使用何种访谈技术？如何处理观察数据和访谈数据之间的冲突？民族志工作者需要对此保持敏感，更不能照搬标准作业程序。例如，约翰逊已经意识到在田野中实际上很难让村民抽出单独的时间接受访谈，但仍然坚持"所有的访谈都依照一种三阶段法进行"[②]。"三阶段法"的核心是通过逐步扩展，以达到信息搜集的全面性和彼此校验，而非强调标准作业程序。这种标准作业的，长达 90 分钟左右的"正式"谈话方式强化了研究者的局外人身份，刻意制造研究者和被访者之间的距离，有可能促使村民表达出更多"政治正确"的观点，访谈效度在此大打折扣。

民族志访谈更多是一种自然状态下的交谈（Conversation），民族志工作者需要特别关注在日常生活情境中进行的谈话，而非为了追求标准化一概进行结构化或半结构的访谈（Interview）。在田野作业中，民族志工作者需要特别重视非正式访谈和交谈的重要性，访谈对象的个人经历以及对这种经历的

---

① ［美］柯克·约翰逊:《电视与乡村社会变迁：对印度两村庄的民族志调查》，展明辉、张金玺译，中国人民大学出版社，2005，第 63 页。
② ［美］柯克·约翰逊:《电视与乡村社会变迁：对印度两村庄的民族志调查》，展明辉、张金玺译，中国人民大学出版社，2005，第 59 页。

反思都是在日常互动中展示出来的。田野工作的优势是可以多次接触同一访谈对象，而在不同情境下同一访谈对象的表述扩展了意义的层次和内涵。由于研究者每次都有可能从访谈对象那里学习到一些内部人的观点和语言，后续访谈便可以基于前次访谈经验进行合理延伸。尽管在"草根媒介"研究中，研究者设计的农村场地访谈提纲只有 5 个开放性问题[①]，但是进入现场之后，这 5 个问题仍然不适用。研究者意识到谈话必须在当地的生活情境中展开，包括衣食住行、劳动、找钱、习俗、子女教育等话题，在参加了多次村民集体活动，包括结婚、搬家、杀年猪、村民小组会议、村党支部改选等后，当地村民帮我梳理出 3 个核心问题，"怎么找钱""怎么花钱""怎么团结"才是他们关心和乐于探讨的问题。

田野中数据采集技术的应用往往不是预先设计的，而是研究者根据现实环境对方法和技术的使用进行反思的结果。在田野中有些问题是无法通过直接的访谈来获取答案的，尤其是批判研究特别关注的结构性因素，比如访谈对象对于阶级、族群身份、性别角色的理解等。举例来说，在"草根媒介"研究中，研究对象对族群的理解是非常关键的问题。但研究对象的语言中没有"民族"这个词，更没有"少数民族"这个概念，甚至"苗族"对他们而言通常也只是户口本上的一个称谓。他们表达的"族群"意思中很难区分族群和家族的概念。当研究者提到"民族"这个概念的时候，当地村民通常将其与少数民族优惠政策挂钩。研究者不能期望使用提问的方式来获得答案，甚至不能使用"民族"这个词。

参与式观察技术帮助研究者有机会观察到和比较研究对象的口头报告与实际行为之间的差异，而这种差距往往能够揭示出层次丰富、无法使用语言表达的内涵。研究者需要带着问题出发，不断在田野中反思技术使用的情境，将多种数据采集技术组合使用以解决田野中的问题。针对"民族"议题的讨论，首先研究者在一次苗族婚礼上发现一名带小孩的年轻妇女使用的是福建普通话，于是流动过程所带来的族际婚姻成为研究者和当地村民共同感兴趣的话题。而在关于族际婚姻的谈话中，研究者意识到族群内部关于语言的价

[①]　打工的经历是什么？打工给我家和我们村带来了什么变化？我们家"看"的传统是什么？什么是"我们家这种族"？生活中什么最重要？

值判断从低到高依次为苗语—客话（贵州话）—普通话—英语。关于语言的价值判断从一个侧面反映了族际差异带给少数民族群体的结构性限制，这种限制不仅表现在民族平等政策与不平等现实之间、不同族群在发展机会方面的差距，而且影响了少数族群对本民族语言和文化的认同。由于流动的影响，越来越多在外省出生、成长的苗族儿童不再说苗语，而成年人也通常不要求孩子学苗语，但成年人会表达对这种"丧失族群传统"的担忧。

有时候，口头报告与实际行为之间的差异是由研究者的外部身份带来的，研究者需要对自己的身份保持警惕，并考虑研究者身份对所获得数据的影响，通过多数据来源和使用不同的技术方法对数据进行检验，否则很容易掉进自我阐释的陷阱。在"草根媒介"研究中，研究者和村民在讨论族际婚姻的过程中发生过这样一件事。当地传统上苗汉不通婚，如今流动打破了传统的界限，一名正忙着帮儿子相亲的苗族村民明确告诉研究者"汉族（少数）民族都一样，儿子喜欢谁就是谁"，因为"现在年轻人都在外面，你不让他 / 她结婚，他 / 她也是在一起，你再反对他 / 她就不回来了"[①]。可其他人告诉我，他儿子本来喜欢一名汉族姑娘，但还是听从了父亲的安排选择了一名苗族未婚妻。这名父亲并非刻意撒谎，而是我的族群身份使他无法对我说出这样话。

（四）参与技术与发展行动

民族志的科学范式通常考虑如何避免研究者对田野场地的"污染"。研究者对于场地的"污染"是不可回避的，正如我们不可能站在空中观察人群的日常生活与文化生产，批判民族志工作者需要面对并主动承担自己"在场"的位置，而不是回避它。

与其说参与是一种技术，不如说是研究者在处理和访问对象关系的行动准则。依据批判的认识论，研究者与研究对象之间的关系是建立在对话关系的基础上的。参与技术有助于尽可能在研究者和研究对象之间达成一种权力关系的平衡，以及在研究对象群体内部推动和发展权力关系的平衡。研究者并非主动发起话题、抛出自己的观点去引导对话，而是根据研究对象提出的问题和情境进一步提出问题，发展和推动对话。

---

① GSW，2011 年 2 月 3 日，非正式访谈。

在"草根媒介"研究中，对于阶级、族群、性别、代际、文化传统的讨论通常是在非正式谈话或讨论中进行的。研究者会通过集体观看①影像②后进行讨论、请研究对象阅读研究者田野笔记等方式引出更多讨论。在建立一种大致平等对话关系之后，研究群体会向研究者主动提问。行动计划的发展必须在参与式技术的指引下进行。正像 Ulichny 所说的，当研究者在田野中进入一个行动者的角色并在各个层面引入参与技术时，权力关系的动力（Power Dynamic）发生显著变化。③ 需要提出的是，正如一些文献指出的那样，在研究对象群体内部进行权力关系的平衡是一个复杂和困难的过程。例如，如何平衡族群内部成年人和儿童的不同观点？通常采用的办法是，首先组织儿童讨论，然后由研究者与其他成年人分享儿童的观点，并邀请其他成年人对儿童的观点发表评论。在这个过程中，成年人常常会发现"孩子们比我想象的还厉害"。在成人群体中间，性别、代际、亲缘关系等因素也会对参与过程造成影响。正如 Weinberger 发现的参与的"中产阶级效应"（Middle-class Effect）。④ 也就是说，在一个群体内部总是存在相对边缘的人，他们往往更少地参与整个过程。为校正这种效应，研究者所能够做的必然是，根据识别出的因素，有目的地促进群体中的边缘人的参与。例如在流动工人群体内部有明显的性别权力关系，在农村场地参加村民小组会时，除研究者之外是清一色的男性，在村党支部中也只有一名女党员。中老年妇女通常是文盲，几乎整日劳作，并害怕与外人接触（因为那是男人的事情）。研究者意识到必须找到办法接近她们的生活，这些中老年妇女大多也有外出打工的经验，但由于这种传统的性别分工，即使在外省她们也很少和族群外的人打交道。因而研究者主动请她们做苗语老师，在学苗语的过程中，她们习惯了和研究者交流，并向研究者介绍她们的个人经历和生活经验。

结构性分析在现场中指引方法和技术的应用。民族志研究绝对不是依靠"同吃同住同劳动"的体验过程来完成的，没有结构性分析，研究者很容易在

---

① 集体观看是他们的收视习惯。

② 包括他们自己的、其他族群或劳工组织制作的影像作品。

③ P. Ulichny, "When Critical Ethnography and Action Collide," *Qualitative Inquiry* 3(1997): 139-168.

④ "Ethnographic Action Research (Chapter 5)," in G.Hearn et al., *Action Research and New Media: Concepts, Methods, and Cases*, N.J.: Hampton Press., 2009, pp. 87-101.

现场中迷失方向，丧失对数据的敏感，缺乏对方法和技术应用的反思。在进入现场之前，研究者既不可能也不可以没有明确的研究目的、研究问题和想法。研究者需要理清自己的理论预设，在研究过程中始终保持对自己和现场情况的追问，在过程中不断返回到理论，以保持对实地情况的敏感性，层次清晰地处理现场所观察到的数据（语言和行为），积极探寻背后的意义。

附录 2 架构分析

架构分析（Framing Analysis，也被译为框架分析）越来越成为新闻传播领域的研究热点。它不仅是研究媒介内容的新方法，而且具有贯通分析话语、行动与社会历史结构的理论潜力。

附录 2 首先简要介绍作为架构分析根基的架构理论（Framing Theory），其次介绍架构分析作为研究方法的主要特征，最后结合具体案例介绍架构分析的操作流程。

第一节 架构理论

架构分析是基于架构理论的一种研究方法。只有了解架构理论的基本脉络与主要内容，我们才能更好地认识和掌握架构分析的方法。

一 架构理论的奠基性研究

架构理论主要探讨人们如何通过符号建构主观现实，并据此行动，赋予行动意义。这最早可以追溯至戈夫曼（Erving Goffman）1974 年的著作《框架分析：经验组织论》（*Frame Analysis: An Essay on the Organization of Experience*）。他认为人们通过框架（Frame）组织他们的日常生活经验，并赋予这些经验以特定的意义。框架是一种阐释图式（Schemata of Interpretation），让我们能将杂乱无章的经验转化为有意义的事件，并对其进行分辨、觉察、确认和命名。[1] 同时，框架是人们共享的理解符号意义的规则，使得人与人之间得以通过符号实现沟通和理解。

而恩特曼（Robert M.Entman）则把"框架"看作带有目的性的社会行动。

---

[1]　E. Goffman, *Frame Analysis: An Essay on the Organization of Experience*, Boston, M.A.: Northeastern University Press，1974. p. 21.

他认为"框架主要牵涉了选择与凸显两个作用，框架一个事件，是指将对这件事所认知的某一部分挑选出来，在沟通文本中特别处理，以提供意义、解释、归因推论、道德评价以及处理方式的建议"。[①] 这也意味着，框架既是一个名词，也是一个动词。当它作为动词使用时，指的是框架形成的过程（即framing，本书译作"架构"）。

心理学家凯尼曼（Daniel Kahneman）和特威尔斯基（Amos Tversky）则从心理学角度证明了框架对人们认知与决策的影响，由此产生了架构效应（Framing Effects）这一概念。[②] 他们的研究发现，"对预期值相等的不同方案，纯粹由于提问的方式（即陈述的框架）不同，人们会有不同的偏好，并因此作出不同的决策选择"[③]。

而吉特林（Todd Giltlin）则把这一概念带入新闻传播研究，并开辟了一个新的研究领域：议题如何被建构、话语如何被构造，以及意义如何生成？他提出"媒介框架"（Media Frame）的概念，认为"媒介框架是经选择、强调与排除而进行认知、阐释、呈现的稳固模式，符号操作者得以常规性地组织话语，无论这种话语是口头的还是书面的"[④]。

二　架构理论的主要内容

以上简要介绍了架构理论的几个奠基性研究。而数十年来，来自社会学、心理学、传播学等不同领域研究者从不同方面不断对架构理论进行丰富和拓展。简而言之，架构理论由以下三个核心概念组成。

框架，是指一个话语单元的核心组织观念或阐释图示。它"不仅使事件具有意义，确定了议题的性质，并推导出一些'显而易见'或'符合逻辑'的处理对策，也决定了符号表达手法的选择，如隐喻、案例、流行语、视觉

---

① R. M. Entman, "Framing: Toward Clarification of a Fractured Paradigm," *Journal of Communication* 43(1993): 51–58

② D.Kahneman, A. C.Tversky, "Values, and Frames," *American Psychologist* 39 (1984): 341–350.

③ 潘忠党：《架构分析：一个亟需理论澄清的领域》，《传播与社会学刊》（香港）2006 年第 1 期。

④ T. Gitlin, *The Whole World is Watching*, Berkeley, C.A.: University of California Press, 1980, p. 7. （[美] 托德·吉特林：《新左派运动的媒介镜像》，胡正荣、张锐译，华夏出版社，2007。）

形象等"。①

架构，是指形成或建构框架的过程。社会行动者从感知到的现实中选择某些部分在传播文本中进行凸显，使其符合某种阐释图示，同时排除与之相冲突的现实侧面，以推广特定的定义、因果关系解释、道义评价及解决方案。②

架构效应，是指话语中的框架所产生的影响。它描述了框架对人们组织资讯的方式、观察的角度和思路的影响，并最终影响人们的话语表达与社会行动等社会实践。

在架构理论看来，架构是公共协商（Public Deliberation）的内在组成部分，是不同行动者参与协商的策略性行动（Strategic Action）。不同行动者（包括新闻媒体）根据自己的利益、价值观与传播目标，调用不同的文化象征资源来架构某一议题，并与其他行动者交锋、对话、争斗或结盟。③ 不同行动者的架构能力（Framing Potency）既受到框架本身的文化特征与符号表达手法的影响，也受到框架赞助者（Frame Sponsorship）或支持者网络（Web of Subsidies）的规模及行动者对该网络培养与动员能力的影响。行动者与支持者网络的互动形成"话语社区"（Discursive Community），从而使集体行动成为可能。这种集体行动反过来强化了该社区话语与社会的黏性。简言之，架构整合了公共协商中话语、政治以及社会等层面运作机制的分析，而不再局限于新闻内容与舆论。④

与议程设置理论只关注话语接收环节相比，架构理论更强调话语产制、流通与接受中的争议性，以及话语、社会行动者与社会历史场景之间的关联性。这使架构理论得以打通不同范式的研究，特别是"在批判的、定性的

---

① W. A. Gamson, A. Modigliani, "Media Discourse and Public Opinion on Nuclear Power: A Constructivist Approach," *American Journal of Sociology* 95 (1989): 1 - 37.

② R. M. Entman, "Framing: Toward Clarification of a Fractured Paradigm," *Journal of Communication* 43(1993): 51-58.

③ W. A. Gamson, A. Modigliani, "Media Discourse and Public Opinion on Nuclear Power: A Constructivist Approach," *American Journal of Sociology* 95(1989): 1 - 37.

④ Z. Pan, G. M. Kosicki,"Framing as a Strategic Action in Public Deliberation," in S. D. Reese, O. H. Gandy, Jr. and A. E.Grant, eds, *Framing Public Life: Perspectives on Media and Our Understanding of the Social World*, Mahwah, N.J.: Lawrence Erlbaum Associates, 2001.

和意识形态的研究视角与行为主义的内容、受众、效果研究传统之间架起桥梁"。①

需要说明的是，学界对于架构理论的认识并未完全达成共识。作为方法与理论多元的跨学科研究领域，架构理论被认为是一个"破裂的范式"（Fractured Paradigm）。②但总的来说，架构理论的内涵正不断得到澄清和丰富，而存在分歧则展示了这一领域的开放与活力。

第二节　架构分析的基本内容

架构分析是基于架构理论的洞见和核心概念发展出来的一种研究方法，"为研究我们如何展开公共生活，提供了一个动态的整体考察'思''言''行'的思路"③。

一　架构分析的三大范畴

架构理论的三个核心概念——框架、架构与架构效应——构成架构分析的三大范畴。架构分析运用这三个相互关联的范畴去分析话语、话语的建构与话语的接收。

架构分析使用"框架"来研究社会行动者（组织或个人）所再现或建构现实的"话语"，分析其组织规则和意义脉络。这意味着要去识别和验证话语之中的框架及其使用的显意手法（Signature Devices，也被译为"签署手法"）。所谓显意手法，是指由框架所决定的象征符号的使用，包括话语所使用的隐喻、明喻、范例、口号、流行语、视觉形象等。例如，《王石捐款事件报道的媒介框架分析》一文通过对王石捐款事件报道的分

---

①　S. D. Reese, "Prologue-Framing Public Life: A Bridging Model for Media Research," in S. D. Reese, O. H. Gandy, Jr. and A. E. Grant, eds., *Framing Public Life: Perspectives on Media and Our Understanding of the Social World*, Mahwah, N.J.: Lawrence Erlbaum Associates, 2001.

②　R. M. Entman, "Framing: Toward Clarification of a Fractured Paradigm," *Journal of Communication* 43(1993): 51-58.

③　潘忠党：《架构分析：一个亟需理论澄清的领域》，《传播与社会学刊》（香港）2006 年第 1 期。

析，不仅辨识出"公关危机框架""个人丑闻框架""企业慈善与社会责任框架"等三类框架，而且分别指出这些框架所使用的视觉图像、流行语等显意手法。①

而对于社会行动者建构话语的过程，架构分析使用"架构"来描述这个过程，并分析其影响因素。架构的过程，既是一个话语形成的过程，即对感知到的现实进行选择、凸显与排除并调用象征资源加以组织的过程，也是一个社会政治过程，即行动者与框架赞助者或支持者网络的动员、协商的过程。例如，潘忠党和杰拉尔德（Gerald M. Kosicki）研究 1993 年克林顿政府医疗改革相关舆论后认为，克林顿政府在架构这一议题过程中未能有效动员支持者、建立必要的"话语社区"，从而导致改革失败。②

此外，架构分析使用"架构效应"来探究话语在接收环节的效果或影响。这种效果或影响首先体现在对人们认知、态度与决策的影响上。③卡尼曼等人的研究已经证实这一点，此处不再赘述。需要说明的是，架构效应分析不仅关注框架对个体认知层面的影响，同时关注人们"如何将如此组织的认知外化于话语实践"，④也就是框架对话语表达与社会行动等社会实践的影响。这些超出认知层面的影响，也属于架构效应分析的范畴。这种分析的典型案例是吉特林对 1960 年大众媒介与美国新左派运动的研究。他的研究表明，媒介对运动的架构影响了新左派运动的整个发展过程。⑤

二　架构分析的三个特点

上述三个关联性的范畴，构成架构分析的基本分析框架。从上面的介绍

①　万小广:《王石捐款事件报道的媒介框架分析》,《传播与社会学刊》（香港）2010 年第 12 期。

②　Z. Pan, G. M. Kosicki, "Framing as a Strategic Action in Public Deliberation," in S. D. Reese, O. H. Gandy, Jr. and A. E. Grant, eds., *Framing Public Life: Perspectives on Media and Our Understanding of the Social World*, Mahwah, N.J.: Lawrence Erlbaum Associates, 2001.

③　D. Kahneman, A. Tversky, "Choices, Values, and Frames," *American Psychologist* 39 (1984): 341–350.

④　潘忠党:《架构分析：一个亟需理论澄清的领域》,《传播与社会学刊》（香港）2006 年第 1 期。

⑤　〔美〕托德·吉特林:《新左派运动的媒介镜像》, 胡正荣、张锐译, 华夏出版社, 2007。

和已有的应用研究来看，[①] 架构分析至少有以下三个特点。

首先，分析对象涵盖话语、话语的建构、话语的接收等传播各个环节。架构分析通过相互关联的理论概念，将社会行动者的话语、话语实践、行动及社会历史场景进行整合式分析。这种整合式分析有助于得到关于整个传播过程的经验结论，在三个环节之间建立基于实证经验的联系，而不是只做某一环节的实证研究，然后据此对另外两个环节做推论。对新闻传播研究而言，架构分析使之不再割裂为媒介内容分析和媒介效果研究，而是用统一的理论概念把传播过程各环节——媒介内容、内容产制过程以及传播效果——整合为一个相互关联的、可供经验研究的对象，因而研究者不仅可以了解媒介内容是什么样的，还可以实证地去分析为什么会是这样的，以及可能产生的效果。

其次，分析手段整合定性方法与定量方法。经验研究的各种方法，包括内容分析、访谈法、观察法、实验法，都可以根据不同的研究问题应用于架构分析之中。完整的架构分析不仅可以使用内容分析法和话语分析[②] 来归纳框架，通过访谈法和观察法考察架构过程，还可以通过实验法检验架构效应。这种定性与定量相结合的分析，能够使用同一概念体系对媒介传播过程的数量特征和非数量特征进行经验研究，从而提升研究结论的信度与效度，特别是架构分析因为考虑了媒介内容产制的相关因素，对媒介内容的研究更符合直观逻辑和思考习惯，而不再是一种"对新闻再现脱离话语实践的描述"。[③]

最后，分析层次位于综合性理论和具体经验命题之间，适宜建构中层理

---

① 相关研究参见 A. R. T. Schuck, C. H. de Vreese, "Between Risk and Opportunity: News Framing and its Effects on Public Support for EU Enlargement," *European Journal of Communication* 21(2006): 5-32; V. Price et al., "Framing Public Discussion of Gay Civil Unions," Public Opinion Quarterly 69（2005）；刘迅、张金玺：《从角落到头版：1985 – 2003〈人民日报〉艾滋报道的框架研究》，《中国传媒报告》（香港）2005 年第 4 期；张依依、封国晨：《从"反贪腐倒扁运动"检视其框架策略与议题建构》，《传播与社会学刊》（香港）2008 年第 5 期。

② 此处的"话语分析"是定性取向的一种分析，参见［荷］梵·迪克《作为话语的新闻》，曾庆香译，华夏出版社，2003。

③ 潘忠党：《架构分析：一个亟需理论澄清的领域》，《传播与社会学刊》（香港）2006 年第 1 期。

论。[1] 所谓中层理论，即基于经验研究解释特定社会现象的、介于抽象的综合性理论与具体经验命题之间的理论。在新闻传播研究中，作为架构分析理论基础的架构理论，上可连接构成统治阶级意识形态的基本概念和分类体系，下可连接传播内容产制过程中的组织逻辑、行动规范和工作程序。这些特点决定了架构分析的层次位于综合性理论和具体经验命题之间，比较适合从具体经验现象发展相关的理论。

第三节　架构分析的具体操作

前文介绍了架构理论与架构分析的基本内容，本节则主要介绍架构分析的具体操作过程。在研究实践中，架构分析一般分为三个环节，分别是框架辨识、架构过程分析与架构效应分析。

（一）框架辨识

理论上，框架存在于四个环节：传播者、文本、接收者、文化。[2] 研究者可以从其中任何一个环节入手来辨识框架。而从可操作性考虑，目前大多数研究都从媒介文本中辨识框架。

这种辨识基于两个假定：采取某个框架的媒介报道，其消息来源、关键词的分布将呈现一定规律性；媒介报道中的"视觉图像""流行语"等显意手法，与框架的内涵具有直接的逻辑相关性。因此，我们可以先根据阅读文本的经验，推断出若干类型框架的存在，然后分别用消息来源、关键词频次以及显意手法来验证这个推断是否成立。

后文以《王石捐款事件报道的媒介框架分析》为例，[3] 分四步展示框架辨识的过程。

第一步，选择新闻文本。

确定王石捐款事件的时间段，收集这一期间的所有相关报道，最后得到

---

[1]　"On Sociological Theories of the Middle Range," in R. K. Merton, *On Theoretical Sociology: Five Essays, Old and New*, New York: Free Press, 1967, pp. 39–72.

[2]　R. M. Entman, "Framing: Toward Clarification of a Fractured Paradigm," *Journal of Communication* 43(1993): 51–58.

[3]　万小广:《王石捐款事件报道的媒介框架分析》,《传播与社会学刊》（香港）2010 年第 12 期。

125 个报道样本、14 幅图表。

第二步，在阅读所有新闻文本的基础上归纳总结出框架类别，并对它们进行可操作化的描述性定义。[①]

研究者从王石捐款事件报道文本中归纳出三类框架。公关危机框架：企业因某一事件面临危机，品牌形象、实际利益都因之受损，从而采取相应的公关措施，来挽回并修复受损的形象。个人丑闻框架：个人因某一事件被公众揭发指责，其个人声誉受损，并采取回应、澄清、道歉等措施。企业慈善与社会责任框架：慈善捐赠是企业社会责任的表现，企业的慈善行为应当合乎法律程序、合乎道德准则与公众期待。

第三步，按照上述框架的操作化定义将新闻文本分别归类，分别统计不同框架类别的新闻文本中的"消息来源""关键词频次"，并将所得到的数据相互比较，以验证第二步所假定的框架。

研究者将王石捐款事件报道文本中的消息来源进行分类，根据每则报道中最主要、最显著、报道篇幅最大的消息来源进行编码，然后统计不同框架文本中消息来源的分布。表 1 呈现的是不同框架文本中排前三位的消息来源。

表 1　不同框架及其排前三位的消息来源

	公关危机框架	个人丑闻框架	企业慈善与社会责任框架
消息来源	万科公告及其网站信息	王石（含其博客）	读者投书（含新闻评论）
	地产界人士 / 机构	网友	企业界人士 / 机构
	公关界人士 / 机构		慈善界人士 / 机构

与消息来源的逻辑一致，研究者先从所有报道文本中提取出现频次较高的关键词，然后分别统计各类文档中这些关键词的频次。表 2 呈现的是不同框架文本中排前五位的关键词。

---

① 这种对框架的辨识和命名需要满足四个原则：针对所考察的具体问题或现象；符合并被认为符合行动者履行其社会角色的行动逻辑；选择或彰显资讯（或资料）的组织（即交往行动）原则；采用象征（或显意）的手段，包括运用和组织符号的句法结构。参见潘忠党《架构分析：一个亟需理论澄清的领域》，《传播与社会学刊》（香港）2006 年第 1 期。

表 2　不同框架及其排前五位的关键词

	公关危机框架	个人丑闻框架	企业慈善与社会责任框架
关键词	危机	道歉	慈善
	形象	质疑	责任
	捐款门	伤害	社会责任
	品牌	歉意	公益
	公关	辩解	爱心

然后，根据表 1、表 2，研究者分别对不同框架的消息来源与关键词分布进行对照分析，看结果是否能够验证这些框架的存在。

第四步，分析每一类新闻文本使用的显意手法，包括但不限于"图片 / 漫画""流行语"等，与第三步相结合进一步验证媒介框架。

王石捐款事件报道中，研究者对新闻文本中的"图片 / 漫画"进行了符号学分析，挖掘背后的意义脉络，并与所属框架的内涵进行比较分析。如，"公关危机框架"的文本中有一幅图展示的是万科股价走势情况，这正是为了引导读者从"公关危机"的角度来理解这一事件。

研究者还对文本中的流行语所承载的认知判断与价值倾向进行了分析，特别是其中的明喻与暗喻所引导的思考角度。例如，"风口浪尖"这种象征"危机"的比喻、"捐款门"这种揭露丑闻的暗示，都引导读者从"公关危机"的角度来看待王石捐款事件。

（二）架构过程分析

架构过程分析，即对框架化的话语形成过程的分析。具体而言，它不仅分析框架调用象征资源组织、剪裁现实的过程，也分析不同框架的赞助者 / 支持者网络之间的交锋、对话、争斗或结盟。在实际操作中，则主要通过对文本产制者进行深度访谈、田野观察等，研究架构过程的影响因素与机制。

后文以《转型期社会利益冲突的媒介再现——主流媒体对农民工讨薪报道的架构分析》一文为例，[①]介绍使用深度访谈法进行架构过程分析的具体操作流程。

---

① 万小广:《转型期社会利益冲突的媒介再现——主流媒体对农民工讨薪报道的架构分析》，硕士学位论文，中国社会科学院研究生院，2010。

第一步，选择访谈对象。

在农民工讨薪报道研究中，研究者选择访谈对象时主要考虑三个方面的因素：报道过农民工讨薪；在农民工讨薪报道取样的媒体中供职；个人背景（性别、年龄、从业时间等）尽量多元化。在最终访谈的 8 名记者中，有 5 名来自样本报纸。

第二步，拟定访谈提纲。

在进行访谈前，研究者已从报道样本中识别出"政策政绩框架""法律维权框架""戏剧化框架""社会道德框架"等四类框架。在准备访谈提纲时，研究者根据不同框架的特点来设计问题，包括如何获知线索、哪些内容没有写进报道、有哪些考虑等。

第三步，访谈分析。

在访谈完成之后，研究者对访谈内容进行汇总分析，不仅归纳出媒体在架构这一议题的过程中受政府政策、媒体市场化、媒介类型等六大因素的影响，也勾勒出这种影响的社会机制，进而在框架与框架赞助者之间建立经验性联系。例如，大众媒介对"农民工"讨薪报道采用较多的是"政策政绩框架"。通过访谈分析得知，这类框架报道的消息来源严重依赖"各级党政机构及其工作人员"，一般是相关部门向媒体提供新闻线索。而对于党报来说，正面宣传党和政府的政策是题中之义。在这种情况下，政府相关部门掌握对这一议题的"原始定义"权，媒体只是在"复制权威者的定义"。[①] 这样，以"政策政绩框架"报道农民工讨薪议题就顺理成章了。

需要说明的是，除了使用访谈法之外，架构过程分析也可以采用田野观察方法进行。具体而言，研究者对新闻现场、当事人、媒体产制过程等进行全景式观察，然后分析大众媒介为何及如何对现实进行裁剪，进而形成某一框架。这方面的典型研究案例是吉特林的《新左派运动的媒介镜像》，作者曾经是新左派运动的当事人，通过亲身经历、对报道文本进行系统研究、访谈相关媒体记者等方式，全面深入地分析了大众媒介如何架构这一运动及其产生的影响。

---

① ［英］霍尔:《作为社会生产的新闻》，载张国良主编《中国传播学评论》（第 1 辑），复旦大学出版社，2005，第 148~153 页。

（三）架构效应分析

研究者往往采用实验法进行架构效应的分析。这是因为：一方面，架构效应属于因果联系，只有实验法才能揭示变量间的因果关系；另一方面，架构效应的产生必须具备两个前提条件：一是资讯环境不确定或议题具有争议性；二是文本的陈述逻辑一致，这样接收者记忆储存中与该框架语意相关的认知元素才会被启动（Activate）。[1] 而只有在实验控制环境下，这两个条件更容易实现。

后文以安德里亚斯（Andreas R.T. Schuck）和克拉斯（Claes H. de Vreese）的研究《在危险与机遇之间：新闻架构及其对欧盟扩张公众支持度的效果》为例，[2] 介绍架构效应的分析过程。

作者首先通过内容分析辨识出欧盟扩张新闻报道中存在"机遇"框架与"风险"框架，然后通过实验来验证架构效应。

第一步，随机分组。

在这一研究中，有 88 名本科生作为实验对象。他们被告知将要参与一个名为"欧洲认同"的项目，然后被随机分为两组。

第二步，进行前测。

接着，研究者所有的实验对象完成一份前测问卷，主要调查他们的人口统计特征及政治知识。

第三步，实验执行。

上述两个小组，分别被要求阅读关于欧盟扩张报道的两个不同版本，一个基于"机遇"框架，另一个基于"风险"框架。这两个版本的报道文本都是经过研究者改写的。

第四步，进行后测。

然后，所有参与者填写一份后测问卷，询问他们对欧盟扩张的支持度。

第五步，实验分析。

---

[1] 潘忠党:《架构分析：一个亟需理论澄清的领域》,《传播与社会学刊》（香港）2006 年第 1 期。

[2] A. R. T. Schuck, C. H. de Vreese, "Between Risk and Opportunity: News Framing and its Effects on Public Support for EU Enlargement," *European Journal of Communication* 21(2006): 5-32.

实验结果表明，受"机遇"框架影响的实验对象与受"挑战"框架影响的实验对象在对欧盟扩张的支持度上存在明显差异：前者的均值是 3.18，标准差是 0.77；后者是 2.70，标准差是 0.69（使用的是李克特 5 点量表）。也就是说，欧盟扩张的"机遇"框架与"风险"框架，会显著影响实验对象对欧盟扩张的支持度，且受"机遇"框架影响的实验对象比受"挑战"框架影响的实验对象对欧盟扩张的支持度更高。

上述架构效应分析仅仅侧重于框架对个体认知层面的影响，而未涉及框架如何影响人们的话语表达与社会行动等社会实践。这方面的研究往往将架构与宏观的政治经济脉络与特定的政治文化与意识形态相联系，仍然具有较大的探索空间。

图书在版编目（CIP）数据

传播与社会发展研究方法 / 卜卫, 刘晓红编著. --
北京：社会科学文献出版社, 2024.4
（中国社会科学院大学系列教材）
ISBN 978-7-5228-3049-0

Ⅰ.①传… Ⅱ.①卜… ②刘… Ⅲ.①数字技术－传
播媒介－关系－社会发展－研究方法 Ⅳ.①G206.2
②K02

中国国家版本馆CIP数据核字（2024）第019437号

·中国社会科学院大学系列教材·

传播与社会发展研究方法

编　　著 / 卜　卫　刘晓红

出 版 人 / 冀祥德
责任编辑 / 张建中
责任印制 / 王京美

出　　版 / 社会科学文献出版社（010）59366403
　　　　　　地址：北京市北三环中路甲29号院华龙大厦　邮编：100029
　　　　　　网址：www.ssap.com.cn
发　　行 / 社会科学文献出版社（010）59367028
印　　装 / 三河市东方印刷有限公司

规　　格 / 开　本：787mm×1092mm 1/16
　　　　　　印　张：28.75　字　数：459千字
版　　次 / 2024年4月第1版　2024年4月第1次印刷
书　　号 / ISBN 978-7-5228-3049-0
定　　价 / 129.00元

读者服务电话：4008918866